中国近代史

第四版

1840—1919

ZHONGGUO JINDAISHI

李侃 李时岳 李德征 杨策 龚书铎 著

中华书局

图书在版编目（CIP）数据

中国近代史：1840～1919（第四版）/李侃等著. —北京：中华书局，1994.4（2025.5 重印）

ISBN 978-7-101-01295-8

Ⅰ.中… Ⅱ.李… Ⅲ.中国-近代史 Ⅳ.K25

中国版本图书馆 CIP 数据核字（1999）第 16608 号

书　　名	中国近代史（1840—1919）（第四版）
著　　者	李　侃　李时岳　李德征　杨　策　龚书铎
原版编辑	李占领
再版编辑	欧阳红
责任编辑	杜艳茹
封面设计	王铭基
责任印制	陈丽娜
出版发行	中华书局
	（北京市丰台区太平桥西里 38 号　100073）
	http://www.zhbc.com.cn
	E-mail：zhbc@zhbc.com.cn
印　　刷	三河市中晟雅豪印务有限公司
版　　次	1977 年 7 月第 1 版　1979 年 6 月第 2 版
	1983 年 4 月第 3 版　1994 年 4 月第 4 版
	2025 年 5 月第 62 次印刷
规　　格	开本/880×1230 毫米　1/32
	印张 15½　插页 2　字数 372 千字
印　　数	1782651-1802650 册
国际书号	ISBN 978-7-101-01295-8
定　　价	38.00 元

说　明

这次改版,对内容未作修改,只订正了一些史实的错误或不准确之处;替换了不清楚的插图。书中引用马克思、恩格斯、列宁的著作,均改用人民出版社 1995 年版。中华书局历史编辑室欧阳红同志对书稿的修改付出了辛勤劳动,谨此表示感谢。

编　者

2009 年 6 月

第 四 版 前 言

这本《中国近代史》作为高等院校的历史教材,从 1977 年初版至今,先后经过三次修订,累计印行 100 余万册,在高等院校的历史教学和广大读者中,起到了良好的作用。这对于编著者来说,既是一种鼓励,也是一种鞭策。说是鼓励,因为编著者的劳动,通过教学实践和读者的检验,得到了公众的承认;说是鞭策,因为编著者感到书中还有不少缺陷,需要改进。鉴于近些年来,中国近代史研究和教学工作的进展,这部教材中的某些内容,已不能很好地适应客观实际情况的需要,因此决定再作一次修订。这次修订,大体上是在保持原来框架的基础上,对某些章节作了必要的调整;适当简化了对若干历史事件历史过程的叙述;充实了一些社会经济生活和思想文化方面的内容;对清朝统治集团的活动和变化情况,也略有增加。同时改正了某些史实错误,吸收了一些新的研究成果。在写法上,观点力求实事求是,中肯平实;文字力求朴实通畅,简明扼要。按照高等院校现行历史学科的设置,本书的内容包括从鸦片战争到五四运动这80 年的历史。

中国近代,是社会动荡剧烈,国内外矛盾和斗争复杂尖锐的历史时期。在这个历史时期内,充满了侵略和反侵略、压迫和反压迫、变革和反变革、革命和反革命的斗争。近代的历史,既是中华民族各族人民的一部苦难史和屈辱史,又是一部斗争史和光荣史。内容十分丰富,领域非常广阔。作为中国近代史教材的基本要求,一是要根据历史事实,讲述历史的发展过程;二是以辩证唯物主义和历史唯物主义的立场、观点和方法,科学地分析和说明历史的发展过程,使得学生和读者通过这部教材,对于中国近代的历史有一个比较系统、比较全面的了解,并且为进一步深入研究打下比较坚实的基础。基础课非常重要,如果基础打不好,继续提高和深造也就比较困难。

为什么要学习和研究中国近代史,这已经是勿需多说的问题。简而言之,就是因为今天的中国是历史中国的发展;不了解中国的昨天和前天,也就很难真正了解中国的今天。我们当代社会主义的新中国,是从近代半殖民地半封建的旧中国脱胎而来的。学习和研究中国近代的历史,就是要加深对近代历史的科学认识,加深对中国国情的了解,从历史中得到启迪和智慧,受到激励和鼓舞,增强爱国主义和建设有中国特色的社会主义的自觉性,更好地创造新的历史。

每一个历史时代,都有其特定的社会时代内容和社会时代特征。而不同的社会历史时代,又赋予那个社会时代的人们以不同的物质生活和精神生活方式,以及不同的历史使命。所以学习和研究历史,只能从特定的历史实际出发,而不能从主观意志和抽象的原则出发。研究者们可以这样那样地观察历史,分析历史,评说历史,然而却不能改变历史、重铸历史。对于同样的历史事实、历史人物、历史现象等,研究者可以用不同的立场、观点和方法进行研究,在众多的研究方法中,应该力求坚持科学的态度和科学的方法,这就是辩证唯物主义和历史唯物主义的立场、观点和方法,也就是实事求是的态度和方法。

近代中国社会最基本的历史实际是什么?那就是外国资本帝国主义的侵略与国内封建统治的压迫相结合,把一个独立的封建的中国,逐步变成半殖民地半封建的中国。这两个强大的反动势力,一方面残酷地压迫和剥削中国人民;另一方面又严重地阻碍中国社会生产力的发展。中华民族各族人民,为了推翻帝国主义和封建主义的统治,维护国家的独立和取得社会进步,进行了一百多年艰苦卓绝的英勇斗争。近代中国历次反侵略战争,历次变革和革命,都是为了完成这一伟大历史任务而进行的。

近代中国的社会政治、经济、文化结构及其变化发展,反帝反封建斗争的实践,已经充分证明,近代中国社会是半殖民地半封建社会这个科学论断是符合历史实际的,而且为国内绝大多数历史学者所公认。这个半殖民地半封建的社会形态,是在世界资本帝国主义对外侵略扩张和中国的封建社会日趋没落、封建统治日益腐朽的条件下逐步形成的。这个畸形社会形态的形成也是一个动态的历史过程。通常说的从鸦片战争开始,中国一步一步地变成半殖民地半封建社会,这并不是说鸦片战争的炮火一停,《南京条约》的墨迹一干,中国社会的性质就立刻发生了变化,而是说以鸦片战争为开端,中国就开始丧失了独立和领土主权的完整。而由于外国侵略者接踵而至,侵略的规模越来越大,从中国攫取的侵略权益也越来越多,中国独立主权和领土的丧失日趋严重,民族危机不断加深;与此同时,中国社会的政治、经济、文化结构和社会阶级结构也随之发生了变化,因此,半殖民地半封建的特征也愈益显著。近代中国既不是完全独立的国家,也不是完全由帝国主义统治的殖民地;既不是完全由封建的生产方式和宗法制度构成的封建社会,也不是主要由近代工业生产方式和资产阶级统治构成的资本主义社会。同以往的封建社会相比而言,这个半殖民地半封建社会大体上有如下几个特点:一、资本帝国主义的侵略,虽然破坏了封建的自给自足的自然经济基础,但是封建制度的根基,即封建的土地所有制和地主阶级对农民的剥削和压迫,依然保持不变。二、民族资本主义有了一定程度的发展,并且在政治、经济、文化生活中起了相当重要的作用,但是在帝国主义和封建主义的压迫、控制和阻碍下,它不可能得到正常的发展。三、中国的封建专制统治虽然日益腐败,然而它却得到帝国主义的支持,即或在封建皇帝被推翻之后,代之而起的北洋军阀,仍然是依附帝国主义的封建势力的代表。四、帝国主义不但控制了中国的政治、军事统治权力,而且凭借一系列的不平等条约所攫取的各种特权,操纵了中国的经济命脉。五、由于帝国主义的侵略和封建主义的剥削压榨,再加上严重的自然灾害,造成了中国的经济贫穷和文化落后,人民生活极端困苦,更无民主、自由可言。这些情况,就决定了帝国主义与中华民族的矛盾,封建主义与人民大众的矛盾,成为近代中国社会的主要矛盾。而帝国主义与中华民族的矛盾,又是各种矛盾中最主要的矛盾。中国近代的变革和革命,就是在这些主要矛盾的基础之上发生和发展起来的。

基于近代中国社会是半殖民地半封建社会这一基本事实,在中国近代史教材的编写和讲授中,强调反帝反封建的斗争,着重讲述政治史,这无疑是必要的和正确的,不如此,就不足以反映基本的历史实际,不足以体现历史与时代精神的统一。然而,也无可讳言,以往包括本书在内的一些有关中国近代史的教材,在正确地强调反帝反封建斗争的同时,却对中国近代社会其他方面的情况反映不够,因此,也就不能很好地反映历史的多样性和社会生活的复杂性。比如,在强调政治斗争和军事斗争的时候,往往忽略了社会经济生活和思想文化斗争;在强调帝国主义侵略和封建压迫的时候,往往忽略了诸如人口流动、自然灾荒、城镇乡村、风俗习惯等社会问题;在强调变革与革命以及人民群众巨大作用的时候,往往忽略了统治阶级和统治集团内部的矛盾和斗争,以及由此而引发的政局变化等等。而这些社会问题,特别是经济和思想文化问题,都与近代中国的政治、军事斗争,与近代中国社会的变迁发展、新陈代谢,息息相关。为了有助于读者比较全面地了解中国近代社会和中国国情,在这次修订的时候,适当增加了这些方面的内容。但是由于篇幅的限制,仍然很不充分,很不全面,这是要请读者谅解的。

近代中国的历史证明,在许多西方国家早已进入了资本主义时代的历史条件下,落后了的古老中国,在饱受侵略和欺凌宰割的困境中,要走向近代、走向世界,斗争是何等艰难困苦,道路又是何等坎坷曲折。为了救亡图存,振兴中华,在一百多年间,几代中华儿女付出了多少血的代价,才走完了这万里长征的第一步,终于在全世界面前站立起来。现在,中华民族各族人民,正在中国这块古老的土地上,在新的社会历史条件下,继承前人的遗志,发扬优良传统,振奋民族精神,沿着建设有中国特色的社会主义道路,开创前无古人的伟业,创造新的历史,开辟美好的未来。在新的万里长征中,中华民族各族人民,仍然要肩负历史的重担,作艰苦创业的长途跋涉。在新的开拓和创业的实践中,人们必将会从近代中国的历史中获得精神滋养和思想教益。

尊重历史,学习历史,有助于认识现实,有助于提高民族的自尊心和自信心,增强爱国主义精神和民族凝聚力。忽视历史,忘记历史,必将受到历史的惩罚。历史是民族的记忆,是精神文明的基本要素之一,丢弃优良的历史文化传统,不可能凭空创造新的社会文化。不论时代怎样前进,社会怎样发展,总不能割断历史。"以史为鉴"、"鉴往知来",不失为发人深省的历史名言。

学无止境,知识无涯。中国近代史研究的深化和提高,发展和繁荣,有待史学界同志们的共同努力。本书虽然又经过一次修订,但缺陷和不足之处仍然不可避免,诚恳地希望得到批评和指正。

参加本次修订的有李侃、李时岳、李德征、杨策、龚书铎等同志,全书由龚书铎同志通阅统改。

本书从开始编写到历次修订,一直得到山东大学、山东师范大学、中央民族学院、东北师范大学、北京师范大学、吉林大学等院校领导和史学界同行的大力支持,并得到国家教委有关同志的指导。这次修订,山东大学和中央民族学院又给予热心支持和帮助。在审阅定稿过程中,承中国人民大学王汝丰教授、李文海教授,首都师范大学刘振岚教授提供了许多宝贵的意见。负责这次修订编辑工作的陈铮同志和李占领、沈致金同志,也尽了很大的努力。谨在此向有关单位的领导和各位学者、编辑同志致以诚挚的感谢。

编　者

1993 年 9 月

第 三 版 说 明

《中国近代史》的这次修订，是在第二版基础上进行的。参加修订的同志有山东大学历史系李德征、山东师范大学历史系胡滨、中央民族学院历史系杨策、中华书局李侃、东北师范大学历史系赵矢元、北京师范大学历史系龚书铎、吉林大学历史系李时岳等同志。

本书的编写和修订，一直得到山东大学、山东师范大学、中央民族学院、东北师范大学、北京师范大学、吉林大学等院校领导同志和史学界同行的支持和帮助，还吸收了一些同志的研究成果。在审阅过程中，中国人民大学清史研究所李文海、中国社会科学院近代史研究所王庆成、北京大学历史系陈庆华等同志又提了不少宝贵的意见。中华书局近代史编辑室的刘德麟同志认真阅读了本书全稿，并提出了许多宝贵意见；于世明同志也为本书的编写和出版付出了辛勤劳动。谨在此向所有这些同志表示衷心的感谢。

编　者

1982 年 12 月

第 二 版 说 明

《中国近代史》原是山东大学历史系、山东师范学院历史系、中央民族学院历史系和研究部、北京师范大学历史系一些同志编写的试用教材。参加初稿编写的有李德征、陆景祺、徐绪典、宋青蓝、胡滨、朱宁、杨策、莫俊卿、郭毅生、刘文源、李咸中、张守常、陈桂英、梁义群、龚书铎同志。参加初稿修改的有李德征、徐绪典、李宏生、宋青蓝、朱宁、杨策、刘文源、龚书铎、李侃同志。书中辛亥革命一章的初稿是由李时岳同志提供的，其中"辛亥革命的胜利和失败"一节的初稿则是赵矢元同志执笔的。

本书初版出书后，承蒙许多同志提出宝贵意见。这次修订，除对若干内容作了修改以外，还订正了一些史实的错误。参加修订的有李侃、李德征、杨策、胡滨、龚书铎、郭毅生同志。

本书在编写与修订过程中，吸收了一些现有的研究成果，得到不少单位和同志的帮助与关心，在此表示感谢。由于编写者水平所限，书中缺点和错误之处自不可免，希望同志们随时提出批评意见，以便再版时有所改进。

《中国近代史》编写组

1979 年 4 月

目　录

第一章

鸦片战争和中国近代史的开端

第一节 鸦片战争前的中国与世界

一、清朝统治的衰落

我国是一个统一的多民族国家。在幅员辽阔的土地上,居住着五十多个民族,其中汉族约占全国人口的 90% 以上,少数民族分布在全国 60% 以上的地区。在漫长的历史发展过程中,各民族间的政治、经济、文化等方面的联系不断加强,逐渐形成了中华民族的共同体,共同创造了祖国光辉灿烂的历史和文化。中国是世界文明发达最早的国家之一,有将近 4000 年有文字可考的历史。

鸦片战争前,中国是清王朝统治下的一个独立、统一的中央集权的封建国家。在中国封建社会中,小农业和家庭手工业相结合的自给自足的自然经济,在整个社会经济中占主要地位。农民不但生产自己需要的农产品,而且生产自己需要的大部分手工业品。随着商品经济的发展,在封建社会内部孕育着的资本主义萌芽逐渐增长。丝织、棉纺织、陶瓷、冶炼、造纸等部门,出现了具有资本主义因素的手工工场。但是,在封建生产关系的桎梏下,资本主义生产方式的因素发展缓慢。地主阶级占有大量土地,农民则很少或完全没有土地。如乾隆年间,直隶怀柔县郝氏,有"膏腴万顷"[①];乾隆、嘉庆之际,大学士和珅占地8000余顷;道光年间,直隶总督琦善占地2.5万余顷。至于占地几千、几万亩的地主,为数就更多了。大量土地的集中,使得大批农民失去土地,沦为佃农或流民。乾隆时,湖南巡抚杨锡绂说:"近日田之归于富户者,大约十之五六;旧时有田之人,今俱为佃耕之户。"[②]随着土地的集中,地主对农民的剥削愈加沉重,当时的地租率竟高达50%以上。农民日益贫困,过着牛马奴隶般的生活。因此,农民与地主之间的矛盾趋于尖锐,社会更加动荡不安。

过速的人口增长,也成为严重的社会问题。1764年(乾隆二十九年),全国人口约为2亿560万人,1812年(嘉庆十七年)增至3亿3300余万人,到1835年(道光十五年)达4亿多人。人口增长速度越来越快,而耕地面积不可能成倍增长。嘉庆年间全国人均耕地二亩多,道光年间已下降到不足二亩。这也造成流民增多,加剧了社会的动荡。

自18世纪下半叶开始,清王朝已经走上衰败的道路。吏治日益腐败,大小官吏贪风炽盛,营私舞弊,贿赂公行。乾隆时揽朝政二十多年的权臣和珅,用各种手段积累的不义之财竟达四亿两之巨,相当于当时清政

---

① 昭梿:《啸亭杂录》卷2。
② 《陈明米贵之由疏》,《皇朝经世文编》卷39,第8页。

府八年的财政总收入。地方官吏巧取豪夺，更是无孔不入。道光时诗人张际亮在给鸿胪寺卿黄爵滋的信中，对吏治的败坏作了生动的揭露："为大府者，见黄金则喜；为县令者，严刑非法以搜括邑之钱米，易金赇大府，以博其一喜。至于大饥人几相食之后，犹借口征粮，借名采买，驱迫妇女逃窜山谷，数日夜不敢归里门，归而鸡豚牛犬一空矣。归未数日，胥差又至矣，门丁又至矣，必罄其家产而后已。"[1]在贪官污吏的敲诈勒索下，人民生活十分悲惨。

军队也很腐化，武备废弛。鸦片战争前，清王朝拥有 22 万八旗兵和 66 万绿营兵。但不论八旗还是绿营，都已腐败不堪。军官不理营务，克粮冒饷，花天酒地。士兵不勤操练，许多人竟吸食鸦片，聚开赌场。京城的八旗兵，"三五成群，手提鸟笼雀架，终日闲游，甚或相聚赌博。问其名色，则皆为巡城披甲，而实未曾当班，不过雇人顶替，点缀了事"。外省军队，甚至出现了骑兵没有马，水勇不习水，武器生锈，炮台失修的严重现象；若遇检阅操演，骑兵便临时雇寻马匹，水勇雇寻渔户冒名顶替。至于沿海水师，也大都老弱无用，战船多半是薄板旧钉钉成的，"遇击即破"[2]。这样腐败的军队，根本没有战斗力。

广大人民生活每况愈下，阶级矛盾日趋尖锐。自 18 世纪末到 19 世纪初，农民的反抗斗争连绵不绝。1796 年爆发的白莲教大起义，遍及鄂、川、豫、陕、甘五省，参加群众数十万，绵延近十年。1813 年爆发的天理会起义，波及豫、鲁、冀等省。林清率领北京郊区的一支两百人的起义队伍，在宫内太监的协助下，一举攻入紫禁城，在隆宗门一带与清军展开激战。

---

① 张际亮：《答黄树斋鸿胪书》，《张亨甫文集》卷 3，第 24 页。

② 黄爵滋：《敬陈六事疏》，《黄爵滋奏疏许乃济奏议合刊》第 47—48 页。

嘉庆皇帝惊呼这是"汉、唐、宋、元、明以来未有之祸"①。

　　清朝统治下的中国封建社会走向衰败的情景,在一些有识之士的著述中,在诗歌、小说等文学作品中,都有鲜明的反映。曹雪芹在小说《红楼梦》中通过对贾府败落的描绘,称之为"末世";而龚自珍在他的文章中则叫做"衰世"。龚自珍(1792—1841年),字璱人,号定庵,一名巩祚,浙江仁和(今杭州)人。1829年(道光九年)成进士,官至礼部主事。他是著名思想家和文学家,近代中国维新思想的先驱者。龚自珍十分关注社会现实问题,写下了许多"讥切时政"的诗文,对清朝封建统治的腐败作了大胆的揭露和批判。他描写当时的社会情况时说:"自乾隆末年以来,官吏士民,狼艰狈蹶,不士不农不工不商之人,十将五六……自京师始,概乎四方,大抵富户变贫户,贫户变饿者。四民之首,奔走下贱。各省大局,岌岌乎皆不可以支月日,奚暇问年岁!"②他认为当时的社会已经到了"日之将夕,悲风骤至"的"衰世",如同行将萎落的花朵。他猛烈抨击清朝吏治的黑暗和官僚制度的败坏,写道:"不论盐铁不筹河,独倚东南涕泪多。国赋三升民一斗,屠牛哪不胜栽禾?"③他无情揭露封建士大夫们谄媚专制帝王的丑态,指出:"官益久则气愈媮,望愈崇则谄愈固,地益近则媚亦益工。"④他对清朝封建专制制度下所出现的死气沉沉的政治局面表示强烈的不满:"九州生气恃风雷,万马齐暗究可哀。我劝天公重抖擞,不拘一格降人才。"⑤他针对当时的"弊政",提出了"更法"、"改图"、"变功令"的主张,希望在维护封建制度的基础上实行某些社会改革。

① 魏源:《圣武记》卷10,第33页。
② 《西域置行省议》,《龚自珍全集》上册,第106页。
③ 《己亥杂诗》,《龚自珍全集》下册,第521页。
④ 《明良论二》,《龚自珍全集》上册,第31页。
⑤ 《己亥杂诗》,《龚自珍全集》下册,第521页

二、西方资本主义的发展和殖民扩张

正当清朝国势日趋衰微的时候,欧美资本主义的发展却非常迅速。

英国在 1640 年爆发资产阶级革命,第一次在欧洲的一个大国推翻封建统治。而后,资本主义势力与封建势力经过半个世纪的反复较量,才确立了资产阶级的统治地位和资本主义制度。1784 年瓦特改良了蒸汽机,英国出现"工业革命",机器工业逐渐取代工场手工业,生产关系和社会结构也发生急剧变化,工业生产的发展突飞猛进。从 1770 年到 1841 年的 70 年间,英国棉纺织业用棉量增加了 100 倍。交通运输业也发生了根本性的变革,铁路和轮船等现代交通工具开始了普遍使用。煤、铁等其他工业产量也迅速增加。据统计,1820 年英国工业生产量占世界工业生产总额的 50%,英国贸易占世界贸易总额的 18%;1839 年,英国的煤产量是法国、比利时、普鲁士三国总和的 3 倍;1840 年,英国贸易占世界贸易总额的 25%,生铁产量达 139 万吨。英国成为当时世界上最先进、最强大的资本主义工业国家。

法国于 1789 年爆发资产阶级革命,建立了资产阶级政权,为资本主义的发展开辟了广阔的前景。1830 年工业生产应用蒸汽机 650 台,1839 年增至 2450 台;从 1815 年到 1840 年,棉织品产量增加了 3 倍;从 1814 年至 1840 年,生铁产量由 10 万吨增加到 35 万吨。法国成为仅次于英国的资本主义工业国家。

美国于 1776 年 7 月 4 日发表"独立宣言",在反对英国殖民战争胜利的基础上,在美洲建立了第一个独立的资产阶级共和国——美利坚合众国。19 世纪初期,美国比英、法落后,资本主义经济还很弱小,奴隶制度在南部还占统治地位。1820 年,美国的农业人口占全国人口的 5/6,只有

1/6 的人口从事工商业和其他职业。美国起步虽较晚,但发展速度却很快。它的农业机器生产数量迅速超过欧洲各国。至 1850 年,铁路总长达 1.5 万公里,居世界第一。

俄国是一个长期处于封建农奴制的国家。从 16 世纪末至 17 世纪初,它也开始了原始资本主义积累的过程,18 世纪后期出现具有资本主义性质的手工工场。19 世纪初开始在棉织业中使用机器生产,资本主义生产关系有了一定的发展。但直到 19 世纪前半期,封建经济仍占统治地位。

欧美资本主义的发展始终伴随着暴力和掠夺。"掠夺是一切资产阶级的生存原则"[1]。随着资本主义的迅速发展,资产阶级开始寻找新的商品销售市场和原料供应市场,开拓更为广阔的殖民地。"资本主义如果不经常扩大其统治范围,如果不开发新的地方并把非资本主义的古老国家卷入世界经济的漩涡之中,它就不能存在和发展"[2]。

以英国为首的欧美资本主义国家早就对中国及东方各国怀有野心。16 世纪末,英国殖民势力开始侵入印度,并于 1600 年建立东印度公司,以垄断东方贸易。之后,英国又对阿富汗、波斯、缅甸、印尼等国进行侵略渗透。1637 年,英国兵舰四艘驶抵中国广东,不顾明朝政府的禁令,竟然闯入珠江,炮击并占领虎门炮台。中国军民坚决抵抗,击退侵略军。1793 年,英国以祝贺乾隆皇帝八十寿辰为名,派遣马嘎尔尼率使团来华,提出开放宁波、舟山、天津等地为商埠,割让舟山附近的岛屿与广州附近的地方,减轻税率等侵略要求,遭到清政府的拒绝。尔后,英国兵船多次侵扰我国东南沿海。1825 年,英国爆发了第一次资本主义经济危机。为了摆脱危机,英国资产阶级更加紧推行殖民扩张,一些侵略分子不断公开鼓吹

---

① 《马克思恩格斯选集》第 4 卷,第 390 页。
② 《列宁全集》第 3 卷,第 545 页。

武装侵略中国。1832 年,英船"阿美士德"号窜到中国沿海测量港湾航道,调查港口情况,并绘制地图。1836 年,英国政府代表、驻华商务监督义律,扬言要用武力对付中国。

法国在亚洲的侵略目标主要是越南和中国。1640 年,法国开始对华贸易活动。法国在打开商品市场的同时,特别重视利用宗教作为侵略工具。1660 年,法国成立了中国公司。随后,不断派遣传教士来华。1698 年,第一只法国商船抵达中国,其中就有一批传教士随船而来。法国的天主教传教士私入中国内地者日多。19 世纪 30 年代,法国工业进一步发展起来,因而也加紧向外扩张势力。

美国在独立之后就极力向海外伸展势力。1784 年,开始与中国通商。其对华贸易的开展较其他国家虽晚,但发展很快,商船数由 1789 年的 15 艘,增至 1832 年的 62 艘。1835 年,美国组织东印度洋舰队,执行其对远东的"炮舰政策"。

沙皇俄国本来同中国并不接壤。16 世纪下半叶,沙俄越过欧亚交界的乌拉尔山,迅速向东扩张。17 世纪中叶,武装侵入我国黑龙江流域和贝加尔湖以东地区。沙俄的侵略行径,遭到中国军民的抵制和反击。1689 年,中俄两国经过平等协商,订立了《尼布楚条约》。1727 年,中俄双方又签订了《布连斯奇条约》。这两个条约规定了两国东段和中段边界。东段以外兴安岭至海、格尔必齐河和额尔古纳河为界,肯定黑龙江流域和乌苏里江流域的广大地区都是中国领土;中段以西起沙宾达巴哈、东至额尔古纳河(这段边界目前大部分为蒙俄边界)为界。清代我国的西部疆界在巴尔喀什湖。自 18 世纪初叶起,沙俄侵略者不断侵占巴尔喀什湖以东、以南的我国领土,相继吞并了西部哈萨克和北部哈萨克。与此同时,沙俄还对我国进行经济掠夺。在鸦片战争前的一个较长时期内,沙俄在对华贸易方面,比其他欧洲国家处于有利的地位。

西方资本主义的迅猛发展以及随之而来的疯狂的殖民扩张,使古老的中国面临着一场空前的挑战和危机。

第二节　反对英国侵略的战争

一、鸦片泛滥和中国的禁烟

18世纪中叶,英国已在西方各国的对华贸易中居首位。但是,在中国自给自足的自然经济的壁垒面前,西方的工业品很难找到市场,屡屡亏损。同时,昧于世界大势的清政府在对外关系方面采取"闭关"政策,使中国处于与世隔绝的状态。清政府把对海外的贸易严格限制在广州一口,规定外国商人销售商品和购买土货都必须通过少数特许的"行商"(即"十三行")之手,进行严格控制。这种外贸政策也严重阻碍了西方工业品在中国的销售。相反,中国的茶叶、生丝等土特产品的出口却占有很重要的地位。中国在对外贸易中一直是出超。以中英贸易为例,1781年至1790年,在中国销往英国的商品中,仅茶叶一项就达9600万元。而1781年至1793年,英国销往中国的全部工业品只有1600万元,仅及茶价的1/6。所以,外国必须以白银来抵付贸易差额。19世纪初,从广州流入的白银,每年约在100万两至400万两之间。直到19世纪二三十年代,每年仍旧出超二三百万两以上①。这种贸易状况,与英国资本主义经济扩张的需要是尖锐对立的。于是,英国商人便开始利用鸦片这种特殊商品,作为打开中国大门的重要手段。

---

① 严中平等:《中国近代经济史统计资料选辑》第21页。

　　鸦片,学名罂粟,俗称大烟。原产于南欧及小亚细亚,后传到阿拉伯、印度及东南亚等地,最初是当作药材传入中国的。由于鸦片具有强烈的麻醉功能,吸食成瘾,难以断绝。从 18 世纪初开始,英国商人向中国输入鸦片,每年约 200 箱左右。1757 年英国占领印度的鸦片产地孟加拉后,便竭力发展对华鸦片贸易。10 年后,英国输入中国的鸦片增加到每年 1000 箱(每箱鸦片重 100 斤或 120 斤)。1773 年,英印殖民政府确立了大量种植及向中国大量输入鸦片的政策,并给予东印度公司制造和专卖的特权。英国侵略者强迫印度农民种植罂粟,在加尔各答等地设立加工厂,制造适合中国吸食者口味的鸦片,由东印度公司以高于成本十倍的垄断价格将鸦片卖给英国烟贩,烟贩又以 50% 以上的利率运到中国销售。

　　自 19 世纪初开始,输入中国的鸦片数量不断增加。英国烟贩无视中国政府的多次禁令,大肆进行非法的鸦片走私贸易。他们贿赂清朝官吏

伶仃洋上的鸦片走私船

兵弁,勾结中国私贩,用"快蟹"、"扒龙"等特制快艇,进行武装走私。走私范围逐渐从珠江口外扩大到东南沿海,甚至北及直隶和奉天海岸。据不完全统计,1800 至 1804 年间,鸦片输华量平均每年 3500 箱;1820 至 1824 年间,增至平均每年 7800 余箱。30 年代迅速增加,到 1838 至 1839 年度,竟达 35500 箱①。罪恶的毒品贸易,给英国资产阶级带来了巨大的利益。它一方面扩展了英国在印度的市场,另一方面又开辟了英国在中国的市场。英国在印度大量销售棉纺品及其他工业品,以购买印度的鸦片,然后再将鸦片输入中国以换取中国的茶叶、生丝,运销英国和世界各地。在英——印——中即棉纺织品——鸦片——茶、丝这个三角贸易中,鸦片起着重要作用。英国资产阶级及其政府就是抓住鸦片贸易这个环节,把"三角贸易"的链条带动起来,从而使自己获取大利。

由于鸦片输入量的激增,中、英之间的贸易逐渐发生变化。英国由原来的入超变为出超,而且这种差额越来越大。30 年代起,在英国输华的货物中,鸦片一项竟占了一半以上,英国通过鸦片,每年从中国掠走的白银达数百万元②,"使鸦片成为 19 世纪全世界最贵重的单项商品贸易"③,而英国是当时世界上最大的毒品走私犯。美国商人也从土耳其、波斯等地向中国贩运鸦片。从 19 世纪 30 年代起,沙俄也由中亚向中国输出鸦片。据不完全统计,鸦片战争前的 40 年间,外国侵略者偷运至中国的鸦片不下 42.7 万箱,总价值约 3 亿元以上。

鸦片的泛滥,给中国社会带来了严重的灾难。吸食鸦片之风,由达官贵族殃及绅商百姓以及军队官兵,烟民人数越来越多。据 1835 年估计,

---

① 李伯祥等:《关于十九世纪三十年代鸦片进口和白银外流的数量》,《历史研究》1980 年第 5 期。
② 马士著,张汇文等译:《中华帝国对外关系史》第 1 卷,第 102—103 页。
③ 《剑桥中国晚清史》上册,中译本第 184 页。

全国吸食鸦片的人数达到 200 万以上。战前在浙江、福建、广东、云南等省，已开始种植土烟。吸食鸦片对于人的生理和心理都有极大的危害，对此魏源曾说："今则蔓延中国，横被海内，槁人形骸，蛊人心志，丧人身家，实生民以来未有之大患，其祸烈于洪水猛兽。"① 英国人蒙哥马利·马丁也说："不是吗，'奴隶贸易'比起'鸦片贸易'来，都要算是仁慈的。我们没有毁灭非洲人的肉体……我们没有败坏他们的品格、腐蚀他们的思想，也没有毁灭他们的灵魂。可是鸦片贩子在腐蚀、败坏和毁灭了不幸的罪人的精神存在以后，还杀害他们的肉体。"②

　　鸦片泛滥还严重破坏中国的社会经济。鸦片贸易改变了中国对外贸易的长期优势，使白银大量外流。1821 至 1840 年间，中国白银外流至少在 1 亿元以上，相当于当时银货流通总额的 1/5。平均每年流出 500 万两白银，相当于清政府每年总收入的 1/10。白银外流造成银贵钱贱，直接加重了劳动人民的负担。18 世纪末，一两白银换铜钱 1000 文左右，到 19 世纪 30 年代后期，上涨到 1600 文。按清政府规定，完粮纳税须用白银，因而劳动人民实际要多交 60% 的赋税。

　　鸦片泛滥严重威胁着清朝的统治。大量的白银外流，银价上涨，各地税收困难，拖欠的赋税也就日益增多，国库储备越来越少，清政府的财政陷入困境。官吏、兵丁吸食鸦片和从鸦片走私中收受贿赂，使清政府的吏治更加腐败，军队更加丧失战斗力。1831 年刑部奏称："现今直省地方，俱有食鸦片烟之人，而各衙门为尤甚，约计督抚以下，文武衙门上下人等，绝无食鸦片烟者，甚属寥寥。"③ 甚至清朝宫廷内部也有吸食鸦片者。清政

---

①　《道光洋艘征抚记》，《魏源集》上册，第 168 页。
②　转引自马克思：《鸦片贸易史》，《马克思恩格斯选集》第 1 卷，人民出版社 1995 年，第 71 页。
③　《查禁鸦片烟案》，中国近代史资料丛刊：《鸦片战争》第 1 册，第 414 页。

府虽三令五申查禁鸦片,但英国无视中国法令,贿赂清朝官员,进行武装走私。1826 年,两广总督设巡船查缉,结果是"巡船每月受规银三万六千两,放私入口"。以水师积习不可挽,后裁巡船。1837 年,两广总督邓廷桢复设巡船,"而水师副将韩肇庆,专以护私渔利,与洋船约,每万箱许送数百箱,与水师报功,甚或以师船代运进口。于是韩肇庆反以获烟功保擢总兵,赏戴孔雀翎。水师兵人人充橐"①。正如马克思所指出:"中国人的道义抵制的直接后果就是,帝国当局、海关人员和所有的官吏都被英国人弄得道德堕落。侵蚀到天朝官僚体系之心脏、摧毁了宗法制度之堡垒的腐败作风,就是同鸦片烟箱一起从停泊在黄埔的英国趸船上被偷偷带进这个帝国的。"②

　　清政府久为鸦片问题所困扰,时禁时弛,痼疾难除。30 年代后期,在清政府内部就鸦片问题展开了激烈的争论。1836 年 6 月,太常寺少卿许乃济奏请清廷,以为"鸦片烟例禁愈严,流弊愈大","应变通办理"。他提出取消鸦片输入的禁令,"仍用旧制,准予夷商将鸦片照药材纳税";准许公开买卖,但要以货易货,不得以白银购买;民间贩卖、吸食,一律勿论,只禁文武员弁吸食;同时准许国内自由种植鸦片,"内地之种日多,夷人之利日减,迫至无利可牟,外洋之来者自不禁而绝"③。这种主张得到一部分广东地方官吏和士绅的支持,但也遭到一些官吏的批驳和反对。内阁学士兼礼部侍郎朱嶟、兵科给事中许球、江南道御史袁玉麟先后上奏批驳弛禁论,指出鸦片"削弱中原"、"毒害中华",必须严禁。

　　1838 年 6 月,鸿胪寺卿黄爵滋上书道光皇帝,痛陈鸦片的种种祸害,

---

① 魏源:《道光洋艘征抚记》,《魏源集》上册,第 169 页。
② 《鸦片贸易史》,《马克思恩格斯选集》第 1 卷,人民出版社 1995 年,第 717 页。
③ 《黄爵滋奏疏许乃济奏议合刊》第 216—219 页。

分析过去禁烟未获实效的原因,是由于官吏的贪赃枉法,建议采取"重治吸食"的办法,以抵制鸦片输入。他指出:"耗银之多,由于贩烟之盛;贩烟之盛,由于食烟之众。无吸食,自无兴贩;无兴贩,则外夷之烟,自不来矣。今欲加重罪名,必先重治吸食。"①他提出:广传戒烟药方,限期一年戒绝;过期仍吸者,平民处以死刑,官吏加等治罪,其子孙不准参加科举考试。严刑峻法,务期根绝烟患。道光皇帝命令盛京、吉林、黑龙江将军及各省督抚大员复议。湖广总督林则徐、两江总督陶澍、四川总督苏廷玉等在复奏中表示赞许。

林则徐(1785—1850年),字少穆,福建侯官(今福州市)人。嘉庆进士。曾与龚自珍、魏源、黄爵滋等提倡经世之学。历官道员、按察使、布政使、东河河道总督、巡抚,以干练廉明名重于时。1838年7月,他遵旨筹议《严禁鸦片章程》六条,极力赞成黄爵滋的主张。他说:"(吸烟)论死之说,私相拟议者,未尝乏人,而毅然上陈者,独有此奏。然流毒至于已甚,断非常法之所能防,力挽颓波,非严蒐济。"②林则徐在两湖地区厉行禁烟,成绩斐然。同年9月,他再陈道光皇帝,痛切指出:鸦片"迫流毒于天下,则为害甚巨,法当从严。若犹泄泄视之,是使数十年后,中原几无可以御敌之兵,且无可以充饷之银"③。林则徐的言行,使他成为主张禁烟的著名代表人物。

道光皇帝感到鸦片输入将造成军队瓦解、财源枯竭的严重威胁,10月,下令各省严禁鸦片,"务期净尽根株","毋以虚饰图功,毋以苟且贻患"④;并将许乃济降级,勒令休致,以示其禁烟决心。11月,命令林则徐

---

① 《黄爵滋奏疏许乃济奏议合刊》第71页。
② 《林则徐集·奏稿》第568页。
③ 《林则徐集·奏稿》第601页。
④ 《筹办夷务始末》道光朝卷5,第13、16页。

进京陛见，商计禁烟方略。12月31日，任命林则徐为钦差大臣，节制广东水师，前往广州查禁鸦片。

广大人民群众深感鸦片之害，痛恨贩卖鸦片的外国侵略者，支持地方官员的严禁措施。在鸦片走私最为猖獗的广州，人民群众曾多次掀起反对鸦片贸易的斗争。1838年12月12日，广州地方当局决定在外国商人居住的商馆附近广场处决一名中国贩烟罪犯。英、美鸦片贩子公然干涉中国内政，捣乱刑场，气焰嚣张。广州市民近万人闻讯赶来，举行示威，包围了商馆，表现了中国人民对外国侵略者的极大愤慨，也反映了中国人民禁烟的强烈要求。

林则徐于1839年3月10日抵达广州。当时，广州群众反对鸦片走私的情绪和禁烟的正义呼声十分高昂。林则徐"察看内地民情，皆动公愤，倘该夷不知改悔，惟利是图，非但水陆官兵军威壮盛，即号召民间丁壮已足制其命而有余"①。他与两广总督邓廷桢、广东水师提督关天培等人合作，积极整顿海防，防御外国入侵；严拿烟贩，惩办不法官弁；严禁国人贩卖、吸食鸦片，凡吸食者要立即呈缴烟土烟具，限期戒除；并于3月16日晓谕外国烟贩，限期呈缴所有鸦片，并出具甘结，保证"嗣后来船永不敢夹带鸦片，如有带来，一经查出，货尽没官，人即正法，情甘服罪"。他毅然表示："若鸦片一日未绝，本大臣一日不回，誓与此事相始终，断无中止之理。"②林则徐的这些举措，得到了广州各界群众的大力支持和拥护，城乡各地纷纷呈缴烟膏烟具，揭发检举鸦片贩子。特别是在鸦片走私的重要航道虎门，群众自动组织起来，一发现走私鸦片商船，立刻遍吹螺号，集合渔船，前后拦截，顺风纵火，将其烧毁。由此，禁烟运动在广州迅速高涨。

但是，中国正义的禁烟运动遭到了英国资产阶级的抵制和破坏。3月

---

①② 《林则徐集·公牍》第59页。

24 日,英国商务监督义律指使大鸦片贩子颠地逃跑,并阻止英商呈缴鸦片、具结保证书。林则徐派兵包围商馆,断绝广州与澳门交通,并下令暂停中英贸易。义律即改换手法,命令英商缴烟,同时劝告美国商人缴烟,声称烟价一律由英国政府付给。义律以此为英国发动侵华战争制造借口。在中国禁烟斗争的威力下,4 月下旬至 5 月中旬,英、美烟贩被迫缴出鸦片 19187 箱(其中美国烟贩 1540 箱)又 2119 麻袋,共计重 237 万余斤。

在林则徐主持下,自 1839 年 6 月 3 日起,在虎门"就海滩高处,周围树栅,开池漫卤,投以石灰,顷刻汤沸,不爨自燃,夕启涵洞,随潮出海"[1],将所缴获的鸦片当众销毁。直到 6 月 25 日,全部销毁干净。各地群众闻讯赶来观看,万众欢腾,无不称快。虎门销烟是中国禁烟运动的一个重大胜利。它打击了外国侵略者的气焰,鼓舞了中国人民的斗志,表明了中国人民反抗外国侵略、维护民族尊严的坚强决心。

二、英国发动侵略中国的战争

1839 年 8 月初,林则徐在广东收缴和销毁鸦片的消息传到了英国,英国工商业资产阶级及鸦片贸易集团立刻发出一片战争喧嚣。他们纷纷致书英国政府,狂妄叫嚷:"中国方面的无理举动,给了我们一个战争的机会……这种机会也许不会再来,是不能轻易放过的","大不列颠现在极应以武力向中国要求'恢复名誉'了"[2]。有的甚至宣称:"我们向中国政府提出的要求,只有表现充分的武力,才能有希望得到。"[3] 9 月 30 日,英国

---

① 《夷艘入寇记》,《鸦片战争》第 6 册,第 107 页。
② 《英国蓝皮书》,《鸦片战争》第 2 册,第 661—664 页。
③ 《英国蓝皮书》,《鸦片战争》第 2 册,第 653 页。

曼彻斯特与对华贸易有关的 39 家公司和厂商联合致函外交大臣巴麦尊,声称:"希望政府能利用这个机会,将对华贸易置于安全的、稳固的、永久的基础之上。"①实际上,是要用侵略战争把中国变成英国资产阶级掠夺原料的基地和倾销商品的市场。接着,伦敦、利物浦、里兹、利斯特等大城市的有关厂商也大叫大喊,主张立即发动侵华战争。

对中国发动侵略战争,既是英国资本主义扩张发展的客观要求,也是英国政府蓄谋已久的政策。鸦片战争前的 1837 至 1838 年间,英国正处于第二次经济危机之中。这一时期,英国工商业萧条,大批企业倒闭,大量商品积压,失业现象十分严重,英国国内的工人运动因而不断高涨。英国资产阶级为了摆脱困境,转嫁危机,更加疯狂地进行对外扩张。以武力打开中国这一广阔的市场,进而掠夺中国的财富,成为其扩张政策的重要目标。1839 年 9 月底,英国外交大臣巴麦尊召见逃回英国的鸦片贩子查顿等人,商讨拟定对中国发动战争的具体计划,包括侵华舰艇的数量、陆军人数及必要的运输船只,等等。

中国禁烟成为英国政府发动侵华战争的借口。1839 年 10 月 1 日,英国召开内阁会议,讨论武装侵略中国的问题。外交大臣巴麦尊表示:对付中国的唯一办法,"就是先揍它一顿,然后再作解释"②,主张立即调遣军舰封锁中国沿海。陆军大臣麦考莱也坚决主张对华采取军事行动。于是,英内阁会议作出了"派遣一支舰队到中国海去"的决定③。11 月初,伦敦的"印度与中国协会"向巴麦尊提出了更为系统、详尽的作战方案,同时还提出了一系列侵华要求:开放与茶丝产地相近并盛销英国呢绒、布匹、

① 《英国蓝皮书》,《鸦片战争》第 2 册,第 634 页。
② 《近代史资料》1958 年第 4 期,第 57 页。
③ 《英国资产阶级纺织利益集团与两次鸦片战争史料》,《鸦片战争史论文专集》第 49 页。

羽纱的广州、厦门、福州、宁波、扬子江；协定关税；割占中国沿海岛屿等。

　　1840 年 2 月，英国政府任命乔治·懿律和查理·义律作为同清政府交涉的正、副全权代表，并任命懿律为侵华英军总司令。英国政府对于战争的决定和部署，一直严守秘密。迟至 1840 年 4 月，出兵中国的决定才在议会辩论，以微弱的多数通过支付军费案，派兵侵略中国。

　　虎门销烟后，林则徐下令恢复中英之间的正常贸易，但严厉禁止鸦片输入；要求进口贸易的外国商船一律出具不带鸦片的甘结。义律继续进行破坏活动，阻止英国商船具结。他曾两次下令所有英国商船离开广州前往澳门，不许到广州贸易。

　　1839 年 7 月，英国水手在九龙尖沙咀行凶，殴打当地居民，其中林维喜因伤重于次日身死。林则徐多次要求义律交出凶犯，义律拒不交出。为了维护中国主权的尊严，林则徐下令停止供应英人柴米食物。义律发动武装挑衅。9 月，英舰在九龙袭击中国水师，被击退。11 月，英舰又在穿鼻洋面向中国水师开炮，关天培率官兵奋力还击，英舰受伤逃窜。此后，英军在尖沙咀北面的官涌一带接连发动六次进攻，均被击退。

　　1840 年 1 月，道光皇帝命林则徐断绝中英一切贸易，并出示其罪状，宣布各国。

　　面对英国的武装挑衅，林则徐主张坚决抵抗。他在严禁鸦片的同时，积极奋战，会同邓廷桢、关天培整饬水陆两军，督促官兵认真操练。他下令加强虎门一带海面所安设的木排铁链，添设炮台炮位，并购买西洋大炮布防于珠江口附近。在备战中，林则徐看到了广大人民群众对外国侵略者的切齿痛恨，认为"民心可用"，积极倡导"由民间自行团练，以保村庄"[1]，并从渔民、蛋户、盐工中招募壮丁数千人，编成水勇。林则徐还公开

---

[1]　《林则徐集·奏稿》第 881 页。

号召:"如英夷兵船一进内河,许以人人持刀痛杀。"①在此期间,林则徐还注意了解和研究西方资本主义国家的情况和动态。他组织幕僚翻译英人慕瑞《地理大全》,经他润色后,编成《四洲志》。根据所了解的情况,林则徐制定一套对付外国侵略者的策略。他主张严惩外国鸦片贩子的非法活动,但不禁止外国商人进行正当的贸易,提出"奉法者来之,抗法者去之"的正确方针②。他在一定程度上看出了资本主义国家之间的矛盾,并建议利用这种矛盾,以孤立英国。针对中英双方军事力量的特点,认为中国必须坚持"以守为战"、"以逸待劳"的作战方针。这些都表明林则徐具有远大眼光和务实精神。他不愧为伟大的爱国者和近代中国开眼看世界的先进人物。

1840年6月,乔治·懿律率领由兵船16艘、武装汽船4艘、运输船28艘、士兵4000余人(后增至1.5万人)、大炮540门组成的"东方远征军",相继从印度、开普敦等地到达中国广东海面,第一次鸦片战争正式开始。

三、战争的三个阶段

第一次鸦片战争持续了两年多的时间,经历了三个阶段。

战争的第一个阶段,自1840年6月下旬英军封锁珠江口至1841年1月下旬清政府对英宣战之前,历时约7个月。在这个阶段,英军实施封锁珠江口、占领定海、北上天津以武力逼迫清政府就范为主要内容的侵略方案;中国方面除广东积极备战外,总体上持消极抗战的态度。由于道光皇帝采取"羁縻"政策,林则徐、邓廷桢等抵抗派遭到打击和排挤,妥协派琦

---

① 林则徐:《英夷鸱张安民告示》,转引自范文澜著《中国近代史》第31页。
② 《林则徐集·奏稿》第705页。

善、伊里布等逐渐取得了对英交涉的大权,义律向琦善提出割地丧权的所谓"穿鼻草约"。

英国侵略军到达广东海面后,对广州实行封锁。由于广东军民早有戒备,侵略者无隙可乘。6 月 30 日,懿律和义律率英军按其原定计划北犯。7 月,英军进攻福建厦门,未能得逞。接着,又北犯浙江,攻陷防御薄弱的定海。8 月,英军继续北犯,抵达天津白河口,投递巴麦尊给清政府的照会,提出赔款、割地、通商等无理要求。

定海失陷,清政府大为震动。道光皇帝动摇了当初的禁烟和抵抗政策,他指示直隶总督琦善:"如该夷船驶至海口,果无桀傲情形,不必遽行开枪开炮。"①这种消极思想,在沿海各督抚身上表现尤为突出。事实上,当时沿海各省的督抚除林则徐(已任两广总督)、邓廷桢(已调任闽浙总督)等少数人以外,在军事上都没有作任何部署。在京师重要门户的天津,仅有守军八百。山海关一带,连一尊可用的大炮都没有。琦善竟称"水师不必设,炮台不必添",甚至说:"夷船不来则已,夷船若来,则天津海口断不能守。"②当英军抵达天津海口后,清朝文武官员更是手忙脚乱,不知所措。妥协派趁势散布流言蜚语,攻击林则徐、邓廷桢。他们把英军发动侵略战争的责任归罪于林则徐在广东缴烟,"先许价买,而后负约,以至激变"③。道光皇帝本无抗战决心,加之妥协派在耳旁的鼓噪,便任命琦善前往天津海口与英军谈判。琦善宣扬失败情绪,说英人"船坚炮利",是无法战胜的,即使是今年打胜了,明年还会再来,"边衅一开,兵结莫释……而频年防守,亦不免费饷劳师"④。在谈判中,他向英国侵略者表

① 《筹办夷务始末》道光朝卷 12,第 8 页。
② 张喜:《抚夷日记》,《鸦片战争》第 5 册,第 353 页。
③ 《夷艘入寇记》,《鸦片战争》第 6 册,第 112 页。
④ 《筹办夷务始末》道光朝卷 14,第 31、32 页。

示,林则徐等人在广东查禁鸦片"操持过急",实属"办理不善",保证要"重治其罪",要求英军撤回广东,等候清政府派遣钦差大臣"秉公查办,定能代伸冤抑"①。懿律得此答复,认为实现了以武力要挟清政府谈判的目标,又因北方天气渐冷,海港即将封冻,遂于9月中旬率军南下。

道光皇帝于9月17日任命"退敌"有"功"的琦善为钦差大臣,赴广东继续办理中英交涉;同时,以"办理不善"的罪名将林则徐、邓廷桢革职查办。在道光皇帝的"羁縻"政策指导下,11月6日,两江总督伊里布与懿律签订浙江停战协定。道光皇帝旋又颁布开放烟禁上谕,以此向侵略者表明其谋求妥协的诚意。

1840年11月29日,琦善到达广州。他一反林则徐的做法,下令撤除珠江口附近的防御设施,裁减水师,遣散乡勇,排挤坚持抵抗的地方官员,以讨好英国侵略者。12月,琦善与英军开始谈判,懿律因病回国,义律接任全权代表。谈判主要集中在三个问题上:

赔偿烟价,割让岛屿或增开口岸,交还定海。琦善同意赔烟价600万元,但增开口岸只应在广州之外再增设一处,不准寄居,应先交还定海后签约。义律决定进一步施加压力,迫使琦善完全屈服。1841年1月初,英军发动突然袭击,攻占大角、沙角炮台,副将陈连升、陈举鹏父子(土家族)及土家、苗等族守台官兵600余人全部壮烈殉国。在近代中国抗击外国侵略者的战争中,陈连升是第一位为国捐躯的少数民族将领。

英军攻占大角、沙角炮台后,义律于1月20日在澳门发表了一份公告,内容包括割让香港、赔偿烟价600万元、恢复广州通商等。25日,英国侵略军强占了中国领土香港。同时,义律与琦善又进行了包括割让香港在内的所谓"穿鼻草约"谈判。但琦善此时已自身难保,不敢再谈签约事,谈判停止。

---

① 《筹办夷务始末》道光朝卷12,第38页。

第一次鸦片战争形势图

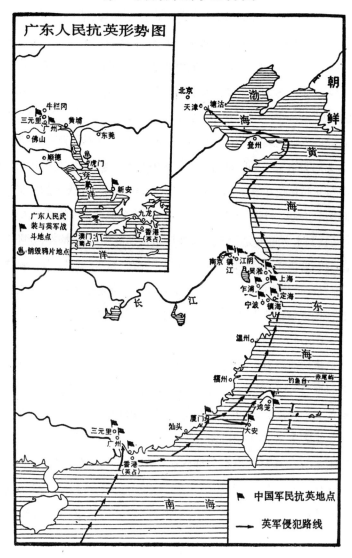

战争的第二阶段，自 1841 年 1 月 27 日清政府对英宣战始，至 5 月 27 日《广州和约》订立为止，历时 4 个月。在这个阶段，清政府虽然宣战，但并无真正抗战的决心。道光皇帝派往广州主持军事的奕山、杨芳等官僚昏庸无能，在对英作战中一触即溃，终于签订了屈辱的《广州和约》。

琦善、伊里布等人的妥协活动，引起了广大人民群众的强烈不满。在浙江，镇海、定海居民纷纷谴责伊里布撤退镇海守军的措施，并要求收复定海；在广东，广州的爱国士绅联合请愿，特别是"香港绅民，以不愿为夷，联名控诸抚院"①。在清政府内部，倾向抵抗的官员也纷纷奏请罢免琦善，重新起用林则徐、邓廷桢主持抗英斗争。英国要求割地、赔款的条件，也大大超出了道光皇帝可能接受的程度。1841 年 1 月 27 日，大角、沙角炮台失守的消息传到北京，道光皇帝看到定海尚未交还，英军又在广东发动进攻，十分恼怒，立即下诏对英宣战。接着，道光皇帝将琦善革职拿问，以祁墳为两广总督；任命裕谦为钦差大臣赴浙江接替伊里布；同时任命御前大臣、宗室奕山为靖逆将军，户部尚书隆文、湖南提督杨芳为参赞大臣，调集各省军队 1.7 万人开往广东。于是，中英双方重新进入了战争。

英军获悉清政府调兵遣将的消息后，立即先发制人。2 月下旬，英军进攻虎门炮台，六旬老将广东水师提督关天培率军英勇抵抗，仍在广东主事的琦善竟拒绝派兵增援。关天培与将士 400 余人壮烈殉国，虎门炮台陷落。英舰驶入省河，广州形势危急。

3 月，参赞大臣杨芳率军先期到达广州。义律从商业利益出发，向杨芳提出休战谈判，双方达成停战协定，广州恢复贸易。4 月，奕山及各省援军先后到达广州。奕山一到广州，便诬蔑"粤民皆汉奸，粤兵皆贼党"②。

---

① 《平夷录》，《鸦片战争》第 3 册，第 388 页。
② 《夷艘入寇记》，《鸦片战争》第 6 册，第 118 页。

他不用粤勇,而召募水勇于福建;不信粤兵,而依靠外省"客军";甚至提出"患不在外而在内"、"防民甚于防寇"的反动方针①。在作战上,他希图侥幸取胜,邀功请赏。5月21日,在没有切实准备的情况下,奕山贸然发动一次夜袭,清军大败,英军乘势反扑,占领了城郊重要据点,包围并炮轰广州城。26日,英军准备攻城,奕山等慌作一团,在城上高悬白旗,派广州知府余保纯出城乞和。27日,奕山与义律签订了屈辱的《广州和约》,规定清军六天内撤至离广州60英里以外的地方;一周内缴纳600万元"赎城费";赔偿英国商馆损失30万元。第二阶段的战争,至此结束。

广州地区的广大人民群众,对奕山等向英军的求和行径无比愤怒,奋起抗击英军。5月29日,盘踞四方炮台的英军窜至广州北郊三元里抢劫

三元古庙

行凶,当地人民群起反抗,当场打死英兵数名,其余的仓皇逃走。为防止英军报复,群众在村北三元古庙集会,决定以庙中黑底白边的三星旗为

①　《筹办夷务始末》道光朝卷27,第32、34页。

"令旗",联络附近 103 乡义勇,共同抗英。一些具有爱国思想的地主士绅,加入了抗英斗争的行列,成为斗争的组织者和领导者。30 日,三元里数千义勇向四方炮台进攻。他们将英军引诱到牛栏冈,附近村民从四面八方赶来,把英军团团包围。"刀斧犁锄,在手即成军器;儿童妇女,喊声亦助兵威"①。直到敌援军到达后,被围英军才撤回四方炮台。31 日,广州附近番禺、南海、花县、增城等县 400 余乡的数万群众赶来,与三元里群众一起将四方炮台层层包围。奕山应英军的要求,派广州知府余保纯出城解围,强迫解散群众队伍。三元里抗英斗争,显示了中国人民不甘屈服和敢于斗争的英雄气概。

战争的第三阶段,自 1841 年 8 月英军再度进攻厦门开始,至 1842 年 8 月 29 日签订《南京条约》为止,历时一年。在这个阶段,英军以进攻江浙地区为重点,以武力逼迫清政府彻底就范。清政府虽调集重兵赶赴浙江,但在前线溃败后便一意求和,最后被迫在南京订立了城下之盟。

1841 年 4 月,英国政府获悉义律提出"穿鼻草约"的消息后,大为不满,认为从这个"条约"中所获的侵略权益太少,决定撤换义律,改派璞鼎查为全权公使,进一步扩大侵华战争。

8 月,璞鼎查到达香港,随即率英军再次北犯。8 月 27 日,英军进攻厦门,总兵江继芸力战阵亡,厦门陷落。9 月,英军继续北犯定海。主持浙江军务的钦差大臣、两江总督裕谦(蒙古族)下令加强防御,坚决抵抗。他对众宣誓:"城存俱存,以尽臣职,断不肯以退守为词,离却镇海县城一步,尤不肯以保全民命为词,接受逆夷片纸。"② 9 月 26 日,英军进攻定海,总兵葛云飞、郑国鸿(回族)、王锡朋率 5000 守军浴血奋战六昼夜,全军将士

① 林福祥:《平海心筹》,《鸦片战争》第 4 册,第 600 页。
② 《筹办夷务始末》道光朝卷 33,第 19 页。

壮烈殉国,定海于10月1日再度失陷。10日,英军攻镇海,浙江提督余步云临阵逃往宁波,裕谦亲自登城指挥抗战。总兵谢朝恩战死,镇海失守,裕谦悲愤投水自尽,履行了自己的誓言。13日,英军攻宁波,余步云先一日弃城走上虞,宁波不战而陷。与此同时,英军还侵扰台湾,台湾道姚莹和总兵达洪阿在台湾各族群众的支持和配合下,打退了英军的进犯。

浙东三城在短短的半个月里轻易易手,引起了清政府的恐慌。为了挽回败局,道光皇帝下令重新迎战,以示"天朝兵威"。10月18日,道光皇帝任命协办大学士、宗室奕经为扬威将军,侍郎文蔚和副都统特依顺为参赞大臣,往浙江办理军务;同时从各省调集军队近两万人,赶赴浙江前线。

奕经离京后,一路上游山玩水,寻欢作乐,勒索地方,铺张糜费。到苏州后更是花天酒地,竟驻足不进。以致民怨沸腾,言官弹劾。奕经不得已被迫离开苏州,于1842年2月到达绍兴。从北京出发至此,已过了四个月。

奕经的言行,与奕山在广州所为如出一辙。他诬蔑"水勇、乡勇,或系无业游民,或系乡村笨汉,所持兵械,不过稻权木棒,无事或可壮声威,遇敌则必先溃散",认为"浙省兵丁、浙省乡勇均不可用"①。他到浙江前线后,依然不认真筹划抗敌措施,却希图侥幸取胜,邀功请赏。3月上旬,在不了解敌情和没有充分准备的情况下,奕经命令清军从绍兴分三路出师,冒雨夜袭宁波、镇海、定海,竟想一举收复三城。因师期泄露,英军早有准备,清军三路皆败,全军溃散。英军乘机反扑,慈溪失陷。奕经等仓皇逃回杭州,从此不敢再战,却谎报军情,掩败为胜,力主对英求和。

清政府在广东和浙江的两次出师,都惨遭失败,朝臣中妥协派官员又活跃起来。浙江巡抚刘韵珂给道光皇帝上奏摺,宣称英人炮火"猛烈异

---

① 《扬威将军奏摺》,《鸦片战争》第4册,第270页。

常,无可抵御",沿海各省"一月之防费,为数甚巨,防无已时,即费难数计,糜饷劳师,伊于胡底"①? 他认为如果继续开战,国内将会出现各地人民揭竿而起的危局。军事上的连续失利和妥协派的喧嚣,促使道光皇帝从忽战忽和转而一意求和。他哀叹清军"既不能冲锋击贼,复不能婴城固守,一见逆夷,辄即纷纷溃散","可见将懦兵疲,全无斗志,非逆夷凶焰竟不可当,实我兵弁临阵脱逃,几成习惯"②。于是,他命令停止进兵,任命盛京将军耆英为钦差大臣,并重新起用已被革职的伊里布,令他们驰往浙江寻求谈判途径。英国侵略者认为它的军事打击尚不足以胁迫清政府接受其全部要求,拒绝和谈,决定仍照原计划,大举侵入长江流域下游地区。

1842 年 5 月,英军退出宁波和镇海,集中兵力进犯江浙两省的海防重镇乍浦,遭到守军的顽强抵抗。17 日,乍浦陷落。6 月,英军侵入长江,攻打吴淞炮台。两江总督牛鉴闻风逃遁,年近七旬的江南提督陈化成率5000 余名官兵坚守吴淞西炮台,先后三次拒绝牛鉴的退兵命令,身负重伤,英勇战死。宝山、上海相继陷落。英军继续溯长江西上。7 月 21 日,进攻镇江,副都统海龄(满族)率4000 余名满、蒙、汉族将士殊死奋战,终因力量悬殊,守军全部战死,镇江失守。恩格斯在赞扬镇江守军的英勇精神时指出:"如果这些侵略者到处都遭到同样的抵抗,他们绝对到不了南京。"③英军于 8 月初侵入南京下关江面。耆英、伊里布等赶到南京议和,接受了璞鼎查提出的全部条款。

鸦片战争以清政府的失败而告结束。英国军队在武器装备和训练方面固然比清军先进优越,但也存在不利的因素。其兵力严重不足。当时

---

① 《筹办夷务始末》道光朝卷44,第29、32 页。
② 《筹办夷务始末》道光朝卷41,第9 页;卷40,第48 页。
③ 《英人对华的新远征》,《马克思恩格斯全集》第12 卷,第190 页。

英国分布在本国及其广大殖民地上的军队总共 10 万人,能够投入对华作战的兵力,最初只有 4000 余人,最多时也只有 1.5 万人。英军远离本土作战,补给线过长。当时苏伊士运河尚未开凿,从英国航行到中国,至少要四个月;从印度航行到中国,至少要一个月。中国所进行的反对英国侵略的战争,是正义的自卫战争,得到广大人民和爱国官兵的支持。中国战败的根本原因在于中国封建社会制度的腐朽和经济、科学技术的落后,在于清政府的昏庸愚昧。战争的失败,使中国人民从此陷入苦难的历程,也促使中国人民觉醒和奋起。

四、第一批不平等条约的订立

1842 年 8 月 29 日,耆英、伊里布与璞鼎查在南京下关江面的英国军舰"皋华丽"号上签订了中英《江宁条约》,即《南京条约》。

《南京条约》是近代中国历史上的第一个不平等条约,主要内容有:

(一)中国开放广州、福州、厦门、宁波、上海等五处为通商口岸,准许英国人及所属家眷在上述五地寄居,同时准许英国派驻领事等官。这些通商口岸的开放,不是平等互利的,它们是西方资本主义侵略者进行殖民掠夺和不等价交换的据点。

(二)中国割让香港给英国。香港从此沦于英国的殖民统治之下,英国在那里设官治理,把它进一步变成了侵略中国的重要基地[1]。

(三)中国赔偿英国的款项总数为 2100 万元,其中军费 1200 万元,鸦片费 600 万元,商欠 300 万元,分四年付清。广州赎城费 600 万元不包括

---

[1]　《南京条约》规定割让给英国的香港,指香港岛。今香港地区还包括 1860 年《北京条约》割让的九龙半岛南端和昂船洲,以及 1898 年《展拓香港界址专条》"租借"的新界陆地和邻近岛屿,总面积为 1074 平方公里。

在内。

(四)英国商人"应纳进口出口货税、饷费,均宜秉公议定则例"。这就是说,中国海关无权自行确定进出口货物的税率,必须与英国共同议定。这项规定,开了协定关税的恶例,使中国丧失了海关自主权,为外国资本主义对中国进行经济掠夺提供了便利条件。

(五)废除"公行"制度,英国商人在通商口岸无论与何商交易,"均听其便"。

《南京条约》签订后,由于需要议定关税税率及其他有关问题,中英在广东继续谈判。1843 年 7 月 22 日,英国强迫清政府补订了《五口通商章程》,并在香港公布。10 月 8 日,双方又在虎门签订了《五口通商附粘善后条款》,即《虎门条约》,《五口通商章程》是这一条约的一部分。

通过《虎门条约》,英国又取得了一些重要特权:

(一)领事裁判权。条约规定英国人在通商口岸犯罪时,"由英国议定章程、法律,发给管事官照办",中国政府无权处理。这项规定严重破坏了中国的司法权,开创了外国人在中国不受中国法律管束的先例,使他们可以在中国为所欲为,而不受中国法律的制裁。

(二)片面最惠国待遇。条约规定中国在将来给予其他国家任何权利时,"亦准英人一体均沾"。此项条款为英国和其他国家在侵略中国的过程中,互相援引,攫取各种侵略权益开创了恶例。

(三)居住及租地权。条约规定英国人可以在通商口岸租赁土地,建房居住。后来,外国侵略者利用这项特权在通商口岸建立租界,并逐渐发展为完全脱离中国政府管辖的特别区域。

另外,《虎门条约》中还附有《海关税则》。其中规定的进出口货物税率,都比鸦片战争前降低了 50% 左右,有的甚至降低了 90%。《海关税则》还规定:凡未列入本税则的进出口货物,一律"值百抽五"。进出口税率的降低,有利于英国向中国倾销商品和掠夺原料,把中国纳入资本主义世界市场。《海关税则》的签订,使中国海关失去了保护本国经济发展的作用。

《南京条约》和《虎门条约》虽然都未提及鸦片问题,但实际上它是中英两国谈判的重要问题之一。《南京条约》谈判期间,璞鼎查正式提出将鸦片贸易合法化问题,耆英在书面答复中说:"各国商船是否载运鸦片,中国无须过问"①,实质上是允许继续鸦片走私。《虎门条约》签订前,英国政府仍要求将鸦片贸易合法化。1843 年 6 月,璞鼎查建议将广东南澳和福建泉州两地作为鸦片贸易集散地。随后,他又派马礼逊出面交涉。马礼逊诱骗清朝官员说,中国对鸦片"名禁实不禁","名为禁烟,实为免税","为今之计,与其禁之,不如税之"②。对于缴纳鸦片税问题,耆英虽心存疑虑,但仍表示若英国保证每年缴纳 500 万两鸦片税银,他便奏请道光皇帝批准。璞鼎查不同意这项条件,因而谈判未获协议。事实上,《南京条约》签订后,鸦片走私较战前更加猖獗。

《南京条约》及《虎门条约》签订后,西方资本主义各国对英国所获取的侵略利益十分眼红,纷纷接踵而至,趁火打劫,强迫清政府签订不平等条约。

1843 年,美国首先派专使顾盛来华。顾盛到达澳门后,利用清政府的恐惧心理,采取种种恫吓手段,甚至以战争相威胁。他照会护理两广总督程矞采称:"不日进京","约一月之间,兵船满载粮食,即驶往天津白河口而去。"程矞采奏报清廷说:"其意在仿照英夷,并欲驾出其上,已可概见。"③1844 年 7 月 3 日,清政府被迫派耆英与顾盛在澳门附近的望厦村签

----

① 姚贤镐编:《中国近代对外贸易史料》第 1 册,第 416 页。
② 黄恩彤:《抚远纪略》,《鸦片战争》第 5 册,第 422 页。
③ 《筹办夷务始末》道光朝卷 71,第 7、8 页。

订了《望厦条约》。在这个条约中，美国享有除割地、赔款以外的英国在《南京条约》中所取得的各项特权，同时还新增了以下几项重要的侵略权益：(一)扩大领事裁判权的范围。条约规定美国人与中国人或其他各国人在中国发生的一切诉讼，均由美国领事审理，中国政府不得过问。(二)进一步加强协定关税权。条约规定"中国日后欲将税例更变，须与合众国领事等官议允"。(三)美国兵船可以到中国各港口"巡查贸易"。(四)美国可以在通商口岸建立教堂、医院等。

《望厦条约》签订后不久，法国也采取同样的伎俩，派专使拉萼尼来中国进行讹诈。1844 年 10 月 24 日，清政府派耆英在广州附近的黄埔与拉萼尼签订了《黄埔条约》。通过这个条约，法国也取得了中英、中美条约中规定的全部特权。在《黄埔条约》中，法国还强迫清政府增加了一条："倘有中国人将佛兰西礼拜堂、坟地触犯毁坏，地方官照例严拘重惩。"这实际上是它迫使清政府放弃对天主教禁令的开始。至 1846 年，法国获得了在各通商口岸自由传教的权利。基督教随后也取得了同样的权利。从此，传教成为西方侵略势力对中国进行政治、经济、文化渗透的一个重要手段。

比利时、瑞典、挪威等西方国家也接踵而至，要求"援例"订约。清政府根据所谓"一视同仁"的原则，一律允准。与此同时，葡萄牙还趁机篡夺了中国对澳门的管辖权。

鸦片战争以后，沙俄加紧向我国东北和西北边疆大肆进行以掠夺领土为中心的侵略扩张活动。

1847 年 9 月，沙皇尼古拉一世任命穆拉维约夫为东西伯利亚总督，加紧推行武装鲸吞我国黑龙江流域的计划。1849 年，涅维尔斯科伊等沙俄海军军官乘炮舰由海上侵入我国黑龙江口和库页岛地区，并非法命名黑龙江河口湾附近北岸的两处港湾为"幸福湾"、"圣尼古拉湾"。1850 年 8 月，沙俄侵占我国黑龙江口的重镇庙街，并以沙皇的名字把庙街更名为尼古拉耶大斯克。至 1853 年底,沙俄侵略势力已经扩张到了兴衮河和黑龙江下游两岸以及口外整个中国领海,并侵占了库页岛。

在我国西北地区,沙俄于 1846 年武装侵入我国巴尔喀什湖东南的库克乌苏河(今卡拉塔尔河)。19 世纪 50 年代,它越过伊犁河继续向南扩张,侵占了巴尔喀什湖以东、以南的大片中国领土。1851 年 8 月 6 日,在沙俄的强迫下,伊犁将军奕山代表清政府与沙俄代表签订了中俄《伊犁塔尔巴哈台通商章程》,沙俄攫取了在新疆设立领事、领事裁判权、通商免税、建立贸易圈等种种政治的和经济的侵略特权。沙俄代表在订约后供认,这个不平等条约对沙俄“不仅是在商业关系上,而且在政治关系上也具有重要的意义,它成为深入中亚细亚继续进攻活动的强有力的动力”①。

《南京条约》等一系列不平等条约的签订,是欧美资产阶级强加在中国人民身上的锁链。从此,中国在西方资本主义的强力驱使下,被卷进了世界资本主义的漩涡。

第三节　战后十年间的中国社会

一、社会经济的变化

1840 年的鸦片战争,是中国由封建社会逐渐沦为半殖民地半封建社会的一个历史转折点。它使中国社会性质开始发生根本的变化。

鸦片战争前,中国在政治上是一个独立自主、统一的国家;战后,中国

---

① 巴布科夫:《我在西西伯利亚服务的回忆》第 142 页。

的领土开始被割裂,主权的完整遭到破坏,中国已经丧失独立自主的地位。战前,中国在经济上是自给自足的自然经济占统治地位的国家;战后,西方资本主义国家不断向中国倾销商品,掠夺原料,逐渐破坏了中国自给自足的自然经济基础,中国逐渐被纳入世界殖民主义体系,日益成为世界资本主义的附庸。

《南京条约》签订后,西方资产阶级兴奋得"好像全都发了疯似的"。璞鼎查回国后,告诉英国资本家说,他"已为他们的生意打开了一个新的世界,这个世界是这样的广阔,倾兰开厦全部工厂的出产也不够供给她一省的衣料的"①。美国总统泰雷在给国会的咨文中说:"今若能将数个连贯该帝国各部分的口岸,为过去欧美人士所未曾进入者,予以开放,对于美国产品的需求之扩大,必无疑义。"②他们把大量棉纺织品和其他商品运到中国来销售,甚至把中国人根本不使用的餐具刀叉和钢琴之类的商品也大批运进来。据统计,英国输华商品总值,1837年为90多万英镑,1843年增加到145.6万多英镑,1845年竟达239.4万多英镑。在英国输华商品中,棉纺织品占有较大的比重,从1842年的70多万英镑增加到1845年的173万英镑。与此同时,美国输华商品也有显著增加。

但是,英、美等西方资本主义国家对华倾销商品的情景,并没有像他们所幻想的那样美好。由于中国自给自足的自然经济对外国商品仍然具有顽强的抵抗作用,像潮水一般涌进来的西方工业产品在中国市场上得不到广泛的销路。英国下院一个调查中英贸易状况的委员会的报告承认:"近来同这个国家的贸易处于十分不能令人满意的状态。"③1846年以

---

① 《英国资产阶级纺织利益集团与两次鸦片战争史料》,《鸦片战争史论文专集》第71页。
② 转引自卿汝楫:《美国侵华史》第1卷,第51页。
③ 转引自马克思:《鸦片贸易史》,《马克思恩格斯全集》第12卷,第585页。

后,英国对华的商品输出开始大幅度下降,每年停留在 150 万英镑左右。西方资产阶级又把商品滞销的原因归咎于中国的门户开放不够,于是他们便叫嚣再次发动侵略战争,进一步打开中国市场。

鸦片走私仍是西方侵略者对华进行经济掠夺的重要手段。战后,清政府既不敢再谈“禁烟”,又不便宣布“弛禁”,鸦片走私实际上变成一种公开的、畅行无阻的贸易。据英国公布的《1849 年中国各口贸易报告》说:“目前中国每年鸦片销费量约为五万箱……其中以上海为中心的北方(按:当时英国人称广州以北地方为北方)消费量占五分之二,以广州为主要市场的南方消费量占五分之三。”[①]鸦片输入量的激增,进一步激化了中国因白银外流所引起的一系列矛盾,加剧了农业和手工业的破产,劳动人民的生活更加痛苦不堪。

19 世纪 40 年代,外国商品虽然在中国不能获得广泛的销路,但在遭受外国商品冲击严重的五口通商地区,小农业与家庭手工业密切结合的传统自然经济开始发生解体。

西方资本主义国家向中国输出的商品主要是棉纺织品,而中国手工业的最重要的部门也正是纺织业。因此,最早遭受外国商品冲击的,便是五口通商地区的手工纺织业。在上海及其附近的松江、太仓一带,手工纺织业素称发达,但随着上海的开埠,外国棉纱棉布的源源输入,这里的手工纺织业受到沉重的打击。据时人记载:“松、太利在梭布,较稻田倍蓰……近日洋布大行,价才当梭布三分之一。吾村专以纺织为业,近闻已无纱可纺。松、太布市,消减大半。”[②]在福建厦门一带,原来这里的商人将漳州、同安的土产棉布运往宁波、上海、天津、辽宁及台湾一带销售,又在

---

① 《中国近代对外贸易史料》第 1 册,第 420 页。
② 包世臣:《答族子孟开书》,《安吴四种》卷 26。

宁波等地购买江浙的棉布及其他货物运回厦门销售，生意十分兴隆。但自英国在厦门开市通商后，"该夷除贩运洋货外，兼运洋布洋棉，其物充积于厦口，内地之商贩，皆在厦门运入各府销变，其质既美，其价复廉，民间之买洋布洋棉者，十室而九。由是江浙之棉布不复畅销，商人多不贩运；而闽产之土布土棉，遂亦因之壅滞不能出口"①。在广州附近，"（顺德县）自西洋以风火水牛运机成布，舶至贱售，女工几停其半"；"（佛山）1854年后……纺业停顿"②。

鸦片战争后，西方资本主义国家从中国输出的茶、丝等农产品的数量增加很快。从19世纪40年代开始，中国丝、茶的出口额迅速增长。茶的出口由1843年的1300多万斤增加到1855年的8400万斤；丝的出口从1843年的1000多包增加到1855年的5.6万多包。由于丝、茶等农产品的大量出口，一些地区的农民放弃粮食生产转而种桑植茶，与商品市场的联系日益密切。如浙江的南浔镇辑里丝开始大量出口。湖南、福建的农民开始大量种植茶叶，他们将茶叶"卖与收购商贩，收购商贩或将茶运到通商口岸去出卖，或在当地卖与茶商，洋商又从茶商之手购买"③。中国丝、茶等的生产和出口贸易，开始走上了依附外国资本的道路。

与自然经济开始解体的缓慢过程相比较，东南沿海的一些城市（主要是五个通商口岸）却于战后迅速畸形繁荣起来，其中以上海发展最快。上海地处长江出海口，交通便利，又距丝、茶产地很近。因此，外国资本主义列强在战后就开始将经济侵略的重心转向上海。自50年代中期起，上海的出口贸易占全国出口的一半以上，取代广州而成为全国对外贸易的中

① 道光二十五年福州将军兼管闽海关敬敩奏，《历史研究》1954年第3期。
② 《中国近代手工业史资料》第1卷，第496页。
③ 《中国近代农业史资料》第1辑，第451页。

心。1845 年 11 月,英国驻上海领事巴富尔强迫清政府地方官吏议定土地章程,在上海划定一个区域作为英国人居留地。这是外国侵略者在中国设立租界的开端。1848 年和 1849 年,美、法两国也相继在上海强行划分了租界。后来,租界制度逐渐推广到其他通商口岸。最初,中国政府对租界内行政、司法还保有干预权,后来外国侵略者逐渐排斥中国的主权,实行独立于中国的行政系统和法律制度,使租界成为"国中之国",成为他们进行政治和经济侵略的基地。在通商口岸,外国侵略者开设洋行,强划租界,享有治外法权,鸦片贩子、投机商、流氓、骗子等等蜂拥而至,成为冒险家的乐园。一个曾在中国海关任职的英国人说,上海"已经变成了无法无天的外国人们的一个真正黄金国……其中许多人都是属于这样一种类型的:只要有利可图,那么走私犯禁,一切都不顾忌,就是行凶杀人,也在所不惜"[①]。

外国侵略者在中国通商口岸还肆无忌惮地进行掠夺华工的罪恶勾当,英国人称之为"苦力贸易"。实际上,它与资本原始积累时期殖民主义者的奴隶贸易是同样性质的。外国侵略者以拐骗和武装绑架等卑劣手段,掠获华工,在其胸部烙上印记。他们在运往美洲各地的途中,被锁在狭小而又拥挤的船舱里,死亡率很高,幸存下来的,到国外后被强迫从事繁重的奴隶劳动,过着牛马不如的悲惨生活。从 1845 年在中国出现第一批契约华工起,10 年之中,出口华工达 15 万人以上。自 1850 年以后的 25 年间,猛增到 228 万人。这项灭绝人性的罪恶贸易,激起了中国人民的极大愤怒。1852 年 11 月,在人口贩子较为集中的厦门,爆发了一次规模较大的反抗掠卖华工的斗争。另外,华工在船上暴动的事件也时有发生。

鸦片战争后,在通商口岸出现了一批为外国商行推销商品和收购土

---

① 莱特著,姚曾廙译:《中国关税沿革史》第 86 页。

货的买办商人,其中有不少是原来在广州的行商和鸦片贩子。40年代,买办商人的人数还不很多,但他们已经在社会上初露头角。由于他们与外国侵略者有密切的联系和共同的利害关系,同时他们在经济上又有相当的实力,因此开始受到清朝地方大吏的器重。如上海美商旗昌洋行的买办吴健彰,原是广州同顺行的行商,略谙英语,与外国人交往甚密,五口通商后到上海,出资捐得候补道,1848年3月奉清政府的命令协同上海道咸龄镇压青浦人民的抗英斗争。1851年,他署理上海道,成为中外反动势力相互勾结的牵线人物之一。另一个由广州同孚行出身的买办潘仕成,以白银8万两捐得候补道,后来由两广总督者英委派帮同广东巡抚黄恩彤办理"夷务",很受重视。这些情况说明,有些买办商人已开始在政治舞台上显露头角。

鸦片战争后不久,英、法、美等资本主义国家在五口通商地区开始投资开办为其商品输出和宗教文化侵略服务的企业。1843年,英国传教士在上海开办墨海书馆;1845年,英国人在广州黄埔开办柯拜船坞,美国传教士在宁波开办美华书馆;1850年英国人在上海创办《字林西报》;此后,英、美又在上海、厦门接连开办几个船舶修理厂、印刷厂、药房、打包厂等。这些企业雇佣了中国工人,中国最早的一批近代产业工人出现了。这个时期,中国产业工人虽然刚刚出现,人数不多,但却是中国新的生产力的代表者,显示了中国社会阶级关系的新变化。

鸦片战争后,随着外国资本主义势力的侵入,在广大人民群众中间,反对外来侵略的爱国热情更加高涨。广东人民在战后十年间,对英国侵略者进行了不懈的斗争。其中规模较大的有反对英国在广州强行租地的斗争,以及反对英国人进入广州城的斗争。他们提出了与英国侵略者"不共戴天,誓灭英夷"的豪言壮语,十分痛恨官僚卖国,"赃官误国,甘丧廉耻，从夷所欲，天实厌之"①。他们认识到："惜身家亦惜土地"，"保土地即保身家"②，决心依靠自己的力量保家卫国。在侵略者面前，人民群众崇高的爱国思想同清朝统治者妥协媚外的投降思想形成了鲜明的对照。

鸦片战争以前，中国社会的主要矛盾是农民阶级与地主阶级的矛盾，反对地主阶级的封建统治是农民战争的主要任务。战后，由于帝国主义的侵略，中国人民身受帝国主义和封建主义的双重压迫。帝国主义和中华民族的矛盾，封建主义和人民大众的矛盾，成为中国社会的主要矛盾。而帝国主义和中华民族的矛盾，乃是各种矛盾中最主要的矛盾。从此，中国人民肩负反帝反封建的双重任务。中国历史进入了民族民主革命时期。

二、思想与学风的转变

鸦片战争以后，随着社会经济的变化，在思想文化领域也发生了相应的转变。

在封建士大夫集团中，一些有识之士继承并发展了明清之际讲求"经世致用"的传统，反对脱离实际，反对崇尚空疏，注意研究现实问题，主张向西方学习，倡言改革，以达到强国御侮的目的。他们的思想和主张，代表了鸦片战争后中国社会的新思潮。著名代表人物除林则徐外，还有魏源、姚莹、徐继畬、梁廷枏等。

魏源（1794—1857年），字默深，湖南邵阳人。1844年中进士，历任知县、知州。1814年到北京从刘逢禄学习公羊春秋，后与龚自珍齐名。他讲

---

① 《中国通史参考资料》（近代部分）上册，第76页。
② 《广州乡民于十三行口晓谕英夷示》，《鸦片战争》第4册，第16页。

求经世致用,对当时思想界中占统治地位的宋学(理学)和汉学(考据学)进行了批判。魏源曾受江苏布政使贺长龄延聘,编辑《皇朝经世文编》,又助两江总督陶澍、江苏巡抚林则徐筹议漕运、水利、盐政诸事。他在鸦片战争前即认为鸦片贸易是使中国民穷财尽的重要原因,主张严禁鸦片输入。鸦片战争期间,他在两江总督裕谦幕府中,参与筹划浙东的抗英斗争。《南京条约》订立后,他撰《圣武记》,历述清王朝过去武功上的胜利,用意在与当时军事上的颓势相对照。又根据《四洲志》及其他中外文献资料,综述各国历史、地理及中国应采取的对外政策,编写成《海国图志》一书,初版 50 卷,后增为 100 卷。

魏源和龚自珍一样,主张变法革新,认为"天下无数百年不弊之法,无穷极不变之法"①,"变古愈尽,便民愈甚"②。在对外国侵略的问题上,魏源反对当权派的闭塞无知和盲目自大,批判他们拒绝吸取西方国家的"长技"和把机器看作"奇技淫巧"的顽固保守思想。从抵抗外国侵略、维护民族独立的愿望出发,魏源提出了有名的"师夷长技以制夷"的主张,即向西方学习的新课题。

魏源认为,西方资本主义国家之所以富强,除因为拥有装备精良的军队外,更重要的是由于建立了一套近代化的工业。中国要想强盛起来,不仅要学习西方的养兵练兵之法,也应当着手建立近代工业。因此,他建议设立造船厂和火器局,制造各种轮船和机器,并允许民间自由设厂。他强调在发展近代工业时,应"尽得西洋之长技,为中国之长技",并相信中国人完全有能力把祖国建设成为一个富强兴盛的国家。

在《海国图志》中,魏源还介绍和评说西方的民主政治制度。他认为

---

① 《筹鵕篇》,《魏源集》下册,第 432 页。
② 《默觚下·治篇五》,《魏源集》上册,第 48 页。

西方政治制度的优点在于:废除了世袭制和终身制,打破了封建的家天下的局面;议员和总统皆自下而上地由民众选举,议会对于来自民间的意见,"众可可之,众否否之……三占从二,舍独循同"①。这在当时是很有胆识的。

魏源编写《海国图志》,是前人没有做过的事情,正如他自己所说,是"创榛辟莽,前驱先路",对以后的中国思想界产生了较大影响。《海国图志》传入日本后,对日本的学术和政治也产生过不小影响。

姚莹(1785—1853 年),字石甫,安徽桐城人。嘉庆进士。道光初年,他结识了林则徐、魏源等人,私交颇厚。鸦片战争期间,他任台湾道员,严禁鸦片入口,积极组织抗英斗争。《南京条约》签订后,他的抗英活动被诬告为"冒功欺罔",被贬官四川。

早在鸦片战争前夕,姚莹即已注意时事与世界大势。战争的失败,使姚莹在思想上产生了巨大的震动。他说:"失人心,伤国体,竟至不可收拾,是不能无恨耳。"②怀着悲愤的心情,他努力寻求抵抗外国侵略之策。1845 年,姚莹撰写的《康輶纪行》一书问世。该书不仅对西藏的地理、历史、政治、宗教、风俗习惯等作了考察,而且对英、俄等国的情况作了探讨。书中揭露了英、俄侵略中国的野心,建议清政府加强沿海与边疆防务,以反抗外国侵略。他认为要抵抗外国侵略者,就必须了解敌情,知己知彼,以立于不败之地。因此,他多年致力于研究世界各国情况,"欲吾中国童叟皆习见习闻,知彼虚实,然后徐图制夷,是诚喋血饮恨而为此书,冀雪中国之耻,重边海之防,免胥沦于鬼域"③。他很强调学习西方的自然科学,

---

① 《外大西洋墨利加洲总叙》,《海国图志》(百卷本)卷 59。
② 姚莹:《东溟文后集》卷 8,第 4 页。
③ 姚莹:《东溟文后集》卷 8,第 11 页。

还介绍了英国的资产阶级议会政治。虽然他对西方资产阶级民主政治的了解很肤浅,然而他向西方学习的思想和主张,在当时是先进的。

徐继畬(1795—1873年),号松龛,山西五台人。道光进士,历任按察使、巡抚等职。由于在广东、福建做官多年,徐继畬有机会接触一些外国人,广泛搜集西方书籍,"于域外诸国地形时势,稍稍得其涯略"①。1848年,他撰成《瀛环志略》10卷。与《海国图志》一样,《瀛环志略》也是近代中国人系统介绍世界史地知识的名著。其中对亚洲、欧洲和北美洲的介绍尤为详细,对中国人很少了解的南美洲、大洋洲和非洲也都有所记述。徐继畬还在书中对欧美民主政治制度作了比较系统的介绍,并给予称赞,他说:"米利坚合众国以为国,幅员万里,不设王侯之号,不循世及之规,公器付之公论,创古今未有之局,一何奇也。泰西古今人物,能不以华盛顿为称首哉!"②这在当时是难得的进步思想。

梁廷枬(1796—1861年),字章冉,广东顺德人。曾任澄海县训导等职。鸦片战争期间,他热情支持林则徐领导的禁烟运动和抗英斗争。梁廷枬在鸦片战争前即注意"采集海外旧闻",探究西方国家"岛屿强弱,古今分合之由"③。1844年后,他陆续撰成《耶稣教难入中国说》、《合省国说》、《兰仑偶说》、《粤道贡国说》,1846年合刊为《海国四说》。合省国即美利坚合众国,兰仑即英国首都伦敦,此处泛指英国。《合省国说》和《兰仑偶说》就是对美国和英国的历史、地理、政治、经济、文化等方面情况的简要记叙,而于美国的资产阶级民主政治制度介绍尤多。这有助于当时中国人对西方资本主义国家社会面貌的了解,开阔人们的视野。

---

①　《瀛环志略》自序。

②　《北亚墨利加米利坚合众国》,《瀛环志略》卷9。

③　梁廷枬:《合省国说》序,《海国四说》第51页。

鸦片战争前后,清朝国势日衰,边疆局势趋于严重,于是主张经世致用的学者,多究心边疆历史、地理的研究,写出专门的著述。张穆、何秋涛在这方面作出了贡献。张穆(1805—1849 年),字石洲,山西平定人。他研究了蒙古各部的地理位置和前代在这一地区的设施,写出有名的《蒙古游牧记》一书。他死的时候,书尚未定稿,由何秋涛补辑校印,共 16 卷。何秋涛(1824—1862 年),字愿船,福建光泽人。道光进士,授刑部主事。他认为中国跟俄国接壤,一直缺乏有关这一广大地区的专书。他研究了中国蒙古、新疆、东北地区的历史和地理,并注意了中俄关系问题,编成《北徼汇编》(即《朔方备乘》)80 卷。

鸦片战争的失败,激发了许多学者来记述这次战争的经过,探讨清政府在战争中失败的经验教训,以唤醒人们抵抗外国侵略的意志。魏源的《道光洋艘征抚记》是系统记述鸦片战争史实最早的一部著作。梁廷枏的《夷氛闻记》5 卷,也是记载这次战争经过的,尤详于三元里人民抗英斗争和《南京条约》签订后广东等地人民继续坚持反英侵略斗争的事迹。此后,夏燮编撰了《中西纪事》一书。夏燮(1800—1875 年),字谦甫,安徽当涂人。鸦片战争后,出于对国家命运的关心,遂编撰是书。这些著作都表现了反对外国殖民主义侵略,揭露清政府的腐败和对外妥协投降,称颂中国军民的反侵略斗争的爱国主义思想。

林则徐、魏源等人的工作,开创了新的研究风气,开拓了新的研究领域,是时代变动在文化领域里的反映。

在文学方面,鸦片战争后的爱国主义作品是丰富的。如诗歌,著名的作者有魏源、张维屏、张际亮等。魏源的《寰海》诗,歌颂三元里人民"同仇敌忾"反抗英国侵略军,斥责清政府官僚的妥协投降。张维屏(1780—1859 年),字南山,广东番禺(今广州市)人。道光进士,历官知县、知府等。以善诗闻名。他的《三元里》诗,描写了三元里群众抗英斗争的雄伟声势,英国侵略者在英勇的中国人民面前丧魂落魄的丑态;《三将军歌》则歌颂了葛云飞、陈连升、陈化成"捐躯报国"的英雄事迹。张际亮(1797—1843 年),字亨甫,福建建宁人。以诗名于时。他的《东阳县》诗,谴责英国侵略军在宁波奸淫掳掠的残暴罪行,揭示人民群众所遭受的灾难和痛苦。民间的揭帖和歌谣,以通俗朴素的语言和尖锐鲜明的思想,痛斥外国侵略者和清朝统治者,鼓舞人民起来反抗,富有战斗性和鼓动性。

在科学技术方面,吴其浚、邹伯奇和郑复光都是有成就的。吴其浚(1789—1847 年),字瀹斋,河南固始人。他汇集古代有关植物的文献,成《植物名实图考长编》22 卷,共收植物 838 种。又根据自己的观察和访问,成《植物名实图考》38 卷,共收植物 1714 种。这是我国近代植物学上的重要著作。邹伯奇(1819—1869 年),字特夫,广东南海人。精于天文、历算及地理、测量之学。他在总结中国关于几何光学成就的基础上,成《格术补》一书,进一步用数学方法,表述了关于反射镜、透镜、透镜组等成像规律,以及关于眼镜、望远镜、显微镜等光学仪器的基本原理。郑复光(?—1846 年),字元甫,安徽歙县人。他著有《镜镜诊痴》一书,把我国和西方的光学知识系统起来,阐明了望远镜、放大镜和各种透镜的制造及应用原理。他又著文说明蒸汽轮船的结构原理,并附有详细的图样,这是中国人研究近代轮船的开始。魏源在《海国图志》中也介绍了蒸汽机、火轮船等西方新式器物的原理和制造方法。

第二章

太平天国及第二次鸦片战争

第一节　太平天国起义

一、洪秀全和金田起义

鸦片战争后,西方资本主义国家向中国倾销商品,逐步破坏了沿海通商口岸及其附近地区的传统手工业。鸦片输入年年激增。由它所引起的白银外流、银贵钱贱等问题,比战前更为严重。清政府为了支付战费和赔款,借端进行搜刮。这些,都使劳动人民的负担更加沉重。地主、官僚、贵族也加剧了土地的兼并,地租剥削率很高,加以灾荒连年,1846 至 1850年,黄河流域和长江流域各省都连续遭到严重的水旱灾害,两广地区也是水、旱、蝗灾不断。人祸天灾,使人民陷于失业、破产、饥饿、死亡的困境。

　　清政府的黑暗统治和沉重的封建剥削,以及外国侵略势力所造成的灾难,激起人民群众进行反抗斗争。鸦片战争后十年间,汉、壮、苗、瑶、彝、回、藏等各族人民的起义和抗租抗粮等斗争,不下100多次,几乎遍及全国。当时白莲教、天理教斗争于北方各省,捻党活动于河南、安徽、山东一带,斋教散布于湖南、江西、福建、浙江等地,天地会势力更遍及长江和珠江流域。各地掀起的反抗斗争,以广西、广东、湖南三省声势最盛。而广西则成为三省反抗力量汇合的基地。1843年,湖南武冈州曾如炷起义。1844年,湖南耒阳县杨大鹏等2000余人奋起抗粮。1845年,广西藤县邓立奇、钟敏和起义。1846年,湖南新田县王宗献举事。1847年,天地会首领雷再浩、李世德领导汉、瑶等族人民转战于湖南、广西边境。1848年,广东钦州与广西横州等地天地会联合起义,广东、广西边境的船艇水手也溯西江进入广西,活跃在浔州、梧州一带。1849年,天地会首领李元发又在湖南、广西边境领导劳苦大众攻县城,杀县官,战斗在十几个州县。到太平天国革命爆发前,广西的天地会起事多至数十部,每部"少者数百人,多者三、四千人不等","几乎无地无之,无时无之"①。这些斗争狠狠地打击了清朝统治势力,使官僚、地主、豪绅惶惶不可终日。一个地主文人惊呼:"粤西近日情势,如人满身疮毒,脓血所至,随即溃烂……终必有溃败不可收拾之一日。"②

　　但是,遍布广西、湖南等省的天地会起事,由于缺乏统一的组织,山堂相峙,不相统属,纪律性也较差,"饥则蜂起,饱则远扬",旋起旋散,以致被清政府各个击破,或分化瓦解。而洪秀全、冯云山等创立的拜上帝会则表现出与天地会不同的特点,它有比较明确的纲领和严密的组织。

①　严正基:《论粤西贼情兵事始末》,《太平天国史料丛编简辑》第2册,第3页。
②　龙启瑞:《上某公书》,《经德堂文集》卷6,第6页。

　　洪秀全(1814—1864年)，广东花县人，农民家庭出身。七岁入村塾读书，五六年间，即能熟诵四书五经等。由于他的学业成绩优异，业师和家庭都对他期望殷切，相信他能及时取得功名，以"显父母，光宗族"。"学而优则仕"，是中国封建社会一般读书人所走的道路，洪秀全早年也是沿着这条路走的。

　　1828年，洪秀全初次到广州应考秀才，没有考取。此后，他一面当村塾教师，一面努力读书，又几次去广州应试，但都名落孙山。

　　多次科场失意，使洪秀全感到愤懑不平。就在1843年最后一次应试落第后，他阅读了传教士梁发的基督教布道小册子《劝世良言》。这本书是七年前他在广州应考时得到的，内容是宣传拜上帝，敬耶稣，反对崇拜偶像邪神，鼓吹天堂永乐、地狱永苦等教义。洪秀全读后反应强烈，"觉已获得上天堂之真路，与及永生快乐之希望"①。于是他按照书中的启示，祈祷上帝，自行施洗，以示"去旧从新"，并开始从事传教活动。这在他一生中成为重要的转折点。

　　洪秀全劝人敬拜上帝，不拜祖先、邪神，不行恶事。他的同学、塾师冯云山和族弟洪仁玕等首先受洗。不久，他们将村塾中供奉的偶像和孔子牌位尽行撤去。这一行动违背了传统的风俗伦常，引起了当地有势力者的不满，结果他们失掉了塾师的职位。

　　1844年，洪秀全、冯云山离开花县，辗转到广西贵县赐谷村一带传教，农民受洗礼入教100多人。9月，冯云山转入桂平山区活动。11月，洪秀全返回广东花县，一面教书，一面传教，并撰写诗文来进一步阐发宗教教义。

　　在乡居期间，洪秀全先后撰写了《原道救世歌》、《原道醒世训》等作品，把基督教教义和儒家思想结合起来。《原道救世歌》宣传天父上帝是

―――――――――――
①　韩山文:《太平天国起义记》，中国近代史资料丛刊:《太平天国》第6册，第846页。

中外古今共同的独一真神,主宰万事万物,人间的一丝一缕、一饮一食都是上帝的赐与,因此,人人应该敬拜上帝,不拜菩萨邪神。这篇长歌,还着重劝人要作"正人",为善积福,反对淫乱、忤父母、行杀害、为盗贼等不正行为。《原道醒世训》批评了相陵相夺相斗相杀的世道人心,提出天下男女都是上帝生养保佑的兄弟姐妹,不应存此疆彼界之私,起尔吞我并之念,而当实行像唐虞三代那样,"天下有无相恤,患难相救,门不闭户,道不拾遗,男女别途,举选尚德"的"大同"社会。至于如何实现这样的社会,洪秀全在这篇作品中指出的办法仍归结于个人的身心修养,只要人人能"循上帝之真道","相与淑身淑世,相与正己正人"就可以达到"天下一家,共享太平"。

1847 年春,洪秀全离开花县前往广州,跟随美国传教士罗孝全学习基督教义,得读《新旧约圣经》。罗孝全认为洪秀全的思想不纯,不是"合格"的教徒,拒绝为他进行洗礼。洪秀全在广州只住了几个月,便到广西桂平县紫荆山去找冯云山。

紫荆山是个大山区,地势险要。居民大多数以耕地、烧炭为业,受苦很深。冯云山于 1844 年来到那里,以做工、当塾师为生,在贫苦群众中开展艰苦的宣传、组织活动。经过两年多的努力,在紫荆山区建立起一个被称为"上帝教"的组织,团聚了教众 2000 多人,其中有种山烧炭的杨秀清和贫农萧朝贵(壮族)。1847 年 8 月,洪秀全到达紫荆山后,看到冯云山已经开辟了这块基地,上帝教的教义在群众中得到传播,信心大增。为了巩固和发展上帝教,洪秀全和冯云山共同策划,制定了"十款天条"、各种条规和宗教仪式①，加强对教众进行思想和纪律教育。他们还派人进入汉、壮、瑶等族人民居住的山村进行宣传，扩大组织，并带领群众捣毁甘王庙等庙宇，鼓舞了群众的斗争勇气。

在广西期间，洪秀全又撰写了《原道觉世训》和《太平天日》。《原道觉世训》除加强宣传上帝创造一切、主宰一切的功能，要人们朝夕敬拜外，还提出同"皇上帝"相对立的"阎罗妖"，作为一切妖神的代表，号召天下兄弟姐妹应当共同击灭之。由此，它抨击历代帝王妄改皇上帝尊号，指出只有上帝才能称帝，人间君主不得僭越，表现了对君主的蔑视。《太平天日》记述洪秀全1837年病中异梦及后来两次去广西活动的事迹，它宣称洪秀全是上帝的次子，耶稣之弟，被封为"太平天王大道君王全"，是"真命天子"，受命下凡"斩邪留正"，表露了洪秀全的反清思想。

上帝教影响越来越大，因而同当地封建势力的矛盾也逐渐尖锐起来，并由开始的反对神权发展为政治性的斗争。地主豪绅凭借团练武装的力量，压制上帝教的活动，斗争愈演愈烈。1848年1月，恶霸地主王作新率领团练逮捕了冯云山等人，向桂平县衙门控以"结盟聚会"，"不从清朝法律"②。县官将冯云山投入监狱。这时，洪秀全正在贵县，闻讯立即赶到紫荆山，随后又赴广州设法营救。

冯云山被捕入狱，洪秀全又回广东，上帝教一时失去了主持人，教众发生混乱。在这紧要关头，杨秀清假托"天父上帝"下凡附体，传言群众，安定人心。随后，萧朝贵也以同样的方式取得代"天兄耶稣"传言的资格。"天父"是上帝教信仰的最高主宰，它的体现者是洪秀全。杨秀清代"天

---

① 十款天条是：第一天条崇拜皇上帝，第二天条不好拜邪神，第三天条不好妄题皇上帝之名，第四天条七日礼拜颂赞皇上帝恩德，第五天条孝顺父母，第六天条不好杀人害人，第七天条不好奸邪淫乱，第八天条不好偷窃劫抢，第九天条不好讲谎话，第十天条不好起贪心。

② 方玉润：《星烈日记》，《太平天国史料丛编简辑》第3册，第82—83页。

父"传言,虽然对维系上帝教组织起了一定作用,但他却从此在宗教地位上取得了凌驾于洪秀全之上的最高权威,给日后太平天国领导集团的分裂埋下了一重危机。

冯云山被上帝教教众营救出狱后,1848 年冬往广东寻找洪秀全。1849 年 7 月,两人重返紫荆山。这时,广西到处发生天地会领导的群众反抗斗争。而清方在这里的统治力量又很薄弱。巡抚郑祖琛"专事慈柔,工于粉饰"。州县逢迎其意,一味敷衍。提督闵正凤也是"专讲应酬,于纪律运筹一无所知"①。在有利的形势下,上帝教的力量迅速发展起来,以紫荆山为中心,东由平南、藤县,西至贵县,北起武宣、象州,南迄陆川、博白,以及广东的信宜、高州、清远等地,都有它的组织。上帝教的基本群众是汉、壮、瑶等族的农民,还有矿工、手工业者、挑夫、小贩以及无业游民等。此外,还有一些农村知识分子和家境富裕而社会地位较低的人也参加进来。上帝教在发展和斗争中,形成了以洪秀全为首的领导核心,成员有冯云山、杨秀清、萧朝贵、韦昌辉(壮族)和石达开。

上帝教经过积极的酝酿和准备,起义的条件已经成熟。1850 年春夏间,洪秀全要求各地教众到金田村"团营",整编队伍。在获得消息后,各地教众扶老携幼,一万多人陆续到金田会合,途中不断与拦阻的清军、团练发生战斗。

金田团营前后,教众根据"同食同穿"的精神,"将田产屋宇变卖,易为现金,而将一切所有缴纳于公库,全体衣食俱由公款开支,一律平均"②。这种制度是适应战争需要而采取的一项重要措施,在起义初期,对于保持起义队伍的团结和纪律,发扬艰苦战斗的精神,起了一定的作用。

---

① 王先谦:《东华续录》,咸丰朝卷5、卷4。
② 《太平天国起义记》,《太平天国》第6册,第870页。

　　清廷得到广西到处起事的消息,颇为重视,先后将闵正凤、郑祖琛革职,调回原提督向荣为广西提督,起用前云贵总督林则徐为钦差大臣兼署广西巡抚,赴桂主持军务。1850 年 11 月,林则徐行至广东普宁县途次病故,清廷改派前两江总督李星沅为钦差大臣。

　　上帝教教众到金田团营后,按军事编制建立了一支队伍,与清军展开战斗。12 月底,在平南县思旺击溃清军。1851 年 1 月 1 日,在金田附近的蔡村江大败清军,杀副将伊克坦布。这两次胜仗,稳定了金田的形势。1 月 11 日(道光三十年十二月初十日)是洪秀全 38 岁生日。洪秀全率众在金田宣布起义,建号太平天国。气势磅礴的太平天国农民战争从此开始了。

二、定都南京和北伐、西征

　　金田起义后,洪秀全随即颁布军纪五条:一、遵条命;二、别男行女行;三、秋毫莫犯;四、公心和傩(睦),各遵头目约束;五、同心合力,不得临阵退缩①。这五条军纪,对加强太平军的团结和战斗力,赢得广大群众的拥护,争取战斗的不断胜利,起了重要的保证作用。

　　为了壮大起义队伍的力量,洪秀全主动争取桂平一带的天地会加入太平军。天地会山堂分立,成分较复杂,对太平军的态度各不相同。罗大纲、苏三娘分别率所部参加太平军,建立战功,成为太平军著名的男女将领。张钊、田芳等一度加入,因不愿遵守太平军的纪律,随即离开,叛变投敌。张嘉祥则于道光二十九年(1849 年)就已投降清军,改名张国樑,成为农民起义的叛徒,始终与太平军为敌。

　　在这之前,清政府对上帝教的情况并不了解,认为是"乌合之众",把

————————

① 《天命诏旨书》,《太平天国》第 1 册,第 63 页。

主要力量用来镇压天地会起义。钦差大臣李星沅奉命进入广西时,金田起义已经爆发,才发现太平军"实为群贼之尤",不得不据实上报,并主张"聚集精兵,全力攻剿"①。他把从广西、广东、云南、贵州、湖北、福建调集的军队一万多人派往桂平,广西提督向荣亲至前线指挥。

在清军的围攻下,太平军英勇奋战,在大湟江口攻破清军。3月间,太平军转进武宣县东乡扎营。洪秀全在东乡登极②。大约同时,以杨秀清为中军主将,萧朝贵为前军主将,冯云山为后军主将,韦昌辉为右军主将,石达开为左军主将,同主军务。

5月,李星沅在武昌病死。清政府派大学士、钦差大臣赛尚阿赴广西督办军务,命广州副都统乌兰泰为帮办,并调蒙古都统巴清德等协同指挥军队,对太平军进行围攻。太平军撤离东乡,辗转进至平南。8月,在平南官村击溃向荣部队,取得了大胜利。于是乘胜前进,一举攻克了永安州(今蒙山县)。这是太平天国金田起义以来占领的第一座城市。

在永安,太平军进行休整补充,并颁行了天历,制订各种制度。1851年12月17日,洪秀全颁布封王诏令:杨秀清为东王,萧朝贵为西王,冯云山为南王,韦昌辉为北王,石达开为翼王。太平天国的中央政权组织初步形成,这对于加强领导、发展队伍具有重要意义。诏令还规定,西王以下各王俱受东王节制。杨秀清实际上掌握了太平天国的军政大权。

清统治者在加紧军事上围攻太平军的同时,还采取"多购间谍,解散党羽,计诱贼首,(使之)自相携贰"的阴谋手法③,妄图从内部瓦解太平军。对此,洪秀全教育太平将士要警惕"妖魔多端诱惑",必须"立志顶

① 潘颐福:《东华续录》,咸丰朝卷7,第4页。
② 一说洪秀全"登极"时间为1850年4月3日,地点在桂平平山(平在山)。
③ 王先谦:《东华续录》,咸丰朝卷9。

天,真忠报国到底"①。对于那些投降变节分子则予以严厉镇压,清除了暗中投敌的周锡能等人。

太平军在永安停留了半年多的时间。清军3万多人陆续开到永安,包围了州城。由于城中粮、盐、弹药都很缺乏,1852年4月5日深夜,太平军突围北上。清军虽"火器精,粮饷足,兵勇众"②,但"兵不用命,将不知兵,兵与将不相习,将与将又各不相下"③。在突围战斗中,太平军使清军遭受重创,四个总兵全部丧命,乌兰泰滚下崖涧,仅免一死。这一胜利打乱了清军围剿的部署。太平军北上途中,所向披靡,直逼桂林城下。桂林是广西省会,清军负隅顽抗。太平军围攻一个月,未能攻克,于是转进全州。6月3日,太平军攻克全州。在攻打全州时,冯云山不幸中炮,身负重伤,不久于蓑衣渡去世,使太平天国失去了一位优秀的领导人和组织者。

太平军撤离全州后,即出广西入湖南,于6月12日攻克道州。在道州休整两月,扩充队伍,铸造大炮等兵器。这期间,以杨秀清、萧朝贵的名义发布了《奉天讨胡檄布四方谕》、《奉天讨胡救世安民谕》、《救一切上帝子女中国人民谕》等三篇檄文,揭露清政府黑暗统治,"官以贿得,刑以钱免,富儿当权,豪杰绝望",号召人民起来推翻它,"务期肃清胡氛,同享太平之乐"④。8月17日,太平军进克湖南重镇郴州。在道州与郴州,天地会及劳动群众参加起义队伍的,为数很多。太平军男女人数,包括非作战人员,至此已约有十万人。新参加的人中间有许多是挖煤工人,他们组成土营,凡遇攻坚,负责挖地道,放置地雷,轰塌城墙,在战斗中起了很大作用。

---

① 《天命诏旨书》,《太平天国》第1册,第63、66页。
② 姚莹:《与严观察》,《中复堂遗稿》卷5,第10页。
③ 江忠源:《答刘霞仙茂才书》,《江忠烈公遗集》卷1,第4页。
④ 《颁行诏书》,《太平天国》第1册,第162、164页。

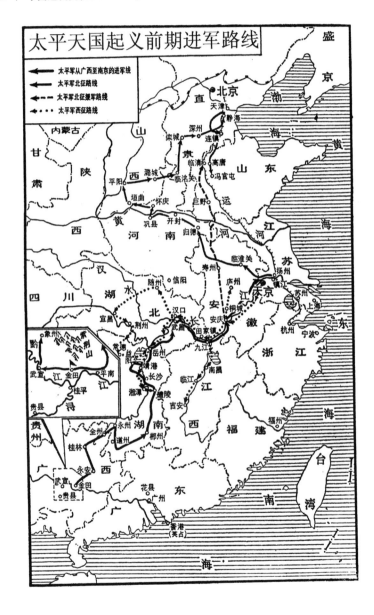

　　在郴州,洪秀全、杨秀清派萧朝贵率军从间道疾行北上,于9月11日直逼湖南省城长沙。次日,萧朝贵在攻城时不幸中炮负伤,随后去世。继冯云山之后,太平天国又失去一位重要的领导人。洪秀全、杨秀清闻讯,率领全军赶赴长沙增援。经过多次激烈战斗,攻城未下。11月30日,洪秀全、杨秀清放弃攻打长沙的行动,移营转进。12月,攻克益阳,轻取岳州,获得大量军火、船只,数千船民、纤夫踊跃加入起义队伍,组成水营。从此,太平军有了一支庞大的水师,这对于后来进军长江中下游起了重要作用。

　　1852年底,太平军由岳州进入湖北。水陆两路,沿江而下,连克湖北重镇汉阳、汉口,围攻武昌。1853年1月12日,太平军攻克武昌城。清湖北巡抚常大淳等败死。

　　武昌是长江中游的政治、军事重镇,湖北省会。太平军第一次攻占一座省城,影响很大。清朝统治者大为震惊,加紧进行战争部署,将钦差大臣、署湖广总督徐广缙革职拿问,命署湖北提督向荣为钦差大臣专办两湖军务,以两江总督陆建瀛为钦差大臣防守安徽、江苏,以署河南巡抚琦善为钦差大臣驻防河南,妄图堵截太平军,挽回节节败退的危局。

　　太平军在武昌停留了将近一月。1853年2月,洪秀全、杨秀清放弃武昌,统率大军,水陆并进,浩浩荡荡,蔽江东下,以摧枯拉朽之势,连克江西九江、安徽安庆、芜湖、和州等地。3月8日,太平军兵临南京城下,水陆连营,"直望无际","既众且整",使南京城里的敌人"望之夺气"[①]。3月19日,太平军攻破南京外城,斩两江总督陆建瀛等。20日,攻克内城,杀江宁将军祥厚等,完全占领了南京。太平天国把南京改称天京,正式建立了与清王朝对峙的政权。

---

　　①　汪士铎:《乙丙日记》卷1。

3 月 31 日,罗大纲等率军攻克江南重镇镇江;4 月 1 日,林凤祥、李开芳(均壮族)率军攻克江北重镇扬州,肃清了天京外围的残敌。

太平天国从金田起义后,仅仅经过两年多的战斗,席卷了广西、湖南、湖北、江西、安徽、江苏六省,最后奠都南京,取得了伟大的胜利。这是由于太平天国起义是一次反对清朝反动统治的正义战争。太平军在胜利进军的征途中,坚决镇压和打击官僚、豪绅、地主,焚烧衙门、粮册、田契、借券,破除神佛偶像及孔丘牌位,对封建统治秩序进行了扫荡。太平军对于人民群众则爱护备至,"所过之处,以攫得衣物献给贫民……谓将来概免租赋三年"①。这使太平军到处受到群众的热烈欢迎和拥护,连反对者也不得不承认:太平军至,"争迎之,官军至皆罢市","乡民处处助贼打仗"②。因此,太平天国起义获得了迅猛发展。

太平天国起义的胜利发展,沉重打击了清政府的反动统治,京师震动,"官眷出城者约有四百家,崇文、宣武两门外官宅十空其六七。钱铺闭歇者,自二月十五后相继,共有三百家。典铺当者,以十千为率。银价斗落至大钱一千二三百文一两,西客收账,商贾歇业"③。

太平军占领南京后,清政府命钦差大臣向荣率清军 1.7 万余人到达南京城东孝陵卫,成立"江南大营"。另一钦差大臣琦善率直隶、陕西、黑龙江马步各军约万人至扬州,成立"江北大营"。江南、江北大营威胁着天京。两个大营的兵力此后续有增加。

由于八旗、绿营的溃败,咸丰皇帝于 1853 年初命令大江南北各省在籍官绅举办团练,组织地主反动武装。曾国藩所办湘军,就是其中之一。

① 张德坚:《贼情汇纂》,《太平天国》第 3 册,第 271 页。
② 《贼情汇纂》,《太平天国》第 3 册,第 272、275 页。
③ 吴昆田:《漱六山房全集》卷 9。

曾国藩(1811—1872 年),字涤生,湖南湘乡人,道光末年官至侍郎。1853
年初,他因丧母在籍,咸丰皇帝命他去长沙帮同湖南巡抚办理团练。他以
罗泽南的湘勇为基础,"别树一帜,改弦更张"①,略仿明戚继光的成法,募
练了一支不同于绿营制度的军队——湘军。湘军用知识分子为营官,主
要有罗泽南、彭玉麟、李续宾等。他们和曾国藩一样,都是既笃信程朱理
学,又热心于经世致用之学。曾国藩以同乡和伦常的封建情谊作为维系
湘军的纽带,选将募勇坚持同省同县的地域标准,鼓励兄弟亲朋师生一同
入伍,甚至同在一营。实行士兵由营官自行招募,每营士兵只服从营官一
人,整个湘军只服从曾国藩一人,形成一种严格的封建隶属关系。要求对
士兵进行三纲五常为核心的思想教育和禁扰民、嫖、赌、鸦片的军纪教育,
进行技击、枪法和阵式的军事操练。这就纠正了绿营军纪败坏、散漫不团
结的弊病,指挥较灵。1854 年 3 月,湘军练成水陆两军,共 1.7 万多人。
于是,曾国藩和他的湘军,成为清朝反动统治的重要支柱和太平天国的凶
恶敌人。

　　由金田起义至 1853 年 7 月间,清政府已拨军饷 2963 万余两,户部库
存正项待支银仅剩 22.7 万余两,"度支万分窘迫,军饷无款可筹"②,于是
千方百计进行搜刮,除加重原有捐税、广开捐输、行大钱、发钞票等,又实
行厘金制度。厘金分为两种,一是行商的货物通过税,一是坐商的交易
税,税率约为 1%。1853 年 10 月,帮办江北大营军务大臣雷以諴在扬州
仙女庙等地开征。第二年,推行到许多地区。最初是征收过境的粮食,后
来范围日益扩大,成为一种常税,有些州县税卡林立。厘金制度是一种沉
重的经济勒索,它增加了人民的负担,阻碍了商品经济的发展。

---

①　《与王璞山》,《曾文正公全集·书札》卷 2。
②　王先谦:《东华续录》咸丰朝卷 24。

太平天国除在天京严密设防外,1853 年 5 月又分兵北伐和西征,对清政府统治区实行了大规模的主动出击。

北伐的总目标是直捣清朝的都城北京。1853 年 5 月 8 日,林凤祥、李开芳等率军约一万数千人,自扬州出发,开始了北伐进军。北伐军在浦口上岸,经安徽北上,一路连破州县,6 月入河南,在归德(今商丘)毙伤清军3000 余人。北伐军沿黄河南岸西进,攻省城开封,不克。于是在汜水、巩县之间渡过黄河,7 月进围怀庆(今沁阳)。清政府派直隶总督讷尔经额为钦差大臣,调集北方兵力约二万人防堵。北伐军在这里同清军展开了激烈的争夺战,围攻将近两个月,未能攻克。9 月,北伐军遂撤围,入山西,复经河南入直隶,克军事重镇临洺关,讷尔经额军被击溃。10 月,进占深州。咸丰皇帝命惠亲王绵愉和科尔沁郡王僧格林沁调集军队阻挡北伐军。京中官绅逃迁者 3 万多户,情况极为混乱。北伐军乘虚东进,前锋直抵杨柳青,进逼天津。清军决运河堤放水,北伐军进攻天津受阻,屯据静海、独流。时届隆冬,北伐军粮尽衣缺,于 1854 年 2 月南撤,5 月转据东光县连镇待援。天京派出的援军,曾到达山东境内,不幸在临清失败。北伐军听到援军北上的消息,由李开芳分兵自连镇南下接应,被清军围于山东高唐州。北伐军被截断在两地,处境更为困难。连镇被清军合围,林凤祥及太平军将士同敌人英勇战斗,坚持至 1855 年 3 月粮尽失守。林凤祥受伤被俘,在北京惨遭杀害。连镇陷落后,扼守高唐州的北伐军由李开芳率领南下,突围至茌平县冯官屯。清军引运河水灌冯官屯,北伐军屡次突围都未能成功。5 月 31 日,李开芳就俘[1],北伐最后失败。

太平军的北伐,是太平天国史上英勇悲壮的一页。北伐军在两年内横扫六省,转战五千里,连克数十城,直抵清朝的心脏地区,严重地打击了

---

[1]　张集馨:《道咸宦海见闻录》第 163 页。

清朝统治,给北方人民的反抗斗争造成了有利的形势。但由于北伐军孤军深入,远离根据地,得不到后方的有力支援,又没有主动联系和发动群众,因而最后陷于失败。这使清政府得到了喘息时间,稳住阵脚,重新纠集兵力,实行反扑。

太平军在北伐的同时,还派兵西征。西征的战略目的在于确保天京,夺取安庆、九江、武昌这三大军事据点,控制长江中游,发展在南中国的势力。

1853 年 6 月,胡以晃、赖汉英、曾天养(壮族)等率太平军溯江西上。西征军进展极为顺利,当月即攻克安庆,进围南昌。9 月,撤南昌之围,攻下九江。此后,西征军分为两支。

一支由胡以晃等率领,以安庆为基地,经略皖北。1854 年 1 月,攻克皖北重镇庐州(今合肥),安徽巡抚江忠源投水自杀。太平军占领安徽的广大地区,成为西征军的运输要道,也是太平天国的主要给养地,在军事上、经济上一直是举足轻重的战略要地。

另一支由韦俊等率领,自九江沿江西上,1853 年 10 月再克汉口、汉阳,因兵力不足,退守黄州。曾天养率部来援,于 1854 年 2 月在黄州大败清军,湖广总督吴文镕投水而死。西征军乘胜三克汉口、汉阳,6 月再克武昌。

西征军在湖北获得辉煌胜利后,攻入湖南,遇到了曾国藩湘军的顽抗。1854 年 2 月,湘军倾巢出动,曾国藩发表了《讨粤匪檄》。在这篇檄文里,他攻击太平天国农民战争是“荼毒生灵”,“举中国数千年礼义人伦诗书典则,一旦扫地荡尽。此岂独我大清之奇变,乃开辟以来名教之奇变,我孔子、孟子之所痛哭于九原”,接着号召“凡读书识字者,又乌可袖手安坐,不思一为之所也"①,以动员一切反动势力起来镇压太平天国。

进入湖南的太平军于 4 月再占岳州,大败湘军,并乘胜进占湘潭,钳制长沙。太平军同湘军水陆激战 7 天,伤亡很大。5 月,湘潭沦陷,太平军突围走靖港。这时,靖港的太平军几乎全歼湘军水师。曾国藩羞怒交加,投水寻死,被随从救起。太平军在靖港的胜利,并没挽回湘潭失败所造成的局势,被迫放弃钳制长沙消灭湘军的计划,从而给曾国藩以喘息的机会。曾国藩用了将近三个月的时间,重造战船,准备反扑。7 月湘军重新出动,攻陷岳州。

这年 10 月,湘军和湖北兵勇反扑武汉。太平军迎击,战斗一整天,武昌、汉阳相继失守,停泊在汉水的大批船只也被湘军焚毁。1855 年 1 月,湘军进逼九江。这时,太平军在西征战场上处于严重不利地位,曾国藩的气焰极为嚣张,叫嚷要"肃清江面,直捣金陵"②。

面对这个局势,太平天国领导人决定先集中力量打击西线湘军。1855 年 1 月,由石达开为统帅,率大军西援。西征援军到达湖口后,用诱敌深入、以少胜多的灵活战术,在湖口和九江两次战役中痛歼湘军水师,使敌军"辎重丧失,不复成军"③。曾国藩率残兵败将逃往南昌。太平军乘胜西进,2 月底占汉阳,4 月第三次克复武昌。这年年底,太平军向江西进军,至翌年 3 月间,在短短的三个月中,江西十三府中的七府一州五十余县,都落入太平军手中。曾国藩困守的南昌,处在太平军的包围之中,"呼救无人","魂梦屡惊"④。

在江西大捷的同时,太平天国领导集团又在天京外围组织了一场激烈

---

① 《曾文正公全集·文集》卷3。
② 《请饬各路带兵大臣督抚择要防堵片》,《曾文正公全集·奏稿》卷4。
③ 张曜孙:《楚寇纪略》,《太平天国史料丛编简辑》第 1 册,第 78 页。
④ 《陈明邻省援兵协饷片》,《曾文正公全集·奏稿》卷7。

的破围战。这场战斗,是从保卫镇江开始的。清军于 1855 年围困镇江,吴如孝坚守待援。1856 年 2 月,燕王秦日纲奉命自上游赴援。4 月,吴如孝与秦日纲内外夹击,大败清军。太平军随即乘胜渡江,大败江北大营统帅托明阿军,连克扬州、浦口,江北大营 120 余座营垒纷纷溃散。6 月,太平军又回师镇江,大破清营七八十座,江苏巡抚吉尔杭阿自杀。太平军又乘胜攻破江南大营,向荣率残军逃至丹阳毙命。太平军击溃江北、江南大营,解除了威胁天京三年之久的军事压力,取得了又一个辉煌的胜利。

太平天国通过三年多激烈的军事斗争,在长江中下游,取得了重大成就,控制了从武昌到镇江长江沿岸的城镇,安徽、江西、湖北东部以及江苏的部分地区都为太平天国所掌握。

太平天国农民战争的发展,推动了各地各族人民反清斗争的高涨。

南方和东南沿海各省,先后发生了天地会及其支派的起义。1852 年,广西南宁天地会首领胡有禄、朱洪英率众起义,于 1854 年攻占灌阳,建号“升平天国”。翌年,起义失败。1853 年 5 月,福建小刀会领袖黄威、黄德美率会众在海澄起义,连克漳州、同安、厦门等地。年底,起义军被迫撤至海上,不久失败。同年 9 月,上海小刀会领袖刘丽川率众杀死县官,占领上海县城,称“大明太平天国”。刘丽川曾上书洪秀全,与太平天国联络。起义军在十多天内连克青浦、川沙、南汇、嘉定、宝山等州县,但遭到中外反动势力的联合围攻。1855 年 2 月,刘丽川在突围战斗中牺牲。起义失败后,一些起义军参加了太平军继续战斗。1854 年,广东天地会首领陈开、李文茂等率众在佛山镇起义。南海、顺德、东莞、新会等地天地会纷起响应。在短短的二三个月内,各路起义军攻破府州县城 40 余座,围困广州城半年。1855 年春撤围,部分转入广西继续斗争。

当时北方有捻军起义。捻军是长期活动在安徽、河南、山东西南部和江苏北部一带的民间结社,参加的主要成员是农民及其他劳苦大众。

1853 年,太平军北伐经过安徽、河南时,亳州捻军首领张洛行等率众纷起响应。1855 年 8 月,各路捻军首领大会于安徽蒙城雉河集,推张洛行为盟主,下分黄、白、红、黑、蓝五旗。捻军有了联合的组织,力量迅速扩大,多次打败清军,成为北方反清斗争的主力。

西南地区以贵州张秀眉所领导的苗族起义与云南杜文秀所领导的回族起义最为著名。1855 年,张秀眉在贵州台拱起义。1856 年,杜文秀在云南蒙化起义。云、贵各族人民的起义,在太平天国后期及其失败后,仍继续坚持斗争。

遍及全国的各族人民反抗斗争,是分散的,各自为战的,太平天国没有能够把这些斗争力量领导和团结起来。

第二节　太平天国的制度和政策

一、《天朝田亩制度》

太平天国定都天京后,颁布了《天朝田亩制度》。

《天朝田亩制度》的基本内容,是根据"凡天下田,天下人同耕"的原则,把每亩土地按每年产量的多少,分为上、中、下三级九等,然后好田坏田互相搭配,好坏各一半,按人口平均分配。凡 16 岁以上的男女每人得到一份同等数量的土地,15 岁以下的减半。同时,还提出"丰荒相通"、以丰赈荒的调剂办法。

除了解决土地问题之外,《天朝田亩制度》还对农副业生产和分配等问题,做了一系列具体规定。生产和分配,都由农村政权的基层组织"两"来实行管理,每 25 户为一"两"。分得土地的农民,都要参加农副业生产劳动。"凡天下,树墙下以桑。凡妇,蚕绩缝衣裳。凡天下,每家五母鸡、二母彘,无失其时"。"凡二十五家中,陶冶木石等匠,俱用伍长及伍卒为之,农隙治事"。

在分配问题上,规定每"两"生产的农副业产品,"除足其二十五家每人所食可接新谷外,余则归国库。凡麦、豆、苎麻、布帛、鸡犬各物及银钱亦然"。25 家中婚丧等事所需要的银钱粮食,都由每"两"所设的国库开支。鳏寡孤独、疾病残废等丧失劳动能力的人,都由国库供养。

1853 年颁刻的《天朝田亩制度》封面

太平天国的领导者希望通过这样的方案,建立"有田同耕,有饭同食,有衣同穿,有钱同使,无处不均匀,无人不饱暖"的理想社会①。

《天朝田亩制度》所提出的平分土地方案,是农民阶级对地主土地所有制的否定。它反映了当时广大贫苦农民强烈地反对地主阶级残酷剥削的要求,以及获得土地、追求平等平均的理想社会的渴望。正如列宁所指出的:"'土地权'和'平分土地'的思想,无非是为了完全推翻地主权力和完全消灭地主土地占有制而斗争的农民追求平等的革命愿望的表现而已。"②但是,《天朝田亩制度》所规定的分配土地和"通天下皆一式"的社

---

① 《太平天国》第 1 册,第 321—322 页。
② 《纪念赫尔岑》,《列宁选集》第 2 卷,第 418—419 页。

会经济生活方案,是要在小生产的基础上废除私有制和平均一切社会财富,以求人人平等,是农民的绝对平均主义思想。这种方案不可能使社会生产力向前发展,相反,它将使社会生产力停滞在分散的小农经济的水平上,把农业和家庭手工业相结合的自给自足的自然经济理想化、固定化。因此,它又具有违反社会发展规律的落后性。这个文件还规定天王的高度集权,官员的世袭制等,都表现了封建的等级关系。

《天朝田亩制度》既具有革命性,又具有封建落后性,这个矛盾是由农民小生产者的经济地位决定的。太平天国领袖们绘制的平分土地和社会经济生活的图案,实际上是不可能实现的。他们为了适应现实的迫切需要,就不得不采取一些较为切实可行的措施。大约在《天朝田亩制度》颁布后不久,杨秀清、韦昌辉、石达开等根据天京粮食供应紧张的情况,向洪秀全建议在安徽、江西等地"照旧交粮纳税"[①]。这个建议,经洪秀全批准施行。实行"照旧交粮纳税"的政策,就是仿照清朝的办法,即地主是田赋的主要交纳者,征收地丁银和糟粮。这表明太平天国承认地主占有土地,并允许地主收租。封建的生产关系和阶级关系虽然受到冲击,但并没有改变。

尽管如此,太平天国在其占领的地区内,曾没收一部分地主豪绅和庙宇寺观的田产,对富户课以重税和减轻农民的负担。如天京附近的农民,"交长毛钱粮,不复交田主粮"[②]。在太平天国起义的影响下,广大农民群众纷纷自发地起来反对地主的压迫和剥削,有的占有逃亡地主豪绅的土地,有的拒绝向地主交租,有的则少纳地租。据当时一些文人的记载:江

---

① 《贼情汇纂》,《太平天国》第3册,第203—204页。
② 《乙丙日记》卷2。

苏扬州附近,"凡佃人田者,亦思抗租不纳"[1];在安徽芜湖,前江南河道总督潘锡恩所有的2000多亩土地,"自咸丰三年后,籽粒无收"[2]。这些事例说明,太平天国提出的平分土地的方案虽然并未实行,但是广大农民却夺回了相当数量的土地,并且由于少交或不再向地主交租,大大减轻了负担,这不仅打击了农村中的封建势力,而且对太平天国地区农业生产的发展和支援农民战争,起了十分重要的作用。

二、各项制度和措施

太平天国的最高领导为天王。天王之下设王、侯两等爵位(后来在诸王之下陆续增设义、安、福、燕、豫、侯六等);设丞相、检点、指挥、将军、总制、监军、军帅、师帅、旅帅、卒长、两司马等职官。随着形势的发展,后来官制有所增改。爵位和职官不分文武,军政兼管,既处理政务,又带兵打仗。

太平天国的政权机关,分中央、省、郡、县四级。定都天京以后,杨秀清的东王府实际上成为中央政权的国务管理机关。东王府的吏、户、礼、兵、刑、工六部尚书,成为分管各部的主管官员。省、郡、县为地方政权,县以下为基层政权。省级官员大都由王、侯兼任,郡设总制,县设监军。

在《天朝田亩制度》中,对乡官的组织系统、任务和职权,都作了明确规定。乡官制度是按照太平军的编制,把广大居民组织起来,每五家设一伍长,五伍长设一两司马,四两司马设一卒长,五卒长设一旅帅,五旅帅设一师帅,五师帅设一军帅,一军共有1.25万家(其中由五"伍"二十五家组

---

① 臧谷:《劫余小记》,《太平天国资料》,第84页。
② 《徽郡御寇案牍》,《太平天国史料丛编简辑》第6册,第116—117页。

成的"两"为最基层单位)。军帅以下的各级官吏,一般由当地人民推举,或由上级官员委派,他们被称为"乡官"。此外,还规定"寓兵于农"的乡兵制度,即在军帅的辖区内每家出一人为伍卒,组成一军,"有警则首领统之为兵,杀敌捕贼;无事则首领督之为农,耕田奉尚(上)"[1]。这种乡官制度是一种军政合一的组织。

　　乡官在维护地方秩序、征收赋税、办理军需方面都作出了不少贡献。但是,乡官的成分比较复杂。充任乡官的,除农民和其他劳动人民外,还有流氓无产者,以及地主士绅。据记载,在安徽、江西、湖北等省一些府县,都出现了由地主士绅充任各级乡官的现象,如"胁田亩多者充伪官"[2],"举绅衿为军帅、旅帅"等[3]。

　　在城市管理方面,太平天国一度在天京完全废除私有财产,生活必需品由圣库按定额供给。居民按性别分别编入男馆女馆,夫妻不得同居。男子除参加军队的以外,都要参加生产或在政府机关中服役;女子大致与男子相同。商业也被废除。对于手工业,则由诸匠营和百工衙统一经营管理。诸匠营有土营、木营、织营等,百工衙有弓箭衙、油漆衙、豆腐衙等,行业很多。诸匠营和百工衙只是为供应太平天国的需要而生产的,产品直接分配给各单位,不经过市场进行交换,生产者除吃穿之外别无报酬。洪秀全等太平天国的领导们都来自农村,他们根据农民绝对平均主义思想所制定的改造城市的方案,让基层群众过平均主义式的生活,有城无市,原来的城市变成了城堡,是不符合当时中国社会的发展趋向的,所以终于遭到失败。1855年初,他们开始允许天京居民恢复家庭生活,承认私

---

①　《天朝田亩制度》,《太平天国》第1册,第321页。
②　《贼情汇纂》,《太平天国》第3册,第273页。
③　《建德县志》卷8。

营工商业,天京的社会秩序逐渐恢复原来的状态。

在妇女问题上,《天朝田亩制度》中规定,妇女同男子一样可以分得土地,"凡天下婚姻不论财",废除买卖婚姻。太平天国曾提倡"一夫一妇",禁止娼妓、缠足、买卖奴婢等。他们还建立了女军,并设立了女官。这些措施对封建宗法制度起了冲击作用。但是,洪秀全、杨秀清等领导者仍沿袭历代封建帝王的妃嫔制。洪秀全还宣扬"妻道在三从,勿违尔夫主"之类的封建伦理道德观念①。这些事实说明,他们没有摆脱封建社会的传统影响。

在思想文化领域里,太平天国对孔子和儒家经书的正统权威进行了一次冲击。金田起义前,洪秀全便在他的私塾中撤去孔子牌位。在1848年撰写的《太平天日》中,洪秀全进一步发展了他的反孔思想,指出"推勘妖魔作怪之由,总追究孔丘教人之书多错",并把孔丘捆绑在"皇上帝"面前,接受审判、斥责和鞭挞,使"孔圣人"威风扫地。金田起义后,太平军所到之处尽情扫荡孔庙和孔子等人的牌位,把儒家经书斥之为"妖书",宣布:"凡一切孔孟诸子百家妖书邪说者尽行焚除,皆不准买卖藏读也,否则问罪也。"②这样空前猛烈地冲击孔孟及儒家经书,无疑具有革命意义。但是太平天国并没有对儒家思想进行任何实质性批判,对四书五经也只是删去鬼神祭祀之类的字句,或做些枝节的文字改动,而把儒家思想中一些基本内容如等级制、三纲五常、天命论等,都保留了下来。

太平天国在考试制度上也进行了一些改革,"无论何色人,上至丞相,下至听使,均准与考"③;考试的题目"不本四书、五经"④。此外,还颁行了

①　《幼学诗》,《太平天国》第1册,第233页。

②　黄再兴:《诏书盖玺颁行论》,《太平天国》第1册,第313页。

③　《金陵省难纪略》,《太平天国》第4册,第721页。

④　《贼情汇纂》,《太平天国》第3册,第112页。

"天历",改革了旧的历法,对旧历书中阴阳祸福、吉凶生克等尽行删除。

太平天国建都天京后,从 1853 年 4 月到 1854 年 6 月一年多的时间里,英国出使中国的全权代表文翰及其后任包令,法国公使布尔布隆,美国公使麦莲等,先后打着"中立"的幌子到天京访问。他们访问天京,是为了窥视太平天国的实际情况,试探太平军及其领导对他们的态度,以便确定其侵华政策的具体措施。这些公使到天京后,企图胁迫太平天国承认各国在华的侵略利益。文翰就把《南京条约》抄送给太平天国政府,其用意是要太平天国政府承认此项不平等条约。他还扬言,如果革命触犯了英国的利益,他们将会像发动鸦片战争那样来对付太平天国。太平天国的领袖们没有屈服于外国侵略者的恫吓,也没有承认《南京条约》,而是主张平等往来,并明确宣布不许再卖鸦片。他们在严禁鸦片输入的同时,鼓励正当贸易。例如当时中国大宗出口的丝、茶,一部分是产自太平天国区域之内,另一部分则必须经过太平天国占领区才能外运。太平天国建都天京后,丝、茶出口不仅没有减少,反而逐年上升。太平天国对外国资本主义的本质毕竟认识不清,他们因宗教形式相同而错误地把侵略者当成"洋兄弟",表示允许外国侵略者"自由出入"及"货税不征"①。

太平天国定都天京后,建立了一套从中央到地方的政权机关,颁布和实行了一系列的制度和政策,表现了反封建的革命精神。但是,太平天国毕竟是农民战争,农民阶级不是新的社会生产力的代表者,它不能创造新的生产方式,不能建立一个符合历史发展的新的社会。在太平天国控制的地区内,从经济基础到上层建筑,清朝封建统治势力虽然受到很大的打击,但远没有被彻底摧毁,它在一定社会条件下会重新复活。农民阶级的一些弱点,在起义队伍尤其是领导集团中,也越来越明显地反映出来。太

---

① 《英国政府蓝皮书中之太平天国史料》,《太平天国》第 6 册,第 909、911 页。

平天国农民战争在高潮中已包含着走向衰败的危机。

第三节　第二次鸦片战争

一、英、法发动第二次鸦片战争和《天津条约》

1856 至 1860 年,正当太平军与清军在长江中下游激烈争夺的时候,英、法在俄、美支持下联合发动了新的侵华战争。因其实质是鸦片战争的继续和扩大,所以被称为第二次鸦片战争,也称英法联军之役。

1854 年,《南京条约》届满 12 年。英国曲解中美《望厦条约》关于 12 年后贸易及海面各款稍可变动的规定,援引最惠国条款,向清政府提出全面修改《南京条约》的要求。要求中国全境开放通商,鸦片贸易合法化,进出口货物免交子口税,外国公使常驻北京等。法、美两国也分别要求修改条约。清政府表示拒绝,交涉没有结果。1856 年,《望厦条约》届满 12 年。美国在英、法的支持下,再次提出全面修改条约的要求,英、法也提出同样要求,仍被清政府拒绝。此时英、法与俄国进行的克里米亚战争已经结束,于是英、法决心发动一场新的侵华战争。

1856 年 10 月,英国利用"亚罗号事件"制造战争借口。"亚罗"号是一艘走私的中国船,曾在香港注册,但已过期。10 月 8 日,广东水师在黄埔逮捕了船上的几名海盗和涉嫌船员。这纯系中国内政,与英国毫不相干。英国驻广州代理领事巴夏礼遵照英国政府的指示,致函两广总督叶名琛,竟称"亚罗"号是英国船,并捏造捕人时扯落英国国旗,要求送还被捕者,赔礼道歉。当时该船并未悬挂英国国旗,叶名琛据实复函驳斥,但不久即妥协退让,将获犯送到英领事馆。巴夏礼百般挑剔,拒不接受。23

日,英舰突然闯入珠江,进攻沿岸炮台,悍然点燃战火。接着,英军炮轰广州城,并于 29 日攻入城内,进行焚掠。由于兵力不足,被迫于当晚撤出广州,退据虎门,等待援军。

1857 年春,"亚罗"号的消息传到伦敦。英国首相巴麦尊主张对华开战,但议员对此态度并不一致。议会展开了激烈辩论,通过对巴麦尊内阁的不信任案。巴麦尊解散议会。议会改选,巴麦尊派获得下院的多数议席,通过了扩大侵华战争的提案。3 月,英国政府任命额尔金为全权专使,率领一支海陆军前来中国;同时建议法国政府共同行动。

在此之前,法国正借口"马神甫事件"(又称"西林教案")向中国交涉,进行诈索。所谓"马神甫事件",是指法国天主教神甫马赖非法潜入中国内地活动,胡作非为,于 1856 年 2 月在广西西林县被处死一案。此案迄未议结。法国为了换取英国支持它在越南"自由行动",并取得天主教在中国传教不受干涉的保证,便接受英国建议,派葛罗为全权专使,以"马神甫事件"作为借口,率军来华。

1857 年 10 月,额尔金和葛罗先后率舰到达香港。12 月,英法联军5600 余人(其中法军 1000 人)在珠江口集结。美国公使列威廉和俄国公使普提雅廷也到达香港,与英、法合谋侵华。24、27 日,额尔金、葛罗向叶名琛等发出通牒,第二次通牒限 48 小时内让出广州城。叶名琛忠实执行清政府"息兵为要"的方针,不事战守。28 日,英法联军炮击广州,并登陆攻城。都统来存、千总邓安邦等率兵顽强抵御,次日失守。叶名琛被俘,被解往印度加尔各达,1859 年病死于囚所。广州将军穆克德讷、广东巡抚柏贵投降;柏贵在以巴夏礼为首的"联军委员会"的监督下继续担任原职,供敌驱使。侵略军占领广州期间,当地人民在佛山镇成立团练局,集合数万人,经常武装攻袭,使城中敌人胆颤心惊。香港、澳门爱国同胞也纷纷罢工罢业,以示抗议。

英法联军根据其本国政府在出兵时的指示,要和北京直接打交道,以迫使清政府就范,决定北上,进攻大沽。1858 年 4 月,英、法、俄、美四国公使率舰陆续来到大沽口外,分别照会清政府,提出侵略条款,要求指派全权大臣进行谈判。俄、美的照会还表示愿意充当"调停人"。清政府派直隶总督谭廷襄为钦差大臣到大沽谈判,英、法竟蛮横地限令 6 天内答复其要求,否则即诉诸武力。5 月 20 日,英、法军舰闯入白河,炮轰大沽炮台。守台将士英勇还击,然而谭廷襄等人毫无斗志,争相西逃,大沽失陷。英法联军溯白河而上,26 日,侵入天津城郊,并扬言要进攻北京。清政府慌忙另派大学士桂良、吏部尚书花沙纳为钦差大臣赶往天津议和。

6 月初,谈判开始。英国代表骄横要挟,俄、美公使则扮演"调停人"角色,从中渔利。俄使普提雅廷施展奸诈手段,诱逼清政府于 6 月 13 日首先签订了中俄《天津条约》,攫取了沿海通商、内地传教、领事裁判权和片面最惠国待遇等一系列特权;并且还特别规定,两国派员查勘"以前未经订明边界","务将边界清理补入此次和约之内",为沙俄进一步侵占中国领土埋下伏笔。美使列卫廉于 6 月 18 日逼签了中美《天津条约》,也攫取了许多特权。

6 月 26 日、27 日,中英《天津条约》、中法《天津条约》分别签字。主要内容有:公使常驻北京;增开牛庄(后改营口)、登州(后改烟台)、台湾(后定为台南)、淡水、潮州(后改汕头)、琼州、汉口、九江、南京、镇江为通商口岸;英、法等国人可往内地游历、通商、自由传教;外国商船可在长江各口岸往来;修改税则,减轻商船吨税;对英赔款银 400 万两,对法赔款银 200 万两。11 月,桂良等在上海又同英、法、美三国分别签订了《通商章程善后条约》,规定:鸦片贸易合法化;中国海关由英国人"帮办税务";海关对进出口货物照时价值百抽五征税;洋货运销内地,只纳按价值 2.5% 的子口税外,免征一切内地税。《天津条约》和《通商章程善后条约》的签订,进一步破坏了中国的主权,加深了中国社会的半殖民地化。

二、英法侵略战争的再起和《北京条约》

英、法政府远不满足从《天津条约》攫取的种种特权,蓄意利用换约之机再次挑起战争。清政府对条约也很不满意,特别认为"以派员驻京、内江通商及内地游行、赔缴兵费始退还广东省城四项,最为中国之害"[1]。咸丰皇帝曾令桂良等与英、法代表谈判通商章程时,交涉修改《天津条约》,宁愿以免除关税来换取取消公使驻京、内地游历、内江通商等条款,并设法避免英、法到北京换约。但是,英、法方面不容变易《天津条约》的各项条款,并坚持要在北京换约。

1859年6月,英国公使普鲁斯、法国公使布尔布隆到达上海。他们拒绝同清政府希望在上海换约而派去等候的桂良会商,而加紧准备北上。6月20日,普鲁斯、布尔布隆与美国公使华若翰各率一支舰队到达大沽口外。清政府以大沽设防,命直隶总督恒福照会英、法公使,指定他们由北塘登陆,经天津去北京换约,随员不得超过20人,并不得携带武器。英、法公使断然拒绝清政府的安排,坚持以舰队经大沽口溯白河进京,并限期撤防。英舰队司令何伯声称:"我们将稳操胜券,那么我们就应该不惜用武力来打开白河的大门,并继续向京城挺进。"[2]

大沽口一带防务,自1858年英、法兵舰退走后,清政府即命科尔沁亲王僧格林沁负责。1859年6月24日晚,侵略军炸断拦河大铁链两根,拔毁河上铁戗。25日,英法联军突然袭击大沽口炮台。守卫炮台的直隶提

---

① 《筹办夷务始末》咸丰朝卷31,第31页。
② 《布尔布隆致函外交大臣》,中国近代史资料丛刊:《第二次鸦片战争》第6册,第191页。

督史荣椿、大沽协副将龙汝元等,在僧格林沁的指挥下,沉着应战,开炮反击。经过一昼夜激战,击沉、击伤多艘敌舰艇,登陆进攻炮台的1000多英军伤亡近500人,何伯负伤。史荣椿、龙汝元等36名将士阵亡。战斗中,美国舰队帮助英法联军作战和撤退。8月,美国公使华若翰伪装友好,由北塘进京,并在返回北塘时与直隶总督恒福互换中美《天津条约》批准书。在此之前,俄国代表已在北京换约。

中国军队为保卫祖国,在大沽口痛击侵略者,这是完全正义的行动。马克思在论述这次战役时指出:"他们抵抗英国人的武装远征队也是完全有理的。中国人这样做,并不是违背条约,而是挫败入侵。"①

英法联军大沽战败的消息传到欧洲,英、法统治阶级内部一片战争喧嚣。他们叫嚷要对中国"实行大规模报复","对中国海岸线全面进攻,打进京城,将皇帝逐出皇宫",借以"教训中国人",让英国人"做他们的主人"②。1860年2月,英、法两国政府分别再度任命额尔金和葛罗为全权代表,率领英军1.8万余人,法军约7000人,船舰200余艘,来华扩大侵略战争。4月,英法联军占领舟山。5、6月,英军占大连,法军占烟台,封锁渤海湾。俄使伊格纳季耶夫和美使华若翰也于7月赶到渤海湾,再次以"调停人"为名,配合英、法行动。

清政府在大沽获胜后,幻想就此与英、法罢兵言和。当英、法舰队逼临大沽海口时,咸丰皇帝还谕示僧格林沁、恒福"不可贪功挑衅","总须以抚局为要"③,并派恒福与英、法使者谈判。僧格林沁认为北塘左右皆系盐滩,敌军"登岸不易";即使越过盐滩,"北塘后路现有马队各营,该夷亦

---

① 《新的对华战争》,《马克思恩格斯选集》第1卷,人民出版社1995年,第740页。
② 转引自马克思:《新的对华战争》,《马克思恩格斯选集》第1卷,人民出版社1995年,第739页。
③ 《筹办夷务始末》咸丰朝卷55,第3页。

不能直抄炮台之后"①,因而专守大沽,尽弃北塘防务。伊格纳季耶夫向英法联军提供了北塘未设防的情报。

第二次鸦片战争时期英法联军侵犯津京形势图

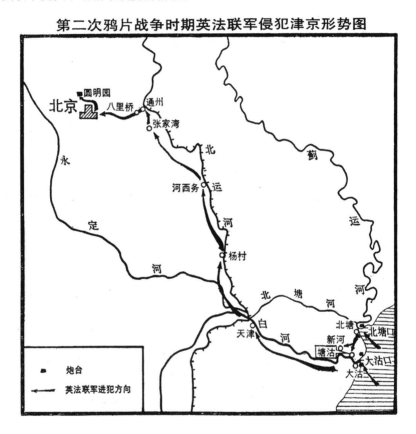

8月1日,英、法军舰30多艘,由"俄夷引路,占据北塘"②。12日,侵略军大举向新河、军粮城发动进攻。僧格林沁所部蒙古骑兵英勇冲锋反

---

① 《钦差大臣僧格林沁等奏严防海口酌量布置情形折》,《第二次鸦片战争》第4册,第323页。
② 《筹办夷务始末》咸丰朝卷55,第30页。

击,在侵略军猛烈炮火轰击下,"精锐耗竭"。14 日,塘沽失陷。21 日,联军水陆协同,进攻大沽北岸炮台。守台清军在直隶提督乐善指挥下,英勇抗击。战斗直到晚上,炮台终于失守,乐善和爱国官兵全部壮烈牺牲。驻守南岸炮台的僧格林沁,在咸丰皇帝"以国家依赖之身,与丑夷拼命,太不值矣"①的谕示下,于当晚将防守官兵全部撤走。大沽陷落。侵略军长驱直入,24 日占领天津。清政府急派桂良等到天津议和。在谈判中,英、法提出,除须全部接受《天津条约》外,还要求增开天津为通商口岸、增加赔款以及各带兵千人进京换约等。清政府坚持先退兵,并不许带兵进京换约,谈判破裂。俄使伊格纳季耶夫竭力煽动英法联军"尽快进入通州,不使僧王(僧格林沁)有在这个城市设防的时间"②。9 月初,英法联军从天津向北京进犯。清政府再派怡亲王载垣、兵部尚书穆荫为钦差大臣,到通州议和。由于双方争执不下,谈判再次破裂。

9 月 18 日,英法联军进攻张家湾,清军顽强抵抗,伤亡很大,通州陷落。21 日,清军与敌军在八里桥激战,"奋不顾身,齐声大呼杀贼,进如山倒"③。主帅僧格林沁等撤队反奔,致使全军动摇,而遭败绩。22 日,咸丰皇帝带领后妃和一批官员仓皇逃往热河(今河北承德),留下其弟恭亲王奕䜣负责议和。伊格纳季耶夫又向英、法提供了有关情报和北京平面图。10 月初,侵略军占领圆明园。这座经营了 150 多年,综合中西建筑艺术成就,聚集了古今艺术珍品和历代图书典籍,世界上少有的壮丽宫殿和园林,在惨遭侵略军大肆抢掠后,又被纵火焚毁。13 日,英法联军占领安定门,控制了北京城。

---

① 《筹办夷务始末》咸丰朝卷 55,第 35 页。

② 阿·布克斯盖夫登:《一八六〇年北京条约》,第 121 页。

③ 赘漫野叟:《庚申夷氛记略》,《第二次鸦片战争》第 2 册,第 10 页。

圆明园残迹

英法联军扬言还要炮轰北京城,捣毁皇宫。奕䜣乞请俄国公使从中斡旋。俄使伊格纳季耶夫提出解决俄中边界作为他调解的先决条件,然后对奕䜣说,中国"必须立刻同意联军的一切要求。"①奕䜣在英、法武力逼迫和俄国恫吓挟制下,于10月24日、25日分别与额尔金、葛罗交换了《天津条约》批准书,并签订了中英、中法《北京条约》。

中英、中法《北京条约》不仅承认《天津条约》完全有效,而且又规定:增开天津为商埠;准许英、法招募华工出国;割让九龙司,"归英属香港界内";退还以前没收的天主堂资产,法方还擅自在中文约本上增加:"并任法国传教士在各省租买田地,建造自便";赔偿英、法军费各增至800万两,恤金英国50万两,法国20万两。

---

① 阿·布克斯盖夫登:《一八六〇年北京条约》,第205页。

经过第二次鸦片战争和《天津条约》、《北京条约》的签订,中国丧失了更多的主权,中国社会半殖民地地位进一步加深,中国人民的苦难更加深重了。

三、沙俄侵占我国北方大片领土

沙俄侵占了庙街和库页岛等地后,继续入侵我国黑龙江流域。1854 年1 月,沙皇尼古拉一世批准了俄国东西伯利亚总督穆拉维约夫提出的"武装航行黑龙江"计划。5 月,穆拉维约夫率领舰船 70 余艘,运载俄兵近千名,不顾清政府的抗议,强行越过石勒喀河中俄边界,闯过雅克萨、瑷珲等地,横穿中国领土两千多公里,并在黑龙江下游阔吞屯(沙俄改称马林斯克)等处屯兵筑垒,实行军事占领。1855 年 5 月,沙俄再次武装侵入黑龙江,并迁来大批"移民",在左岸强行建立俄国居民点。1856 年末,沙俄竟将霸占的我国吉林三姓(今黑龙江依兰县)副都统所辖的黑龙江下游地区和库页岛划为它的"滨海省",设首府于庙街(沙俄改称尼古拉耶夫斯克)。1857 年,穆拉维约夫派兵向黑龙江中、下游推进,在瑷珲城对岸屯驻。

1858 年 5 月,乘英法联军进犯天津、威胁北京之际,穆拉维约夫率领兵船多艘驶至瑷珲,向清朝黑龙江将军奕山提出俄方拟定的条约草案,宣称以黑龙江为边界,黑龙江以北的中国领土归属俄国,如果不从,俄国将联合英国对华作战。奕山辩驳说,中俄边界在格尔必齐河和外兴安岭,早经中俄《尼布楚条约》明文规定,从无更改,只有乌第河未经定界,有待议定。双方交涉时,俄国兵船鸣枪放炮,以武力相威胁。5 月 28 日,奕山被迫签订了不平等的中俄《瑷珲条约》。条约的主要内容为:黑龙江以北、外兴安岭以南 60 多万平方公里的中国领土划归俄国,仅在瑷珲对岸精奇哩江(今俄国结雅河)以南的一小块地区(后称江东六十四屯)仍保留中国方面的永久居住和管辖权；乌苏里江以东的中国领土划为中俄"共管"；原属中国内河的黑龙江和乌苏里江，此后只准中、俄两国船只往来，别国不得航行。清政府没有批准《瑷珲条约》，并对奕山等人予以处分。沙俄无视条约是非法的，竟把瑷珲北岸的海兰泡改名为"报喜城"（布拉戈维申斯克）。沙皇亚历山大二世特颁嘉奖，晋封穆拉维约夫为阿穆尔（黑龙江）斯基伯爵。

1860年10月底，俄国公使伊格纳季耶夫自称"调停有功"，并以帮助镇压太平军为诱饵，向奕䜣提交了一份新的中俄条约草案和俄国单方面绘制的东部边界地图，逼迫奕䜣"一字不能更易"地接受，否则"兵端不难屡兴"。11月14日，奕䜣被迫签订了不平等的中俄《北京条约》。

中俄《北京条约》除迫使清政府确认《瑷珲条约》外，还规定：（一）乌苏里江以东地区40余万平方公里的中国领土割让给俄国，惟"遇有中国人住之处及中国人所占渔猎之地，俄国均不得占，仍准中国人照常渔猎"。（二）中俄西部未定边界，"此后应顺山岭、大河之流及现在中国常驻卡伦（哨所）等处，及一千七百二十八年（即雍正六年）所立沙宾达巴哈之界牌末处起，往西直至斋桑湖，自此往西南顺天山之特穆尔图淖尔（伊塞克湖），南至浩罕边界为界"。（三）俄国取得在库伦（今蒙古国乌兰巴托）、张家口、喀什噶尔等地免税贸易、设立领事并享有领事裁判权。通过中俄《北京条约》，沙俄不仅把《瑷珲条约》规定划为中俄"共管"的乌苏里江以东的中国领土强行割占，而且又为割占中国西部领土制造了"根据"。条约还为沙俄扩大对华商品输出和进一步侵略新疆、蒙古地区创造了有利条件。沙俄还把条约签订前一年由它单方面绘制的边界地图，当作条约附图强加给中国，清政府拒绝签字。

1861年6月，中俄双方代表签订了《勘分东界约记》。这次勘界，实际上仅勘分了兴凯湖以南的陆界，并没有勘分乌苏里江和黑龙江的水界，只是在这张比例尺小于一百万分之一的地图上画了一条红线,表示两国以这两条江为界,它既不表明也不可能表明边界线在江中的确切位置。在勘界和立界牌中,俄方力图多占中国领土。勘界立牌后,又不断蚕食我方土地,搬移界牌,肆行侵占。

自 1862 年 8 月起,清朝勘界大臣明谊和沙俄政府全权代表巴布科夫、扎哈罗夫等,在塔尔巴哈台(今新疆塔城)开始勘分西北边界的谈判。中国的西部疆界原在巴勒喀什池(今哈萨克斯坦境内)。自 18 世纪初叶起,沙俄不断进窥该地以东以南地区。通过中俄《北京条约》,沙俄强行规定中俄西段边界的走向,把清朝设在境内城镇附近的常驻卡伦指为分界标志,把中国的内湖斋桑泊和特穆尔图淖尔(今俄国伊塞克湖)指为界湖。随后,俄国出兵强占中国境内山隘、要津,垒石立界,制造既成事实。在谈判过程中,俄方代表态度蛮横,硬要中方接受其划界方案,并多次出动军队袭击博罗胡吉尔等卡伦,甚至扬言攻取喀什噶尔和伊犁。明谊严正拒绝俄方方案,谈判中断。

1864 年 10 月,在塔城重开谈判。俄国派兵威逼塔城卡外,巴布科夫坚持中国必须按照俄国的分界议单划界,"若不照此办理,稍有更改,我们立即起程回国,只好派兵强占"[1]。负责总理衙门的奕䜣一再指令明谊妥协让步,惟恐如不接受俄方议单,"将兵连祸结,必致更难收拾"[2]。10 月 7 日,明谊签订勘界议定书中俄《勘分西北界约记》。具体划定了从沙宾达巴哈山口(今俄境)起至浩罕边界为止的中俄西段边界。据此,沙俄割占了巴尔喀什湖以东以南,包括斋桑湖、特穆尔图淖尔在内的计约 44 万多平方公里的中国领土。

---

[1]　《筹办夷务始末》同治朝卷 29,第 21 页。
[2]　《筹办夷务始末》同治朝卷 44,第 15 页。

沙俄是第二次鸦片战争最大的获利者。它通过《瑷珲条约》《北京条约》和一系列的勘界条约，侵占了我国144万多平方公里的领土。

第四节　辛酉政变及其以后的政治格局

一、辛酉政变

第二次鸦片战争结束后第二年，1861年11月，清朝宫廷内部发生了政变。咸丰皇帝逃到热河行宫后，于1861年8月病死，遗诏以年方六岁的儿子载淳继位，同时任命亲信怡亲王载垣、郑亲王端华、户部尚书肃顺等八人为"赞襄政务王大臣"，总摄朝政。载淳继位后，改年号为"祺祥"。他的生母叶赫那拉氏（1835—1908年），由贵妃而尊为皇太后，旋即加"慈禧"徽号。皇后钮祜禄氏（1837—1881年），被尊为皇太后，加"慈安"徽号。慈禧太后是一个权力欲极强、力图取得实际最高统治权的人物，她与慈安太后密谋铲除肃顺等赞襄政务王大臣，并与外国侵略者所支持的恭亲王奕䜣相勾结，拉拢握有兵权的胜保等人。

9月，奕䜣以吊丧的名义至热河，与慈禧、慈安密议，决定返京以除肃顺等人。议定之后，奕䜣先行回京布置一切。此时，御史董元醇上折，奏请"皇太后权理朝政，并另简亲王辅政"[①]。这就激化了这场权力斗争。慈禧、慈安特召载垣、端华、肃顺等赞襄政务王大臣会议，议论董元醇的请求。双方争论极为激烈，载垣等人极力反对"垂帘听政"，要求发下明诏训斥董元醇。相持数日，慈禧迫不得已，才将董元醇的原折和焦祐瀛代拟的

---

① 　故宫博物院明清档案馆编：《清代档案史料丛编》第1辑，第91页。

严旨发下照抄。但是，她心中对肃顺等人十分愤恨。10 月，载垣、端华、肃顺向慈禧、慈安提出，因差务较繁，请将他们管理的处所酌量改派他人，以作为试探。慈禧、慈安抓住这个时机，顺水推舟，竟解除了他们所掌管的兵权。而兼程赶至热河的钦差大臣、兵部侍郎胜保，继董元醇之后，又公然上奏折，再次要求慈禧、慈安"垂帘听政"，并声称此"皆中外臣工所欲言而未发者，奴才先为言之"①。这无疑是对载垣等人的打击。

11 月 1 日，慈禧、慈安带着载淳由热河回到北京。次日，大学士贾桢、周祖培、户部尚书沈兆霖、刑部尚书赵光等又在奕䜣的暗示下，上奏折"请皇太后亲操政权"。同一天，慈禧、慈安即以贾桢等人的奏请为由，接连发出四道上谕，内容是：解除赞襄政务王大臣任，派奕䜣等会议皇太后垂帘听政事宜，将载垣、端华、肃顺等革职拿问。3 日，又接连发出上谕，授恭亲王奕䜣为议政王、在军机处行走、宗人府宗令，大学士桂良、户部尚书沈兆霖、户部右侍郎宝鋆、户部左侍郎文祥等均在军机大臣上行走，鸿胪寺少卿曹毓英在军机大臣上学习行走。随后，慈禧太后等迅速捕杀了载垣、端华、肃顺，其余五大臣革职治罪，将载垣等人拟定的皇帝年号"祺祥"改为"同治"。慈禧太后夺取了实际的最高统治权。这便是"辛酉政变"（1861 年农历是辛酉年），或称"祺祥政变"、"北京政变"。

辛酉政变后，慈禧太后的统治地位尚未稳固，她需要奕䜣的继续支持，于是给予许多破格的待遇加以笼络，如将他的长女留养宫中，晋封为固伦公主；赏他在紫禁城内乘用四人轿，等等。奕䜣既已总揽朝廷权，便势倾朝野。他罗致文祥、宝鋆、曹毓英、李棠阶、董恂等人作智囊和助手，培植自己的势力。

在宣布八大臣罪状的那道上谕中，把"不能尽心和议，徒以诱获英国使

① 《清代档案史料丛编》第 1 辑，第 99 页。

臣以塞己责,以致失信于各国"①,作为一个重要罪状。肃顺等人与奕䜣虽然在镇压国内农民起义的问题上立场一致,但在对待外国侵略者的态度上却有所不同。奕䜣对外国侵略者是"待以优礼","以信义笼络",而肃顺等人则要维持"天朝"的威风,对外国侵略者心存疑惧,不大驯顺。因此,外国侵略者担心肃顺等人一旦返回北京,外交上很可能出现反复,不希望他们继续掌握实权,而支持能"尽心和议"的奕䜣。慈禧太后和奕䜣的上台,外国侵略者感到非常满意,认为这完全是他们"几个月来私人交际所造成的",也是奕䜣等人"对外国人维持友好关系使然"②。1862 年 3 月,英国驻华公使普鲁斯在致英外交大臣罗素的信中说:"在过去十二个月中,造成了一个倾心于并相信(同外国)友好交往可能性的派别,有效地帮助这一派人掌权,这是一个非同小可的成就。(我们)在北京建立了令人满意的关系,在某种程度上已成为这个政府的顾问。"③

二、政变后的政治格局

辛酉政变后,中外反动势力公开勾结起来。还在第二次鸦片战争结束后,英、法等国撕下了"中立"的伪装,以政府的名义,公开支持清朝统治者。英国首相巴麦尊声明要清政府镇压太平天国,使"中国内部全局得入正规"。法国公使葛罗表示,要在"海口助中国剿贼,所有该国停泊各口之船只兵丁,悉听调遣"。俄国公使伊格那季耶夫也不甘落后,面告奕䜣:"请令中国官军于陆路统重兵进剿,该国拨兵三四百名在水路会击,必可得手。"④俄国政府

①　《清代档案史料丛编》第 1 辑,第 101 页。

②　严中平:《一八六一年北京政变前后中英反革命的勾结》,《历史教学》1952 年 4 月。

③　坂野正高:《中国和西方》(1858—1861),第 241 页。

④　夏燮:《中西纪事》卷 20。

还决定送给清政府一批枪炮，以便用来镇压人民的反抗斗争。

　　摇摇欲坠的清政府中有一部分人，早就有心借助外国侵略军镇压太平天国。由于英国不愿俄、法抢在前面，所以它一度出面干涉和要挟。清政府一些当权人物也担心外国军队"占据地方，勾结逆匪，阻挠官兵进剿"，不敢贸然答应俄、法的要求，但它却密谕江苏巡抚薛焕指使买办商人与洋商"自为经理"。华尔组织洋枪队参加镇压活动，就是这种"自为经理"的产物。

　　由于《北京条约》规定了各国有在北京派驻公使的权利，清政府同西方资本主义列强建立正式的外交关系已无法避免。1861 年 1 月，咸丰皇帝批准恭亲王奕䜣等的建议，设立了总理各国事务衙门（简称总理衙门，别称总署或译署），主管外交及通商、关税等事务，后来连筑铁路、开矿、制造枪炮军火等事务也归它管理，总揽了全部洋务事宜。首任总理衙门大臣，除奕䜣外，还有大学士桂良、户部左侍郎文祥。

　　总理衙门成立后，即设南、北洋通商事务大臣。南洋通商大臣初为五口通商大臣，设置于 1844 年，原是两广总督兼职。1858 年改由两江总督兼任，1868 年，因通商口岸已扩展至长江各地，遂改五口通商大臣为南洋通商大臣。北洋通商大臣初为三口（牛庄、天津、登州）通商大臣，1861 年设置，当时是专职。1870 年，因通商事务扩大，改三口通商大臣为北洋大臣，管理直隶、山东、奉天三省通商、交涉事务，由直隶总督兼任。总理衙门对于南、北洋大臣，只是备顾问和代传达而已，不能直接指挥，在制度上没有隶属关系。

　　与总理衙门有关的机构还有总税务司和同文馆。全国性的总税务司署成立于 1861 年，设正、副总税务司各一人，由洋人担任，管理全部海关税务。同文馆于 1862 年在京师设立，是培养外国语言文字、科学技术人材的学校。在外国语言文字方面，先后分设了英、法、俄、德、日五馆。科学技术方面,自 1866 年起,相继添设算学馆(包括天文)、化学馆、格致馆(力学、水学、声学、气学、火学、光学、电学等)和医学馆。总税务司和同文馆虽为独立机构,但与总理衙门关系密切,在组织上也有直接联系。

奕䜣等人在奏请设立总理衙门的"通筹夷务全局"摺中,认为英国"并不利我土地人民,犹可以信义笼络",不过是"肢体之患",俄国是"肘腋之忧",而太平军和捻军则是"心腹之害",因而主张"灭发捻为先,治俄次之,治英又次之"①。实际上是要求与外国侵略者联合镇压中国人民的起义。

辛酉政变后,清政府决意求助于外国军队来镇压太平天国。1862 年2 月,慈禧太后以同治皇帝的名义发布上谕,公然宣布"借师助剿"。上谕说:"借师助剿一节,业经总理衙门与英、法驻京使臣商酌……上海为通商要地,自宜中外同为保卫……军务至繁,若必俟总理衙门在京商酌,转至稽迟。所有借师助剿,即着薛焕……与英法两国迅速筹商,克日办理,但于剿贼有裨,朕必不为遥制。其事后如有必须酬谢之说,亦可酌量定议,以资联络。"②随后,曾国藩在他的奏摺中也表示赞同清廷的这一决策,认为"目下情势,舍借助洋兵,亦实别无良策"③。至此,中外反动势力公开勾结起来,共同镇压太平天国。

慈禧太后、奕䜣等清朝最高统治者,对外依靠资本主义侵略者的帮助,对内则注意调整同曾国藩集团的关系,以取得他们的支持。慈禧太后等人懂得,清廷所依赖的武装力量八旗、绿营已基本上被太平军摧毁,要巩固自己的地位,镇压太平天国农民运动,必须依靠握有能和太平军对抗的唯一军

① 《第二次鸦片战争》第 5 册,第 340—341 页。
② 《筹办夷务始末》同治朝卷 4。
③ 《遵旨通筹全局摺》,《曾文正公全集·奏稿》卷 15。

事力量的曾国藩集团,给他们以更大的权力。还在 1860 年 6 月江南大营覆灭后,咸丰皇帝因湘军出力、江南江北大营收功的计划破产,以肃顺的主张,给曾国藩以地方实权,任命他为署两江总督,8 月实授,加钦差大臣衔,督办江南军务,所有大江南北水陆各军均归节制。1861 年 11 月,慈禧太后上台的当月,又命令曾国藩统辖江苏、安徽、江西、浙江四省军务,所有四省巡抚、提督以下文武官员都归他节制。两个月后,又加曾国藩太子少保衔,授为协办大学士。不仅用兵方略听从曾国藩,甚至任命大员也听他的意见。慈禧太后、奕䜣在对外关系上与肃顺等人意见不同,而在对内依靠什么力量镇压农民起义的问题上,并没有什么不同。所以有人认为是"朝用端华、肃顺等遗策,用曾氏节制诸军"[①]。

慈禧太后上台后对曾国藩集团的放手使用,完全改变了过去既使用又限制的方针,调整了满族贵族和曾国藩湘军集团的关系;而曾国藩湘军集团也就得以发展成为地主阶级当权派中最大的实力派。到 1864 年湘军攻陷天京为止,曾国藩集团先后被任命为总督、巡抚的有:两广总督毛鸿宾,直隶总督刘长佑,闽浙总督左宗棠,陕甘总督杨载福(岳斌),广东巡抚郭嵩焘,江苏巡抚李鸿章,安徽巡抚唐训方,陕西巡抚刘蓉,山东巡抚阎敬铭,浙江巡抚曾国荃(未到任),湖南巡抚恽世临。再加上 1860、1861 年已任总督、巡抚的骆秉璋、曾国藩、胡林翼、罗遵殿、严树森、李续宜、沈葆桢、彭玉麟(未到任)、田兴恕、江忠义(未到任),四年多的时间,共有 21 个湘军集团头目先后出任督抚。以 1863 年为例,当时清廷共设 8 个总督(未含漕督、河督)、15 个巡抚实缺,湘军集团竟占了 5 个总督、9 个巡抚。曾国藩湘军集团不仅拥有军事大权,而且掌握了地方政权和财权。

慈禧太后和奕䜣合作发动辛酉政变,除掉了载垣、端华、肃顺等八个赞

① 　黄濬:《花随人圣盦摭忆》。

襄政务大臣,夺得了最高统治权,但政变后,叔嫂之间在权力上的矛盾、斗争日渐显露出来。在政变中,道光皇帝的第七子、慈禧太后的妹夫醇郡王奕𫍯也参与密谋。政变后,他因功加亲王衔,授为都统、御前大臣、领侍卫内大臣。奕𫍯由于是慈禧太后的妹夫,"往往持大柄",不满意其兄奕䜣大权在握。1863 年他即奏称"亲贵不当专政"就是针对奕䜣而发的。在这场新的权力斗争中,慈禧太后和奕𫍯合作对付奕䜣,伺机而发。在太平天国农民运动被镇压之前,他们之间的矛盾暂时没有公开化。

随着太平天国的失败,清朝的政局逐渐稳定下来,慈禧太后的统治地位也日趋巩固,于是就处心积虑地要削弱奕䜣的权力。1865 年 4 月,她以奕䜣"目无君上"、"暗使离间"等罪名,下诏革除其一切差事。慈禧太后这一突然的重大政治举措,使许多王公大臣感到惊诧,纷纷上折请求收回成命。她见用权示威的目的已经达到,而且出于政治需要,也就采取先打后拉的手法,仍令奕䜣管理总理衙门,接着又恢复了他的领班军机大臣的职务,但取消了议政王的称号。从此,慈禧太后日益大权独揽。

清政府与外国侵略者的公开勾结,对曾国藩集团的加强依靠,这就使太平天国和各地人民的起义所面临的形势比以前更为复杂和险恶。

第五节　太平天国后期及其失败

一、太平天国领导集团的分裂

太平天国定都天京后,颁布、实行了一系列制度和政策,进行了北伐、西征和天京城外的破围战。到 1856 年上半年,除北伐战争失败外,太平军在湖北、江西、安徽等战场都取得了很大胜利,又在扬州打垮了江北大营,在镇江和天京击溃了江南大营,从而达到了军事上的全盛时期。但是,军事上的胜利,并不意味着政权的巩固,相反,起义队伍中的各种矛盾和弱点越来越明显地暴露出来了。

在太平天国内部,成分日益复杂,有不少地主、士绅、胥吏、商人以及游民、溃勇等被卷进来。其中有些是暗藏的敌对分子,有些是随风转舵的投机分子,还有相当多的人是被迫参加的。这些人在太平军中进行挑拨离间,煽动逃亡、叛变,甚至与清军暗通消息,企图从内部进行破坏,因此给太平天国带来很大危害。1854 年在天京破获的由张继庚策划的叛乱事件,就是一项显著的事例。张继庚本为清朝廪生,太平军攻打南京时,他在城内参与组织反动武装负隅顽抗。太平军攻克南京后,他化名叶芝发,混入太平军北典舆衙,潜伏下来,散播谣言,挑拨两广籍和两湖籍战士之间的关系,妄图使太平军内部自相残杀。他串通潜藏的反动分子吴蔚堂等,拉拢收买了织营、土营、木营中的少数人以及水西等门的部分守军,并暗中与江南大营向荣联系,多次密送情报,约期在清军攻城时充当内应。1854 年 3 月,太平天国及时破获了这起叛乱案件,张继庚及其同伙被捕处死。

太平天国的绝对平均主义理想,无论在农村和城市中都没有而且也不可能获得实现,封建的生产关系虽然受到某种程度的冲击和破坏,但仍旧被保留下来或重新恢复。在这样的社会基础上建立起来的政权,就不可避免地同时具有封建的属性,而且这种封建性随着形势的发展而愈益浓厚。太平天国颁布了一套"贵贱宜分上下,制度必判尊卑"的礼制,从天王到普通士兵之间,等级非常森严。诸王出行,官兵必须回避道旁,高呼万岁或千岁,否则就要受到严厉惩处。天王及诸王、侯都是世袭的。这些情况表明,太平天国的领袖们企图借助于封建的等级制,来保证他们的权威和巩固天国的秩序。

建都天京后,太平天国领袖们的思想作风发生了变化。起义初期那种"敝衣草履,徒步相从"的朴质的思想作风多被抛弃,代之而起的则是对权力名位和奢侈生活的追求。太平军进入南京后,立即大兴土木,把两江总督衙门扩建为天王府,拆毁了大批民房,动用了成千上万的男女劳力,"半载方成,穷极壮丽",旋因大火烧毁。1854年又在原址复建,周围十余里,宫殿林苑,"金碧辉煌","侈丽无匹"。东王府的修建也是"穷极工巧,赏心悦目"。至如冠履服饰、仪卫舆马等,都备极奢华。此外,天王还不断选取民间秀女入宫。这些情况表明,太平天国领袖们在进入天京后,生活上的奢侈腐化已经相当严重。

太平天国领袖们之间的关系逐渐疏远,原来"寝食必俱,情同骨肉",变为"彼此睽隔,猜忌日生",宗派色彩日益明显。洪秀全僻处深宫,把许多精力用于宗教神学的著述,脱离了斗争实践,脱离了广大群众。杨秀清、韦昌辉、石达开等各自通过家族、亲戚、部属等关系,结成自己的集团,并各自控制一部分军队。杨秀清因掌握了大部分军政实权,所以"东府集团"势力最大。这些集团之间争夺权力的斗争日益尖锐。1856年9月,太平天国领导集团发生了公开的分裂。

杨秀清有出色的政治和军事才能,太平天国起义前期能够取得那样巨大的发展,是和他的领导分不开的。但是,随着起义的发展和个人权势的上升,杨秀清骄傲专横的倾向日益严重地表现出来,"威风张扬,不知自忌"[1]。他对太平军将士随意加以杖责或处死,北王韦昌辉、燕王秦日纲等地位很高的领导人都受过他的杖责。甚至因洪秀全粗暴对待妃嫔和女官,杨秀清竟借"天父下凡",要予杖责。杨秀清这样专横的作风,扩大了他与洪、韦、石、秦等的矛盾。1856年8、9月间,江南大营被打垮,天京被

---

① 《李秀成自述》影印本。

包围的形势暂时解除,杨秀清乘机进一步扩大个人权势,"逼天王到东王府封其万岁"①。洪秀全虽然答应了杨秀清的要求,但立即密令在江西督师的韦昌辉、在湖北督师的石达开迅速返回天京。

韦昌辉对杨秀清长期怀有不满情绪,但表面上却对杨阿谀逢迎,唯命是从。他的兄弟与杨秀清的妾兄争宅,他甚至要处其兄以五马分尸酷刑。韦昌辉讨好杨秀清的目的,是"阳下之而阴欲夺其权"②。在接到洪秀全的密令后,韦昌辉立即率领心腹部队3000多人于9月1日深夜赶到天京,包围了东王府,次晨将杨秀清及其眷属杀死。接着天京城内发生混战,太平天国优秀将领和战士两万多人死亡。经过这场屠杀,韦昌辉控制了天京,独揽军政大权,在天京造成恐怖局面。

9月中旬,石达开从湖北赶到天京。他回到天京后,责备韦昌辉不该滥杀。韦昌辉又企图杀死石达开。石达开闻讯后连夜逃往安庆,他在天京的一家老小全部被韦昌辉杀害。于是石达开调集在安徽的部队,进驻宁国附近,要求洪秀全惩办韦昌辉。韦昌辉的屠杀和专擅横暴,激起了天京广大将士的愤怒。洪秀全接受将士们的要求,于11月初杀死了韦昌辉及其心腹200多人,结束了韦昌辉对天京历时约两个月的恐怖统治。

11月底,石达开回到天京。洪秀全命他提理政务,"合朝欢悦"。但是,洪秀全经杨韦事件之后,对石达开也存在疑忌,所以封他自己的长兄洪仁发为安王、次兄洪仁达为福王,以牵制石达开。石达开被迫于1857年6月离开天京,率部独立作战。他的这一行动,使太平军的兵力大大分散和削弱,便利了敌人的进攻。

石达开率兵从安庆出发,起初在江西、浙江、福建等省活动,屡战不利。

---

① 《李秀成自述》。
② 《贼情汇纂》,《太平天国》第3册,第48页。

从 1859 年起,转战于湖南、广西、湖北、四川、云南、贵州等省,多次击败清军,对这些地区的群众起义有一定的推动作用。但是,他脱离天京后,毕竟是孤军作战,没有建立根据地,粮食、武器等补给困难,部队的战斗力日益削弱,军心逐渐涣散,分离、叛降的情况不断出现。1863 年 5 月,石达开在四川大渡河紫打地(安顺场)陷入清军包围,屡战失利,伤亡惨重,部下只剩下7000 余人,粮食断绝。石达开走投无路,自带五岁的儿子石定忠、宰辅曾仕和等入清营,希望以停止最后的抵抗来换取保全残部。这显然是不切实际的幻想。他的余部 2000 余人被清军于一夜之间屠杀净尽,其余已经遣散的也陆续被杀害。石达开本人被解赴成都凌迟处死,"临刑之际,神色怡然","辞气不卑不亢,不作摇尾乞怜之语"①。

太平天国领导集团的分裂,带来了极其严重的后果。它破坏了内部的团结,削弱了军队的战斗力,损伤了元气,丧失了乘胜歼灭敌人的有利时机。而清政府方面则借机纠集一切反动力量进行反扑。太平天国形势急转直下,1856 年底,武昌、汉阳重陷敌手,随后江西大部分地区也被清军攻占。清军重建江北大营和江南大营,并于 1857 年 12 月攻陷镇江,围困天京。1858 年 5 月,九江太平军守将林启容率部 1.7 万余人与清军进行激烈战斗后,全部壮烈牺牲。

二、分裂后的形势和《资政新篇》的提出

太平天国领导集团分裂后,形势顿挫。洪秀全提拔了与清军血战多年的青年将领陈玉成、李秀成、李世贤等为各军主将。他们领导太平军奋力战斗,力挽危局。

---

① 刘蓉:《复曾沅浦中丞书》,《养晦堂文集》卷6。

1858 年 8 月,陈玉成、李秀成会集各路将领,在安徽枞阳镇(桐城县东南)召开军事会议,决定采取联合作战方针,同心协力解除清军对天京的包围。9 月,陈、李两军在滁州境内会师东进,攻破浦口,再次击溃江北大营,歼敌万余人,并进占江浦。浦口一带战斗的胜利,打通了天京与江北的交通,解除了江北清军对天京的封锁。洪秀全将江浦一带改称天浦省,派重兵驻守。

正当太平军主力进攻江北大营时,湘军主力李续宾部在攻陷九江后,乘势攻入安徽,进逼庐州咽喉三河镇。11 月初,陈玉成闻讯自江浦挥师西援,直插三河镇东南的白石山和金牛岭,包抄湘军后路。李秀成奉洪秀全之命,率部赶来支援。太平军乘大雾发起猛攻,李续宾部乱成一团,拼死突围,终不得出。经过激战,太平军摧毁湘军全部营垒,击毙曾国藩之弟曾国华等文武官员 400 余人和湘军数千人,李续宾自杀。这给曾国藩的湘军以沉重打击,他不得不承认:"三河之败,歼我湘人殆近六千,不特大局顿坏,而吾邑士气亦为不扬。"①

三河大捷后,太平军士气重新旺盛起来。陈玉成、李秀成率部乘胜追击,围困安庆的清军不战而逃,皖北复为太平军所有。1859 年 3 月,陈玉成联合捻军在庐州城外击溃清军,擒斩署安徽巡抚李孟群。在皖南,1858 年 12 月,李世贤于宁国湾沚镇大破清军,杀提督邓绍良,扭转了不利的局面。在江西,杨辅清于 1858 年 12 月攻占景德镇,并屡败湘军张运兰部,牵制了曾国藩的兵力。天京上游局势,至此暂时得到稳定。

1859 年 4 月,洪仁玕从香港来到天京。金田起义后,洪仁玕迫于清军缉捕,于 1852 年避居香港。他在香港亲身接触到一些西方资本主义的文化,又因与外国传教士往来较多,所受基督教的影响也较深。他到天京后

① 《复刘霞仙》,《曾文正公全集·书札》卷 7。按,曾国藩所说"殆近六千",据研究者考订实为三千左右。

不久,被封为干王,总理太平天国朝政。因为将领的不满,不久洪秀全先后封陈玉成为英王、李秀成为忠王,其余的也陆续封王。

洪仁玕向洪秀全提出了一个统筹全局的方案——《资政新篇》①,在政治方面,他主张立政的关键,“惟在乎设法用人之得其当”。所谓“设法”,就是制定法律、制度。他指出立法的重要性,认为英国之所以成为当时“最强之邦,由法善也”。他反对“结党联盟”,针对当时存在分散、离心的倾向,强调要“自大至小,由上而下,权归于一”。

在经济方面,洪仁玕主张效法西方资本主义,发展近代交通运输事业,包括兴建铁路、公路、修浚河道、行驶轮船、兴办邮政等;发展金融事业,包括兴办银行、发行纸币、推广保险等。他还主张奖励民间开矿、制定火轮车、轮船及其他“器皿技艺”。尤其是提出“准富者请人雇工”对穷人“宜令作工,以受所值”,即开始提倡资本主义的雇佣劳动制。

在思想文化、风俗习惯方面,他主张设学馆、医院,建跛盲聋哑院、鳏寡孤独院、礼拜堂、育婴堂,禁庙宇寺观,革阴阳八煞,除九流堕民,禁溺婴及买卖人口和使用奴婢,严禁鸦片入口。他还批判了那种“不务实学,专事浮文”的学风,在《戒浮文巧言谕》中,主张“文以纪实”、“言贵从心”,提倡“切实明透,使人一目了然”的浅明文体②。

在外交方面,洪仁玕主张同资本主义国家自由通商,进行文化交流,但外人不得干涉太平天国的内政和“国法”。

洪仁玕的这些建议,具有鲜明的资本主义色彩,符合当时中国社会发展的客观要求,比起农民中原有的平均主义理想,这是一个大进步。他不仅重视中外文化交流和吸收外国先进的科学技术,而且主张采用西方资

---

① 《太平天国》第2册,523—539页。
② 《钦定军次实录》,《太平天国》第2册,第616—617页。

本主义国家的若干有关政策。他在"向西方学习"这一点上,超过了同时代的一些地主阶级知识分子。但《资政新篇》除洪秀全表示大多赞同外,在太平军内部没有引起积极反应,也没有实行过。洪仁玕的这些思想和主张,与太平天国农民战争没有任何渊源,它不是农民战争实践的产物,也不反映农民当时最迫切的利益和要求。

　　太平军在浦口、三河的胜利,虽然使形势有了好转,但天京仍被江南大营包围。洪仁玕、李秀成等人商定了解天京之围的策略。1860 年 3 月,李秀成出奇兵攻占杭州,迫使江南大营分兵前往援救,然后主动撤兵回师天京。4 月底,李秀成、陈玉成等五路大军猛攻江南大营。5 月,再次摧毁江南大营,钦差大臣和春、帮办大臣张国樑率残部逃奔丹阳。太平军乘胜追击,连克丹阳、常州、无锡。清军节节溃败,张国樑在丹阳落水而死,和春在浒墅关自杀。6 月,太平军又相继攻克苏州、嘉兴、松江等许多州县,开辟了苏南地区,建立了以苏州为首府的苏福省。

太平军作战图

当太平军席卷江南、逼近上海的时候,上海的官僚、地主、买办大为恐慌，江苏巡抚薛焕派上海道吴煦向英、法领事请求派兵防守县城。外国侵略者这时完全撕破了"中立"的假面具，英、法公使宣布将协助清军"弥平一切不法叛乱，保卫上海"①。美国流氓华尔也向清政府的粮道、买办官僚杨坊提出一个组织洋枪队的计划，这个计划得到了薛焕、吴煦的赞成，并由他们供给军械和军费。华尔招募外国在华的一些亡命徒组成了洋枪队，于1860年7、8月间进攻松江、青浦，但遭太平军的痛击，连吃败仗，他本人也受了重伤。李秀成率军逼近上海城时，从天津撤至上海的英法联军帮助清政府抵抗太平军，停泊在黄浦江的英国军舰也向太平军开火。李秀成还想与"洋兄弟"取得谅解，竟严禁还击，致使太平军遭受重大伤亡，只得从上海地区撤退。太平军对上海的第一次进攻，就这样被外国侵略者的武装干涉破坏了。

三、保卫安庆和经营江浙

1860年春夏间，当江南大营覆灭、太平军东征苏、常时，曾国藩的湘军正加紧围攻安庆。安庆是太平天国和皖北捻军进行联系的纽带，也是屏障天京、保证粮食供应的战略要地。保卫安庆，对太平天国具有重要的意义。9月底，陈玉成、李秀成在苏州会商，决定按原定军事计划进行，分南北两路大军西征，期于次年3、4月间在武汉会师。1861年春，陈玉成率军从安徽入湖北，3月攻克黄州（今黄冈），逼近武汉。武昌城内一片混乱，湖广总督官文惊慌失措，官员纷纷逃避。在安徽军中的湖北巡抚胡林翼急得吐血，赶忙调遣湘军李续宜部自桐城驰援。当时，在汉口租界的英国参赞巴夏礼为阻止太平军进攻武汉，赶到黄州会见陈玉成，声明要保护武

---

① 　吟唎著，王维周译：《太平天国革命亲历记》上册，第205页。

汉的商务,太平军"必须远离该埠"。由于外国侵略者的干涉,加上李秀成大军迟迟不来会师,安庆形势又日益吃紧,陈玉成放弃了进攻武汉,回师救援安庆。李秀成锐意经营江浙,对救援安庆抱消极态度。直到1860年11月,因江西、湖北一带的大批起义群众要求参加太平军,他才以招兵为西进的主要目的,留下主力部队防守苏、常,自己率领一部分军队从皖南经浙江转入江西。1861年6月进兵湖北,前锋攻占武昌县。李秀成在兴国会见了英国驻汉口领事金执尔,金执尔加以阻挠和恐吓。当时陈玉成已从湖北折返安庆,李秀成终于放弃了进攻武汉的计划,率军从湖北撤入江西。

太平军攻武汉、保安庆的战略决策未能实现,曾国藩认为已无后顾之忧,于是集中兵力围攻安庆。陈玉成屡次组织援军,在安庆外围与湘军展开激烈的争夺战,终未能与城内守军汇合。1861年9月5日,安庆失守。从此太平天国在上游的重镇尽失,天京已无屏蔽。

安庆失守后,陈玉成转移庐州。1862年初,他派部将陈得才、赖文光等率军3万人与捻军配合进军河南。这时湘军乘机扑向庐州,围攻与反围攻的激烈战斗在庐州进行了三个月。4月,陈玉成鉴于外援无望,弃城突围,到寿州时,被反复无常的团练首领苗沛霖诱捕,解送至胜保军营。胜保要他下跪,他怒斥胜保说:你本是我手下的败将,"我怎配跪你,好不自重的物件"[1]。胜保企图诱降,陈玉成大义凛然地回答:"大丈夫死则死耳,何饶舌也!"[2]6月4日,他在河南延津被杀害,年仅26岁。

当陈玉成等部太平军与湘军争夺安庆时,李秀成、李世贤的军队由江西入浙江,到1861年10月间,先后攻克金华、处州(今丽水县)等城,控制

①　赵雨生:《被掳纪略》,《太平天国资料》第213页。
②　《陈玉成被擒记》,转引自罗尔纲:《太平天国史料考释集》第204页。

了浙江中部。李秀成进兵攻克临安、余杭,围攻杭州。12 月,太平军破杭州,巡抚王有龄自杀。李世贤部黄呈忠、范汝增也于同月攻克重要港口宁波。浙江和苏南成为太平天国最后两三年中的主要根据地。

太平军占有苏浙,并不能弥补它在皖北战场和天京上游的损失,无法扭转军事上的不利局面。曾国藩派他的胞弟江苏布政使曾国荃率部沿江东下,步步进逼天京。湘军水师也完全控制长江,掌握了军事上的优势。

太平天国日益趋向衰落,危机更加明显地暴露出来。洪秀全陶醉于"爷、哥、朕、幼坐朝廷",宗教迷信思想占了主导地位,一度将"太平天国"的国号改为"上帝天国",随后又改为"天父天兄天王太平天国"。他不能妥善地处理军政事务,而是"拿天话责人",甚至说"认实天情,自然升平"①。李秀成、李世贤等将领对此表示不服,他们和洪秀全的矛盾逐渐加深。后期天京的一些主要领导人,洪仁玕的威望既不能服众,而其他的人或腐劣无能,或贪冒聚敛,或结党营私,天京官府无不广蓄财货。军队的将领各自据有地盘,"各顾自己,不顾大局"②。不少文官武将只追求个人的名利地位,"动以升迁为荣"。洪秀全等领导人未能正确处理这些矛盾,却采取滥封爵赏的办法,到太平天国失败时,封王竟达 2700 多人。从而使矛盾更加尖锐复杂,"人心格而不服,各心多有他图"③。

太平天国后期,队伍成分较前期更加不纯,纪律废弛的现象十分严重。新参加太平军的,有会党队伍,有土匪、地痞、流氓,还有大批清朝的败兵溃勇,如克复苏州收降了候补道员李文炳等率领的兵勇五六万人。太平军被严重腐蚀,烧杀掳掠、虐待百姓、逃亡叛降的事件已经常发生。

——————

① 《李秀成自述》。

② 《洪仁玕自述别录》。

③ 《李秀成自述》。

太平军的一些将领也在蜕化变质,李秀成的部将纳王郜永宽、主管常熟政事的钱桂仁和骆国忠、主管苏州政事的熊万荃等都拥有大量财产。钱桂仁以种种办法聚敛巨额财产后,用黄金打成金狮、金凤各一对,献给李秀成,并为李秀成建造行宫。

苏、杭是地主阶级势力比较强大的地区,他们采取各种各样手段顽抗太平军。浙江诸暨的大地主包立身纠集了一两万人的团练武装,盘踞包村半年多;湖州举人赵景贤率团练据城困守,历时近两年。在苏南地区,团练武装的重要首领有:苏州的徐佩瑗,常熟的庞钟璐,无锡的华翼纶、杨宗濂,江阴的王元昌等。太平军对这些地主武装没有进行坚决镇压,往往满足于招抚,结果地主武装得以保存下来,伺机蠢动。徐佩瑗、李文炳等人表面上打着太平天国的旗号,暗中仍受清朝官员的接济和指挥,并拉拢勾结熊万荃、钱桂仁、骆国忠等,组成一个叛乱集团,策划在苏州一带发动叛乱。阴谋暴露后,李文炳、徐佩瑗被处死。

苏浙地区的乡官,成分严重不纯。充任乡官的除劳动人民外,有流氓无产者,还有大批地主、绅士和依附地主阶级的人。在这些地区,县及县以下单位的政权仍主要掌握在地主阶级手中,农民的处境没有多少改变。显然,封建土地关系也没有多少变动,太平天国仍旧执行与前期相同的土地政策,按亩征收田赋,肯定了"粮从租出",允许地主收租,承认地主土地所有制。据有关资料记载,苏南和浙江24个州县都是实行维持原来土地占有关系,允许地主收租的办法。在这些地区,还设立了官方或半官方的收租局,帮助地主收租,并规定"如有顽佃抗还吞租,即许送局追比"。

这些保护地主的措施,遭到一部分太平军将士和广大农民群众的激烈反对。太平军中有许多将士对佃农深表同情,他们支持农民的抗租斗争,或"任佃农滋事",或"倡免捐之议"①。有的地区,农民拆坏收租局,殴打强行收租的田主或乡官。

太平天国后期虽然开辟了苏浙根据地,但在这些地区内存在着复杂的矛盾斗争和严重的危机。

四、太平天国的失败

当太平天国在安徽战场屡遭失败时,在苏浙战场也出现了十分不利的因素。曾国藩取得统辖四省军务大权后,号令统一,筹饷较易。他自己坐镇安庆指挥,委曾国荃率湘军主力由皖北沿长江东下,进攻天京;继派左宗棠率另一支湘军由江西进犯浙江。左宗棠(1812—1885年),字季高,湖南湘阴人。他原来是湖南巡抚骆秉章的幕客,曾竭力支持湘军。曾国藩把他延入幕府,后来命他帮办军务,叫他招募兵员,领军作战。左宗棠率军进入浙江后不久,便被任命为浙江巡抚。他勾结英、法侵略者,镇压浙江的太平军。

1862年1月,李秀成分兵五路,由苏、杭出发,再次进攻上海。反动势力在上海成立"中外会防公所",策划防守方案和筹措饷械。在上海的英、法侵略军增至数千人,华尔的洋枪队改称"常胜军",扩编至5000人。4月初,英、法、俄侵略军和华尔的"常胜军"联合清军,向沪西的王家寺、罗家港等太平军阵地进攻。由于太平军的几个阵地被迫相继放弃,上海得以解严。

4、5月间,李鸿章率淮军从安庆乘坐轮船到达上海。李鸿章(1823—1901年),字少荃,安徽合肥人。翰林院编修,曾助吕贤基在安徽办团练。

---

① 《自怡日记》,《太平天国史料丛编简辑》第4册,第390、396页。

1862年春,他奉曾国藩之命,仿照湘军营制,在安徽编成一支拥有6000余人的淮军,成为继湘军之后又一支重要军阀武装。李鸿章到达上海之后,清政府授他署理江苏巡抚,不久实授。在官僚、豪绅、富商、买办的支持下,他与外国侵略者积极合作。

英、法侵略军和"常胜军"5000余人,与李鸿章的淮军配合,于5月中旬进犯奉贤南桥镇。双方战斗激烈,太平军杀伤了不少侵略军,击毙法国海军司令卜罗德,但终因伤亡过多,南桥失守。李秀成亲率精锐万余人反击,在太仓大败敌军,乘胜克复嘉定。6月初,太平军又在青浦大败敌军,活捉"常胜军"副统领法尔思德,收复县城。太平军又一次进逼上海近郊,侵略军龟缩上海不敢出战,曾国藩等人嘲笑说:"夷人之畏长毛,亦与我同。"①正当此时,曾国荃率湘军扎营雨花台附近,围攻天京甚急,洪秀全几次严催李秀成率师回援。太平军不得不挥戈西向,第三次进取上海功败垂成。

1862年10月,太平军与湘军在雨花台展开了一场激烈的战斗,李秀成、李世贤率军20余万,装备了相当数量的洋枪洋炮,向湘军发动猛烈攻势。曾国荃全军约3万人,凭借深沟高垒,坚守顽抗。太平军围攻46天,虽毙伤湘军约5000余人,但未能击破营垒。11月,李秀成撤兵。这次战役中,太平军兵力和装备上都占优势,却未能取胜,损失不及万人就居然退兵。此中原因,一方面是由于李秀成所说的"正逢天冷""未带冬衣"和"兵又无粮",但更重要的则是由于太平军的士气不振,战斗力衰退。王闿运的《湘军志》认为:"盖寇将骄佚,亦自重其死,又乌合大众,不知选将,比于初起时衰矣。"从这段评论中,可以看出太平军存在的致命的弱点。

李秀成退兵,洪秀全大怒,将他"严责革爵",随后又命他渡江北征,企

---

① 《议复调印度兵助剿摺》,《曾文正公全集·奏稿》卷16。

图诱使围攻天京的湘军回援江北。1863 年 3 月,李秀成率军渡江转战皖北。清军采取"专守为稳,以逸待劳"的防御方针,太平军所到之处"攻又不下,战又不成"。皖北在战争破坏下,赤地千里,烟火断绝,太平军得不到粮食补给,加上沿途征战,疲劳过甚,饿死、病死者很多,士气低落。5 月,李秀成只得回师东返。在江浦渡江时,又遭湘军袭击,伤亡惨重。太平军这次进兵皖北,没有取得什么战果,却损失战士十数万人。

这时,太平军的处境已非常不利。

在浙江,1862 年 5 月,英、法侵略军出动军舰 6 艘,陆战队人员约 400 人,伙同清军进攻宁波。经过激烈战斗,法国舰队司令耿尼重伤毙命,而太平军也因敌我力量悬殊,撤出宁波。侵略军攻陷宁波后,成立了"中法混合军"("常捷军")和"中英混合军"("常安军"、"定胜军")。外国侵略者和清军结为同盟,向太平军进犯。太平军英勇抵抗,于 1862 年 9 月在慈溪击毙来援的"常胜军"统领华尔,1863 年 1、2 月间,在绍兴屡败反动联军,先后打死"常捷军"统领勒伯勒东及其继任者塔提夫。但这些局部战斗的胜利,不能弥补整个战场的被动局面,慈溪、绍兴等城先后失守。这时,衢州、严州、金华各府县也相继被左宗棠的湘军攻陷。此后,左宗棠湘军和"常捷军"全力进攻杭州。1864 年 3 月,杭州的粮道和交通线都被切断,太平军难以据守,守将陈炳文动摇,钱桂仁率部千余人献城投降。

华尔被太平军打死后,"常胜军"的统帅权由英国人戈登继任。戈登曾参加过英法联军进攻北京的侵略战争,干过"以最野蛮的方式摧毁了世界上最宝贵的财富——圆明园"的罪恶勾当①。他在英国政府的大力支持下,改编了这支雇佣军,加强了炮队,使它正式成为"英国国外派遣军"。

在江苏,英、法侵略军和戈登的"常胜军"伙同李鸿章的淮军组成的联

---

① 　王崇武等译:《太平天国史料译丛》第 143 页。

合武装,配备了优势的炮舰、轮船和洋枪、洋炮,以上海为基地,向西进犯。1863 年 2 月,中外反动武装一万数千人进犯太仓,遭到太仓军民的奋勇反击,伤亡很重。5 月,戈登统领"常胜军"会同淮军攻陷太仓、昆山。9 月,进逼苏州。太平军战士在慕王谭绍光(壮族)的率领下,英勇地抵抗五六万中外联军,"寸土不退"。李鸿章和戈登因强攻损失重大,遂致书谭绍光,妄图诱降。谭绍光坚决抵抗,"宁可拼掉最后一滴血,也决不投降"[①];而以纳王郜永宽为首的苏州其他守将密谋叛降。12 月 4 日,郜永宽等刺杀谭绍光,献城投降。过了两天,这伙叛徒都被李鸿章杀死。

　　苏州的失守,标志着太平天国苏南根据地已经陷于绝境。但是,广大太平军仍然继续奋战。1864 年 4 月常州战役中,太平军以长矛、石块进行顽强抵抗,"坚决面对敌人,为效忠于自己的高贵事业而死"。守将护王陈坤书身先士卒,激励将士拼死抵抗。当他被俘后押到李鸿章面前时,昂然直立,拒绝投降,愤然指出:"要不是戈登及其军队协助你作战,我定叫你毫无办法从我手中夺取这城池。"[②]

　　1864 年 4、5 月,太平军苏南、浙江、皖南根据地全部失去,天京的形势比以前更危急。天京城外太平军的防御工事已被破坏殆尽,四面被曾国荃的湘军围困,内无粮食,外无援兵。李秀成建议"让城别走",但洪秀全对他严加斥责,说:"朕奉上帝圣旨、天兄耶稣圣旨下凡,作天下万国独一真主,何惧之有……朕铁统江山,尔不扶,有人扶,尔说无兵,朕之天兵,多过于水,何惧曾妖者乎?"[③]

　　1864 年 6 月 3 日,天王洪秀全病逝。长子洪天贵福继位为幼天王。

---

① 《太平天国史料译丛》第 206 页。
② 《太平天国史料译丛》第 242 页。
③ 《李秀成自述》。

那时,干王洪仁玕外出征粮调援未回,守卫天京的太平军在极其困难的处境下,仍然为保卫京城而顽强战斗。7月3日,地保城失守。湘军居高临下,整日炮轰,并加紧挖地道,埋炸药轰城。7月19日,湘军轰倒城墙,蜂拥冲入。守城太平军抱着与天京共存亡的决心,与冲进城的湘军展开激烈的肉搏战,但终因力量悬殊,天京沦陷。曾国荃攻入天京后,"见人即杀,见屋即烧,子女玉帛扫数悉入于湘军"①。繁华的天京城完全变成一片瓦砾场。

天京陷落后,幼天王突围到安徽广德,与洪仁玕会合。洪仁玕保护幼主,率部转战皖、浙边界,9月底入江西。失败后,幼天王遇害,洪仁玕也被俘,慷慨就义。

李秀成在天京陷落后,走入天京东南的荒山中,被湘军俘获。他在囚笼里写下了几万字的供词。李秀成的供词保存了太平天国很多史实,总结了经验教训,但提出"收齐章程"十条,向曾国藩示意招降太平军余部,是他一生中最大的污点。曾国藩在他写完供词的当天,就把他杀害。

五、太平军余部和捻军的英勇斗争

天京陷落后,太平天国虽然已告失败,但是,大江南北还有数十万太平军和捻军,他们英勇不屈,继续战斗,历时达四年之久。

1864年春,侍王李世贤奉命率苏、浙、皖等省的太平军到江西取粮就饥,准备秋后返救天京。6月,李世贤闻天京已破,与康王汪海洋、偕王谭体元等转到福建,9月攻克汀州、漳州等城。他们以漳州为根据地,整军练武,建立政权,保护农商,恢复生产。清政府派左宗棠督湘军从江西、浙江

---

① 　《上欧阳中鹄》,蔡尚思、方行编:《谭嗣同全集》(增订本)下册,第466页。

分道攻入福建,又派淮军用外国侵略者提供的轮船由海道从厦门登陆。1865年5月,太平军寡不敌众,撤出漳州。不久,汪海洋将李世贤杀害,引军经江西入广东,突袭嘉应州(今梅州),攻克州城。左宗棠急调诸路清军前来包围。在激烈战斗中,太平军挫败清军,但汪海洋中弹重伤而死。太平军诸将推举谭体元继主军事,终因孤城难以久守,遂潜师而出,东南走黄沙嶂。黄沙嶂丛山菁密,太平军在山中迷路,数日不得出,将士皆饥疲不堪,遂为湘军鲍超等追及。1866年2月,谭体元率余军奋战力竭,坠崖被捕牺牲。江南太平军余部至此失败。

江北太平军和捻军多年以来就相互支援,协同作战。捻军领袖张洛行被洪秀全封为沃王,其他诸将也接受太平天国的封号。1862年初,英王陈玉成派扶王陈得才、遵王赖文光等会同捻军西进河南,远征西北,广招兵马,以图恢复。同年秋,清政府派僧格林沁大举进攻皖北。张洛行作战不利,亳州、宿州皆失守。1863年春,捻军主要根据地雉河集也被僧军攻破,张洛行不久被俘殉难。1864年初,天京危急,西北太平军星夜兼程回救,一路上会合了捻军张宗禹、陈大喜等部,众至数十万,声势甚壮。他们转战到鄂、皖之间,遭到僧格林沁所部骑兵的阻截。天京的陷落,使东归的太平军士气受到莫大的打击。他们在鄂东受阻,11月又在霍山兵败,扶王陈得才自杀。在这危殆之时,遵王赖文光得到捻军将士的信任,接受重任。赖文光按照太平军的兵制重新组织捻军,使其改变过去"忽分忽合,不相统属"的松懈状态;又用太平军的兵法训练部署捻军,增强其战斗力。为适应北方平原作战的特点,他采取了"易步为骑"的措施,扩大骑兵,在战略战术上以骑兵奔袭的运动战为主。捻军经过这番整顿和战术的转变,大大提高了素质和战斗力。

1865年初,清军以僧格林沁的蒙古骑兵为主力,对捻军发起大规模的进攻。捻军采用运动战术,一日驰数百里,使僧军疲于奔命;又往往选择有利时机和地点,狠狠打击僧军。因此,僧军一退河南光山,再退邓州,对捻军束手无策,莫可奈何。1865 年 5 月 18 日,捻军把僧格林沁主力引到山东菏泽县西北的高楼寨,利用有利地形设伏。僧格林沁督军紧追,陷入捻军的四面包围之中。他驱驰猛突,仍不能解围,部众死伤惨重。日暮,僧格林沁伏田垄间,被捻军战士击毙。

高楼寨之役,全歼僧军,捻军声势大振。清廷十分惊慌,连忙派曾国藩督师北剿。曾国藩针对捻军流动作战的特点,采取重点设防、坚壁清野、画河圈围的战略,企图制止捻军的运动。他调集 10 万重兵,配以新式枪炮,在淮水北、运河西、沙河及贾鲁河以东,沿岸设防,想逐步收紧,把捻军消灭在包围之中。但是,捻军以机动灵活的运动战术,多次惩创清军,纵横驰骋于豫、鲁、苏、皖之间。1866 年 9 月,赖文光部与张宗禹部在开封境内会师,一举突破了曾国藩布置的沙河防线,大败河南巡抚李鹤年的河防军,乘胜而东,又大破运河防线,进入山东水套地区。10 月,自山东回军,再破清军河防,重入河南。曾国藩苦心经营的合围"剿捻"计划被捻军所粉碎,不得不承认"打捻无功"。清政府改调李鸿章为钦差大臣,负责"剿捻"。

捻军虽多次打破包围圈,但斗争已处于低潮。外国侵略者此时又极力支持李鸿章,他们不仅源源供给他新式武器,而且还派遣教官和顾问协助淮军剿杀捻军。李鸿章所采取的是"扼地兜剿"的战略,想把捻军"蹙之山深水复之处,弃地以诱其入,然后各省之军合力,三四面围困之"①。1866 年冬,捻军在河南许州(今许昌市)分军为东西两支:一支由遵王赖文光、鲁王任化邦率领,留在中原地区活动,是为东捻军;另一支由梁王张宗禹、幼沃王张禹爵率领,挺进西北,往联回众,是为西捻军。捻军分东西

---

① 周世澄:《淮军平捻记》卷 3,中国近代史资料丛刊:《捻军》第 1 册,第 141 页。

两支,目的在于开辟新战场,发展势力,以便取犄角之势,互相支援。但在总形势不利的情况下,兵力分散,容易被清军割断联系,各个击破。

分军后,东捻军由许州东向,企图抢渡运河进入“频年岁稔”的山东,以取得军需给养和扩大队伍。由于清军严守运河各渡口,这一目的未能实现,只好西折转入湖北,连克应城、云梦等县,夺取安陆府的臼口镇,驻军尹隆河一带。1867 年 1 月,东捻军大败淮军悍将郭松林,打死总兵张树珊。2 月,敌人援军四集合围,捻军腹背受敌,终于大败,损失两万人以上。尹隆河战役失败后,东捻军放弃了进兵川、陕与西捻军会合的计划,反而被引入了淮军的战略圈套,进入山东地区。11 月,在潍县、赣榆等战役中一再受挫,任化邦在作战中被叛徒杀害。12 月,东捻军在山东寿光受到淮军层层围击。在突围中,牺牲 2 万多人,被俘近万人,主力损失殆尽。赖文光率余部南入江苏,至扬州东北湾头瓦窑铺,遭到袭击,伤重被俘。1868 年 1 月 10 日,在扬州慷慨就义,坚贞不屈。

由梁王张宗禹、幼沃王张禹爵、怀王邱远才等率领的西捻军 6 万余人进入陕西,联合回民起义军。1867 年 1 月,西捻军大败清军于西安近郊,击毙总兵萧德扬等。10 月底,又在陕北中部(今黄陵)击败左宗棠的刘松山部。同年年底,西捻军为了救援东捻军,东渡黄河,插入清王朝的腹心畿辅之地。当时东捻军业已失败,西捻军成了深入敌后的孤军。直隶饶阳一战,张禹爵和邱远才殉难。1868 年 8 月,西捻军在山东境内黄河、运河、徒骇河之间的狭窄地带,陷入重重围困之中,广大捻军战士奋力作战,悲壮牺牲。

太平天国农民战争虽然失败了,但它先后攻克 600 余城,席卷了半个中国,建立了与清朝封建政权对峙十余年之久的政权,沉重地打击了中国封建统治阶级和外国资本主义侵略者,在中国历史上写下了光辉不朽的一页。

第六节 太平天国时期西南、西北各族人民起义

一、广西壮、汉各族的继起斗争

自 1852 年太平军北上后，广西各族人民继续进行斗争，其中规模较大的有：陈开、李文茂在浔州（今桂平县）建立的大成国；李文彩在永淳（今横县）领导的抗租起义；吴凌云在太平府（今崇左县）建立的延陵国；黄鼎凤在贵县发动的反清起义。

陈开、李文茂率领的广东天地会起义军于 1855 年 5 月转入广西。9 月，改浔州为秀京，建大成国。数年中，起义军分兵东征梧州，西取宾州（今宾阳县）、南宁，南克北流，北攻柳州、融县、宜山。后又水陆并进，夹击桂林。由于大成国内部组织松懈，军事指挥不统一，屯兵坚城之下，旷日持久，终于被清军各个击破。1861 年 8 月，清军攻破秀京。陈开牺牲，起义失败。

1850 年秋，壮族佃农李文彩领导了永淳壮、汉农民起义，聚集万余人，包围县城，迫使知县同意："官租民租，一概不收。"①随后，李文彩在该县平朗圩设立据点，四处打击地主富豪。1856 年，李文彩与大成国定北王梁昌联合作战，被授为定国公。1859 年，石达开回师广西，李文彩欣然相从，奉太平天国正朔，跟随石达开攻略桂西北各地，接着又转战黔东南一带。1861 年后，李文彩与贵州张秀眉起义军联合作战。1872 年，他在抗击清军的一次战斗中牺牲。

1852 年，广西新宁州壮族吴凌云发动起义，壮、汉人民相率加入。起义军先后攻克太平府（今崇左县）及龙州等数县。1861 年，吴凌云建立延

---

① 　（民国）《永淳县志》，《永淳县地方治乱纪要》第 3 页。

陵国,自称延陵王。1862 年,清军攻破太平府城,吴凌云退守新宁陇罗圩。1863 年 2 月,他在突围中牺牲,余部由其子吴亚终和张三、刘永福等领导。1865 年 1 月,他们进攻镇安(今德保)府城,攻克天保县属各地,又分兵占有归顺州(今靖西)至云南边境各县村寨,纵横数百里。1868 年,吴亚终兵败德安,次年在那ये中炮身亡。刘永福先于 1867 年率队进入越南六安,以黑旗为帜,这便是后来以抗法著名的“黑旗军”。

1852 年,壮族黄鼎凤在贵县发动了起义。1855 年,被大成国授为将军,后晋封隆国公。1857 年,黄鼎凤与壮族谢秉彝起义军联合,攻下宾州、迁江等处,又应援李锦贵起义军攻克上林,义军有很大发展。大成国失败后,黄鼎凤退守贵县平天寨。1863 年称建章王。1864 年,清军进攻平天寨,黄鼎凤出降被杀。

二、贵州苗、教、号军起义

1855 年春,台拱厅(今台江)张秀眉率领苗民抗税起义,队伍发展到数万人。两年之间,起义军连克黔东南、黔东诸府县。同时,布依族杨元保于独山,水族潘新简于九阡(今三都),侗族姜映芳于天柱,也分别起义。诸路起义军与张秀眉相互配合,整个黔东与黔东南各族起义军联成一片。

1857 年 8 月,汉族刘义顺、胡二黑在石阡荆竹园起义,称号军。他们与苗民起义军互相支援,先后攻下了思南府属的一些州县。

斋教军是何得胜、潘民杰领导的一支汉、苗、布依各族混合组成的起义队伍,人数逾万。数年中,斋教军占领了省会贵阳周围的十几个城池。

1857 年,黔西威宁的苗、彝农民万余人,借宗教聚会方式起义。他们以陶新春、陶三春兄弟为首,在毕节县猪拱箐建立据点。不久,黔东南苗民起义军岩大五部进入黔西。他们联为一体,攻毕节,克大定,又攻占了云南镇雄、四川高县、珙县等城,并在海马姑开拓了新的根据地。

贵州各支起义军在斗争中此呼彼应,互相支援。当张秀眉向黔东进军时,天柱、思州等地数百屯汉族农民,"蓄发相从,输金纳赋,千里应声"[1]。号军攻打城池,苗民主动运粮接济;或小挫,"则苗、教大出救援,铳声满山谷"。清方记载说:"攻苗匪则号匪梗其中,击号匪则教匪继其后。"[2]

1867年湘军入黔,挟洋枪洋炮的优势,轰毁义军堡砦。次年2月,湘军攻破荆竹园,将号军"俘斩略净"。接着向南进犯,连下30余砦,张秀眉转至湘西。苗军在湘西连获胜仗,湘军被迫东还。清政府增派湘军精锐万余人阻截苗军归路,使苗军西返时遭到重大损失。

在黔西,滇、川清军合攻陶新春兄弟起义军。经过半年战斗,猪拱菁、海马姑先后被攻破,陶新春兄弟被俘牺牲。黔中的教军,亦遭失败。

此后,张秀眉苗军陷于孤立。湘军深入寻战,所过村寨,烧杀殆尽。苗军据险坚守,并不时主动出击。1869年5月,张秀眉、包大度集合苗军万余设伏于黄平县的黄飘夹谷,一举歼灭湘军七八千人,毙敌将领数十员。清军不断增援,于1870年11月攻陷台拱。1871年5月,义军被迫撤出凯里,退保雷公山。1872年3月,再退乌鸦坡。最后,包大度受伤牺牲,张秀眉被俘遇难。

三、云南回民起义

1855年冬,以楚雄回民与临安汉民之间发生争夺石羊厂矿事件为导火线,爆发了大规模的回民起义。1856年春,马金保于姚州、杜文秀于蒙

① 同治十一年李瀚章奏,原件藏中国第一历史档案馆。
② 王定安:《湘军记》卷14。

化、马如龙于临安、马复初于新兴、徐元吉于澂江先后起义,很快形成了两大势力:一支是以杜文秀为首的滇西起义军,另一支是以马复初、马如龙为首的滇东南起义军。

滇西回族起义是回、汉各族人民的反清大联合。1856 年 9 月,杜文秀攻克大理,建立政权,自任"总统兵马大元帅",宣布"遥奉太平天国南京之号召,革命满清,改正朔,蓄全发,易衣冠。田赋征粮米,除丁银。诉讼速审判,禁羁押"①。杜文秀阐明起义的目的是"志在救劫救民,心存安回安汉";"此次出师,本为兴汉……但得汉、回一心,以雪国耻,是为至要"②。扬威大都督蔡发春告诫诸将说:"汉人多而回人少,安可自树大敌。今后禁止虐待汉人,且必须重用汉人。"③蔡发春牺牲后,所部由大司衡杨荣率领,其中"汉兵十之七八,回民十之二三"④。由于回、汉联合,起义军不断扩大,先后攻克滇西各府州县。

滇东南回民军为马复初、马如龙等控制。马复初是宗教上层分子,马如龙是官宦之家出身。他们起兵后,表白自己"只欲报仇,不敢为逆"。因而他们在 1856 年至 1861 年虽三次围攻昆明,都是时战时和,并不坚决。1862 年,二马降清,马复初被封为二品伯克滇南回回总掌教,马如龙被授临沅镇总兵,成为清政府"以回攻回"的工具。

1867 年,滇西回民军进围昆明。马如龙伙同清军拒守。义军久攻不克,反被击溃。1870 年,杨荣所部与清军反复搏战,形势日趋不利。这时,与英、法侵略者有勾搭的刘道衡上书杜文秀,提出"交英、法乱华夏之一

①　《大理县志稿》,中国近代史资料丛刊:《回民起义》第 1 册,第 29 页。
②　《回民起义》第 2 册,第 131、127 页。
③　《大理县志稿》,《回民起义》第 1 册,第 33 页。
④　《回民起义》第 2 册,第 142 页。

策"，主张"佯为英、法之党助，使之亡清朝乱华夏"，"为帝王之驱除"①。他的主张没有被杜文秀采纳。

1871 年，刘道衡出走缅甸后，又假冒杜文秀名义向英王献土称臣，后被英方怀疑而无结果②。1872 年，清军包围大理，起义军坚持斗争，直至粮弹俱绝。杜文秀服毒后赴清军主将岑毓英营中，企希保全城中百姓，岑毓英竟下令血洗大理城。历时 17 年的云南回民起义，至此失败。

四、陕、甘、宁、青回民起义

1862 年春，川、滇农民起义军蓝大顺部由四川进入汉中；太平军扶王陈得才也率部入陕，渭南回民数千人投奔到陈得才旗下，为太平军当先锋队。华州回民把前来"劝谕"的清朝大臣张芾杀死祭旗，宣告起义。接着，关中平原的回民举事，参加或配合陈得才部对清军作战。陕西汉族人民积极支持回军，不少汉民参加回军，"皆冒险出死力"。

关中地区的回民起义军，攻克大荔县的羌白镇，并以此为据点向四境拓展。与此同时，甘肃回民也起义于会宁、通渭、秦安等地。1863 年春，回民起义军先后攻取庆阳、邠州、郿县等地区，使陕、甘回军的活动地区联成一片。1866 年秋，西捻军张宗禹等率领 6 万人入陕，这时已经撤往甘肃的回军与撒拉、保安等族起义队伍，闻讯东下接应，"捻自南而北，千有余里，回自西而东，亦千有余里"，"捻回合势"③，形成了西北各族人民反清斗争的高潮。1867 年，西捻军自宜川渡河入山西，左宗棠率领湘军追剿。1868 年西捻军

---

① 刘道衡：《上杜公书》，《回民起义》第 2 册，第 168、170 页。
② 罗尔纲：《杜文秀"卖国"说辩谬》，《学术月刊》1980 年第 4 期。
③ 《左文襄公全集·奏稿》卷 23。

失败,左宗棠复回陕西,以全力向陕、甘回军进攻。

西北回民起义形成为四个中心:宁夏金积堡马化龙部;甘肃河州马占鳌部;青海西宁马文义部;甘肃肃州马文禄部。左宗棠首先把关中的回军压迫到陕北,进行残酷的屠杀。接着便进攻宁夏金积堡。1870年,陕、甘回军合力反攻,大败湘军,南下到蒲城、富平、大荔等地,局势为之一振。但左宗棠死力围攻金积堡及其他回寨,不肯后撤。马化龙献出金积堡投降。此后,清军向青海、甘肃进攻。1872年初,河州回军奋起迎击,太子寺一战,大败湘军。但马占鳌却乘胜投降。同年9月,湘军进攻西宁,时马文义已死,继任的回族首领马永福投降。左宗棠于是集中兵力进围肃州。1873年11月,肃州被攻破,马文禄被杀,辗转撤到肃州的白彦虎部西退新疆。至此,陕、甘、宁、青的回民起义均告失败。

第三章

洋务运动和中国资本主义的产生

第一节　太平天国失败后的社会经济

一、外国在华政治经济势力的扩大

19世纪60年代，列强在侵略中国的活动中采取了"合作政策"。这项政策由英、美两国所倡导，而为俄、法等国所支持。西方资本主义国家企图巩固和扩大不平等条约中所取得的权益，在有关侵华的重大问题上彼此进行"协商与合作"，以达到共同的侵略目的，这就是"合作政策"的实质。清政府虽然了解"彼族深险狡黠，遇事矫执，或条约中本系明晰，而彼必曲伸其说；或条约中未臻妥善，而彼必据以为词，极其坚韧性成，得步进步。不独于约内所已载者难稍更动，且思于约外未载者更为增添。"①但是，却无力抗拒列强的要求，对外采取妥协退让的方针。在这种情况下，列强逐步加深了对中国的侵略。

1861 至 1862 年间，英、法、俄、美等国先后在北京建立了公使馆。相继派使来华的，不但有欧洲的德国、丹麦、荷兰、西班牙、比利时、意大利、奥地利，还有亚洲的日本、南美洲的秘鲁诸国。西方和日本通过它们的驻华官员，将侵略势力从东南沿海深入到中国的心脏，一方面直接对清政府进行外交讹诈，扩大它们在华的侵略势力；另一方面粗暴地干涉中国内政，增强它们对清政府的政治影响。1866 年，英国驻华使馆参赞威妥玛向清政府提出了一篇《新议略论》②，要求清政府切实保护外国侵略者在华的一切特权和利益，完全按照他们的旨意行事。他威胁说：如果触犯了外国侵略者的权益，他们必然要进行干涉，"一国干预，诸国从之，试问将来中华天下，仍能一统自主，抑或不免分属诸邦，此不待言而可知"。这篇《新议略论》充分暴露了外国侵略者企图凌驾于清政府之上，操纵中国内政和外交的野心。

外国侵略者通过他们控制的中国海关，对清政府施加压力和影响。早在 1854 年，英、法、美三国便利用上海小刀会起义的机会，窃取了上海海关管理权。第二次鸦片战争后，他们又把上海海关所实行的办法推广到其他各通商口岸，在全中国建立了一套半殖民地海关制度。1865 年，总税务司署在北京成立，名义上隶属于总理衙门，但海关的行政、用人等大权完全掌握在英籍总税务司手中，各口税务司和海关的高级职员也一律由外国人充任。如 1873 年海关行政部门共有 93 名外国人，其中英国人

---

① 《筹办夷务始末》同治朝卷49，第6页。
② 《筹办夷务始末》同治朝卷40，第24—36页。

58 名,美国人 8 名,法国人 12 名,德国人 11 名,其他各国人 4 名。这就是外国侵略分子所鼓吹的中国海关机关"保持着国际性",它"阻止了任何排外情绪的生长","为外国使节所支持"①。由于关税在清政府的岁入中比重逐渐增长,所以海关总税务司的地位日益重要,它对清政府的影响也愈益增强。

英国人赫德长期控制中国海关大权。在资本主义列强,特别是英国侵略中国的历史上,他是一个重要的角色。1854 年,他奉英国外交部的命令前来中国,先后在宁波和广州的英国领事馆工作,后来曾任广州副税务司和上海税务司。他在英国公使普鲁斯的支持下,于 1863 年被清政府正式任命为海关总税务司。他不仅把持海关行政,而且代清政府对外借款,采购军火,进而逐步插手清政府的内政和外交。1865 年,他向清政府呈递了一篇《局外旁观论》②,劝告它忠实履行不平等条约,并威胁说:如果"违背条约,在万国公法准至用兵,败者必认旧约,赔补兵费,约外加保方止"。这篇《局外旁观论》的真实用心,也是要通过帮助清政府改革内政,使海关成为"改革这个帝国各个部门的行政和改进各工业部门的核心"③。赫德的狂妄言论在清政府中引起了强烈反响,左宗棠在评论中愤然指出:"我之待赫德不为不优,而竟敢如此。彼固英人耳,其心惟利是视,于我何有?"④1879 年,赫德又向总理衙门呈递一份《条陈海防章程》,主张添购兵船,"雇用西人,重其事权",并建议设立一个筹建海防的专门机构,要求任命他担任总海防司的职务,企图控制中国的海防大权。赫德的这项意见,遭到了当时许多朝野人士的反对,李鸿章致函总理衙门说:"赫总税司前

① 《中华帝国对外关系史》第 2 卷,第 150、153 页。
② 《筹办夷务始末》同治朝卷 40,第 13—22 页。
③ 1885 年 12 月 21 日赫德致金登干 Z/234 函附件,《中国海关密档》第 4 卷,第 1381 件,中华书局 1992 年版。
④ 《筹办夷务始末》同治朝卷 42,第 46 页。

议,此间文武幕吏多不以为然,谓其既有利权,又执兵柄,钧署及南北洋必为所牵制……若初讲自强,仅倚一赫德,恐为东西洋人所轻视。"他建议将赫德所拟章程"斟酌改定,以免太阿倒持之患"①。负责南洋海防的两江总督沈葆桢也"断断执论",表示"极为窒碍"。由于各方面的反对,赫德总揽中国海防大权的野心未能得逞。1885年,英国政府任命赫德为驻华公使,赫德在就任前,企图安排他的弟弟赫政继任中国海关总税务司的职务。消息传出后,舆论大哗。赫德终于被迫辞去英国驻华公使的职务,继续留任总税务司。

外国侵略者还争相控制中国的派使工作和外交活动。在赫德的活动下,清政府于1866年派总理衙门章京斌椿和同文馆学生数人,随同他一起去英国考察。1868年,清政府又在离任的美国驻华公使蒲安臣的怂恿下,派蒲安臣率领"中国代表团"赴欧美访问。该团成员有记名海关道志刚和礼部郎中孙家穀,并有英、法各一人参加。他们一行到达美国后,蒲安臣竟擅自代表清政府与美国政府签订了《中美续增条约》(亦称《蒲安臣条约》),承认美国享有掠夺华工以及在中国各通商口岸设立学校的权利。中国官员第一次正式出使西方,是在1870年的"天津教案"之后,经法国威逼而派崇厚赴法"致歉"。中国开始向国外派遣常驻使臣是在1875年。这年,清政府因"马嘉理案",任命郭嵩焘为驻英公使,刘锡鸿为副使,前往英国办理交涉。继郭嵩焘使英之后,清政府因日本侵台事件,又派何如璋为驻日公使。中国的出使活动不仅从一开始就因外力而被强烈扭曲,而且每走一步都是在屈辱中为适应新的中外关系而求自保。

从60年代到80年代,列强凭借着他们从不平等条约中所攫取的种种特权,逐步加强了对中国的经济侵略。1869年苏伊士运河正式通航,使

---

① 《李文忠公全书·译署函稿》卷10,第5页。

中英之间的航程比原来绕道好望角缩短了大约1/4。1871年,上海至英国伦敦与美国旧金山的电报线路接通,使西方资产阶级能够迅速掌握市场行情。这些条件为外国侵略者进一步扩大对华掠夺提供了便利。中国作为一个半殖民地国家被进一步卷入了资本主义世界市场。

在这一期间,西方资本主义国家继续向中国倾销商品。进口货总值:1864年为4600万两(海关两,下同),1871年增为7010万两,至1881年增加到9190万两[①]。中国在1864至1876年间,还间或有过出超,自1876年以后历年都是入超。在各种进口货中,鸦片占着最重要的地位,其次为棉纺织品、毛织品、金属制品等。以1867年为例,鸦片的进口价值为3199万余两,占全部进口货总值的46%;棉纺织品的进口价值为1461万余两,占全部进口货总值的21%;毛织品的进口价值为739万余两,占全部进口货总值的10%;金属制品的进口价值为163万余两,占全部进口货总值的2%[②]。这种情况到1885年有了改变,该年棉制品的比重已经上升到35.7%,跃居首位;鸦片降为28.84%,退为第二位。此后,棉制品进口一直超过鸦片,占据首位。而在棉纺织品中,棉纱的增长速率又超过了棉布。棉纱的进口,1872年为5万担,1881年增至17.2万担,增长了244%;棉布的进口,1872年为1224.1万匹,1881年增至1493.1万匹,增长了22%[③]。

外国机制棉纺织品,特别是棉纱的大量输入,逐渐破坏了中国自给自足的自然经济。通商口岸附近的许多地区,农民和手工纺织业者开始用洋纱织布,有些地方甚至出现了停纺的现象。

---

① 里默著,卿汝楫译:《中国对外贸易》第41页,三联书店1958年版。
② 马士:《中朝制度考》第313—315页。
③ 严中平:《中国棉纺织史稿》第72页。

　　在这个时期,中国对外出口主要还是农产品。在出口货中,茶叶仍占着首要地位。但由于日本茶和印度茶在国际市场上的竞争,它所占的比重逐渐下降。生丝和丝织品的出口,仅次于茶叶而占第二位。草帽缏、皮革等货的出口,虽有较大幅度的增长,但售价较低。中国的出口货主要为各种原料,这是当时出口贸易的一个显著特点,表明中国正逐步成为外国资本主义的原料供给地。另一个显著特点,则是中国的出口贸易几乎全部被外国洋行所控制,原料生产者遭到外国商人的压价掠夺,他们已成为外国资本主义直接榨取的对象。

　　外国资本势力为了倾销商品和输出原料的便利,还在中国经营轮船航运。1862 年,以经营鸦片走私著称的美国旗昌洋行设立了第一家专业轮船公司——旗昌轮船公司,垄断我国长江中下游轮船航运将近十年之久。七八十年代,英国太古、怡和两家轮船公司先后建立,由于它们实力雄厚,又有不平等条约的庇护,所以逐渐侵占了我国沿海和长江中下游的大部分航运权益。外国轮船公司经营中国沿海和内河航运的结果,不仅严重地打击了中国旧式帆船运输业,而且阻碍了中国新式航运企业的发展。

　　外国资本势力还争相在中国设厂,最早是在广州、香港、上海等地开设适应对华贸易需要的船舶修造厂;70 年代后扩展到为进出口服务的加工业和若干轻工业,主要有砖茶、缫丝、制糖、制革、轧花、打包厂等;80 年代以后,投资的重点是公用事业;到 90 年代初总共有 192 家,资本额近2000 万元。其中如砖茶业,60 年代俄商就开始在汉口设厂经营,到 70 年代已在当地建立起顺丰、新泰、阜昌三家砖茶厂,并迅速在江西九江、福建福州等地设分厂,垄断了中国出口砖茶的制造。外资的缫丝工厂则集中在上海,七八十年代规模较大的有美国的旗昌丝厂、英国的公平丝厂和怡和丝厂。进入 90 年代后,旗昌、怡和继续扩大规模,英国的纶昌、美国的乾康、法国的信昌、德国的瑞纶等厂也相继在上海设立,资本额共有 531

万元,成为当时外资企业中资金比较雄厚的一个行业。这些外资企业是外国资本主义经济侵略的组成部分,但它们在客观上刺激了中国近代工业的产生。

在对华进行经济侵略的过程中,列强在中国陆续设立了一些银行。早在1848年,英国便在上海设立了东方银行(又名丽如银行或金宝银行)。接着,于1854年和1857年又先后设立了有利、麦加利两银行的上海分行。60年代,外国在华设立的银行增多,其中1865年在香港、上海两地同时开业的英国汇丰银行,实力不断扩充,至1890年资本已增加到港洋1000万元,同时相继在汉口、天津和北京设立了分行,逐渐发展为外国在华资本最雄厚的金融机构[①]。到90年代初,德国的德华银行、日本横滨正金银行、法国东方汇理银行又先后在上海开设,但实力都超不过汇丰银行。这些外国银行在中国经营国际汇兑,发行纸币,对清政府进行贷款,开始操纵中国的金融市场,成为列强对中国进行经济掠夺的重要工具。

外国资本主义在华政治、经济势力的扩大,逐步加深了中国半殖民地化的程度。中国的农民和小手工业者连连破产,承受着旧生产方式逐步解体时的种种苦难。

二、农村经济的凋敝

在镇压农民起义的过程中,清朝封建统治者勾结外国侵略势力,屠杀了无数的人民群众,破坏了广大的城乡市镇,使社会生产力和国民经济受到一次空前的浩劫。

在太平军与清军搏斗时间最长、斗争最为激烈的苏、浙、皖三省,遭到的

---

① 孙毓棠:《中日甲午战争前资本主义各国在中国设立的银行》,《抗戈集》第114—147页。

破坏最为严重,大部分地区人口锐减,田地荒芜,满目萧凉。江苏原来是人口十分稠密、经济比较发达的地区,大都"半里一村,三里一镇,炊烟相望,鸡犬相闻"。经过这次战争后,竟"一望平芜,荆榛塞路,有数里无居民者,有二三十里无居民者"。在盛产蚕丝的太湖一带,"桑枯蚕死,寂寞荒凉"。浙江的情况,同江苏相类似,"户口凋零,田畴荒芜","哀鸿遍地,疮痍满目"。安徽的一些州县,"终日不过行人,百里不见炊烟"。长江中下游的大部分地区,普遍出现了"家家有饿莩,户户断炊烟"的悲惨景象。这种灾难的造成,是由于战争的破坏,同时也和清朝官军的烧杀抢掠分不开。当时有个地主阶级知识分子曾经指出:"官军败贼及克复贼所据城池后,其烧杀劫夺之惨,实较贼为尤甚,此不可不知也。"①

　　太平天国失败后,清政府对于社会经济遭受严重破坏的地区,曾宣布减收田赋,如在江、浙等省施行减免漕额约 1/3。这是清政府应地方官吏的要求而采取的扶植地主阶级的一项措施,受惠者主要是地主豪绅。以江苏的情况为例,减赋诏颁发后,地主声言"减租",但所减者仅系"虚额",实租不但未减,反而变相增加,所以当时有人说:"赋虽减而租未减,租之名虽减,而租之实渐增,正如《元史·成宗纪》江、浙行省臣所言,'恩及富室,而不被及于平民者也'。"②浙江的情况也是一样,当时《申报》曾指出:"国家之赋额减,而民间之租额未减,有田者蒙其惠,无田而佃人之田者仍不获其利。"③此外,在征收田赋的过程中,由于地方官吏的贪赃枉法,田赋的实际负担几乎都落在农民身上。当时许多省份出现了大户和小户、绅户和民户的区别,纳赋的多少不是以所占土地的面积大小为准,

---

① 《太平天国》第 4 册,474 页。
② 陶煦:《租覈》,李文治:《中国近代农业史资料》第 1 辑,第 281 页。
③ 《中国近代农业史资料》第 1 辑,第 280 页。

而是视业主的"贵贱强弱"而定。在江苏,"大户或至一文不收,甚有包揽小户者,小户则每石十余千或七八千"①。在浙江,"绅衿大户,正赋之外,颗粒不加,甚至有把持包揽等等,势不能不取盈于乡曲之小户,以为挹此注彼之谋……最重之户,正漕一石,竟有完米至一石七斗以上者"②。在清政府的"减漕德政"中,不仅自耕农的负担没有减轻,甚至一般中小地主也没有得到多少实际利益。

太平天国失败后,由于人口锐减,土地荒芜,所以清政府采取了招抚流亡、开垦荒地的措施,以增加田赋收入,稳定封建统治秩序。在招民开垦的过程中,各地实行的办法颇为分歧。在江苏,一般是在田归原主的政策下进行的。有主之地,"责成业主招佃垦种";无主之田,则先招原业主"五服以内者"开垦,五服内无人认领者再由州县招人认垦,三年后再令交纳钱粮,官方给予印照,承认该田归垦荒的农民所有。但是,有些荒田甫经开垦,便往往有人自称原主,勾结局董书差,具结领回。垦民空费经营,开垦出来的土地被人夺走,因此很多农民观望不前,不愿认垦。后来,江苏地方当局出面禁止冒领土地,认为"原主弃田不耕已十余年,业已与田义绝,无论是真是假,均不准领。且此外荒田尚多,何必刻舟求剑? 冒领之禁一严,则垦民得尺则尺,不复存观望游移之念矣"③。在浙江,严州府的垦荒章程规定:农民开垦的荒地,如"原业主"还乡后三个月内出面认领,仍可以从垦户手中"照数收回",若延至荒地垦熟后再行呈报,则"将所种田亩罚半归垦户执业"。湖州府所实行的办法,是由垦户纳官租三年,垦熟后的土地八成归垦户所有,二成归公。在安徽广德州,地方当局

① 丁日昌:《抚吴公牍》卷19,第8页。
② 《中国近代农业史资料》第1辑,第346页。
③ 《抚吴公牍》卷37,第9页。

曾派人清丈土地,将无主认领的荒地以每亩制钱 600 文的价格卖给"客民"为业。这些做法基本上恢复了原来的经济关系。它反映了清政府在镇压太平天国之后力图恢复原来的社会秩序。

太平天国战争后,长江中下游各省的所谓"永佃制"的租佃制度更普遍地流行起来,即地主保留土地的所有权,承认佃农有永久耕种的权利(有些地区称地主享有"田底",佃农享有"田面")。当时人少地荒,劳动力十分缺乏,地主为了招徕佃户,不得不承认佃户有永佃权。此外,有的地区的农民因不堪官府苛捐杂税的压迫,将田底低价售给豪富之家,自己保留永久耕种之权,江西乐平就有这种情况。在实行永佃制的地区,大都是由地主向官府缴纳赋税,但也有由佃户缴纳的[1]。

不难看出,江、浙、皖三省在太平天国失败后,都不同程度地出现了地主阶级土地所有制复兴的趋势,在不少地区,这种土地所有制已占据明显的优势。但是,封建土地关系的重建,也受到了当时复杂历史环境的制约,遇到了不少的阻力。首先,战乱之后人口锐减,地主不仅招佃困难,而且佃农还经常托故逼迫业主让租,使旧的土地关系不能顺利恢复。其次,战乱之后官府册档和民间契据散失严重,给确认田地的旧日产权增加了多种困难。一些豪强地主趁势豪夺巧取,也不无垦民乘机将田据为己有,进一步削弱了封建土地关系,出现业主返乡"田为人有,屋为人居,力不能争,讼不能胜"的现象[2]。

19 世纪六七十年代的广大农村残破不堪,经济凋敝,这主要是战争和清朝官军的烧杀劫夺所造成的,但自然灾害频仍也是一个不可忽视的因素。从 60 年代到 80 年代,30 年间,永定河、黄河、长江、淮河、珠江和洞庭

---

① 《中国近代农业史资料》第 1 辑,第 251—253 页。
② 《申报》1881 年 5 月 15 日。

湖等连续发生水灾。其中黄河决口 15 次,仅在 1882 年到 1890 年就决口 9 次,受灾面积最广;长江也决口 15 次,但较黄河水患为小;永定河决口 16 次,从 1867 年到 1875 年连续 9 年决口 11 次;淮河年年失修,竟出现了"大雨大灾,小雨小灾,无雨旱灾"的景象。除水灾外,旱灾、风灾、虫灾、雹灾、地震、疾疫等灾也在各省连续发生,或诸灾并发。其中又以山西、河南、直隶、安徽、山东等省的灾情最为严重。1877 年(光绪三年丁丑)、1878 年(光绪四年戊寅)连续两年发生了被称为"丁戊奇荒"的大旱灾,以山西、河南为中心,旁及直隶、陕西、甘肃全省及山东、江苏、安徽、四川的部分地区,形成一个面积辽阔的大旱荒区。山西很多村庄,居民不是全家饿死,就是一户所剩无几,甚至有"尽村无遗者";太原一个城市,"饿死者两万有余"。在这些地区,出现了赤地千里、饿殍遍野的悲惨景象。这次大旱荒的灾难性后果,历十余年仍未能得到彻底消除,山西省就"耗户口累百万而无从稽,旷田畴及十年而未尽辟"[1]。至于直隶省,1867 至 1874 年,曾连续 8 年发生遍及全省的水灾,紧接着在 1875 年发生较大的旱灾,从 1885 年起,又连续 6 年发生全省性水灾,社会经济破坏严重,迟迟不能恢复元气。这些自然灾害,严重地摧残了人民的身家性命。1876 年到 1879 年间,南北各省的水、旱灾害至少夺去了 1000 余万人的生命。灾荒的苦难和赈灾中的种种弊端,引发了灾区饥民的不满,迫使许多饥寒交迫、家破人亡的饥民走上了造反之路,社会更加动荡不安,本已相当尖锐的社会矛盾更加激化。

---

[1] 《荒政记》,《山西通志》卷 82。转引自李文海、周源著:《灾荒与饥馑》(1840—1919)第 135 页。

第二节　统治集团内部对举办洋务的不同态度

一、洋务宗旨的提出和洋务派的形成

第二次鸦片战争结束之后不久,由于清朝统治者用领土、主权以及一系列经济、贸易特权暂时满足了外国侵略者的要求,国内的农民战争也进入低潮,因而呈现了暂时相对"稳定"的局面,也就是所谓"中外和好"的"和局"。但是在清朝统治集团中,一些头脑比较清醒的当权者,如曾国藩、李鸿章、左宗棠以及在中枢掌握大权的恭亲王奕訢等人,并没因为这种"和局"的出现而减少他们对清朝统治的危机感。曾、李、左诸人都因为镇压太平天国为清朝立了殊勋,他们在勾结外国侵略者对太平天国的"华洋会剿"中,亲眼看到了西方侵略者船坚炮利的"长技",从而预感到一种潜在的长远威胁。因此,当第二次鸦片战争刚一结束,曾国藩就提出:"此次款议虽成,中国岂可一日忘备……目前资夷力以助剿济运,得纾一时之忧,将来师夷智以造炮制船,尤可期永远之利。"[①]1861 年 3 月,他又强调购买外洋船炮为"今日救时之第一要务",并且提出"轮船之速,洋炮之远,在英法则夸其独有,在中华则罕于所见"。从而主张在购买之后,"访募覃思之士,智巧之匠,始而演之,继而试造,不过一二年,火轮船必为中外官民通行之物,可以剿发逆,可以存远略"[②]。他的这个主张得到了奕訢的赞赏,认为是"深思远虑之论"。在奕訢的支持下,曾国藩在 1861 年攻下安庆后,即设立安庆内军械所,试造枪炮弹药。虽因采用手工生产,效果不显,但是却任用了一批近代早期的著名科技人才,如李善兰、徐寿、华蘅芳等人。另一个洋务的热心倡导者李鸿章,1862

---

①　《曾文正公全集·奏稿》卷 12,第 58 页。

②　《曾文正公全集·奏稿》卷 14,第 10—11 页。

年率领淮军到达上海与英、法侵略军和华尔的"常胜军"向太平军进攻时，亲眼看到外国军队的"落地开花炸弹"，赞不绝口，视为"神技"。他在给曾国藩的信中表示"深以中国军器远逊外洋为耻"；又说："中国文武制度，事事远出西人之上，独火器不能及。"①对此他感到忧虑，愤愤而言："外国利器强兵，百倍中国，内则狃处辇毂之下，外则布满江湖之间"，"外国猖獗至此，不亟亟焉求富强，中国将何以自立耶？"②此类议论，在左宗棠、沈葆桢、丁日昌等人的言论中，也都有程度不同的表现。

面临中国"数千年来未有之变局"，曾、李、左等人看到了中国在武器装备和科学技术方面大大落后于西方，他们继承鸦片战争时期"经世派"代表人物魏源提出的"师夷长技"的思想，并且极力把这一思想主张付诸实践。他们"师夷长技"的目的，一是为了镇压太平天国，维持清朝的统治；二是在与外国侵略者保持"和好"的条件下，徐图自强，免遭沦胥。奕䜣是清朝中央统治集团中最先倡导洋务的首领，他处理"内乱"和"外患"时的方针是："就今日之势论之，发捻交乘，心腹之患也。俄国壤地相接，有蚕食上国之志，肘腋之患也。英国志在通商，暴虐无人理，不为限制则无以自立，肢体之患也。故灭发捻为先，治俄次之，治英又次之。"③在内政方面，则认为"探源之策，在于自强，自强之术，必先练兵。现在国威未振，亟宜力图振兴，使顺可以相安，逆则可有备，以期经久无患"④。李鸿章的主张与奕䜣基本一致，他说："目前之患在内寇，长久之患在西人"，"似当委屈周旋，但求外敦和好，内要自强。"⑤总起来说，就是"讲求洋器"，平定

① 《筹办夷务始末》同治朝卷25，第9页。
② 《李文忠公全书·朋僚函稿》卷5，第34页；卷6，第37页。
③ 《筹办夷务始末》咸丰朝第8册，第2675页。
④ 《筹办夷务始末》咸丰朝第8册，第2700页。
⑤ 《李文忠公全书·朋僚函稿》卷4，第17页；卷1，第26页。

发捻,自立自强,抵御外患。而其重点则在购船、造炮、练兵等军事方面。这一时期,对洋务宗旨说得最完整、最透彻的是冯桂芬。他在1861年写成的《校邠庐抗议》一系列政论中,明确提出"采西学"、"制洋器"的主张。他痛感中国"人无弃才不如夷,地无遗利不如夷,君民不隔不如夷,名实必符不如夷"。因此,对西方国家要"始则师而法之,继则比而齐之,终则驾而上之,自强之道,实在乎是。"他的洋务指导思想是"以中国之伦常名教为原本,辅以诸国富强之术"。这个指导思想,不仅成为兴办洋务的纲领,也成为后来流行一时的所谓"中学为体,西学为用"理论的滥觞。

19世纪60年代初期,在清朝统治集团一部分当权人物和某些开明的士大夫中间,尽管在师法西方以求自强的认识上还有某些差异,但是已经开始形成一种政治主张和时代思潮。主张举办洋务的倡导者,在清朝中央政府有恭亲王奕䜣和军机大臣文祥、桂良,地方大吏有曾国藩、左宗棠、李鸿章、沈葆桢、丁日昌、郭嵩焘等。在他们的周围又有一批比较了解国内国外形势,希望通过兴办洋务达到富国强兵的官僚和开明人士。这些洋务的倡导者们,在镇压太平天国的战争中和在与外国侵略者的直接交涉中,都为保住清朝统治立下了"汗马功劳",而且手握中央和地方的军政、经济实权。由于他们在兴办洋务的问题上,思想主张基本一致,于是就在清朝统治集团内部形成了一个势力相当强大的政治派别,习惯上被称为洋务派。而洋务派一经形成,历时30多年的洋务运动也就随之兴起。

二、洋务派与顽固派的争论

兴办洋务,在19世纪60年代的中国,无疑是一次重大的外交、军事和工业生产方式的变革。尽管洋务派提出的"自强"主张没有触及封建专制的政治制度和封建的社会制度，但是在统治阶级中的某些人看来，却是有悖"祖宗成法"和"圣人古训"的荒谬之举。持有这种观点的大臣官僚和士大夫为数不少，其主要代表人物是大学士倭仁、徐桐、李鸿藻等。他们或以理学权威自命，或以孔孟之徒自居，或以"帝师"为尊，具有相当强大的思想政治势力和深远的社会基础。这一派人物的共同特点就是墨守陈规，故步自封，拒绝和排斥新思想、新事物。在他们看来，中国的封建制度已经尽善尽美，不需要任何变革。对于洋务派提倡的学习西方语言文字、引进近代的科学技术、采用机器生产、训练新式军队等措施，都认为是违背祖制，"用夷变夏"，于是就百般抵制，深恶痛绝。还在奕䜣与慈禧太后联合发动"辛酉政变"之后不久，就由于奕䜣首倡洋务，引起了以倭仁为代表的守旧势力的不满。当时奕䜣一手主持与外国交涉，得以保持"和局"；而慈禧太后得以在两宫垂帘听政中掌握朝廷实权，也有赖于他的支持。奕䜣在满族贵族中具有很高地位。对于顽固派的攻击，奕䜣和洋务派并不示弱，他们进行了大胆的反击和驳斥。慈禧太后权力欲极重，又善于玩弄权术，她为了大权独揽，就施展其权力平衡的手腕，一手扶植那些反对奕䜣和洋务派的顽固势力，用以牵制奕䜣和洋务派；一手又重用和支持洋务派，同意他们推行"自强新政"。洋务派虽然屡次受到顽固派的攻击，但洋务运动还是冲破重重阻力，艰难曲折地推行起来。

洋务派和顽固派在政治、经济、文化等各个方面，都存在着严重的意见分歧。两派争论的焦点是：要不要学习西方的近代科学技术，制船造炮，以资"求强"；西方诸国是不知礼义的"蛮夷"，还是科学技术进步、政教昌明的国家？洋务派认为，中国的科学技术、武器装备远远落后于西方，为了富国强兵，应该向西方学习；西方各国不但有自己的政教制度，而且国富兵强，已不是什么"蛮貊夷狄"。顽固派则认为，学习西方就是"用夷变夏"，破坏了"夷夏之大防"，违反了"祖宗成法"和"立国之道"，对各种洋务活动坚决抵制。两派争论的实质,是统治集团内部开明与守旧的不同政见之争。

洋务派和顽固派的斗争,在洋务运动开始的最初几年,还未表面化。到了 60 年代后期,两派的斗争开始激化。斗争是由 1867 年关于同文馆是否招收科甲正途人员学习天文算学的争论引起的。1866 年末,奕䜣等人认为西方国家的近代科学技术"无一不自天文、算学中来",为了适应洋务事业的需要,他建议在同文馆内添设天文算学馆,招收翰林、进士、举人、贡生及科举正途出身五品以下京外各官入馆学习,并拟订章程六条,希望朝廷早日批准施行。1867 年,御史张盛藻首先上折反对,认为天文算学等事,宜归钦天监、工部分别选拔生员和武弁学习,科甲正途人员都是"读孔孟之书,学尧舜之道,明体达用"之士,何必要他们"习为技巧,专明制造轮船、洋枪之理"? 如果要他们学习天文算学,那就是"重名利而轻气节"。他的这个主张被清廷"著毋庸议",予以否定。半个月之后,倭仁又上奏折,主题是"立国之道尚礼义不尚权谋,根本之图在人心不在技艺"。进而提出"天下之大,不患无才,如以天文算学必须讲习,博采旁求,必有精其术者,何必师事夷人"? 如果科甲正途人员,奉"夷人为师",就会"正气为之不伸,邪氛因而弥炽,数年之后,不尽驱中国之众咸归于夷不止"。随后,候补知州杨廷熙更把同文馆视为"不祥之物",把"久旱不雨"、"阴霾蔽天"、"大风昼晦"、疫病流行等自然灾害,都归罪于设立同文馆。而奕䜣也被顽固者流送了个"鬼子六"的绰号。奕䜣等不肯示弱,对倭仁等人的论点进行了有力的驳斥,指出,设立算学馆,目的在于"徐图自强",而不是"空讲弧虚,侈谈术数"。说倭仁"以道学鸣高",故作危言耸听之论。"此论出而学士大夫从而和之者必众……不特学者从此裹足不前,尤恐中外实心任事、不尚空谈者亦将为之心灰气沮"。他援引李鸿章的话,指斥倭仁等"无事则嗤外国之利器为奇技淫巧,以为不必学;有事则惊外国之利器为变怪神奇,以为不能学",并斥责倭仁所说的"以忠信为甲胄,礼义为干橹"的空言滥调,于实际毫无用处[①]。经过激烈的争论,倭仁虽然由于对洋务一窍不通,不得不撤消原议,但天文算学馆的报名应试者也大为减少。这次争论,实际上是要不要办洋务,要不要学习西方近代科学技术的一场政治斗争。

继同文馆添设天文算学馆掀起的轩然大波之后,到了1880年,刘铭传建议修建铁路,又引起一场争论。对刘铭传的建议,奕䜣、李鸿章等表示支持,但却遭到顽固派的强烈反对。刘锡鸿认为修筑铁路有百害而无一利,说什么"我国乾隆朝之世,非有火车也,然而廪溢库充,民丰物阜……西洋亦效贡而称臣"。御史屠仁守说:"自强之道,不务修道德、明政刑,而专恃铁路,固已急其末而忘其本。"他们不但反对修铁路,也反对一切近代的机器制造工业。

1875年1月,同治皇帝病死,慈禧太后立醇亲王奕譞四岁的儿子载湉为皇帝,改元光绪。奕譞为咸丰皇帝之弟,其福晋为慈禧太后之妹,所以载湉既是慈禧太后的侄子,又是她的外甥,亲上加亲。载湉当时又在年幼,便于慈禧太后控制,以继续垂帘听政。慈禧太后极力拉拢奕譞,并利用他排挤奕䜣。奕譞宠信日隆,势力也随之膨胀,而奕䜣的权力则有日渐减弱之势。在军机处内部,也逐渐形成所谓"南北"两派。南派首领为沈桂芬,江苏吴江人,他与奕䜣、文祥关系密切,属于洋务派。北派首领为李鸿藻,直隶高阳人,与倭仁等人气味相投,过从甚密,属于顽固派。由于洋务派在军机处占了多数,李鸿藻感到力单势孤,于是笼络一批御史和翰林在自己的周围,以壮大声势。这些"台谏词垣"也以依附李鸿藻为进身之阶,以议论朝政、抨击权贵相标榜,号称"清流"。张之洞、张佩纶、黄体芳、

---

① 参见《筹办夷务始末》同治朝卷47,第15—16、24—25页。

陈宝琛都是"清流派"代表人物。慈禧太后暗中放任清流派,借用他们的言论牵制洋务派。文祥和沈桂芬先后于 1876 年和 1880 年去世,李鸿藻的势力加强,排斥异己,一些洋务派官僚受到排挤和打击。被奕䜣、李鸿章推许为"第一流"洋务人才的郭嵩焘,于 1879 年出使英国归来后,在"清议"的攻击下,只得卸职返回湖南原籍,连他写的《使西纪程》也因为称颂西方物质文明而遭到诋毁,终至毁版。不过这时洋务事业已逐步推行,势难遏止,洋务派的势力也依然相当强大。慈禧太后虽然蓄意不使洋务派尾大不掉,但为了维护自己的统治,又不能不依靠洋务派的某些首领人物。"清流派"中对兴办洋务并不都持反对态度,而且也不是固定不变,其主要代表人物张之洞,后来就成为著名的洋务派首领之一。

第三节　军事工业和新式陆海军的建立

一、军事工业

　　洋务运动的范围相当广泛,包括编练新式海军和陆军、制造枪炮船舰、建立外交机构、兴办近代工矿交通企业、设立学堂、派遣留学生等等。随着形势的发展变化和洋务派对西方国家认识的逐步加深,洋务运动的重点前后有所不同。大体说来,60、70 年代,以"求强"为主,即适应战争和军事的需要,把重点放在训练新式军队和建设军事工业上。70、80 年代,在继续"求强"活动的同时,又提出了"求富"的主张,强调兴办近代民用企业,把"求强"和"求富"作为洋务事业的总体目标。

　　洋务派办的军事工业,是从 1861 年曾国藩在安庆设立内军械所和 1862 年李鸿章在上海设立三所洋炮局开始的。由于当时正是湘、淮军与太平军的最后决战时期,事属草创,不仅规模很小,而且技术设备也十分简陋。除英人马格里主持的一所炮局后来购进很少一部分机器外,其他各厂并无机器。事实证明,用手工业生产是不可能造出先进的武器装备的。因此,曾、李决心购买国外机器设备,并特别注意引进"制造机器之机器",仿照西方近代化的工业生产方式进行军工生产。真正的近代军事工业是从1865年曾国藩、李鸿章在丁日昌的积极倡议下,在上海创办江南制造总局开始的。从1865年到1890年,洋务派在全国各地共创办了21个军工局厂。其中规模较大的有5个,即江南制造总局、金陵机器局、福州船政局、天津机器局、湖北枪炮厂。中等规模的也有5个,即广州机器局、山东机器局、四川机器局、吉林机器局、神机营机器局。其他10个局厂规模较小,它们是西安机器局、兰州机器局、广州火药局、湖南机器局、金陵制造洋火药局、浙江机器局、云南机器局、山西机器局、广东机器局、台湾机器局。由于这些军事工业的建设,清朝军队的装备改变了从前全用刀矛弓箭、木船土炮的落后状态,特别是对打败和扑灭太平军和捻军,维护清朝统治,起了重要的作用。这些军事工业的兴办,也多少增强了清朝的国防力量,而且对后期兴办民用工业起到一种开路和引导作用。但是,这些军事工业都是洋务派封建官僚主持创办的,又完全缺乏近代工业生产的经济技术基础,因此,就不可避免地带有半殖民地半封建的色彩和特性。当时几个主要军事工业局、厂的情况分别为:

(一)江南制造总局

1865年,李鸿章购买了上海虹口"洋泾浜外国厂中机器之最大者"美商旗记铁厂。他将这座能够修造轮船枪炮的工厂与原来丁日昌、韩殿甲主持的两所炮局合并,成立江南制造总局。1867年,该局由虹口迁至上海城南高昌庙,扩大规模。

　　江南制造总局的主要产品:一是枪枝。最初只能制造旧式前膛枪,1871 年改制林明敦式后膛枪,两年以后又加造黎意枪。由于这些枪枝已陈旧落后,故于 1890 年制新式快枪。二是大炮。炮厂建于 1878 年,除制造旧式山炮外,还制造各种口径的新式大炮。三是弹药。包括各种枪弹、炮弹和火药,此外还生产地雷、水雷。四是钢铁。炼钢厂建于 1890 年,除炼钢外,还压轧钢板、钢轴、枪坯、炮坯等。五是造船。船厂和船坞建于1867 年,至 1885 年先后制造大小轮船十余艘。此后停造轮船,专门修理南、北洋各省船舰。

江南制造总局炮房

　　制造总局的创办经费,包括购厂、购地建厂、薪金和购买物料,以及容闳在美国采购机器费用在内,共用白银 54.3 万两。常年经费,最初由李鸿章在淮军军需项下随时拨给,每月约 1 万两。1867 年,经曾国藩奏准,从江海关洋税中酌留二成,以一成专造轮船,一成拨充军饷。1869 年,马新贻又奏准以二成洋税全归局用。从 1874 至 1894 年,每年经费最多时达 90.7 万余两,最低时也有 35.3 万余两。1892 至 1895 年,为建造炼钢厂和无烟火药厂等项工程,清政府又拨发扩建经费 40 万两。由于在资金经费方面得到清政府的大力支持,因此不论生产设备和技术力量,都是当时国内最大的兵工厂。

(二)金陵制造局

1865 年,李鸿章署理两江总督,将马格里主持的苏州洋炮局迁至南京,加以扩充后,改名金陵制造局。

金陵制造局的经费最初亦由淮军军饷调拨,每年 5 万两。自 1879 年起,每年由江海关拨银 5 万两,江南筹防局拨银 3 万两,扬州淮军粮台拨银 2 万两,常年额定经费共 10 万两。1883 年起,南洋又加拨 1 万两。其规模虽小于江南制造总局,但在当时军工局厂中,仍属比较重要的一个。

金陵制造局主要生产大炮和弹药,产品大都供应李鸿章的淮军及北洋三省。由于经费短缺,技术设备陈旧和管理混乱,该局所产大炮,质量低劣。1875 年 1 月,大沽炮台试射该局制造的两门 68 磅重炮弹的大炮时,发生爆炸,炸死炸伤官兵 18 人。李鸿章将马格里召至天津,令其亲自试放,亦同样发生爆炸。但他拒绝认错,结果李鸿章将其撤职。该局此后不再雇用洋匠,局内管理事宜,由龚仰遽(照瑗)指挥调度。

(三)福州船政局

1866 年,左宗棠设立福州船政局。这是当时最大的船舶修造厂,用以制造和修理水师武器装备。

左宗棠的建造船厂,酝酿较早。1864 年,他曾在杭州制成一艘小轮船,"试之西湖,行驶不速"。1866 年,镇压了太平军余部以后,着手筹建船厂。他奏称:"自海上用兵以来,泰西各国火轮兵船直达天津,藩篱竟同虚设。"

"臣愚以为欲防海之害而收其利,非整理水师不可;欲整理水师,非设局监造轮船不可。"同时指出:"轮船成则漕政兴,军政举,商民之困纾,海关之税旺,一时之费,数世之利也。"①显然,他把建设船厂看成是富国强兵、利民惠商不可缺少的要务。经清廷批准,他便同法国人日意格、德克碑商订合同,议定自铁厂开工之日起,五年内由他们监造大小轮船 16 艘,并训练中国学生和工人。厂址设在福州马尾罗星塔地方。除开铁厂和船厂之外,船政局还设立船政学堂(又称"求是堂艺局"),分前后两堂,前堂学习法文,以培养造船人才为主;后堂学习英文,以培养驾驶人才为主。

1866 年 9 月,左宗棠调任陕甘总督,赴任前推荐前江西巡抚沈葆桢任总理船政大臣。

福州船政局制成的第一艘轮船"万年青"号,于 1869 年 6 月下水。至1874 年 2 月,共造轮船 15 艘。至此,日意格等及法籍工匠数十人照原合同规定从船厂撤退,厂务和技术由船政学堂培养出来的学生接管,"新造诸船,俱用华人驾驶"。后来虽然也雇用一些洋匠,但人数很少,雇用时间也很短。

福州船政局建厂费用 40 余万两,由闽海关四成结款拨付。常年经费每年 60 万两,亦由闽海关以六成洋税项下按月以 5 万两拨付。后来又由闽省茶税项下和沈葆桢兼办台湾防务的费用中以"养船经费"名目,按月拨付 2 万两。至 1874 年,共用银 535 万余两。1878 年以后,闽海关不能按照原来规定按期拨款,积欠甚多,以致造成经费短缺,生产困难。自1874 年至 1895 年,生产萎缩,二十多年中共造船约 20 艘,平均每年不到1 艘。

船政局在办厂过程中,虽然遇到了种种困难,但在造船技术方面则逐

---

① 中国近代史资料丛刊:《洋务运动》第 5 册,第 5—6、8 页。

渐有所提高。最初只能制造 150 马力以下的木壳船,到 1887 年则制成第一艘铁甲船,轮机也由旧式单机改为复合机,马力由 150 增至 2400,在中国近代造船史上,占有相当重要的地位。

(四)天津机器局

1866 年,奕䜣奏准在天津设局制造各种军火,由三口通商大臣崇厚负责策划。次年,崇厚建立了天津机器局。这是清朝在北洋设立的第一个兵工厂。建厂之初,一面派曾任丹麦及美国驻天津总领事、英国人密妥士购买机器,觅雇工匠,一面在津选定厂址,建造厂房。最初的厂址在城东贾家沽,号称东局;继在城南海光寺设立分厂,号称西局。开办经费共 20余万两,常年经费由津海关和东海关四成洋税协济,平均每年 30 余万两。

1870 年,李鸿章就任直隶总督,接办该局,并大力扩充,从江南制造总局调来沈保靖总理该局事务,津海关道陈钦兼任会办。1872 年,李鸿章进一步整顿局务,辞退一些"技艺未精"之洋匠,并将总管洋员密妥士撤差。整顿后,东局专造洋火药、洋枪炮、各式子弹,西局则专造军用西洋器具、各种部件及开花子弹。东局规模较大。两局合计共有工人二千六七百人。1875、1876 两年,该局曾一度制造后膛枪,因成本太高,价格高出外洋一倍还多,随即停止生产。1891 年,该局又动工兴建一个炼钢厂,1893 年正式投产。

(五)湖北枪炮厂

湖北枪炮厂系张之洞建立。张之洞(1837—1909 年),字香涛,直隶南皮人,同治二年进士,授翰林院编修。1881 年由国子监司业升任山西巡抚。1884 年中法战争爆发后,由山西巡抚调任两广总督,负责供应台湾和滇、桂前线的饷械。当时,沪、津两地各局所产军火供应不足,他只得向上海外国洋行及美、德等国采购。洋商乘机抬价,使他深感为难。他认为向外国购买军火,吃亏受制,决心自己制造。中法战争后,他上奏清廷,提出"储人才"、"制器械"、"开地利"等项主张。强调"自强之本,以权操在我为先,以取用不穷为贵","兹虽款局已定,而痛定思痛,宜作卧薪尝胆之思,及今不图,更将何待"[①]? 此时,张之洞已由早年的"清流派"重要代表人物转化为洋务派,并且成为洋务运动后期的重要首领之一。

中法战争后,张之洞原定在广州创办枪炮厂,并通过驻德公使洪钧在德国购买机器设备。1889 年,他调补湖广总督,遂主张将枪炮厂连同筹建中的钢铁厂移至湖北。新任两广总督李瀚章不愿在粤办厂,李鸿章则主张将机器北运,在天津附近设厂。张之洞坚持迁鄂。在奕𫍯的支持下,张的主张得到清廷批准。最后将厂址选在汉阳,于 1891 年开始购地建厂,1893 年初步建成,1894 年厂房因火灾被焚。甲午战争以后,才得以修复,试造枪炮。

湖北枪炮厂在当时的军事企业中,规模庞大,设备最新,但建厂工程进展缓慢。因为张之洞将该厂经费很大一部分用于汉阳铁厂。从 1892 年至 1895 年,汉阳铁厂挪用枪炮厂经费达 130 余万两,致使枪炮厂的生产大受影响。

洋务派在 1865 年以后创办的军事工业,都采用机器生产,尽管当时机械化的程度不高,在生产中仍然大量采用手工劳动,但毕竟开始有了近代工业大生产方式。这对于中国传统的手工业生产来说,无疑是一次重要的变革。这些军事工业普遍实行雇佣劳动,工人的工资基本上是按照技术高低而定,劳动强度虽然很大,但加班作业,亦加给工资。这些军事工业企业中的工人,是中国近代早期的产业工人。

洋务派创办的军事工业,完全是官办性质。经费主要来自海关关税、

---

① 《张文襄公全集》卷 11,第 16 页。

厘金、军饷等。所生产的产品，不是普通的商品，不进入市场进行交换，而是作为军火和军事装备用品由清政府调拨给湘、淮军及沿海各省军用。80年代以后，由于各局厂经费短缺，以往那种不计价格的产品调拨办法有所改变。例如，南洋和广东先后向福州船政局订造兵船，均以"协款"名义预付船价的半数左右。此后，沿海各省，何省需船，就由何省筹款，均照福州船政局为南洋代造快船成例办理。江南制造总局和天津机器局，在每年的收入中，也都有各省解还的军火费用。同时，各军火工厂的生产也在一定程度上受到国际军火市场价格的影响，如果所生产某些武器的成本和售价，过多的高出国际市场价格，就停止生产。这说明虽然是官办的和不是为了交换而进行的军火生产，也不能完全不受价值规律的制约。因此，这些军事工业也逐步带有资本主义的性质。

但是，这些官办的军事工业仍然具有浓厚的封建性。所有局厂都不是独立经营的企业，而是地方政府的一个组成机构。不但要受总督、巡抚的控制和监督，而且还要受总理衙门的节制。局、厂的总办、会办、提调、委员、司事等管理人员，也同厘金局、善后局等官僚机构的职别、等级毫无区别。负责生产技术的人员，大的局、厂有华洋监督、总工程师、工程师、监工等。此外，还有一批挂名支薪、并不到职任事的官僚。1895年，署理两江总督张之洞派人查访江南制造总局的情况后说："制造局积弊，在换一总办，即添用心腹委员三四十名，陈陈相因，有增无减，故司员两项，几至二百，实属冗滥。"[1]

由于把封建官僚衙门的一套官场恶习搬到局、厂，腐败现象就在所难免。生产效率普遍低下，成本高昂，管理混乱。以规模最大、实力最雄厚的江南制造总局为例，在该局每年的经费支出中，薪水、工食、修建、办公

① 《张文襄公全集》卷149，第13页。

等项费用几乎占了全部经费的一半左右。在各项支出中,修建和办公费用所占无几,因为购置地产、修建厂房,早在60年代后期即已完成;办公费用不过是纸张文具和桌椅之类,为数更微。薪水、工食占了支出的绝大比重。由于大量经费用于非生产性开支,添购机器设备、原料、燃料的费用必然减少。福州船政局的情况更糟,该局每月"洋员匠薪"、"监工员绅薪水"以及工人杂役的伙食、口粮等项,即需支出在3.9万余两。而当时该局每月定额经费只有5万两,"薪水工食"竟占全部经费的80%。因此,造船费用远远高于向外国购船费用。

局、厂中的工人,虽然具有雇佣劳动的性质,但在有些局、厂,他们依然受到超经济的剥削和人身自由的限制。江南制造总局的工人,"不令随意去留"。福州船政局设有"健丁营",对工人实行军事管理。

洋务派兴办的军事工业,同西方近代资本主义工业比起来,尽管具有垄断性、落后性和封建性,但在古老的中国却开了近代工业的先河,客观上对中国社会生产力的发展和资本主义民用企业的产生,起到了一定的促进作用。

二、新式陆海军

训练新式陆海军是洋务运动的主要内容之一,而且也是兴办军事工业的目的所在。1861年1月,奕䜣、文祥等奏请训练八旗兵丁使用洋枪洋炮。次年,在天津成立洋枪队,聘用外国教练。接着,上海、广州、福州等地亦按照天津练兵章程成立洋枪队。当时的外国教练,主要是英法两国军官。1864年,总理神机营事务奕譞等在北京建立了"威远队",演练枪炮及"洋人阵式"。1866年,总理衙门大臣奕䜣等在直隶选练六军,共1.5万人,称为"练军"。

　　湘军和淮军已成为当时清朝军队的主力。1862 年,李鸿章率领淮军由安庆到达上海,盛赞英、法军队"器械之鲜明,队伍之雄整",并致书曾国藩,表示要及时"资取洋人长技"。在外国侵略者的支持下,他利用上海的有利条件和充足饷源,大力购买洋枪洋炮,雇用洋人教习,极力扩充军队。至 1865 年底,淮军已由原来的 6000 余人,骤增至 5 万余人,而且"尽弃中国习用之抬枪、鸟枪,而变为洋枪队",另外还有炮队四营。此时的淮军已成为清军精锐,李鸿章凭藉淮军实力,在统治集团中的地位迅速加强。曾国藩统率的湘军,早在 50 年代便开始从香港购买洋炮,60 年代初,他又提出大购船炮的主张,"始而演习,继而试造",以为内可"平乱",外可御侮。但是,湘军的将领大都思想守旧,对洋人的后膛枪不感兴趣,甚至不相信洋枪洋炮的威力,拒绝学习使用。因此,湘军在武器装备上远远落后于淮军。1864 年湘军攻陷南京,曾国藩为了表示对清朝的忠诚和避免因"拥军自重"而得祸,将湘军大加裁撤,其弟曾国荃也一度"解甲归田"。又由于曾国藩于 1872 年病死,曾系湘军势力逐渐衰落。湘军另一支主要力量左宗棠所部,于 1862 年进入浙江宁波,随即着手建立洋枪队;1867 年进军西北,派胡光墉驻上海采购外国枪弹,并先后在西安和兰州设局制造军火,成为新式陆军的另一支主力。

　　整顿海防,筹建新式海军,是洋务事业的又一个重要措施,从 70 年代开始即着手进行。

　　1874 年,日本派兵侵略我国台湾,清政府以赔款妥协。日本此举使清政府深为震惊,筹办海防之议随之兴起。前江苏巡抚丁日昌提出《海洋水师章程》六条,建议设立北洋、东洋和南洋三支海军,各军设提督一人。北洋提督驻天津,负责直、鲁两省沿海防务;东洋提督驻吴淞,负责江、浙两省的沿海防务;南洋提督驻南澳,负责粤、闽两省沿海防务。每支海军各配备大兵舰 6 艘,炮船 10 艘,每半年会操一次,"三洋联为一气"。总理衙门虽然基本同意丁日昌的建议，但以"财力未充，势难大举"为由，决定"先就北洋创设水师一军，俟力渐充，就一化三，择要分布"。经过筹划，于1875年5月任命沈葆桢和李鸿章分别督办南、北洋海防事宜。海防经费，每年由粤海、闽海等关及江、浙等六省厘金项下拨解400万两，南、北各得其半。但各省拨款多不足额，短缺甚多，不能按原定规划实行。清政府一开始即以创建北洋海军为重点，筹建海军主要由李鸿章负责。海军舰只除由福州船政局和江南制造总局制造外，主要购自英、德两国。至1894年，分别建成福建水师、南洋水师和北洋水师，共有船舰六七十艘，已具有相当规模。

福建水师由闽浙总督管辖，绝大部分舰只都是福州船政局70年代制造的，只有少数几艘购自英、美。排水量一般在1000吨和1500吨之间。平时很少训练，战斗力很差。在1884年的中法战争中，几乎全军覆没。战后虽略有增补，但难以成军。

南洋水师归两江总督兼南洋海防大臣管辖，最初由沈葆桢一手肇划。1875年，沈葆桢同意将每年400万两专款全部解交北洋使用，至1878年才请求将其中的200万两拨归南洋，添置船舰。1879年沈葆桢病死，左宗棠、曾国荃、刘坤一等先后继任两江总督，南洋水师即一直由湘系大员控制。它的舰只大都由闽、沪两局制造，亦有少数购自德国，其中有5艘巡洋舰排水量超过2000吨。南洋水师实力虽不及北洋，但比福建水师却大得多。

北洋水师是清政府的海军主力。它从创办到1895年全军覆没，一直归李鸿章管辖，是李鸿章经营最久、用费最多、也最为得意的一项重要洋务事业。它的兴衰不仅和淮系集团势力的消长密不可分，而且也同整个洋务事业的成败相始终。

李鸿章在70年代主要向英国购买舰船，自80年代起逐渐转向德国购买。北洋海军的主力铁甲舰"定远"、"镇远"及 8 艘巡洋舰中的"济远"、"经远"、"来远"各舰都是购自德国。1879 年,李鸿章在天津设立水师营务处,由周馥主持,马建忠负责处理日常事务。1881 年,又奏准任命淮系将领丁汝昌为北洋水师提督。

新式海军是 1875 年根据奕䜣等的建议创办的,目的是为了加强海防。李鸿章多次强调:"筹办海防,欲与洋人争衡,非治土寇可比,必须时加戒备。方今强邻环逼,藩属倾危,岂可稍存侥幸无事之心,顿忘厝火积薪之诫";"日本狡焉思逞,更甚于西洋诸国,今之所以谋创水师不遗余力者,大半为制驭日本起见。"①中法战争失败后,清政府总结海军失利的教训,提出"大治水师为主"的方针。为了统一海军的指挥权,于 1885 年 10 月在北京成立海军衙门,任命奕譞为总理海军事务大臣,奕劻、李鸿章为会办大臣,善庆、曾纪泽为帮办。此后三年间,北洋海军得到较大发展。

1888 年,经过几次增购铁甲等舰,北洋海军正式成军,共有大小舰只20 余艘(不包括鱼雷艇及辅助船只),又制订了《北洋海军章程》,确定了人员编制,并规定每隔三年会操一次。80 年代,李鸿章还先后在旅顺口、大连湾、威海卫等地布置防务,修筑炮台,并在旅顺建设船坞。旅顺口和威海卫成为北洋海军的两个主要基地。当时,北洋海军已成为一支实力较强的近代海军。但从 1888 年之后,未再增添任何新式军舰,1891 年后,因海防经费被挪用修筑颐和园,连枪炮弹药也停止购买。北洋海军本来主要为抵御日本侵略而建,但由于清政府腐败,结果这支苦心经营的近代海军,却在甲午战争中被日本侵略者彻底粉碎。

---

① 《李文忠公全书·奏稿》卷61,第8页;卷39,第23页。

第四节　近代民用企业的出现

一、官督商办企业

洋务派在兴办军事工业和建立新式陆海军过程中,遇到诸多困难,而最主要的是财政困难。两次鸦片战争的失败和赔款,再加上镇压太平天国和捻军的庞大军费开支和战争的破坏,清政府的财政已十分竭蹶。而兴办军事工业和建立新式军队,都需要巨额经费,清政府虽经多方筹措罗掘,仍然不能保证需要。军事工业的兴办又需要充足的原材料和燃料供给;新建陆海军需要后勤保障,同时也需要有近代的交通运输与电讯等项建设的配合。不解决这些问题,新的防务体系就不可能建立起来。洋务派逐渐认识到,西方国家的富强,除了船坚炮利的"长技"之外,还在于他们拥有雄厚的经济实力。李鸿章说:"中国积弱,由于患贫,西洋方圆千里、数百里之国,岁入财赋以数万万计,无非取资于煤铁五金之矿,铁路、电报、信局、丁口等税。酌度时势,若不早图变计,择其至要者逐渐仿行,以贫交富,以弱敌强,未有不终受其敝者。"①基于这种认识,从70年代开始,洋务派在继续"求强"的同时,着手兴办以"求富"为目的的民用企业。其中包括采矿、冶炼、纺织等工矿业以及航运、铁路、邮电等交通运输事业。自70至90年代,共创办民用企业20多个,除少数采取官办方式,个别的(如湖北织布局)一度采取官商合办方式外,其余企业都采取了官督商办的方式。其中最重要的官督商办企业有轮船招商局、开平矿务局、电报局和上海织布局。这些官督商办的民用企业,虽然要受地方官僚的控制,但基本上是资本主义性质的近代工业。

---

① 《李文忠公全书·朋僚函稿》卷16,第25页。

（一）轮船招商局

轮船招商局是由官办转向官督商办的第一个企业，也是规模最大的民用企业。当时外国资本垄断了我国沿海和长江中下游内河航运，我国旧式的航运业面临破产，而军事工业也由于经费困难，举步维艰。轮船招商局就是在这种条件下诞生的。

1872年8月，李鸿章饬令浙江海运委员、候补知府朱其昂筹办轮船招商事宜。朱其昂最初主张官商合办，但由于当时福州船政局和江南制造总局无商船可以作"官股"，所以提出"由官设立商局招徕"。李鸿章也认为"目下既无官造商船在内，自无庸官商合办，应仍官督商办，由官总其大纲，察其利弊，而听该商董自立条议，悦服从商，冀为中土开此风气，渐收利权"[1]。12月，朱其昂等议定"条规"，经李鸿章批准施行。轮船招商局在上海宣告成立。

朱其昂多方奔走，招募投资股本，但仅得沙船商人郁熙绳入股现银1万两，其他虽有商人认股10余万两，但未缴现款。李鸿章只为批准从直隶编练局借用官款13.5万两，年息七厘，而且"只取官利，不负盈亏责任，实属存款性质"[2]。当时中国尚无近代股份制企业，商人不愿投资，轮船招商局最初主要是靠官款创办的。

朱其昂既募不到商股，又不善于经营新式航运，以致在半年左右的时间里即亏损4万余两，因而引咎辞职。1873年7月，李鸿章札委唐廷枢任招商局总办，重订"局规"和"章程"。朱其昂、徐润、盛宣怀、朱其诏等四人先后被札委为会办。唐、徐分管轮运、招股等事宜；朱、盛负责漕运和官务。"局规"规定：（一）资本为100万两，总局和各分局分别由股东推举

① 《李文忠公全书·译署函稿》卷1，第40页。
② 《交通史航政篇》第1册，第269页。

商总和商董主持,但总局须将商总和各商董的职位、姓名等报海关道转呈北洋大臣备案,更换商总和商董亦须"禀请大宪"。这是官督商办的具体体现。(二)股票及取息手折均需编号,填写持股者姓名籍贯,"以杜洋人借名";股东出让股票,必须到局注册,"不准让与洋人"。这项规定保证了招商局由中国人自办。

改组后的招商局虽有总办、会办 5 人,实权却在唐廷枢、徐润手里,他们既是官方的代表(总办和会办),又是股东的代表(商总和商董),兼有官、商双重身份。二人都出身于洋行买办,但在进入招商局之前,已脱离洋行,向民族资产阶级转化。由于他们富于洋行经商经验,招募股本,开展业务,颇为顺利。1874 年实收股金 47 万余两,1877 年又以 220 万两收购旗昌轮船公司的产业,船只由 12 艘增至 30 余艘。外国轮船公司唯恐丧失自己的垄断地位,就以削减运价来挤压招商局,致使其债台高筑,处境艰难。由于李鸿章采取筹借官款、增拨运粮、准其承运官物、延期归还官款等一系列措施,才使招商局得以站稳脚跟,并扭亏为盈。1881 年,募足股本 100 万两。次年又计划增募 100 万两,因为业务兴旺,应募者十分踊跃,很快足额。

1883 年,中法战争前夕,上海发生金融恐慌,招商局资金周转不灵,盛宣怀奉李鸿章之命到沪,乘机排挤唐、徐。次年,唐、徐挪用局款被揭发,先后离局。中法战争期间,经马建忠之手将招商局暂时售于旗昌洋行。1885 年又收回局产,李鸿章札委盛宣怀为督办,马建忠、谢家福为会办。盛宣怀重新制订章程,规定"专派大员一人认真督办,用人理财悉听调度"。这就使得盛宣怀以督办"大员"控制了招商局的人权和财权,从而"商办"色彩大为减弱,"官督"的权力明显加强。

(二)开平矿务局

军事工业的基本原料、燃料是铁和煤,每年都要用巨款从外国购买煤、铁,因此洋务派亟欲开采铁矿,以塞漏卮。1874、1875两年,李鸿章先后派人到直隶磁州和湖北兴国勘探矿产,但未能开采。1876年11月,他又派招商局总办唐廷枢赴唐山开平一带勘测,带回煤块铁石样品,经京师同文馆及英国化学家化验证明,品位甚佳。唐廷枢在给李鸿章的报告中,称赞开平矿产蕴藏丰富,质地优良,同时建议修筑开平至芦台的铁路,采煤、炼铁、筑路同时并举,所需经费约为80万两。他提出把开采开平煤矿和发展轮船招商局业务联系起来,强调"欲使开平之煤大行,以夺洋商之利,及体恤职局轮船多得回头载脚十余万两,苟非由铁路运煤,诚恐终难振作"①。于是李鸿章于1877年派唐廷枢主持开平煤矿的筹备工作,并派津海关道黎兆棠和前天津道丁寿昌会同督办。

1878年8月,开平矿务局正式开办。根据唐廷枢所拟的"章程",开平矿务局"虽系官督商办",但着重采取商办企业经营方式。开办后一面招股,一面钻井。1878年只募股金20余万两,直到1882年才募足百万两。煤矿钻井虽然进展顺利,但炼铁成本过重,又缺乏冶炼专门人才,结果只好停办铁矿,专采煤矿。

1881年,开平煤矿开始投产。经李鸿章奏准,该矿所产煤炭,援照台湾、湖北等地成例,纳税由每吨六钱七分三厘减为一钱,目的是为了"恤华商而敌洋煤"。这样,开平煤矿的成本降低,增强了在市场上的竞争力。该矿投产当年,产煤3600余吨,1882年增至3.8万余吨,1883年增至7.5万余吨,1889年增至20.7万余吨。为了适应煤产量的不断提高和运输需要,1882年唐山到胥各庄的铁路开始通车,1886年成立了开平铁路公司。1888年又将该路修筑至大沽。除铁路运输之外,1889年购买了一艘运煤

① 《洋务运动》第7册,第116页。

轮船,往来于天津、牛庄、烟台等地,1894 年增至四艘。

1892 年,唐廷枢病逝,由张翼继任总办。张翼原为醇亲王奕譞府中侍役,捐得江苏候补道头衔。他通过奕譞与李鸿章的关系,谋得开平矿务局总办的"肥缺"。这是一个昏聩贪鄙的"暴发"官僚,在他主持局务之后,由于管理混乱,生产经营每况愈下,开平矿务局结束了它的鼎盛时期。

(三)电报总局

1874 年,日本侵略我国台湾,钦差大臣沈葆桢率兵援台。从军事行动的实践中,他感到"欲消息常通,断不可无电线",虽经奏准创办,但因顽固势力反对和洋商敲诈,终无结果。1879 年,李鸿章在大沽、天津之间试架电线,效果良好。次年,他便以"自北洋以至南洋,调兵馈饷,在在俱关紧要,亟以设立电报,以通气脉"为理由,提议架设天津至上海的陆路电线,经费由北洋军饷内筹垫。建成后"仿照轮船招商局章程,择公正商董招股集资,俾令分年缴还本银,嗣后即由官督商办"。① 这项建议得到清政府的批准。1880 年,在天津设立电报学堂,培养电报专业人才,同时又设立电报总局,派盛宣怀为总办,郑观应、谢家福等为会办,并在大沽口、紫竹林、济宁、清江、镇江、苏州、上海等地设立分局。架线工程于 1881 年 4 月开始,11 月竣工,共用资金湘平银 17.87 万两。

自 1882 年 4 月起,电报总局改为官督商办企业,募集股本 8 万两,当年缴还官本 6 万两,5 年后分年续缴银 2 万两,其余垫款(9.8 万余两)则以军机处、总理衙门、各省督抚及出使大臣有关公务的电报作为头等官报,从应收电报费中陆续抵缴,抵缴完毕后,头等官报亦不收费,"以尽商人报效之忱"。津沪间为保护电线而设的兵弁和巡路费用,5 年内仍继续由淮军协饷内开支。

---

① 《李文忠公全书·奏稿》卷 38,第 16—17 页。

津沪电线开通后,英国代理公使格维纳趁机要求敷设上海至宁波、汕头等口岸的海底电线。李鸿章与总理衙门反复函商,决定由电报总局接办上海至广东各口的陆上电线,"以杜外人觊觎之渐,而保中国自主之权"。1883年,电报总局拟增募资本80万元,但因当时金融恐慌,仅募得50万元。1884年,上海至广东的线路竣工,电报总局也由天津迁往上海,仍由盛宣怀督办。次年,至汉口的电线接通。此后电报事业逐渐扩充,几乎遍及各重要城市,其中有些是官督商办,也有的为官办。

电报总局成立后,营业发展很快。所欠北洋垫款,至1884年即已由头等官报中扣抵而有余。但由于爆发中法战争,头等官报日增,商报锐减,以致赔累不堪。1887年,该局要求将原定清政府各种头等官报的费用,一半由"众商报效",一半"归出使经费下按月核给";各省将军、督抚所发头等官报,亦由"众商报效一半,其余一半各就情形筹发现资"。这项办法一直实行到20世纪初年电报"国有化"时为止。

（四）上海机器织布局

外国棉纺织品在中国的倾销,很快占领了广大的市场。早在1876年,李鸿章就曾派魏纶先出面筹办织布事宜,但魏在上海无法筹集资金,计划未能实现。1878年,前四川候补道彭汝琮在上海分别向南、北洋大臣呈递禀帖,请求设立机器织布局。不久,他到天津面见李鸿章,说明建厂计划,李遂委派他和郑观应等负责筹建。彭汝琮在上海筹集到股本,次年又同郑观应发生龃龉,彭被李鸿章辞退。1880年,机器织布局改组,李鸿章派龚寿图专管"官务",郑观应专管"商务",另订"章程"。"章程"提出:"事虽由官发端,一切实由商办,官场浮华习气,一概芟除。"①它还规定:拟募股金40万两,分为4000股,每股100两。"在局同人"共集2000股

---

① 《洋务运动》第7册,第469页。

（戴恒、蔡鸿仪、李培松、郑观应等四人各认 500 股），其余 2000 股公开招募。其后因资金不够周转，又续招股 10 万两。股金按票面金额的 70% 收款，实收现银 35.28 万两。

上海机器织布局设在杨树浦，订购了轧花、纺纱、织布等全套机器设备。在筹建之初，郑观应就向李鸿章递上呈文，要求"酌给十五年或十年之限，饬行通商各口，无论华人洋人，均不得于限内另自纺织"，而且要对该局产品"准免厘捐并酌减税项"①。经李鸿章奏准，"十年以内只准华商附股搭办，不准另行设局"。该局所产布匹，如在上海销售，免完厘税，如运销内地，仅在上海新关完一正税，概免沿途税厘。这是上海机器织布局享有的特别专利权和优惠待遇。

郑观应经手招募的股份最多，又独揽局中银钱账目。1883 年，他私自挪用局款真相暴露，又应兵部尚书彭玉麟的邀请，离沪赴粤。此后织布局主要负责人几经更换，最后由龚寿图、龚易图兄弟接办，但因股金不足，并无起色。1889 年，李鸿章又改派马建忠接办，并允许他借用轮船招商局及仁济和保险公司的款项 30 万两。但维持不久，局务即改由杨宗濂、杨宗瀚兄弟承办。

上海机器织布局于 1890 年开始部分投产，营业兴旺，纺纱利润尤高。1893 年夏，李鸿章决定扩充纺纱，向英国订购机器。同年 10 月 19 日，因失火全厂烧毁，损失 70 余万两。11 月，李鸿章派盛宣怀会同上海海关道聂缉槼负责恢复织布局，重新募集资本 100 万两，在织布局旧址设立机器纺织总厂（后取名"华盛"），仍为官督商办。另在上海、宁波、镇江等处设立 10 个分厂。至 1894 年 9 月，华盛机器织布总厂部分投产。

官督商办企业，是半殖民地半封建社会历史条件下的产物。由于长

---

① 《洋务运动》第 7 册，第 484—485 页。

期封建经济结构的束缚,社会生产力低下而且发展缓慢,而封建顽固势力又百般阻挠和抵制使用近代机器工业生产和科学技术,以致困难重重。另一方面,外国侵略者在华攫取了种种经济特权,也极力排挤和打击中国近代工商业的发展。官督商办企业,就是在这种内外夹击下艰难产生的。它既要依靠洋务派"官"的支持和扶植,又要依靠"商"的经济投资和经营管理。从建立和发展近代工商企业,促进社会生产力的发展,在一定程度上抵制和打破"洋商"对中国近代工商业的垄断、扼杀方面来说,官督商办是有积极进步作用的。但是,它又不可能摆脱封建官僚的控制和对外国资本主义的依赖,不可能成为独立的近代工商业体系,因此又具有消极落后的一面。

洋务派是官督商办企业的创办者和保护者,又是这些企业进一步发展的压抑者和限制者。以轮船招商局为例,李鸿章抵制了顽固势力的攻击挑剔,坚持反对把招商局改归官办,在政治上加以保护,在经济上给以支援,使招商局得以生存,并站稳脚跟。然而,洋务派又以"官督"之权,把持了这些企业的经营管理。盛宣怀督办轮船招商局期间,利用权力和该局资金广为投资,多方操纵控制,为自己建立了一个包括轮船、电报、纺织等企业垄断集团。有些官督商办企业,还以"商人报效"为由,为清政府特殊需要服务。如电报总局对有关洋务、军务的电报优先拍发,电报费虽由该局所欠官款内扣除,但官款扣清后仍不收费,因而增加了企业的负担。诸如此类,都阻碍了企业的正常经营和发展。在外国经济势力和洋务派的封建官僚势力双重制约之下,官督商办企业很难甚至不可能按照资本主义市场经济的法则,获得自由发展和竞争的能力。这也就是经营了20余年,声势不小但收效不大的原因所在。

以李鸿章为代表的洋务派,在以"求强"、"求富"为鹄的创办近代工业的同时,还主持清政府的外交活动。他们对西方国家的强大情况有所了解,承认中国在工业和科学技术方面的落后,主张向西方学习。在这一点上,他们要比顽固派明智而清醒。但是,洋务派及其代表人物李鸿章,始终对外国侵略者心存畏惧,总想以妥协退让换取与外国侵略者相安无事。然而,严酷的事实证明,外国侵略者绝对不会坐视中国富强起来。洋务派创办的近代工业,虽然促进了中国资本主义的某些发展,但终究不可能改变中国半殖民地半封建的社会地位,也不可能达到"求强"、"求富"的目的。

二、商办企业

在洋务派创办官督商办企业的同时,中国社会还出现了一些商办企业。这是近代中国民族资本工商业的发端,也是中国社会经济发生重要变化的一个标志。这些商办企业主要是由一些官僚、地主、买办和商人投资而来的,也还有一些是从原来的旧式手工业工场、作坊开始采用机器生产转化而来的。自 1869 年至 1894 年,商办企业只有 50 多个,资本共有 500 余万元。虽然数量很少,实力甚微,但它却是一种新生的社会经济力量。其中比较重要的有:

1869 年在上海成立的发昌机器厂,是由铁匠作坊主方举赞开始采用车床而出现的。它的主要生产业务是为外商船厂制造配修零件。由于沿海和长江航运兴起,它的业务发展也比较迅速,到 1877 年,已能生产轮船机器和车床、汽锤等机器产品。80 年代,它还兼营进口五金,成为当时上海民族机器工业企业中规模最大的一家。

1872 年,华侨商人陈启源在广东南海县设立第一家继昌隆机器丝厂,以蒸汽机为动力,雇用工人六七百人,产丝精美,行销国外。两年之后,南海又建立了 4 家缫丝厂,至 80 年代初增至 11 家,共有缫车 2400 架,每年产丝

1200 包。到 90 年代,顺德县的丝厂也很快发展起来,丝厂多达 35 家。

1878 年,轮船招商局会办朱其昂在天津设立贻来牟机器磨坊,雇用工人十余人,用机器生产面粉,"面色纯白,与用牛磨者迥不相同",打破了传统手工业磨面的旧式生产方式。

1879 年,汕头的一家豆饼厂开始用机器榨油和压制豆饼,第一年每日生产豆饼 200 块,次年增至 300 块,1881 年又增至 400 块。1883 年又增设一厂,日产豆饼 600 块,大大提高了生产效率。豆饼所用原料大豆,均从华北购进,制成品则在本地和台湾市场销售。

1881 年,黄佐卿在上海设立公和永缫丝厂,资本 10 万两,丝车 100 部,次年投产。开始数年,营业不佳。1887 年后,生产逐渐发展,丝车增至 900 部。此后,上海缫丝业日益兴起,至 1894 年已有丝厂 5 家,其中最大的坤记丝厂资本为 20 万两。

1882 年,徐鸿复、徐润等在上海设立同文书局,购置石印机 20 台,雇用职工 500 人,先后翻印《二十四史》、《古今图书集成》等重要古籍。1893 年,该局不幸失火,损失颇重,但因事先投了火灾保险,得到赔偿,仓库、宿舍亦未殃及。后来由于积压资金过多,遂于 1898 年停办。

1886 年,官绅杨宗濂、买办吴懋鼎、淮军将领周盛波等在天津合资设立"自来火公司"(火柴厂),资本 1.8 万两。1891 年投产不久,即发生火灾,厂房被焚。后来又公开招股,资本增至 4.5 万两,由吴懋鼎任总办,聘请英、俄商人购办机器,并帮同管理账目,但洋商并不参股。火柴多行销于河南等地。

1887 年,买办商人严信厚在宁波设立通久源轧花厂,资本 5 万两,购置日本生产的蒸汽发动机和锅炉,另有 40 台新式轧花机,雇用工人三四百人。1891 年,该厂出售轧成棉花 3 万担。

1890 年,上海商人设立燮昌火柴公司,资本 5 万两,生产木梗火柴,所需化学原料从欧洲购买，木梗、箱材等使用日货，每日生产硫磺火柴20余箱，但质量较差。产品多销售于江西、安徽等内地省份。

此外，在上海、广州、北京等地还有少数小规模的商办企业，有些忽开忽停，举步艰难。

从19世纪60年代末期到90年代初，历时20多年，在中国出现的近代商办企业，可说是小农经济与家庭手工业经济汪洋大海中的若干小岛，不但进程缓慢，而且投资和规模很小，设备简陋，技术落后，产品也主要是日用轻工业商品。但它们毕竟是近代中国第一批民族资本主义工业。

中国民族资本主义工业是在极其困难的社会历史条件下产生的。当时外国资本主义势力通过不平等条约强迫中国开辟了多处通商口岸，操纵了中国的海关，降低中国进出口税率，控制了中国沿海和内河航运，把中国变成了它们的商品市场和原料供应地，而这种商品市场和原料供应地都不是在平等互惠的条件下形成的。外国资本主义不但不能促进和支持中国资本主义的发展，而且还凭藉种种特权限制和打击这种发展。中国资本主义企业，无论在产品销售或原料收购方面，都受到外国资本主义的巨大压力。当这些初生企业的产品出现于市场的时候，外国侵略势力不惜采取降价倾销的办法，予以打击。中国企业所需的原料，也受到外国洋行抢购的威胁。外国洋行通过中国买办商人，在原料产地广设采购站，力量薄弱的中国民族资本企业无法与之竞争。事实证明，在外国资本主义的扼制打击之下，中国资本主义企业不可能得到正常的发展。

中国资本主义企业在受到外国侵略势力打击的同时，还受到国内封建势力的压制和摧残。在中日甲午战争以前，商办企业始终没有取得清政府的正式承认，在设厂、经营和产品销售方面，没有任何法律的保障，完全听任地方官吏随意处置摆布。例如，1881年南海知县徐赓陛以继昌隆丝厂"专利病民"、"夺人生业"、"男女(工人)混杂,易生瓜李之嫌"为由[1],下令予以封闭,该厂被迫迁往澳门。直到徐赓陞调离后,才又迁回南海。又如1893年武举出身的李福明在北京东便门设立机器磨坊,被清朝官吏视为"不安本分"的"刁商","经都察院奏准,饬令撤去"[2]。而许多地方官吏,还对商办企业横征暴敛,敲诈勒索,大大加重了这些企业的负担。

在外国资本主义和国内封建主义双重压迫困扼之下,中国民族资本主义工商业举步维艰,困难重重。许多企业为了生存,免遭破产,不是乞求外国资本主义的庇护,就是寻求封建势力的奥援。对这种庇护和奥援,都要付出沉重的经济代价。这种情况,就决定了中国民族资本主义既有其社会历史的进步性,又有其先天的软弱性;同时也说明,在半殖民地半封建的社会历史条件下,中国资本主义的发展受到了极大的阻碍。

第五节 新阶级的出现和思想文化的演变

一、新阶级的产生

伴随着中国资本主义的发生和发展,中国社会阶级构成和阶级关系也开始发生新的变化。尽管中国资本主义发生和发展的道路艰难曲折,但是中国的资产阶级和无产阶级还是不可避免地产生了。这是中国社会前所未有的两个新的阶级力量,它一经产生,就必然要在中国社会政治、经济和思想文化等各个领域引起新的变化。

中国近代第一代产业工人,最早是通商口岸的码头工人和外国轮船雇

---

① 孙毓棠:《中国近代工业史资料》第1辑,下册,第964页。

② 《中国近代工业史资料》第1辑,下册,第988页。

用的中国海员。由于外国资本相继在中国开设工厂，兴建各种建筑工程，中国产业工人的队伍也随之扩大。随后在洋务派兴办的军事工业和中国民族近代企业中，工人的人数也日渐增加。至1894年，除了码头工人缺乏统计数字之外，产业工人共有10万人左右。在约10万工人中，外国资本企业中的工人约占35%；洋务派经营的军事工业和民用工业的工人约占37%；民族资本经营的企业的工人约占28%。半殖民地半封建中国无产阶级的发生和发展，不但是伴随着中国民族资产阶级的发生和发展而来，而且是伴随着资本帝国主义在中国直接地经营企业而来。因此，从产生的时间上说，中国无产阶级要比中国民族资产阶级早了近30年。而中国近代工业大部分不是从工场手工业发展起来的，因此，中国无产阶级的前身也主要不是由工场手工业工人转化而来，而是破产的农民和家庭手工业者。早期的中国工人阶级人数很少，身受帝国主义、封建主义和资产阶级的残酷压迫和剥削，虽然在20世纪20年代以前几年，还没有登上政治舞台，但它却是一个最有希望、最有前途的革命阶级力量和政治力量。

中国的民族资产阶级有两个来源，一是由那些投资于官督商办、官商合办及商办企业的官僚、地主、买办和商人转化而来；另一个来源则是由那些采用机器生产的手工工场主转变而来。这两部分人，形成中国早期的民族资产阶级。

民族资产阶级可以分为两个不同的阶层，即上层和中下层。民族资产阶级上层的代表人物，大都拥有规模较大的企业，经济力量比较雄厚。他们与外国资本和国内封建势力的联系比较密切。其中不少人都在清政府的一些机构中取得一定的官职头衔，或者在农村占有相当数量的土地，具有亦官亦商或绅商兼备的多重身份。例如，1887年创办宁波通久源纱厂等企业的严信厚，1891年在上海创办华新纺织新局的唐松岩、聂缉椝，在天津创办自来火公司的杨宗濂，1882年在上海创办公和永丝厂的黄佐卿等等，就是早期民族资产阶级上层的代表性人物。民族资产阶级的中下层所办的企业，一般规模都比较小，资金也较少，有的则是由手工工场发展起来的。这些企业虽然也采用机器生产，但大都机器设备陈旧落后，经营状况也远远不如资产阶级上层所办的企业。他们不但得不到外国资本和本国封建官僚势力的帮助和扶植，而且还经常受到排挤和打击。因此，他们与外国资本主义和国内封建势力的矛盾比上层较大，联系比上层为少。尽管他们也想让自己的企业得到发展，但是却很少有这种可能和条件。早期的中国民族资产阶级虽然有上层和中下层之分，但是作为一个新兴阶级的整体，仍然是一种新的经济力量，并且必然要成为新的政治力量。

民族资产阶级又是一个带有两重性的阶级。它一方面受到外国资本帝国主义和本国封建主义的压迫，具有反对外国侵略和反对封建压迫的要求，希望中国能够独立富强，为民族资本主义的顺利发展提供条件。另一方面，它又同外国资本主义和国内封建势力保持着千丝万缕的联系，缺乏彻底反侵略、反封建压迫的坚决性。半殖民地半封建社会的中国民族资产阶级，既带有其历史的进步性和一定程度的革命性，同时又带有先天的软弱性和动摇性。

中国无产阶级和资产阶级的产生，在一定意义上说都是外国资本主义侵略和洋务运动的产物。而这两个新的社会阶级的产生，结果又导致对外国资本主义侵略的反抗和对洋务运动的否定。中国近代历史的发展，没有按照外国资本主义侵略者的意图行进；洋务派"求强"、"求富"的主观意图也没有实现。新的阶级将要开辟新的社会道路。

二、思想文化的演变

思想文化是社会政治和经济的反映,又影响于社会政治和经济。社会生产方式和经济基础发生了变化,思想文化也必然要随之发生变化。19 世纪70 至90 年代,随着资本主义近代企业的产生和资产阶级的出现,反映新兴民族资产阶级利益和要求的早期维新思想随之兴起,一些近代教育文化设施相继建立。中国思想文化开始了由古代到近代的明显转型。

(一)早期维新思想的产生及其特点

随着洋务事业的兴起和发展,一些依附于和积极参与洋务事业的开明的士大夫,日益增加了对西方资本主义近代生产方式、科学技术乃至社会政治和经济制度的了解,也痛感中国的落后。他们主张更多地向西方国家学习,不但要学习西方资本主义国家的科学技术,同时也要求实行某些政治、经济方面的改革,希望中国能够变成一个独立富强的国家。这些开明爱国的士大夫们,逐渐形成了一个知识分子群体,也就是早期的一批维新思想家或维新派。他们的主要代表人物有王韬、薛福成、马建忠、郑观应等,其代表性著作分别为《弢园文录外编》、《筹洋刍议》、《适可斋纪言纪行》、《盛世危言》。

早期维新思想家们的一个共同特点,就是具有比较强烈的反对外国侵略、希望中国独立富强的爱国思想。他们谴责外国侵略者强迫清政府签订不平等条约,特别是对不平等条约中所规定的有损中国利权的片面对外国的最惠国待遇、领事裁判权、协定关税等条款,表示愤慨和不满。认为这些规定严重地损害了中国主权,并给中国带来了无穷的祸害。他们认为外国侵略者对中国进行经济掠夺,是造成中国贫弱的主要原因。从而主张中国不但应当讲求武备,加强国防,以抵抗西方资本主义国家的"兵战",而且必须大力发展民族工商业,同西方国家进行"商战"。早期维新思想家们在反对外国侵略的同时,还具有一定程度反对封建专制制度的民主思想。他们初步认识到中国的贫弱落后,是封建专制统治的结果。认为随着社会的进化和发展,国家政治制度也应该随之变化。他们把西方资本主义的政治制度与中国封建专制的政治制度作了比较,认为前者远比后者进步。王韬介绍了西方国家"君主"、"民主"、"君民共主"三种政治制度,认为"君民共主"制度最善;薛福成介绍了英国资产阶级议会中的两党制;马建忠介绍了西方资产阶级"三权分立"的政治学说;郑观应在八九十年代之交提出在中国实行议会制的主张。他们认为西方的君主立宪制度,是最好的政治制度,也是西方资本主义国家富强的根本原因。虽然他们对议会、民主等还不能从资本主义政治制度本来意义上去了解,但是在反对君主专制制度和初步介绍西方资产阶级政治学说方面在当时却起到了令人耳目一新的作用。他们的这些言论主张,反映了新兴资产阶级参与国家政权的愿望和要求。

早期维新思想家们对封建顽固派的守旧思想,作了相当尖锐的批判。他们认为在万国竞争、弱肉强食的时代,"闭关自守"、"故步自封"已经不能适应时代变化的需要,必须进行变革,发愤图强,才能适应新的世界潮流。王韬斥责顽固派说:"至此时而犹作深闭固拒之计,是直妄人也已,误天下苍生者必若辈也!"[①]郑观应则谴责顽固派是"一事不为,而无恶不作","泥古不化","甘守固漏以受制于人"的愚昧误国之举[②]。这些早期

---

① 王韬:《弢园文录外编》卷1,《睦邻》。
② 郑观应:《盛世危言》卷1,《吏治上》、《学校》。

维新派思想家们,通过他们的言论、著作,在洋务运动后期,掀起了在一定程度上超越洋务派思想境界的新的社会思潮。

　　早期维新思想家大都是洋务运动的支持者和拥护者,有的还直接参与了洋务活动。在开始的时候,他们是作为洋务思想理论家的姿态出现的,在思想上与洋务运动的主要倡导者们并无明显的区别。在"求强"、"求富"的指导思想和官督商办的经营方式等问题上,都同洋务派的主张一致。但是这些思想家们一则对西方的社会政治、经济、文化情况了解较多,对中国的封闭落后也更感痛切;再则他们的思想比较敏锐,接受新思想、新事物也较快。而随着社会经济和客观形势的变化,他们再不能满足于洋务运动所能容纳的范围了,于是逐渐从洋务派中蜕化出来,并且对洋务运动的某些做法感到不满,进行了批评。比如,他们指出洋务派首领们建立的海军"有南、北、闽、广之殊",编练的陆军"有湘、淮、旗、绿之别",这种缺乏统一军制和统一指挥的海陆军,不但不能抵抗外国的军事侵略,而且会"见晒于外人"。他们对官督商办的态度,也由支持变为反对,纷纷揭露官督商办企业的种种弊端和腐败情况,认为靠这种办法,根本无法办好企业,求得国家富强。只有发展商办企业,才是振兴民族工业的唯一出路。

　　早期维新思想反映了中国资产阶级在登上政治舞台前夜的政治心态和政治要求。然而,这些思想家毕竟还是从洋务派营垒中刚刚脱胎而来的带有封建士大夫气味的近代中国早期的先进知识分子,还不能摆脱封建传统道德伦理观念的束缚。他们的思想同洋务派既有不同之处,也有相同之处。他们主张以"中学"为主,"西学"为辅,折中中西,取长补短。企图以这样的思想模式,使中国走向近代化。郑观应说:"中学其本也,西学其末也,主以中学,辅以西学。"①薛福成则说:"取西人器数之学,以卫吾尧舜禹汤文武周孔之道。"②虽然他们已经注意到在求得中国的独立富强、走向近代的实践中,必须解决"中学"与"西学"、"器数之学"与"周孔之道"的关系问题,但由于时代历史条件和阶级思想的局限,还不可能正确认识和解决这个重大的理论和实践问题。尽管如此,由他们掀起的新的社会政治思潮,曾对中国社会发生了广泛的思想影响,并且为后来的资产阶级维新变法运动,起到了一定的思想先导作用。

（二）洋务运动中兴办的文化教育事业

"洋务"本来就是与西方近代军事、工业、技术、外交等各方面有关的事务,也是学习西方近代国防、经济、技术各项事务的措施。要兴办洋务,就需要通晓洋务的人才,而传统的旧式教育体制和教育内容,都无法满足洋务事业的需要,因而兴办新的教育事业,培养洋务人才,就成为洋务运动的一项重要措施。

根据现有材料统计,从1862年奕䜣奏请创办北京同文馆和1863年李鸿章在上海创办广方言馆培养外语翻译人才,到1894年在烟台创办烟台海军学堂,30多年间,洋务派共创办新式学堂24所,其中培养各种外语人才的有7所;培养工程、兵器制造、轮船驾驶等人才的有11所;培养电报、通讯人才的有3所;培养陆军、矿务、军医人才的各有1所。由于当时科举制度尚未废除,旧的教育制度基本未变,这些新式学堂又缺乏足够的师资和经费、设备,学生人数并不很多,但毕竟打破了旧式教育和科举制度的一统天下,培养了一批近代科技军事人才和知识分子,并且在文化教育方面起到开通风气的作用。

---

① 郑观应:《盛世危言》卷1,《西学》。
② 薛福成:《庸盦全集·筹洋刍议》,《变法》。

在兴办新式学堂的同时和稍后,有的官员还主张向外国派遣留学生,但一直搁置未办。到了1868年,经蒲安臣之手签订的《中美续增条约》,才明确为中国学生赴美留学提供了条约依据。同年,早年赴美毕业于耶鲁大学的容闳,抱着"教育救国"的志愿,向江苏巡抚丁日昌提出了派学生出国留学的计划。1870年,经曾国藩同意并向清廷奏准,派江南制造局、上海广方言馆总办陈兰彬为留美学生委员(监督)、容闳为副委员(副监督),又经与李鸿章磋商之后,制订了《挑选幼童前赴泰西肄业章程》十二条。1872年8月,第一批30名幼童乘轮船离上海赴美。1873、1874、1875年,每年又各派30名。这四批幼童赴美入学之后,成绩优良,品行端正,深得美国社会人士赞许。但陈兰彬、区谔良、容增祥、吴嘉善等与留美学生屡生冲突,并且也同容闳不能合作,于是以留学生"抛荒中学"、"多半入耶稣教"、沾染"外洋风俗,流弊多端"等为由,建议总理衙门逐渐将留学生撤回。结果,总理衙门定议"将出洋学生一律调回"。1881年,94名中国留美学生分三批回国。在回国的94人中,只有两人得学士学位,其中一人就是著名的杰出铁路工程师詹天佑。

就在第一批留学生赴美之后第二年(1873年),总理福州船政大臣沈葆桢也正式向清政府奏请派遣船政学堂优秀学生出洋留学。他建议派前学堂的优秀学生赴法国留学,"深究其造船之方,及其推陈出新之理";派后学堂中的优秀学生,赴英国深造,"深究其驶船之方,及其练兵制胜之理"。清政府批准了沈葆桢的建议。1874年,他又提出了实施方案,并设计了留法、留英学生的学习大纲。1877年春,议定了《选派船政生徒出洋肄业章程》十条。同年3月,华监督李凤苞、洋监督日意格带同随员马建忠、文案陈季同、翻译罗丰禄和学生、艺徒前后共35人出洋。其中留英学生12名,除1人因病先期回国外,其余11名均取得优良成绩,刘步蟾、林泰曾、蒋超英、方伯谦、林永生、叶祖珪、萨镇冰、严复等,都是这批留英学生中的佼佼者。在 14 名留法学生中,除 1 名病故外,其余都取得能胜任总工程师的文凭,其中魏瀚、陈兆翱尤为成绩突出。而严复在甲午战争之后,则成为著名的近代启蒙思想家。1879 年经李鸿章奏请,于 1881 年又派出留欧学生 8 名,其中留法 5 名,留英 2 名,留德 1 名。1886 年又派出第三批船政出洋学生 34 名,其中包括天津水师学堂优秀学生刘冠雄等 10 名。20 名留英学习海军,14 名留法学习造船、建筑、法律等。这批留学生,经六年努力学习,也都以优异成绩学成归国。学习海军的留学生许多都成为北洋水师的指挥骨干,在参加甲午中日黄海大战的 12 艘北洋水师战舰的重要指挥官中,就有半数是首届船政留学生。

(三)翻译西书和创办报刊

洋务既然是西方的近代事物,兴办洋务就需要介绍西方近代的科学文化知识。但是在同文馆和广方言馆等建立以前,除了西方传教士向中国介绍过一些西方科学文化知识外,中国人通晓外国语言文字的人极少,而对西方近代科学文化也十分陌生,甚至格格不入。因此翻译西书,就成为兴办洋务事业不可缺少的一项工作。北京同文馆、上海广方言馆,特别是江南制造总局附设的翻译馆,成为洋务运动期间主要的译书机构。

译书是同文馆的重要活动之一。1888 年以前,该馆师生共译辑各种书籍 22 种,包括法学(如《万国公法》、《公法便览》、《公法会通》、《法国律例》、《新加坡律例》等),经济学(如《富国策》),外国历史(如《俄国史略》、《各国史略》等),物理学(如《格物入门》、《格物测算》等),化学(如《化学指南》、《化学阐原》等),数学(如《算学课艺》),天文学(如《天文发轫》),生理学(如《全体通考》),外交知识(如《星轺指掌》),外国语文(如《英文举隅》、《汉德字汇》等),历法(1877 年—1879 年《中西合历》)。这些书籍为教材性质,也可以说是一些"西学"的入门书。

上海广方言馆也培养了一些外语翻译人才,而翻译西书成绩最显著的是江南制造总局的翻译馆。据英人傅兰雅《江南制造总局翻译西书事略》记载,从1871年到1880年,已刊印译书98种,235册。译成未印者45种,140余册,尚有13种未全部译完。在已刊和未刊的译书中,绝大多数为自然科学书籍。这些"西学"书籍的翻译出版,虽然数量有限,内容浅近,但对当时中国知识界来说,却是一种新知识和新学问。后来许多投入维新变法的骨干人物,很多都是从这些译书中受到了启发和影响。它对近代中国思想文化演变所起的作用,远远超出这些译书本身的价值。

在自然科学技术的译述和介绍中,李善兰、华蘅芳、徐寿等做出了很大的贡献。李善兰(1810—1882年),字壬叔,浙江海宁县人,对数学造诣颇深。他翻译了《几何原本》后九卷、《代数学》、《重学》等数学、物理方面的书籍。所著《则古昔斋算学十四种》,其中《方圆阐幽》已独立地达到了微积分的初步概念。华蘅芳(1833—1902年),字若汀,江苏金匮县(今无锡市)人,翻译了代数、三角、微积分、概率论等书,共60多卷。著有《行素轩算稿》6种,共23卷。徐寿(1818—1884年),字雪村,江苏无锡县人,研究物理、化学和机械制造。他同华蘅芳等编译了这几方面的科学著作,数量很大,刊行的有13种,其中《化学鉴原》和《西艺知新》两书较为著名,对中国近代化学的发展起了先导作用。

与翻译西书同时,创办报刊也是洋务运动期间产生的一种重要的文化事业。中国近代最早的报刊是由外国人创办的。其后伍廷芳虽然在1858年创办了《中外新报》,但因为刊行于香港,对内地影响不大。随着洋务运动的兴起,作为近代社会信息传播工具的报刊,也开始在中国内地出现。1872年在广州创办了《羊城采新实录》,1873年在汉口创刊了《昭文新报》,1874年在上海创办了《汇报》,1876年又在上海创刊了《新报》。这些由中国人办的近代早期的报纸,虽然不可能与外国人办的《申报》、

《新闻报》相抗衡,但它们毕竟是中国人自己创办的新闻事业。随着时代的变化,近代报刊对政治、经济和文化各方面所起的作用也越来越大,后来的维新变法和资产阶级革命运动,都把创办报纸杂志作为最主要的宣传工具。

(四)社会风气与价值观念的逐渐变化

随着洋务运动的兴起和资本主义生产方式的出现,传统的封建伦理道德观念不可避免地要受到冲击,社会风气也定会有所改变。以往的"重农抑商"、"重本抑末"和"士"为"四民"之首、商为"四民"之末的传统观念有了比较明显的变化。在近代工业生产方式的产生和商品流通的初步发展中,商人和商业的社会地位比以往明显提高,一些科举出身的官僚和士大夫,不但开始重视工商业,而且亲自投身于官督商办或商办企业任职。

在对西方世界和中国自身的认识上,很多开明的官僚和士大夫也改变了传统的"夷夏"观念。向西方学习科学技术,再不被认为是"师事夷人"之举,而被看成是求强求富的重要手段。对西方的技术制造和各种器物,再不被认为是"奇技淫巧",而被看做是"制造之精"。中国再不是立于世界"中央"的"天朝之国",也不是孤立于世界之外的"华夏"之邦,而是世界各国的一员,并且是远远不如西方各国富强的一员。不论对世界,还是对中国的认识,比兴办洋务以前,都有了明显的改变。

由于西方近代科学技术和其他社会事物的逐步传入,在通商口岸、沿海地区,社会风气也开始发生了一些变化,"西学"在士大夫的心目中,已不再是"夷狄"之物,而成为中国求强求富不可缺少的学问,顽固派视为"奇技淫巧"的声光化电,不但用于军事和军事工业,也用于民用工业和城市社会生活,从而在城市生活的衣、食、住、行等方面,传统的风俗习惯有了一些改变。

从 19 世纪 60 年代初到 90 年代中期,洋务运动历时 30 多年。它以"求强"、"求富"为目的,在军事、工矿企业、交通运输和文化教育等许多领域,向西方国家学习,在中国走向近代的道路上跨出较大的一步。然而它又是以失败告终的运动。在半殖民地半封建社会的历史条件下,外国资本帝国主义绝不会愿意也不可能允许中国通过兴办洋务富强起来。因此,在表面上扶植、支持洋务的同时,又不断采取政治的、经济的、外交的乃至军事的手段进行侵略和控制。而洋务派的某些重要首领,对于外国资本主义的压力,又多是采取妥协退让的办法。没有国家的独立,不能保障民族经济的发展,"求强"、"求富"的愿望也就只能落空。而清朝统治集团中的顽固势力,又生怕洋务的发展危及他们既得的权势,在政治上、经济上和舆论上多方钳制和阻挠。洋务派本身的封建性和腐败性,也使洋务运动缺乏应有的生机和活力,诸如企业的衙门化、官僚化、贪污中饱、挥霍浪费、任用私人,侵吞商股等等现象相当严重而普遍,这就自我窒息了洋务事业的发展。洋务运动是近代中国由洋务派发动的一次变革试验,历史记下了这次变革的成绩,也记下了它的失败,而且也做出了结论:洋务运动不能救中国。

第四章

中法战争和中日战争

第一节　中国边疆地区的危机

一、新疆的收复和《伊犁条约》的订立

1864 年,新疆爆发了反清武装起事。由库车回族、维吾尔族群众首先发动,乌鲁木齐、莎车、塔城、伊犁等地纷起响应,迅速扩及全疆。各地反清武装的领导权大多被宗教和民族上层分子所掌握。他们建立了许多互不统属的封建神权割据政权,以排满、反汉、卫教(杀异教徒)等口号欺骗、煽动民族仇杀,并且相互攻伐,争战不已。新疆陷入割据纷争的混乱局面,造成了浩罕军官阿古柏和沙俄军队入侵的可乘之机。

1864 年夏,原塔什米力克(今疏附县南)的行政官柯尔克孜族人思的

克,在当地回民支持下攻入喀什噶尔回城(今喀什市),遭到维吾尔族人的反对;又因久攻汉城(今疏勒)不下,便派牌素巴特(今伽师)的回族封建主金相印等赴浩罕汗国(今乌兹别克共和国境内),请求把匿居浩罕的大和卓之曾孙、张格尔之子布素鲁克等遣回新疆,以便利用他的旗号。浩罕汗国摄政王派军官阿古柏与布素鲁克在浩罕搜罗了一批武装力量,于1865年初侵入南疆。

阿古柏随即驱逐思的克,又先后攻占英吉沙尔、疏勒、叶尔羌(今莎车),并于1866年底吞并了以和田为中心的割据政权。1867年夏,又消灭了以库车为中心的割据政权,势力到达喀喇沙尔(今焉耆)和库尔勒一带。阿古柏把布素鲁克逐出新疆,宣布成立"哲德沙尔"(七城汗国),自称"巴达吾来特阿孜"(意即"洪福之王")[1]。1870年,阿古柏又进占乌鲁木齐和吐鲁番盆地,消灭了以乌鲁木齐为中心的"清真王"妥得璘(即妥明,回族)政权,势力伸展到玛纳斯。至此,南疆全部和北疆部分地区都被阿古柏所侵占。阿古柏对我国新疆各族人民进行野蛮压迫和恣意搜刮,给各族人民带来了深重的灾难。

阿古柏成为英、俄阴谋分裂我国新疆的工具。英国不断派遣官员、间谍到南疆活动,笼络收买阿古柏,送给他一大批枪枝弹药和军械修造设备。从1866至1868年,沙俄与阿古柏约定,双方互不干涉对方的行动,互给对方入境追捕逃犯的权利。沙俄借阿古柏北进之机,于1871年5月大举进犯伊犁,7月4日占领固尔扎(今伊宁市),扬言"伊犁永归俄辖"[2],实行军事殖民统治。沙俄挟其军事威势,于1872年6月与阿古柏订立"通商条约"(即"俄阿条约")。俄国承认阿古柏为"哲德沙尔"领袖,换取

---

① 佚名:《巴达吾来特(阿古柏)传》(维文)。"巴达吾来特"一词,汉文史籍曾译作"毕调勒特汗"。
② 《西国近事汇编》,1878年,第3卷,第14页。

俄国在南疆通商、建立牙行、商队过境、设置商务专员等特权；还规定俄国货物的关税为 2.5% 。此后，俄国商货、军火不断输入南疆。英国对此极不甘心，通过日益沦为其附庸的土耳其苏丹，煽惑阿古柏臣属于土耳其。终于阿古柏尊奉土耳其为"上国"，土耳其苏丹封阿古柏为天山南路的"米拉胡尔巴什"（即"艾米尔"，意为统治者），送给他大批武器，派去军官、顾问。1873 年秋，英印政府任命弗赛斯为全权使节到喀什噶尔，随带英国女王致阿古柏的信，以及大批枪枝。1874 年春，双方签署了"英阿条约"。英国正式承认阿古柏的"艾米尔"地位，从而取得了在喀什噶尔设立领事、通商、驻使等特权，规定了英货只纳值百抽二点五的进口税，而从印度进口的英货则免税，超过了沙俄所得的特权。

　　清政府在相当长的时间内，对西北边疆的严重局势认识不足，甚至一度曾为阿古柏"报效"清朝、"助中国讨贼"等谎言所动。俄军强占伊犁，两月后方通知清政府，清政府始感事态严重，令伊犁将军荣全速赴伊犁与俄方谈判接收事宜。俄方百般推托，直至 1872 年 5 月中俄代表在塔城附近举行谈判。沙俄代表避而不谈交还伊犁问题，反而节外生枝，提出一系列无理要求，为荣全拒绝。清政府转而在北京与俄国公使交涉。

　　与此同时，日本侵略我国台湾，东南海防顿形紧张。在清政府内部，要求加强海防的呼声也随之高涨。直隶总督李鸿章借口"海防西征，力难兼顾"[1]，主张放弃新疆，"移西饷以助海防"，竟说"新疆不复，于肢体之元气无伤"[2]。陕甘总督左宗棠则力主规复新疆，认为"若此时即停兵节饷，自撤藩篱，则我退寸，而寇进尺"；"宜以全力注重西征，俄人不能逞志于西

①　《李文忠公全书·朋僚函稿》卷16，第17页。
②　《李文忠公全书·奏稿》卷24，第19页。

北,各国必不致构衅于东南"[1]。他主张:"欲杜俄人狡谋,必先定回部(南疆);欲收伊犁,必先克乌鲁木齐","然后明示以伊犁我之疆索,尺寸不可让人"[2]。清政府一面加强海防,同时也接受了左宗棠的主张,于1875年4月任命左宗棠为钦差大臣督办新疆军务。

1876年3月,清军三路进疆,仅半年多的时间,就收复了北疆大部分领土。1877年春,清军乘胜进军南疆,在达坂城、托克逊、吐鲁番三战告捷,阿古柏仓皇逃走,在库尔勒身亡。英、俄又扶植阿古柏之子伯克胡里在喀什噶尔称汗,继续顽抗。英国向清政府提出保存伯克胡里、立为保护国的荒谬要求,被拒绝。12月18日,清军收复喀什噶尔,伯克胡里等放火烧城,裹胁我国居民5000多人向俄境逃窜。1878年1月2日,另一路清军收复和田,处决了金相印。至此,清军收复了除伊犁地区外的新疆全部领土。

1878年6月,清政府派崇厚为使,前往俄国谈判索还伊犁的问题。崇厚在沙俄的胁迫愚弄下,于1879年10月2日擅自签订了《交收伊犁条约》(即《里瓦基亚条约》,简称《崇约》)。条约规定:中国偿付沙俄"代收代守伊犁兵费"500万卢布(合白银280万两);割让霍尔果斯河以西及伊犁南境的特克斯河流域的大片领土;将喀什噶尔及塔尔巴哈台两处边界作有利于俄国的修改;俄商在中国蒙古地方及新疆全境免税贸易;增辟两条由陆路到天津、汉口的通商线路;俄国在嘉峪关、乌鲁木齐、哈密、吐鲁番、古城(今奇台)、乌里雅苏台、科布多等地增设领事。

消息传来,群情激愤,"街谈巷议,无不以一战为快"[3]。左宗棠上奏清廷,表达他对"崇约"的"叹息痛恨",提出"先折之以议论,委婉而用机;

---

① 《左文襄公全集·奏稿》卷46,第36页。
② 《左文襄公全集·书牍》卷13,第2页。
③ 王彦威编:《清季外交史料》卷21,第10页。

次决之以战阵,坚忍而求胜"①的对俄方针。清政府于 1880 年 1 月将崇厚革职拿问,定为"斩监候"。2 月,清政府照会俄国政府:崇厚所议之条约"违训越权","窒碍难行"②。同时,另派驻英、法公使曾纪泽兼任驻俄公使,谈判改订条约;并再次任命左宗棠为钦差大臣,赴新疆统筹军务,调兵备战;还在东北边疆加强了防务。

清政府宣告"崇约"无效后,沙俄一面向清政府虚声恫吓,一面调兵遣将进行军事讹诈。左宗棠作了三路出击收复伊犁的部署,并于 1880 年 5 月移营哈密。但清政府在沙俄和英、德、法、美的压力下,于 6 月间"暂免"崇厚"斩监候"之罪,并命曾纪泽"知照俄国"。8 月间,又把左宗棠调离新疆,并宣布将崇厚"加恩即行开释"。

1880 年 7 月,曾纪泽赴彼得堡谈判。在谈判中,沙俄代表声称:不但《崇约》"只要照办,无可商议",而且要"中国沿海地方作为补偿",增加赔偿"兵费",还以开战相恫吓③。曾纪泽据理力争。经过半年多的"虎口索食"般的反复交涉,双方代表于 1881 年 2 月在彼得堡签订了中俄《伊犁条约》(当时称为《改订条约》,亦称《圣彼得堡条约》)和《改订陆路通商章程》。中国虽然收回伊犁地区,取消了在《崇约》中割让特克斯河流域和松花江航船到伯都纳等条款,但霍尔果斯河以西、伊犁河南北两岸原属中国领土划归俄国所有。规定俄商只能到嘉峪关,免去到西安、汉口通商;允许于嘉峪关、吐鲁番两地增设领事,派驻军队,购置土地。俄商在新疆各城贸易,改"均不纳税"为"暂不纳税"。条约规定斋桑湖迤东一带中俄边界"有不妥之处",要两国派员"勘改";所有尚未安设界牌的中俄各段

① 《左文襄公全集·奏稿》卷 55,第 35、38 页。
② 《清季外交史料》卷 19,第 3 页。
③ 《金轺筹笔》卷 1,第 1 页。

边界都要派员"勘定,定设界牌",为沙俄进一步侵占中国领土制造了依据。条约还规定伊犁居民,"或愿迁居俄国入俄国籍者,均听其便",为沙俄劫迁大量中国各族居民造成借口。赔款增至 900 万卢布(合白银 500 万两)。这个条约和《崇约》相比,在界务和商务方面,中国争回了一部分主权,但它仍然是一个不平等条约。此后,根据条约规定而签订的中俄《伊犁界约》等几个边界议定书,沙俄共割占了中国斋桑湖东北、霍尔果斯河以西、特穆尔图淖尔(伊塞克湖)东南和阿克赛河源等 7 万多平方公里的土地。从 1881 至 1884 年,伊犁各族人民"胁迁而去者十之六七"[①],达 10 万多人。清政府收回伊犁后,于 1884 年在新疆建立行省,设置州县。

中俄《伊犁条约》签订后,沙俄进一步加紧对中国西部地区的侵略,甚至违约侵占中国的帕米尔地区。

沙俄从 1876 至 1890 年的 15 年间,不顾我国边防哨卡和当地各族人民的制止和阻拦,以游历、考察为名,非法越境,先后派遣十一批武装"探险队"窜遍整个帕米尔地区,达到最东部的塔什库尔干谷地。在 1884 年签订的中俄《伊犁条约》五个勘界子约之一的《续勘喀什噶尔界约》中,俄国将边界向南推进到乌孜别里山口;又规定从乌孜别里山口起"俄国界线转向西南,中国界线一直往南",把我国帕米尔分为三部分:"一直往南"走向线以东的部分仍属中国;而"转向西南"走向线的西北部分被圈进了俄国的版图;两条走向线之间的三角地带则成了"待议地区"。然而,沙俄并不遵守这个它强加给中国的不平等条约。清朝新疆地方当局见帕米尔形势危急,在帕米尔设卡伦七处,1889 年又在伊西库尔湖北苏满塔什添卡伦一处,并派队巡查内外卡伦。1892 年 6 月,沙俄派出一营步兵、三个哥萨克百人队,大举入侵帕米尔,赶走中国柯尔克孜族牧民,占领苏满塔什。

---

① 《新疆图志》卷 57,《交涉志》5,第 1 页。

继而又窜到阿克塔什，毁掉我国所设卡伦，又在我六尔阿乌卡伦附近建立帕米尔斯基哨所（即木尔加布堡），进而侵占郎库里、阿尔楚尔，强占了塔格敦巴什以南的中国帕米尔。清政府提出抗议，沙俄反而要求"以山中水分流处"划界①，以先占后议的惯用手法，强迫中国承认既成事实。

从 1892 年秋开始，沙俄强迫中国谈判帕米尔划界问题。沙俄又暗中勾结英国，背着清政府在伦敦非法谈判帕米尔问题。中俄谈判进行了很久，毫无结果。

为了防止沙俄继续侵入，清政府只得沿萨雷阔勒岭与俄军对峙布防。1894 年 4 月，清政府被迫同意俄国政府的建议，暂时保持双方军队各自的位置，但声明："在采取上述措施时，并不意味着放弃中国对于目前由中国军队所占领以外的帕米尔领土的权利。它认为应保持此项以 1884 年界约为根据的权利，直到达成一个满意的谅解为止。"②自 1894 年中俄两国就帕米尔问题换文以后，双方再也未就帕米尔问题进行过谈判。沙俄始终霸占我国萨雷阔勒岭以西 2 万多平方公里的领土。于是，中俄两国之间，就存在着一个帕米尔未定界的问题。1895 年 3 月，沙俄背弃信义，私与英国订约，擅自瓜分了萨雷阔勒岭以西的帕米尔。当时清政府坚决不予承认，并再度声明，"后日必重申前说"③，明确表示了中国的严正态度。

二、日美侵犯台湾、《烟台条约》和英俄进窥西藏

在我国西北边疆危机的同时，侵略者又在我国东南海疆和西南边疆

---

① 《许文肃公遗稿》卷 7，第 25 页。
② 转引自《中华人民共和国外交部文件》（1969 年 10 月 8 日）。
③ 《清季外交史料》卷 113，第 16 页。

造成了严重危机。

早在1853年，美国海军统领皮雷率舰队窜到我国台湾，向美国政府建议占领台湾作为海军根据地。1856年，美驻华专使巴驾向其国务院提出一项由美、英、法三国分别占领台湾、舟山群岛和朝鲜的计划。1867年，美船"罗佛"号在台湾南部琅峤（今恒春）附近触礁沉没，船长等十余人被高山族人所杀。美驻厦门领事李仙得率海军到琅峤寻衅，被击退。美国再派海军将领贝尔率军舰两艘入侵，副舰长马肯基率陆战队在琅峤登陆，高山族人民击毙马肯基，打退了美军的进犯。

1871年11月，有琉球渔船因遇飓风飘流至台湾，被高山族人误杀船员50余人，12名生存者由中国政府送回琉球。此事与日本毫不相干，日本竟以此作为对外侵略的借口。1872年，日本要求琉球国王接受其藩王的封号。1873年，日本向清政府进行讹诈，清政府说明此事与日本无关。1874年5月，日本在美国帮助下，派陆军中将西乡从道率兵3000余侵犯台湾，日本在琅峤劫掠焚杀，高山族人民据险反击。日军退踞龟山，设立都督府。清政府一面和日本交涉，一面派船政大臣沈葆桢率军赴台，部署防务。10月，清政府接受英、美、法等国站在袒护日本立场上的"调停"，被迫与日本订立《台事专条》（即中日《北京专约》），日军限期从台湾撤退，中国"赔偿"日本兵费50万两。日本利用《北京专约》上有台湾居民"曾将日本国属民等妄为加害"、日本出兵是"保民义举"等字样，作为清政府承认琉球是日本属国的依据。1879年，日本以武力正式吞并琉球，改为冲绳县。

由于英国侵略缅甸、法国侵略越南，中国西南边境出现危机，云南直接受到威胁。英、法力图分别从缅甸、越南开辟一条经云南至我国内地的捷径。英国先后在1863年、1868年派出"勘探队"窥伺我滇西地区。1874年，英国派军官柏郎率领近200人的武装"远征队"从缅甸出发，到我国云南探测路线；驻北京英使馆派翻译官马嘉理从北京经云南入缅接应。1875 年 1 月，马嘉理在八莫与柏郎会合，带领武装探路队于 2 月初擅自入境，分两路窜至腾越（今腾冲）地区。曼允山寨景颇族群众力阻英入通过。21 日，马嘉理开枪击杀群众多名，群众也打死马嘉理。与此同时，景颇、傣、汉等族群众在班西山下阻击柏郎率领的英兵，把他们逐回缅甸。这就是所谓"马嘉理事件"，或称"滇案"。

英国利用"滇案"向清政府提出广泛的侵略要求。在谈判中，英国公使威妥玛屡以下旗绝交、增派军舰来华相恫吓。威妥玛还与俄国公使密商筹谋英、俄分别由云南、伊犁进兵。清政府屠杀了 23 名景颇族同胞，将当地文武官员革职，接受了英国所提出的苛刻条件。1876 年 9 月 13 日，李鸿章代表清政府在山东烟台与威妥玛签订了中英《烟台条约》和《入藏探路专条》。除了"抚恤"、"赔款"、"惩凶"、"道歉"之外，还允许英人开辟印藏交通，前往西藏、云南、青海、甘肃等省"游历"，规定开放宜昌、芜湖、温州、北海为通商口岸，以及外贸免纳各项内地税、扩大领事裁判权等。《烟台条约》中的这些不平等条款，在许多方面扩大了《天津条约》、《北京条约》所规定的特权。

英国早就企图从印度向我国西藏扩张。60 年代初，英国侵略势力在进一步伸入中国的两个邻邦哲孟雄（即锡金）和不丹之后，不断派遣侵略分子以传教、游历为名入藏活动。西藏地方官吏和僧俗人民屡加阻挡、驱逐，清政府也下令截回从内地潜赴西藏的外国传教士。《烟台条约》签订后，英国根据其中的另议专条规定，迫使清政府同意它派员入藏"探路"。1884 年，英印政府官员马科雷率领一支约 300 人的武装队伍从锡金越境，闯入西藏，在干坝地方被藏族人民所阻。1886 年，又派出大批军队结集西藏亚东以南边境，进行武装挑衅。西藏地方政府呈文驻藏大臣，历数英国的侵略罪行，表示西藏僧俗人等，"男丁死后，即剩女流，情愿复仇抵御，别无所思"①,并在热纳宗隆吐山要隘建卡设防。1888 年,英军悍然向隆吐山发动进攻。我西藏爱国军民英勇抗击后,转移至亚东山谷。在隆吐山战役中,西藏人民用鲜血和生命实践了"誓死抵御,决无二心"的誓言②。

清政府一再命令西藏军民撤出隆吐山边卡,罢黜了力争热纳宗属于我国西藏地方和积极支持抗英斗争的驻藏大臣文硕,说他"识见乖谬,不顾大局"③,改派升泰为驻藏帮办大臣,与英国"罢兵定界";并派总税务司英人赫德之弟赫政充作升泰的助手。1890 年和1893 年,清政府与英国先后签订了《藏印条约》与《藏印续约》,承认锡金归英国保护,开放亚东为商埠,英国在亚东享有治外法权以及进口货物五年不纳税等特权。从此,英国侵略势力伸进了西藏。

沙俄也不断进窥我国西藏。从 1870 年开始,十多年间,沙俄派"调查团"先后五次潜入我国西部地区活动,曾两度潜入西藏境内。19 世纪末,"累年以来,俄人入藏者肩背相望,查勘矿山,测量地形,举动至为叵测"④。沙俄还从和藏族共同信仰喇嘛教的布里亚特蒙古人中培植间谍分子,派往西藏,长期潜伏。其中,伪装最巧、潜伏最久的是阿旺·德尔智(俄名道尔济也夫,藏名洛桑姑马)。他利用担任达赖十三世经师的权位,发展亲俄势力,并向达赖灌输"英人将来侵略西藏可畏,中国政府亦不足赖,唯俄罗斯是将来喇嘛的唯一保护者"的思想⑤,唆使达赖投靠沙俄。1899 年,沙皇遣使到拉萨"访问"达赖十三世。1900、1901 年,达赖两次密派德尔智等去彼得堡晋见尼古拉二世。沙俄对达赖集团的影响因而不断扩大。

---

① 《西藏地方史料选辑》第159 页。
② 《清季筹藏奏牍·升泰奏牍》卷2,第6—8 页。
③ 《清季筹藏奏牍·文硕奏牍》卷7,第25—26 页。
④ 《癸卯新民丛报汇编》第788 页。
⑤ 黎孤岛:《俄人东侵史》第267 页。

第二节　中　法　战　争

一、法国发动侵华战争

19世纪50年代,法国出兵侵略越南。1862年6月,它强迫越南阮氏王朝签订了《西贡条约》,将南圻变为殖民地。1873年,法军进而侵犯河内地区。越南政府邀请刘永福率领活跃在中越边境的黑旗军援越抗法。黑旗军在红河两岸屡创法军,击毙其统兵官安邺。越南国王封刘永福为三宣副提督。

1880年9月,镇压巴黎公社"最可耻的"刽子手茹费理出任法国内阁总理,变本加厉地推行殖民扩张政策,增兵越南,并策划以此为跳板打开中国的西南大门,确立法国在这一地区的霸权。1882年4月,法军攻陷河内,企图打通红河,直窥云南。刘永福誓死不肯相让,将法军围困在河内周围一年多,并在城西纸桥一战击毙其继任统兵官李维业,打乱了法军的北侵计划。刘永福被升为三宣提督。清政府为了阻止法军继续侵略越南,曾先后请求英、美、德等国出面调解,但都遭到拒绝。法国利用这种有利的国际形势,加快了侵略步伐。

1883年8月,茹费理内阁扩大侵越战争,终于逼签《顺化条约》,取得了对越南的"保护权"。此后,法国便把矛头指向中国,一面封锁东京湾,命令侵越法军向北进犯;一面要挟清政府撤退在越南北部的中国军队,召回刘永福,开放云南边界。中法矛盾日趋尖锐。

面对法国的武力进逼,清军机处态度软弱,步调纷乱。领班军机大臣恭亲王奕訢和他在军机处的支持者宝鋆,惧怕法国的武力优势,没有抵抗的决心。他授意驻法公使曾纪泽和直隶总督李鸿章,分别向法国政府和法国驻华代表寻求妥协,力求避免战争。然而,曾纪泽却屡向法国政府提出抗议,并要求清政府保护刘永福,增援抗法。在他看来,中法的军事力量虽然对比悬殊,但只要我海陆军相互配合,扬长避短,持久作战,法国必将知难而退。李鸿章的政见和奕䜣相同。他在和法国驻华代表的接触中,屈从于法国的愿望,建议政府召回中国驻军和刘永福,免去曾纪泽驻法公使的职务。他强调中国"兵单饷匮","海防空虚",即便"一时战胜,未必历久不败,一处战胜,未必各口皆守","断不可轻于言战",而应"遇险而自退",力保"和好大局"①。李与曾的分歧,既有方针上的不同,又有派系间的鸿沟。奕䜣采纳了李鸿章的意见,命曾纪泽专为驻英、俄公使,免去了他驻法公使的头衔。

李鸿章抑曾求和及奕䜣对他的支持,引起了湘系首领左宗棠、曾国荃等人的强烈不满。有些御史也上书弹劾李鸿章"张夷声势,恫喝朝廷","保位贪荣,因循畏葸"②。他们都极力主战,并强调指出:法国恃强相逼,恣意侵凌,正是李鸿章因循、偷安和长期避战求和造成的结果。

军机大臣李鸿藻及清流派也抨击李鸿章,要求增兵西南,对法作战,并举荐唐炯和徐延旭分别任云南、广西巡抚,指挥在越南的抗法战争。但唐、徐指挥无能,作战连遭失败,法军很快占山西,攻北宁,陷太原,于1884年3月逼近中越边界。

北宁等地失守的消息传到北京,举朝震惊,责言四起。但奕䜣主持的军机处拿不出任何切实可行的应敌办法,仅将徐延旭、唐炯两人革职逮捕,派湖南巡抚潘鼎新接任广西巡抚,贵州巡抚张凯嵩接任云南巡抚。一直与奕䜣有权力矛盾的慈禧太后,决计借山西、北宁、太原失守事件,把战败责任全部推给奕䜣,乘机将其赶出权力中枢,以独揽大权。她在4月3日召见军机

_____

① 《清光绪朝中法交涉史料》,中国近代史资料丛刊:《中法战争》第5册,第158、257页。
② 《清光绪朝中法交涉史料》,《中法战争》第5册,第251、215页。

大臣时,就严词指责他们因循失职,为罢黜奕䜣埋下伏笔。同一天,左庶子盛昱上折弹劾李鸿藻保举非人,建议给予处分;并说奕䜣、宝鋆并非不知内情,却不加阻止,应负连带责任。盛昱上折的本意,是想让奕䜣等人振作起来,加强抗法措施。但慈禧太后却利用这份奏折大作文章,同与奕䜣对立的醇亲王奕譞一起策划,以"委蛇保荣,办事不力"的罪名,把奕䜣、宝鋆、李鸿藻、景廉、翁同龢一概逐出军机处,任命礼亲王世铎、户部尚书额勒和布、阎敬铭、刑部尚书张之万、工部侍郎孙毓汶等五人为军机大臣,礼亲王世铎为领班大臣,组成新的军机处。又命奕劻主持总理衙门,并封庆郡王,改变了领班军机大臣兼总理衙门大臣的做法,以分其权力。慈禧太后罢黜奕䜣后,立即谕令军机处遇有紧急事件,会同奕譞商办。从此以后,军机处的权力实际上掌握在奕譞和他的心腹孙毓汶手中。

在中法战争紧张的时刻,慈禧太后做了这样重大的人事变动,似乎是要与法国大战一场。但是,新的军机处并没有积极组织力量准备战守,只是在慈禧太后的指使下把一些清流派重要人物派到地方上去担任军职。陈宝琛、吴大澂分任南北洋会办大臣,张佩纶任福建会办大臣,协助船政大臣何如璋督率福建水师。慈禧太后长期纵容台谏词垣议论时政,完全是为了扼制奕䜣等人,并不真正重视他们的意见。如今奕䜣已被罢黜,再不需要这批人在耳边鼓噪生非了,便借"满足"他们的主战愿望为名,"使书生典戎",把这几位清流派的要角赶出了京城。

奕譞原来曾全盘否定奕䜣的对外政策,这时也同样希望尽快把大事化小,苟安目前,执行的仍然是奕䜣的妥协退让政策,而且走的更远。他掌权不久即力排众议,授权李鸿章设法向法国寻求妥协。李鸿章再次请求英国出面调停。英国这时见法国在越南的胜利和封锁东京湾的行动,已损害了自己在这一地区的利益,便不再沉默观望,开始就法越战争与法国外交部接触,建议由某欧洲国家或由美国"仲裁"中法争端,以此阻止战争的扩大。法国在德国的暗中支持下,断然拒绝了英国的建议,但又向英国政府保证:法国舰队不会主动攻击中国的通商口岸,不会妨碍英国的对华贸易。英国于是未再作努力,只是带着警惕和厌恶的复杂心情继续观望战事的发展。

李鸿章转向德国求助。德国却抓住这一机会,利用法国此时多处用兵力感不支的困难,委托天津海关税务司、李鸿章的亲信、德人德璀琳,出面为中法两国进行斡旋。在德璀琳的撮合下,李鸿章与法国海军军官福禄诺进行谈判,并于 1884 年 5 月 11 日在天津签订了《中法简明条约》。主要内容有:清政府同意对于法国与越南间"所有已定与未定各条约",不加过问;中越边境开埠通商;中国军队自北越撤回边界。条约的签订,表明了清政府对法国侵略的妥协屈服。海关总税务司赫德认为:"它给了法国一张在越南的空白支票,而且是法国'保护'中国的第一步。"[①]

《中法简明条约》签订后,法国迫不及待地要接管越南北部的清军防地,不等清军撤退的时限到期,就在 6 月下旬进兵谅山附近,逼令清军退回中国境内,并开枪打死清军代表,炮击清军阵地。清军被迫还击,将法军打退。法国制造了这次军事冲突,却反而以此为借口,进行讹诈,要中国立刻从越南北部撤军,赔偿兵费 2.5 亿法郎。法国驻北京代办谢满禄通牒总理衙门,限期照办,否则法国将采取直接行动。同时,法国为扩大侵华做了军事部署,任命孤拔为舰队司令,将法舰调往福州和基隆。

清政府深恐和局破裂,决定限期撤军,并派两江总督曾国荃为全权大臣,去上海与法国驻华公使巴德诺谈判;但拒绝法国索取兵费赔偿。谈判时断时续,不时陷于僵局。奕䜣完全寄希望于和谈,不顾法军猖狂挑衅的严重局势,严令沿海各省"静以待之","不可先发衅"。

---

① 《中国海关与中法战争》第 150 页。

慈禧太后、奕譞等人的这种态度,使前敌将领们对法国产生了很大的幻想,直接影响了沿江沿海的战守准备。曾经激烈主战的张佩纶,这时也盼望和谈成功。他见法舰频频向闽江海面移动,不仅不做战守准备,而且逐渐把往日的豪言壮语收了回去。7月15日,法海军中将孤拔率领一支拥有8艘军舰,总排水量1.4万余吨的舰队驶抵闽江口,向何如璋、张佩纶提出要入福建水师基地马尾军港停泊。何、张害怕拒绝生衅,影响和谈,竟同意了这一无理要求,并给予"最友好的接待",希望借此缓和局势。但法舰进入马尾以后,一反前言,日夜监视港内福建水师,不许其移动,声言动则开炮。福建水师在港内有10多艘小舰,总排水量6500吨,零乱地抛锚江心。广大官兵愤恨法舰持强相逼,他们在敌我力量十分悬殊的情况下,多次要求起锚整训,以期自卫。但何如璋和张佩纶惟恐妨碍"和谈",一再以"战期未至"为借口,"不准无命自行起锚"[1],甚至下令"不准先行开炮,违者虽胜亦斩"[2]。

清朝统治者的软弱妥协,进一步助长了法国的气焰。1884年8月4日晨,法海军少将利士比率领三舰进犯基隆,企图以此逼迫清政府接受赔款,并抢夺基隆煤矿,保证战争所需。他们向基隆守军投递劝降书,遭到严正拒绝。次日清晨,法舰炮击基隆炮台。督办台湾事务大臣刘铭传指挥守军英勇反击。双方相持一小时后,法军轰毁基隆炮台,强行登陆,但遭到守军的截击,被迫退回舰上。

法军的侵略行径,使清政府内部主战、主和两派的斗争更加激烈。在军机处和总理衙门大臣中,阎敬铭、张荫桓等人力主和议,左宗棠等人则

———————

① 采樵山人:《中法马江战役之回忆》,《中法战争》第3册,第131页。
② 唐景崧:《请缨日记》卷5,《中法战争》第2册,第144页。

极力主战,强调:"中国不能永远屈服于洋人,与其赔款,不如拿赔款作战费。"①慈禧太后和奕譞在两派争论中,和战不定。一度被撵出中法交涉事局之外的李鸿章,这时乘机奏请朝廷接受赔款议和,不然"战后亦必赔款,为数更巨"②。在谈判中陷于僵局的曾国荃也致电总理衙门,要求李鸿章出来收拾局面,认为"转圜"之事,"非李不能了"③。在这种情况下,清政府委派李鸿章与法国驻津领事林椿进行交涉。由于清政府的避战求和,使东南沿海一带的战备没有因为基隆之战而引起足够的重视。

然而,法国侵略者却借基隆事件在国内煽动侵华狂热。8月16日,法国议会决定扩大侵华战争,通过了3800万法郎的侵华军费,叫嚣要进行"本世纪最大的一次征伐"④。19日,法国驻北京代理公使谢满禄以基隆事件为借口,向清政府发出最后通牒,无理要求赔款8000万法郎。21日,谢满禄又故意在清政府答复之前下旗离开北京。

法国鉴于基隆受挫,便把进攻的主要目标转向了疏于防备的福建马尾军港。22日,孤拔即在马尾海港接到了发动进攻的命令。第二天上午,孤拔向何如璋和张佩纶投递了最后通牒,限福建水师于当日下午撤出马尾。何、张以昨日得到李鸿章电报告知议和已有进展,所以既不将法军挑战的实情告诉官兵,又不准备应战,仍继续听任各舰在江心抛锚。直到中午,何、张看到法舰已升火待发,才开始慌张起来,以未做战斗准备为由,派人前往法舰要求改变开战日期。孤拔不仅断然拒绝,而且命令法舰提前发炮。福建水师失去战机,仓促应战,有的兵舰还未来得及起锚就被击沉,或起火焚烧。何如璋和张佩纶弃师不顾,仓皇逃窜。在这种极为不利

①② 窦宗一:《李鸿章年(日)谱》第163—164页。
③ 《陈会办致译署》,《李鸿章全集·电稿》(一),第225页。
④ 《法国黄皮书》,《中法战争》第7册,第249页。

的情况下,尽管有部分官兵临危不惧,誓死抵抗,也没能挽回全军覆灭的厄运。福建水师的军舰和运兵船在很短的时间内几乎全被击沉、击毁,官兵伤亡达700余人。马尾造船厂也被炮击,一艘正要完工的快船被破坏。事后,法国军舰又沿马江从上游炮击两岸炮台。两岸炮台都是把大炮建在坚固的石灰炮眼里,只能向海面的一方发炮,对来自上游的敌人无法攻击,结果全被法舰轰毁。

马尾丧师三天之后,清政府在舆论的压力下被迫对法宣战,令滇、桂各军迅速进兵,令沿海各地加强战备,严防法舰入侵。到9月上旬,清政府又令新任两广总督张之洞激励各军奋勇抗敌,并将继续坚持和议的张荫桓等六位总理衙门大臣革职。

二、中国不败而败

1884年9月中旬,孤拔率主力舰队再次进犯台湾,强占了基隆。刘铭传被迫率部退守淡水,认真布防。10月1日,孤拔亲率舰队驶逼淡水港外,次日炮轰淡水炮台,被守军击退。孤拔不甘受挫,于8日晨再次炮轰炮台,并有800名法军强行登陆,扑向炮台。刘铭传挥师杀敌,经过三个多小时激战,打死法军17人,打伤49人,其余纷纷逃回海上;因争相上船而掉在水中淹死的又有七八十人。参加这次战役的一名法国军官说:"这次的失败使全舰队的人为之丧气","大家的谈话总不能脱开这么令人伤痛的话题"[1]。

为了迫使台湾军民投降,孤拔宣布自10月23日起对台湾实行封锁,并执行交战国的一切权力。同时,法国还怂恿日本也对华宣战。当时中

---

① 　罗亚尔:《中法海战》,《中法战争》第3册,第572页。

日关系因朝鲜问题正日趋紧张,法国企图联日侵华,进一步对中国增大压力,并使用日本的港口。由于日本尚无作战准备,法国未能得逞。

面对法舰封锁,刘铭传多次电请李鸿章派北洋舰队前来解围。李鸿章仍按兵不动,还说:法舰"毁闽船不过数刻,难与之敌"①。大陆军民痛恨李鸿章见死不救,不断冒着生命危险冲破法舰封锁,奔赴台湾抗敌,或向台湾运送物资。正在福州前线布置战事的左宗棠,在没有轮船运输、没有海军护送的条件下,派王诗正率三营亲军乘坐渔船东渡援台。记名提督聂士成主动请缨,亲率850余名淮勇从山海关登船启程,直奔台湾。随后,南洋大臣曾国荃也在几经犹豫之后,抽调五艘战舰援台。但在浙江石浦檀头山附近洋面遭孤拔舰队拦截,二舰被击沉,三舰被迫返回。此外,香港的中国商人也拒绝卖给法人食物,码头工人拒绝搬运法国货物,船坞工人拒绝修理法国战舰,并计划把法舰焚毁。焚舰计划虽在香港英国当局的阻挠和破坏下没有成功,法舰却不敢再在香港停留,拖去日本修理。在全国人民的声援下,驻防清军严守淡水,并在基隆河上游北岸的三角地带与冒死赶来的聂士成部和王诗正部齐心合力,联合当地土勇坚持斗争四个多月。为了在基隆山地消耗法军的有生力量,刘铭传还短衣草履亲临前线,与士兵同饮共食,提高了守军的士气,几次击退自基隆向台北进犯的法军,保住了台北。

孤拔在封锁台湾的同时,又率舰队骚扰浙江镇海。浙江提督欧阳利见早在镇海海口严密布防,钉上木桩,沉下石船,虚其中流以通出入。口外设水雷,并在各要隘密布地雷;在南北两岸增修长墙,添筑炮台,分兵扼险驻守。欧阳利见还亲驻南岸行营,督率兵勇奋战。沿海渔民也自动协助查获奸细。1885年3月1日,法舰炮轰镇海招宝山炮台。守将周茂训

---

① 《李文忠公全书·电稿》卷3,第41页。

当即开炮还击。双方发炮至数百发,法舰受伤而退。3 日,法舰再犯招宝
山,守备吴杰指挥兵勇再退法舰。第二天深夜,风雨交加,法舰乘机用小
船偷袭港口炮台,又被守军击退。鉴于几次失利,法舰不敢冒险入口,于
14 日改在口外遥轰炮台。由于炮台已事先"换石为土",炮弹入土,不易
发挥威力,损失不大。孤拔被迫率舰队退踞澎湖,不久即死在那里。镇海
军民日夜严阵以待,直到战争结束,法舰虽"欲蹈瑕伺间,以图一逞,卒不
可得"①。

　　在西南边疆,法国不断向中越边界增兵。前线清军统帅广西巡抚潘
鼎新,自 6 月谅山退敌不久,就接到李鸿章"败固不佳,胜亦从此多事"的
指示,不敢再"一意与战",采取了战胜不追,战败则退的消极方针,严重地
影响了广大将士的斗志。法军专攻潘军,迫其退回边境,于 1885 年 2 月
23 日占领了中越边境上的重镇镇南关(今友谊关)。守将杨玉科(白族)
力战牺牲,清军纷纷后撤。法军得意地在关前插立木柱,竟用汉字写上:
"广西的门户已不再存在了!"镇南关人民忍无可忍,也在关前插立木柱,
用同样大字写上:"我们将用法国人的头颅重建我们的门户!"②

　　镇南关失守后,潘鼎新被革职。在张之洞的推荐下,七十岁老将帮办广
西军务冯子材自募"萃军"18 营,赶到镇南关附近,就任前敌主帅。他大力
整顿溃军,团结各军将士,准备收复镇南关。法军被迫炸毁镇南关,退驻关
外三十里地的文渊城。冯子材随即移师关前隘。该地离镇南关十余里,两
旁高山峻岭,形势十分险要。冯子材在隘口抢筑了一条横跨东、西两岭的长
墙,并在东西两岭上赶修炮台。墙外挖有深堑,命王孝祺军驻守,以为犄角;
命苏元春屯驻幕府,互相呼应;命王德榜军驻在关东三十五里的油隘,准备

　　①　薛福成:《浙东筹防录序》,《庸盫文编》卷3。
　　②　加尔新:《在侵略东京时期》,《中法战争》第3册,第530页。

抄袭来犯敌人的后路。冯子材周密布防后，便先发制敌，出击文渊城，打乱了法军的侵略部署，提高了将士的战斗情绪。

3月23日，法军分三路直奔隘口，以两路进攻东岭炮台，一路猛扑长墙。法军很快占领了东岭的三座炮台，然后居高临下掩护部队向长墙进攻，"炮声震天，远闻七八十里外，山谷皆鸣"[1]。冯子材率部下死力阻敌，号令全军：有进无退，誓与长墙共存亡。王孝祺军从小路抄袭敌人背后，牵制了敌人正面火力。苏元春军也及时赶到东岭，与法军争夺炮台。王德榜军按预定计划袭击法军据点文渊，切断敌人的补给线。各军合力夹攻，与法军激战至24日，炮火愈来愈猛，"药烟弥漫，至不辨旗帜，弹积阵前逾寸，墙后且被毁"[2]。这时，法军已经扑到墙下，有些已经爬上长墙，局势万分危急。冯子材大呼一声，手执长矛跃出墙外，奋力杀进敌阵。全军感奋，一齐涌出，肉搏冲锋，将法军逼离长墙，压下山谷。王孝祺和王德榜军也都先后赶到东岭支援苏元春军。经过"七上七下"的激烈拼搏，终于夺回三座炮台。当地壮、瑶、白、汉等族人民和1000多名越南义军也前来助战，从四面八方把法军重重包围起来。25日，冯子材发起总攻击，各路将士勇猛冲杀，毙敌1000多人。法军全线崩溃，残兵败将狼狈溃逃，至"被杀急，则投枪降，去帽为叩首状，以手捏颈"[3]。这就是威震中外的镇南关大捷。

镇南关大捷，扭转了整个中法战局。冯子材亲率大军乘胜追敌出关，和越南军民互相配合，接连光复文渊、谅山、谷松、威坡、长庆、船头等地，进而攻郎甲，袭北宁，沉重地打击了侵越法军。同时，刘永福的黑旗军也

---

① 《中法越南交涉资料》，《中法战争》第6册，第455页。
② 林绳武：《冯勇毅公神道碑》。
③ 李岳瑞：《春冰室野乘》，《中法战争》第3册，第120页。

在越南人民的支援下,在临洮大败法军,接连光复广威、黄岗屯、鹤江、老社等地。

法军在镇南关惨败的消息传到巴黎后,引起了法国统治者的巨大震动和惊慌。3月30日,对茹费理内阁久怀不满的法国人民成千成万地涌上街头,游行示威,包围议会,高呼打倒茹费理的口号。茹费理内阁于当天晚上倒台。

然而,正当抗法斗争胜利在望的时候,清政府竟向战败的法国求和,于1885年4月7日命令前线停战。

原来,李鸿章等人在清政府被迫宣战后,虽不敢再像以前那样公开地进行求和活动,但暗中仍不断散布法国惯于"因愤添兵"和"不胜不休"的妥协舆论,[①]多次建议慈禧太后适可而止。慈禧太后、奕譞等人担心战争长期打下去会激起"兵变"或"民变",也希望能够寻找机会与法国议和。自1884年10月以后,李鸿章就在慈禧太后等人的支持下设法继续与法接触,或明或暗,一直没有停顿过。

对李鸿章的乞和,法国开始断然拒绝。但到1885年初,法国改变了态度。当时,法国正大举侵略马达加斯加,已在那里陷于困境;同时又为争夺埃及,和英国大有火并之势;侵入越北和中国的法军也不断受挫,一时难以取胜。茹费理内阁内外交困,疲惫不堪,开始愿意在有利于法国的条件下,尽快与中国议和。为此,它曾作出种种姿态,诱使清政府进行谈判,诈取在战场上得不到的东西。

英、美、俄、德等国为了本身的利益,这时也都争相"调停"。他们深知结束战争的关键在于满足法国的贪欲,因此群起压迫清政府向法国妥协。俄国见对华战争给法国带来了内政、外交和财政上的重重困难,唯恐其盟

---

① 《清光绪朝中法交涉史料》,《中法战争》第5册,第157页。

友因对华作战失利而被削弱,使它在欧洲失去牵制德国的力量,曾多次威胁总理衙门尽快向法国妥协。德国在法国侵略中国本土以后,虽然一改幕后支持而为公开撑腰,但它不希望法国将侵华战火扩大到东南沿海,以免引起英国不满并迁怒于己,因而也劝告中国对法妥协。美国为了在东南沿海扩大贸易,并防止法国占领自己久已瞩目的台湾,几次通过驻华公使杨约翰煽动总理衙门及早结束战争。拥有对华贸易绝对优势的英国,这时既恼怒法国违背承诺炮击东南沿海,影响了自己在华的既得利益,又担心抗法斗争的胜利会鼓舞中国人民反侵略斗争的意志,急欲插手干涉。它公开反对法国扩大战事,强硬表示:"不希望中国市场由于长期战争而枯竭!"[1]法国看到英国态度骤然强硬,又因国内已出现了兵员短缺、财政匮乏、政局不稳等许多困难,表示愿意接受英国的调停。于是,英国政府便在 1885 年 1 月初,借法军攻占谅山之机向清政府施加压力,授意总税务司赫德在中法之间奔走。一直对德璀琳插手中法谈判耿耿于怀的赫德,这时抓住机会建议总理衙门,授权中国海关驻伦敦办事处的英人金登干,让他借到巴黎交涉中国海关巡逻艇"飞虎"号在台湾海峡被法国海军劫走一事,面见茹费理,直接为中法两国进行疏通。清政府对赫德、金登干和茹费理的秘密联系十分信赖,镇南关的失守又使其对战争能否取胜失去信心,便于 1885 年 2 月 27 日正式授权金登干代表中国与巴黎外交部进行秘密议和。镇南关大捷前夕,金登干同法国的谈判已进入最后阶段。

战场形势的急剧变化,使中国在军事和外交上都处于有利地位。赫德唯恐清政府变卦,一面不断以长期作战会引起国内"民变"和列强干涉来恐吓清政府,建议立即与法国缔结和约;一面电促金登干相机行事,设法签字,造成既成事实。清政府在镇南关大捷后,对议和之事曾有过犹

①　季南:《英国对华外交,1880—1885》第 10 页。

豫,担心军民反对,也怕一些大臣不满。但李鸿章等人却主张"乘胜即收",致电总理衙门说:"谅山已复,若此时平心与和,和款可无大损,否则兵又连矣。"①慈禧太后采纳了他们的意见,决意乘胜求和,并于4月4日授权金登干和法国签订了《巴黎停战协定》。议定双方停战,法国解除对台湾的封锁;双方派代表在天津或北京议订条约细目。对此,连法国政府都感到非常意外,惊呼"简直不能想象"!

4月7日,清政府命令前线各路军队于4月15日停战,25日撤兵。前线将士闻讯,"皆扼腕愤痛,不肯退兵"②,"拔剑斫地,恨恨连声"③。张之洞接连电奏缓期撤兵,竟遭李鸿章传旨斥责说:"冯、王若不乘胜即收,不惟全局败坏,且恐孤军深入,战事益无把握",并令张之洞"遵旨亟电各营","如期停战撤兵。倘有违误,致生他变,惟该督是问"④。冯子材、王德榜被迫奉令撤回。冯子材在停战开始的时候,给张之洞一个电报,请他上折"诛议和之人"⑤,表达了抗战将士的共同愿望。

当时,全国不少地方先后通电谴责和议。一些爱国人士把清政府给冯子材的退兵令比作南宋初年秦桧命令岳飞从朱仙镇退兵的金牌诏。有的还赋诗填词,抒发对"电飞宰相和戎惯,雷厉班师撤战回,不使黄龙成痛饮,古今一辙使人哀"的悲愤⑥。这类爱国诗词在当时很多,被人们争相传诵。

清政府不顾中国军民的反对,授权李鸿章在天津与法国驻华公使巴德诺于6月9日正式签订《中法新约》。条约规定中法两国派员会同勘定

---

① 《李文忠公全书·电稿》卷5,第24页。
② 罗惇曧:《中法兵事本末》,《中法战争》第1册,第26页。
③ 胡传钊:《盾墨留芬》,《中法战争》第2册,第602页。
④ 《李文忠公全书·电稿》卷5,第29页。
⑤ 《张文襄公全集·电牍》卷124,第25页。
⑥ 阿英编:《中法战争文学集》第68页。

中国和越南北圻的边界,中国以后需要修建铁路时应向法国"商办",并同意在云南、广西、广东三省的中越边界开埠通商。法国势力从此侵入我国云南、广西,进一步加深了我国西南边疆的危机。

中法战争是中国人民反对侵略并取得胜利的战争,但转眼之间却被清政府的妥协投降路线葬送。法国不胜而胜,中国不败而败。这触目惊心的事实,让广大群众进一步看清了清政府的腐朽无能,使先进的中国人日益感到亡国的威胁,进一步探求救国救民的新道路。

第三节　中　日　战　争

一、战前的朝鲜问题和清政府内部的矛盾

19 世纪末年,正在迅速向帝国主义过渡的各资本主义强国,把侵略目光越来越集中到还没有被完全分割的少数地区。中国和邻近中国东北地区的朝鲜,成为它们在远东争夺的焦点。

日本侵略中朝两国,蓄谋已久。还在"明治维新"时期,日本天皇就确立了对外扩张政策,宣称要以武力"开拓万里波涛","布国威于四方"。从 70 年代开始,日本就急欲吞并资源丰富的朝鲜,并以朝鲜为跳板,向中国本土扩张。1876 年,日本海陆军开赴朝鲜,以武力胁迫朝鲜签订《江华条约》,获得了通商租地、领事裁判权和在朝鲜沿海自由航行等侵略特权,从此全面向朝鲜渗透,并与清政府激烈争夺对朝鲜的宗主权。1882 年,朝鲜统治集团内部不同派系互相倾轧,发生了军事政变——"壬午兵变"。日本政府借口本国使馆人员遭受损害,大举进兵朝鲜。清政府担心日本乘机控制朝鲜政府,派兵进入朝鲜,迅速平定了内乱。日本侵略军见一时

无隙可乘,便以赔偿损失为借口,胁迫朝鲜政府签订了《仁川条约》,获得了在汉城的驻兵权。1884 年,中法战争爆发。日本以为有机可乘,策划朝鲜亲日派官员发动"甲申政变"。朝鲜国王在清军的帮助下,镇压了政变。日本政府就此对清政府进行要挟,于1885 年4 月派宫内大臣伊藤博文来华,与清政府订立了《中日天津会议专条》,规定朝鲜今后若发生重大变乱事件,中日两国或一国需要出兵朝鲜,必须事先相互知照。这样,日本进一步加强了在朝鲜的地位,获得了同中国对等的权利,朝鲜被置于中日两国的共同保护之下,从而为日后发动中日甲午战争埋下伏笔。

随着日本在朝鲜的势力不断膨胀,它对中国的野心也越来越大。1885 年6 月,日本政府采纳了伊藤博文等人的建议,除继续向朝鲜渗透势力外,提出了一个以十年为期的扩军计划,作为发动对华战争的准备。1887 年,部分军国主义分子制订了《征讨清国策》,准备以主力进攻北京,并分兵占领长江流域各战略要地,阻止江南清军北上;如果日本战胜,则将中国的辽东半岛、山东半岛、舟山群岛和台湾、澎湖列岛和长江两岸之地,都划归日本版图,同时将中国其余地方分割成若干小国,分别受日本监护。这份狂妄的计划还提出:"以五年为期作为准备,抓住时机准备进攻",对中国进行一场以"国运相赌"的战争。

日本近代工业的迅速发展,为其扩充军备打下了坚实的物质基础。1890 年,日本发生了资本主义经济危机,工人大批失业,农业连年歉收,米价不断上涨,广大城乡的失业工人和破产农民不断掀起"米骚动",阶级矛盾异常尖锐。日本统治者为了摆脱困境,转移人民的斗争视线,这时更加迫不及待地想从对外扩张中寻找出路,从而加紧了发动侵华战争的准备。日本军阀头子山县有朋就在这种气氛中被推为首相。他在施政演说中赤裸裸地把朝鲜和中国的东北、台湾等地都说成是"与日本的安危密切相关的地区",是日本的生命线,日本有权对这些地区进行"保护",公开煽动侵华狂热。

为了扩充军队,日本从 1890 年就拿出 60% 的国家财政收入,来建立和发展近代化的海陆军。当时,中国北洋海军 2000 吨以上的战舰有 7 艘,共 2.7 万余吨;而日本海军的战舰在 2000 吨以上的仅有 5 艘,共 1.7 万吨。日本政府以超过北洋海军为目标,把添置速射炮和购买最新的巡洋舰,作为发展海军的重点。1892 年,日本提前完成了自 1885 年就开始的十年扩军计划。次年 2 月,明治天皇又决定以 6 年为期,每年从宫廷经费拨出 30 万日元,再从文武百官的薪金中抽出 1/10,补充造船费用。到甲午战争前夕,日本已经建立了一支拥有 6.3 万名常备兵和 23 万名预备兵的陆军,并拥有排水量 7.2 万多吨的海军舰只,总吨位大大超过了北洋海军。此外,日本参谋部还不断派遣特务间谍潜入中国,窃取政治军事情报,秘密绘制了中国东北和渤海湾的详细地图,做好了发动大规模侵华战争的准备。

面对日本不断增强的军事威胁,清政府反应迟钝,措施不力,内部又矛盾重重,严重地影响了中国的战备和自卫。

首先在战备意识上,清朝统治集团中存在着差距和分歧。慈禧太后虽然在 1886 年就由“垂帘听政”改为“训政”,进而于 1889 年“归政”光绪皇帝,但始终不忘揽权,并把朝内和地方上的实权人物都集结在自己的周围,形成了以她为核心的“后党”集团。慈禧太后通过醇亲王奕譞及其亲信孙毓汶等权臣把持朝政,虽对日本在朝鲜膨胀势力深感不安,但又低估了日本的侵略意图,一直认为日本尽管虚张声势并不敢对华大动干戈。1888 年北洋海军正式建成以后,他们更是有恃无恐,掉以轻心。奕譞等人为讨慈禧太后的欢心,加紧笼络掌握军事外交实权的李鸿章,并建议挪用海军经费去修颐和园。

年轻的光绪皇帝自登基以来,一直是慈禧太后手中的傀儡和工具,就是在他"亲政"以后,也依然处于无权的地位。为了改变这种受制于人的处境,他依靠自己的师傅翁同龢,集结了部分官僚,与慈禧太后争衡,时人称为"帝党"。帝党的核心人物多是光绪皇帝近臣和翁同龢的门生故旧,如珍妃的胞兄礼部侍郎志锐和侍读学士文廷式,翁同龢的至好吏部侍郎汪鸣銮及门生张謇,还有侍读学士陆宝忠和被称为"后清流"的编修黄绍箕、丁立钧等人。他们中多为词馆清显和台谏要角,既深为国家的前途命运担忧,很希望通过改革内政和整军备战来增强国力,阻止日本的侵华野心;又很想趁机增强光绪皇帝的权力和扩大自己的影响。为此,他们不断利用"请议"来催促政府整顿弊政和备战自卫,话锋所指又常常集中到李鸿章身上。

李鸿章不满奕譞等人阻挠北洋海军的建立,也赞许帝党改革内政的部分主张。但他一直把北洋海陆军作为淮系集团的支柱和资本,生怕有所闪失而影响自己的地位和前程,因此不满帝党官员动辄"主战"、狂议伤身,又一向惧怕慈禧太后,并与翁同龢不和,乃在政治上倾向后党,附和奕譞的私意,移拨海军经费,停购船械。于是,北洋海军自1888年正式成军后,再未增添任何船只,1891年以后又停购枪炮弹药。这样到中日甲午战争前,北洋海军不仅在总吨位上落在日本舰队之后,而且舰龄老化,行动迟缓,火力也差,缺少快舰和速射炮,已在总体实力上与日本舰队相形见绌。

帝后两党的不和,既有争夺清朝最高统治权的矛盾,也交织着他们在内政外交方面所存在的革新与守旧、抗争与妥协的差异。这些矛盾与差异,又在很大程度上影响了清政府的团结对敌和自卫决策,与上下一心并积极准备发动侵华战争的日本政府形成了强烈的反差。

二、日本不宣而战和清政府的外交活动

1894 年 5 月,朝鲜爆发了东学党起义。朝鲜国王请求清政府派兵协助镇压。日本政府表面上极力诱使清政府出兵,保证自己"必无他意",暗地里却在国内秘密下达动员令,作了出兵占领朝鲜的充分准备。清政府对日本虚伪的"保证"深信不疑,于 6 月 5 日派直隶提督叶志超率陆军 1500 人去朝鲜,并按《天津会议专条》的规定通知了日本。其实,日本早在接到通知以前,就于 6 月 5 日成立了战时大本营。在不到一个月的时间内,先后以护送驻朝公使大鸟圭介返任和保护侨民为借口,陆续出兵朝鲜 1 万余人。入朝日军占据了从仁川到汉城(今首尔)一带的战略要地,并逐渐包围驻守牙山的清军,不时乘机挑衅。

面对日军在朝鲜的优势,李鸿章和总理衙门采取同一步调,分别与日本驻京公使和驻朝领事反复交涉,建议两国同时撤兵,以求早日"收场"。但日本蓄意扩大事态,不仅断然拒绝清方建议,反而提出由中日两国共同监督朝鲜内政"改革"的无理要求。

战争一触即发。国内舆论强烈要求清政府增援备战,解救牙山被围清军,阻止日军的武装侵略。北洋海军的广大官兵也要求立即投入抗击日军的战斗。光绪皇帝不仅"一力主战"[1],还借助国内舆论不断电谕李鸿章"预筹战备",希望依靠自己的力量来制止日军的侵略。然而,李鸿章这时却认为敌强我弱,应该"避战自保"。他再三强调现有海陆军"守"尚有余,"攻"则不足,如若出境决战,还必须大力"备饷征兵"。尽管光绪皇帝随即批拨白银 300 万两作为专款,让李鸿章尽心筹划,但李鸿章为了保

---

[1] 《翁文恭公日记》,中国近代史资料丛刊:《中日战争》第 4 册,第 480 页。

全地盘与实力,仍不肯将苦心经营的北洋海陆军轻于一试,又力主乞求列强出面"调停",希望依靠第三国的力量迫使日本从朝鲜撤军。慈禧太后既害怕日本的武力威胁,又忙于准备自己60寿辰的庆典,一心力保和局,苟安目前。她支持李鸿章的求和主张,让他奔走于俄、英公使之间。

俄国从19世纪80年代就开始觊觎中国的旅顺、大连和朝鲜的元山,进而想控制朝鲜半岛。为了达到这一目的,俄国一直十分警惕新兴的日本对朝鲜和中国东北的扩张活动,力图阻止日本的势力过于强大,以免妨碍自己称霸远东。但是,俄国担心日本倒向与其争霸远东的劲敌英国,又对其"极力拉拢"[1]。这种情况决定了俄国长期以来对日本侵朝侵华的纵容态度。但到了1894年春天,俄国看到日本决意侵吞朝鲜,已直接危及自己的利益,曾表示对此再"不能置身局外"[2],并"在朝鲜边境增兵,在海参崴集中舰队"[3]。李鸿章也正是看到俄日两国间的这种利害冲突,特别希望能"联俄制日",因此于1894年6月20日首先请求俄国驻京公使喀西尼电请俄国政府出面调停。喀西尼当即欣然答应,并希望清政府和俄国"彼此同心力持"[4]。俄国政府后来还向清政府正式作出保证,说"俄韩近邻,亦断不容倭妄行干预",已劝告日本撤兵,如不同意,将采用"压服之法"[5]。李鸿章把这些空头许诺当作护符,仍不积极备战。日本在断然拒绝俄国劝告的同时,却向俄国保证:日本出兵朝鲜是要解除中国和朝鲜的传统关系,不仅"无意"占有朝鲜,而且愿意尊重俄国在朝鲜的利益。俄国见日本发动战争的决心已定,又对日本的保证感到满意,担心继续劝阻会

① 陆奥宗光:《蹇蹇录》第110页。
② 《驻北京公使喀西尼致外交大臣急件》(1894年3月10日),《中日战争》第7册,第219页。
③ 《中国海关与中日战争》第49页。
④ 《清光绪朝中日交涉史料》,《中日战争》第2册,第562页。
⑤ 《清光绪朝中日交涉史料》(1009、1025),《中日战争》第2册,第562、566页。

把日本推向英国的怀抱，便转而讨好日本，暗中支持日本在朝鲜扩大事态，伺机趁火打劫。7月9日，喀西尼奉命明确向李鸿章表示：俄国只能以友谊力劝日本撤兵，未便用兵力强勒日人①。

李鸿章依靠俄国"调停"的希望已经破灭，又请求英国政府出面斡旋。英国为了和劲敌俄国争霸远东，有意拉拢日本阻止俄国夺取朝鲜、染指中国东北，进而损害自己在华的利益。因此，英国对日本的侵朝侵华活动，采取了支持怂恿的态度，在受李鸿章之请不得不出面"调停"时，也只是表面应付。日本政府了解了英国的真实意图后，即以不与俄法结盟和开战后不侵犯英国势力最大的上海及长江流域一带为条件，进一步与英国达成了"谅解"。1894年7月16日，英国和日本签订了《日英通商航海条约》，规定英国取消在日本的租界和领事裁判权，并提高英货进口的关税税率。显然，这是英国对日本侵华的重大支持。英国外相金伯理在签字仪式上说："这个条约的性质，对日本来说比打败了清国的大军还远为有利。"②

此外，李鸿章也曾求救于德、法、美三国。但德国作为后起的强国，想利用战争在远东分到殖民地，不断在私下鼓励日本对华用兵。法国这时正在我国西南各省扩展势力，也希望利用日本发动侵华战争的机会，把列强的视线引向朝鲜和中国的东北。至于美国，这时正集中力量在太平洋扩展势力，难以顾及远东，所以扶植日本作为它侵略朝鲜和中国的伙伴。因此，李鸿章求他们出面"调停"，不仅毫无可能，而且连续受骗，把驻朝清军推向被动和危险的境地。

---

① 《清光绪朝中日交涉史料》(1110)，《中日战争》第2册，第594页。
② 《日本外交文书》第27卷，第1册，第113页。

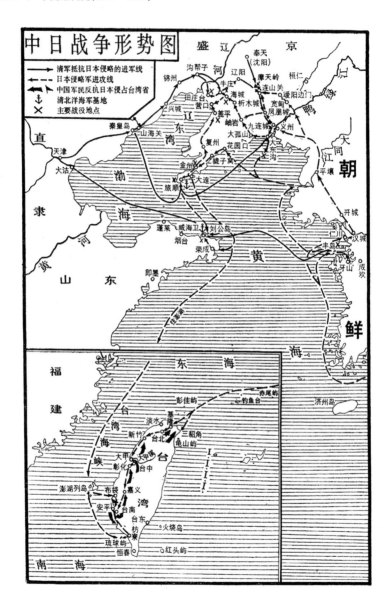

战云已经密布。驻扎在牙山的清军将领叶志超,多次电请李鸿章增援备战。李鸿章仍不认真备战,在回电中依然强调,"已付各国公论",英、俄等国"必有办法";并严令叶志超"静守勿动",幻想"我不先与开仗,彼谅不动手",还说"万国公例,谁先开战,即谁理诎"[①]。但是,日本却不顾什么"万国公例",于7月23日闯入朝鲜王宫,劫持朝鲜国王,组织傀儡政权,一心要挑起战端。

日舰击沉"高升"号

李鸿章对日本的一再让步,引起国内舆论的强烈不满,要求奋起抵抗侵略。7月中旬,清政府严令李鸿章"断不可意存畏葸","贻误事机"。在清政府的切责下,李鸿章派卫汝贵、马玉昆、左宝贵(回族)、丰陞阿率领四军,从辽东渡鸭绿江进军平壤,并雇用英国商船"高升"号等运兵渡海,增

援驻扎牙山的清军。日本获悉这一情报后,立即派联合舰队从佐世保军港出发,控制朝鲜西海岸,准备截击。

7月25日凌晨,我国护送入朝清军的"济远"、"广乙"、"操江"三舰从牙山起碇返航,在牙山口外丰岛遭到日本海军的突然袭击。"操江"被劫走,"广乙"中炮重伤,"济远"发炮还击。当时,"高升"号由天津运载清军驶近作战海域,日舰发炮强行拦截。船上千余名士兵坚决反抗,英勇还击。由于得不到救援,"高升"号被日舰击沉,船上中国官兵大部分壮烈殉国。同一天,日本陆军4000多人进犯牙山的中国驻军。主将叶志超弃守牙山,逃奔平壤。聂士成在成欢驿率部迎战,后因众寡悬殊,也不得不北撤平壤。日本正式挑起了酝酿已久的侵华战争。这一年是农历甲午年,史称"甲午战争"。

三、辽东失陷和北洋海军的覆灭

丰岛海战后,李鸿章不但不积极准备抵抗日军,反而异想天开地认为"高升"号上挂英国国旗,"日敢无故击沉,英人必不答应"①,幻想英国出面干涉。他又电请总理衙门照会各国公使,声明"日先开战",请求列强根据万国公例谴责日本的"开衅之罪",帮助"调停"。但是,他的第一个希望因日本政府迅速对英赔款谢罪而落空,第二个希望也因各国很快"宣告中立"而化为泡影。这时候,朝廷内部谴责李鸿章"因循误国"的呼声愈来愈高,光绪皇帝和主战官员的主张一时占了上风。1894年8月1日,光绪皇帝发布对日宣战上谕,命令"李鸿章严饬派出各军,迅速进剿"。这一天,日本也向中国正式宣战。

---

① 《李文忠公全书·电稿》卷16,第32页。

早在宣战之前，日本战时大本营已制订好侵略中国的作战计划：第一期令第五师团侵入朝鲜，牵制清军，派日本联合舰队寻机与北洋海军作战，夺取黄海和渤海的制海权；第二期以主力在渤海湾登陆，在直隶平原与清军主力决战，直取北京，而仓促应战的清政府，这时却拿不出一个明确而得力的作战方针。李鸿章在对日宣战后，既不敢完全无视光绪皇帝的抗敌谕令，又害怕在对日作战中把实力消耗光。他几经权衡之后，在慈禧太后的支持下，采取消极抵抗的战略方针，命令陆军可守则守，不可则退；命令海军退守"北洋各口"，"保船制敌"，"不得出大洋浪战"①。这种妥协退让的政策，助长了日本侵略者的嚣张气焰，压抑和破坏了广大爱国将士的抗敌热情。李鸿章还在慈禧太后和光绪皇帝的支持下，把清军防御的重点放在奉天和京畿等地，以保护清廷的陵寝和统治中心。这不仅忽视了与之休戚相关的争夺黄海、渤海制海权的问题，给日本海军以更大的可乘之机，而且又使集结在沈阳、京畿地区的大批清军游离于战场之外，敌人志在必夺的渤海口和准备进攻的辽东半岛和山东半岛兵力却严重不足。

日本利用清军株守平壤按兵不动的时机，加紧向朝鲜战场增兵。9月15日，日军兵分几路向平壤发起猛攻。中国士兵和平壤人民奋勇迎击。左宝贵率部坚守北城玄武门，亲自登城指挥将士拼死杀敌，给予日军重大杀伤，但自己也不幸中炮牺牲。日军占领玄武门后，摸不清虚实，不敢入城。这时，马玉昆和卫汝贵率部分别在东西两面击退日军，若能回军决战仍可出现转机。身为全军统帅的叶志超却放弃职守，当天夜里下令大军后撤，以致军心大乱，各军迅速溃散。叶志超率领溃军逃出平壤，狂奔500余里，于9月21日退过鸭绿江，撤到九连城、凤凰城一带。

---

① 《李文忠公全书·奏稿》卷78，第53页；《李文忠公全书·电稿》卷19，第1页。

平壤战败的第二天,北洋海军统帅丁汝昌奉李鸿章之命,亲率 10 余艘舰艇护送援军至大东沟。17 日中午,正当北洋海军准备返航旅顺时,却在大东沟以南的黄海面上,遭到了日本舰队的突然袭击。丁汝昌令"定远"、"镇远"两铁甲舰居中,为人字雁行阵迎战。日舰凭借它速度快、炮位多的优势,横越"定远"、"镇远"两舰,绕攻右翼小舰,并将"致远"、"经远"、"济远"三巡洋舰隔出圈外。中国舰队逐渐处于劣势。激战中,丁汝昌从"定远"号飞桥上摔下受伤,仍坐在甲板上鼓励士气。右翼总兵、"定远"舰管带刘步蟾代替丁汝昌督战,沉着指挥。"定远"、"靖远"、"镇远"等舰官兵奋力战斗,重创敌舰"比叡"、"赤城"、"西京丸",击毙"赤城"舰长板元。在激战中,"致远"管带邓世昌发现日舰"吉野"等四艘进逼并炮击旗舰"定远",毅然下令将舰驶出"定远"之前,迎战来敌。在战斗中,"致远"中弹累累,受伤甚重。邓世昌鼓轮猛冲敌舰"吉野",拟同归于尽,不幸途中为鱼雷击中沉没,全舰 250 余名官兵,只有 7 人遇救。"经远"舰连遭敌舰环攻,中弹起火,在烈焰中沉没,管带林永升和全舰 200 余名官兵,除 16 人获救生还外,全部为国殉难。这时,北洋舰队只剩"定远"、"镇远"、"靖远"、"来远"四舰,但官兵们不屈不挠,仍然英勇战斗。"定远"以重炮轰击敌旗舰"松岛",命中其右舷下甲板,并引起该舰弹药爆炸,死伤纷纷,舰上设施被摧毁,丧失了指挥和战斗能力。其他日舰也多已受伤,无力再战。"靖远"管带叶祖珪见"定远"桅楼折断,果断代替旗舰升旗集队,与日舰继续战斗,终于在日暮黄昏之时迫使日舰首先退出黄海,向南驶去。北洋舰队退返旅顺。

在黄海之战中,中日参战军舰数目相等,力量对比互有短长。结果日本舰队有五舰身受重创,北洋海军有五舰沉没黄海,损失大于日方。但它这时还拥有"定远"、"镇远"、"靖远"、"来远"等战舰,仍有一定的战斗力。李鸿章却故意夸大损失,压制广大将士巡海迎敌的要求,并以"保船制敌"

为借口,命令北洋舰队全部藏到威海卫军港,把黄海制海权拱手让给日本海军,造成了坐守待毙的局面。

10月下旬,日军按照预定计划,分两路向中国大举进犯。一路以山县有朋为司令官,于10月24日从朝鲜义州附近渡过鸭绿江,入侵辽宁,威胁"陵寝",以牵制正面清军,掩护另一路日军从辽东半岛登陆作战。结果沿江驻守的4万多清军竟不战自溃,主将宋庆和依克唐阿仓皇逃窜。26日,日军轻易占领了盛京东部重镇、中朝交通孔道九连城,并接连占领安东(今丹东)、凤凰城、长甸、宽甸、岫岩、海城等战略要地,进逼辽阳,声言要"取奉天度岁"。辽阳一带的满、汉各族人民和部分八旗官兵奋起抵抗。退守虎耳山、摩天岭的聂士成部也冒寒苦战,收复了连山关。由于军民并肩作战,终于粉碎了日军占领辽阳和到奉天过年的如意算盘。

另一路日军以大山岩为司令官,也于10月24日在海军的掩护下从辽东半岛花园口登陆。他们在此运输炮马辎重上岸,历时14天,未遇到清军的任何抵抗。花园口失守后,金州危急。旅顺守将徐邦道建议旅顺各军立即分兵增援,保护后路。这一建议不但没有得到其他将领的响应,反而被李鸿章斥为"糊涂胆小",令其部下"各守营盘"①。徐邦道激于爱国义愤,亲率部下到金州御敌。因孤军无援,抵抗失败。11月6日,金州城破,徐邦道退守旅顺。第二天,日军进攻大连湾炮台。守将赵怀益已先一日逃走,兵勇溃散,大连湾炮台不战而陷。

金州、大连失陷后,旅顺海军要塞的后方完全暴露在日军的兵锋之下。旅顺背山面水,水深港阔,并建有巨大船坞,设海岸和陆路炮台21座,配有各种火炮百余门,驻有徐邦道等六军,约1.3万余人,然而各军名号不一,互不统属,将领大多庸懦畏敌。18日,日军开始向前推进。徐邦

---

① 《李文忠公全书·电稿》卷18,第22页。

道军迎敌,一度打败日军先头部队。21 日,日军主力猛攻旅顺。清军统帅龚照屿在旅顺保卫战刚开始就逃往烟台,六军守将中除徐邦道外也纷纷潜逃,军心涣散。徐邦道孤军迎敌,连续奋战四天,终因众寡悬殊、后援不继而战败。22 日,日军占领旅顺,连续进行了四天大屠杀,街头尸体堆积如山。

日军占领旅顺后,便集中力量准备夺占与旅顺隔海相对的北洋海军基地威海卫,消灭困守在军港内的北洋海军。威海卫位于山东半岛北岸的东端,海港南北两岸如两臂突入海中,形成半圆形。刘公岛横置其前,日岛、黄岛又紧紧与刘公岛相连,形成海上的天然屏障。威海卫南北两岸和刘公岛、日岛都设有新式炮台,有大炮 100 多门;港内还有 9 艘战舰、6 艘炮艇和 10 余艘鱼雷艇,不论出港作战和积极防守,都还有相当力量。当旅顺危机时,丁汝昌曾亲到天津面见李鸿章,要求率北洋舰队驰援旅顺,与日军决一死战。但李鸿章严令丁汝昌"保船避战",并说如违令进战,虽胜亦罪,以致坐失良机,束手待毙。

1895 年 1 月 20 日,日本陆军开始在山东荣城龙须岛成山头登陆,包抄威海卫后路。日本海军也于 30 日占领威海卫南、北两岸炮台,然后与陆军一起炮轰刘公岛和港内的北洋舰队。北洋舰队的广大将士奋力抵抗,打退了日本舰队的多次进攻。但日军炮火愈来愈猛,使北洋舰队陷入绝境。

这时,日本联合舰队司令伊东祐亨写信给丁汝昌,劝他率领舰队投降。舰队中的一些外国顾问和教官,也开始与部分贪生怕死的将领勾结起来,共同胁迫丁汝昌投降。面对如此险恶的局势,丁汝昌愤然复信伊东祐亨,严正声称:"予决不弃报国大义,今唯一死以尽臣职。"①他下令各舰冒死突围,继

---

① 日本海军司令部:《廿七、八年海战史》下卷,第 8 章第 1 节。

又命令炸舰沉船以免资敌。但洋员反对,一些将领也拒绝执行命令,只有"定远"管带刘步蟾炸沉了"定远"舰后自杀,实践了他自己在开战初立下的"苟丧舰,将自裁"的誓言。2月11日,日军炮火更加猛烈。丁汝昌见陆援和突围已毫无可能,在绝望中自杀。英国顾问浩威竟在丁汝昌死后假托他的名义起草降书,缴出残余战舰十艘及刘公岛炮台和军资器械,向日军投降。17日,日本舰队开进威海港,并在刘公岛登岸。北洋海军全军覆没。

光绪皇帝因淮军屡败,于1895年1月令湘军6万人出战,驻扎在山海关内外;任命两江总督刘坤一为钦差大臣,督办东征军务,湖南巡抚吴大澂、淮军统领宋庆为副帅。这是开战以来中国最大的一次出兵,也是光绪皇帝的最后一试。刘坤一是湘军"名将",吴大澂是清流"名士",都曾上奏主张坚决抵抗,而今真正奉命抗敌,却也如同淮军一样狼狈败逃,溃不成军。3月上旬,日军从海城出发南犯,湘军竟在六天之内接连失去了山海关外的牛庄、营口、田庄台等军事要地,全线瓦解。这一溃败的结果,打消了光绪皇帝等人获胜的希望,也增加了慈禧太后等人求和的理由。

四、《马关条约》的签订

从清政府对日宣战到平壤、黄海战役之前,由于战争胜败尚未定局,慈禧太后等人暂时不敢公开进行求和活动,列强也暂时中止了"调解"。但是,随着日军的步步进逼和清军的接连溃败,慈禧太后的求和之心又日益急切起来。1894年9月底,慈禧太后起用中法战争期间被她罢黜的恭亲王奕䜣主持总理衙门。复出后的奕䜣,不仅接受教训再也不敢得罪慈禧太后,而且努力秉承慈禧太后的旨意,10月初亲自出面请求英国联合美、俄两国共同调停中日战争。

这时,英国担心中日战争继续发展下去,引起中国社会和政局的动荡不安,影响自己的在华利益,同意出面斡旋。10 月 6 日,英国建议美、德、俄等国联合调停中日战争。美国认为日本现有的胜利还不足以压迫清政府无条件投降,予以拒绝。德国急于要在中国夺取一个海港,希望战争继续进行,也表示调停时机尚未成熟。俄国政府为了保证自己的利益不受损害,又让清政府对它感恩戴德,很希望出面调停,早在英国建议之前就曾指示驻华公使喀西尼催促李鸿章,要他趁日军"尚未入境之先,速商停战之法"①。但它不愿和英国联合行动,一心想独自充当调停人。因此,俄国政府曾千方百计地对中日两国施加影响,并电令驻日公使希特罗渥,要他设法对日本外交大臣陆奥宗光提议:"俄、日两国应彼此交换意见,以防其他强国的干涉。"②这里所说的其他强国,显然主要是指英国。由于美、德、俄三国各有打算,英国的调停建议没有获得任何结果。

11 月初,日军侵入辽东,形势危急。清政府又转请美国驻北京公使田贝出面调停,还召集美、英、法、德、俄等国公使会谈,要求他们的政府参与干涉。这时,美国政府认为对清政府进行讹诈的时机已到,又想单独操纵中日和谈,表示愿意居间"调停"。11 月 6 日,美国驻日公使谭恩根据本国政府的训令,通知日本政府,战争要适可而止,"如果把中国打垮,英、法、俄等强国将以维持秩序为名,瓜分中国"③,从而给日本带来不利。日本虽然在军事上获得胜利,但已经出现财政空虚和军需缺乏的困难,因此表示愿意接受美国的意见。11 月 21 日,田贝见日军攻占旅顺已成定局,便正式向总理衙门表示愿以"传信人"的身份为中日两国传达意见,劝两国派员直接会议。慈禧太后害怕日军乘胜进犯京津,求和心切,不顾光绪

① 《清光绪朝中日交涉史料》卷 14,第 21 页。

② 《蹇蹇录》第 109 页。

③ M·斯凯勒:《格莱锡传》第 37 页。

皇帝等人的反对,支持奕䜣委托田贝秘密向日本疏通。1895 年 1 月 14
日,清政府正式派户部侍郎张荫桓和湖南巡抚邵友濂为全权大臣,并聘请
美国前任国务卿科士达为顾问,赴日求和。

当时日军正进攻威海卫,日本政府不愿立即休战议和,借口张荫桓、
邵友濂"全权不足",拒绝谈判。日本首相伊藤博文表示:必须由恭亲王奕
䜣或李鸿章充任全权代表,并以割地赔款为"议和"条件,才能开议,否则
不必派代表前往。为了破坏谈判,日本不惜破坏国际间的外交公例,对中
国使臣恣意侮辱,张、邵一行被迫于 2 月 12 日启程回国。

日军占领威海卫后气焰更加嚣张。已成惊弓之鸟的慈禧太后,决定
开复李鸿章的一切处分,任命他为"头等全权大臣",前往日本办理投降交
涉。李鸿章深知这次议和的最大难题是割地问题,奉召到京后首先"访
问"列强驻京公使,再次请求美、俄、英、法等国出面干涉,促使日本放弃割
地要求。英、美等国公使表示拒绝。俄国公使表面上虚与周旋,暗地里却
企图乘机和日本进行分赃。它暗示日本,若能保证俄国在中国东北和渤
海湾周围地区享有特权,俄国将支持日本割占台湾。日本探明俄国的真
实意图后,进一步坚定了割占台湾的决心,也对割占辽东半岛一事愈加严
格保密。

李鸿章争取外国干涉的活动到处碰壁,只得不惜一切代价向日本求
和。他为了不承担割地的罪责,表示只有给他割让土地的全权后才能赴
日。慈禧太后这时称病不出,传话李鸿章,要他"一切遵上旨"①,显然也
是要推卸这割地卖国的责任。光绪皇帝既不敢与慈禧太后公开决裂,又
盼望湘军能在辽东扭转败局,一直犹豫不决。3 月初,清军在辽东全面溃
败,光绪皇帝为形势所迫,终于让恭亲王奕䜣代传他的"面谕",表示可以

---

① 《翁文恭公日记》,《中日战争》第 4 册,第 540 页。

授予李鸿章"以商让土地之权"①。

1895年3月14日,李鸿章带着儿子李经方、美国顾问科士达等,由天津乘船去日本。20日,李鸿章同日本首相伊藤博文、外交大臣陆奥宗光及美国顾问端迪臣,在马关的春帆楼开始谈判。伊藤博文等人从一开始就摆出了战胜者的骄横态度,肆意勒索,并派军攻占澎湖。李鸿章要求停止军事行动和减轻勒索,被伊藤博文拒绝。24日,李鸿章在谈判后回寓途中,被日本暴徒刺伤。事件发生后,日本政府担心列强借口干涉,宣布除台湾、澎湖列岛地区外,其他战地立即停战。4月1日,中日双方代表重开谈判。日本提出包括中国割让奉天南部、台湾、澎湖列岛,赔偿日本军费银三亿两等内容的媾和条款,条件非常苛刻。清政府指示李鸿章与伊藤博文等"竭力申说",尽量争取减少割地赔款。4月10日,日本提出最后修正案,伊藤博文只准李鸿章说"允、不允两句话而已",并以战争再起和进攻北京相威胁。4月17日,李鸿章终于和日本代表签订了丧权辱国的《马关条约》。

《马关条约》的主要内容是:(一)中国承认日本对朝鲜的控制。(二)割让辽东半岛、台湾全岛及所有附属各岛屿和澎湖列岛给日本。(三)赔偿军费二万万两白银。(四)增开沙市、重庆、苏州、杭州四个通商口岸,日船可沿内河驶入以上各口。(五)允许日本臣民在中国通商口岸设立工厂,产品运销内地只按进口货纳税,并准在内地设栈寄存。条约中还规定,为保证中国履行条款,日军暂时占领威海卫。《马关条约》是日本在西方列强的支持下强加于中国的不平等条约,也是《南京条约》以来最严重的丧权辱国条约。

《马关条约》签订的消息传出后,全国哗然。拒和废约、迁都再战的呼

---

① 《东方兵事纪略》,《中日战争》第1册,第83页。

声震动了整个京城,并在全国掀起了反割地反投降的斗争。处在抗敌前线的东北海城、盖平、岫岩等地人民,坚决反对割让辽东半岛,并集结义兵十数万,准备继续抗击日军。正在北京应试的举人康有为,发动各省前来应试的1300余名举人上书光绪皇帝,要求废约拒和、迁都再战,并发出改革政治、挽救民族危机的强烈呼吁。台湾省举人汪春源等上书都察院,强烈抗议割让台湾,表达了台湾人民"与其生为降虏,不如死为义民"的决心。清朝中央及地方许多官吏也为《马关条约》丧权过重而不满,他们有的请杀李鸿章以谢天下,有的主张废约再战。

作为一国之君的光绪皇帝,鉴于割地一事太苛刻和全国官民的强烈抗议,曾一度拒绝用宝,还派总理衙门大臣拜见俄、德、法等国驻华公使,请求他们速与本国密商相救办法。但慈禧太后和奕䜣、李鸿章等人反对毁约再战,俄、德、法三国也不肯帮助商改条约。光绪皇帝顶不住内外压力,延至5月2日还是批准了《马关条约》。

《马关条约》给中国人民套上了新的枷锁,给中国社会造成了严重的灾难,从而进一步加深了中国半殖民地化的程度。

《马关条约》规定的巨额赔款,接近于清政府全年总收入的三倍。这种巨额的勒索,远远超过了中国财政的承受能力,迫使清政府不得不以利权作抵押大借外债,进一步受制于人。至于《马关条约》中准许日本臣民在中国设厂的规定,适应了帝国主义资本输出的需要。战前列强在中国设立工厂还不算"合法",现在却援引"利益均沾"的片面最惠国待遇条款,先后享有这项新的特权。他们在中国"合法"地经营了许多轻工业,利用中国廉价的原料和劳动力,直接增强了对中国民族工业的压迫,阻碍了中国生产力的发展。沙市、重庆、苏州、杭州四个口岸的通商通航,又使中国最富庶的长江流域,从江浙到四川,全部都向帝国主义开放。列强扩大商品倾销,1898年进口货总值比1894年增加了29.3%。同一时期,列强也加紧掠夺中国的原料,土货出口总值增加了 19.4%。《马关条约》不仅使中国失去了富庶的宝岛台湾和澎湖列岛,而且刺激了帝国主义掠夺瓜分中国领土的野心,加深了中国的民族危机。

日本帝国主义势力通过甲午战争迅速地膨胀起来。它用中国的巨额赔款,增加了资本的积累,继续发展军需工业和与此相关的工业,很快地挤进了帝国主义列强的行列。从此,日本更加野心勃勃地走上了侵略中国和亚洲的道路。

五、台湾人民的浴血抗战

中法战后,1885 年 10 月,清政府决定建台湾为行省,以刘铭传为第一任巡抚,在彰化境内设省城。台湾建省后的几年内,经过划分调整,全省共三府、一州、十一县、二厅,地方建制初具规模。同时,还注意修筑炮台,购置大炮,设电报局,修建铁路,设立机器局、军械局,开办新式学堂等。这些建设,有利于增强台湾的防务,提高台湾地区的社会生产力。

《马关条约》一签订,割台的消息便传到台湾。台湾人民"骤闻之,若午夜暴闻轰雷,惊骇无人色,奔走相告,聚哭于市中,夜以继日,哭声达于四野"①。他们相继鸣锣罢市,抗议清政府的卖国行径。台湾民众集会,宣告饷银不能运走,制造局不准停工,台湾税收全部留供抗日之用。台湾绅民还联名发布檄文,声称:"愿人人战死而失台,决不愿拱手而让台"②,表达了誓与台湾共存亡的坚强决心。

清政府将台湾割与日本,也激起全国各阶层人民的极大愤慨。许多

---

① 《小说月报》第 6 卷,第 3 号。
② 《中东战纪本末》,《中日战争》第 1 册,第 203 页。

报纸都充满了反对割台的激烈言论,发出了"我君可欺,而我民不可欺;我君可玩,而我民不可玩"①的呼声。各地的爱国士绅和知识分子也纷纷上书政府,痛斥李鸿章割台卖国。还有人赋诗填词,抒发对领土被割让的愤慨。如"台湾省已归日本,颐和园又搭天棚","元戎甘割地,上将竟投戈"等联语诗句,对慈禧太后等人的投降卖国进行了抨击。

然而,清政府不顾全国人民的悲愤抗议,于1895年5月20日命令台湾巡抚唐景崧率在台官员"陆续内渡",撤出台湾。与此同时,清政府派李经方为"割台大臣",由美国顾问科士达陪同,前往台湾办理交割手续。李经方在基隆口外的日舰上会见日本"台湾总督",将台湾全岛及所有附属各岛屿以及台湾的所有兵工厂、公物财产等清单交给日本。台湾就这样被出卖了。

台湾绅民决心自谋保台之策,在在籍工部主事丘逢甲的倡议下,5月25日,组织了抗日政府,定名"台湾民主国",年号"永清",寓含永远隶属于清朝之意;推举巡抚唐景崧为总统,丘逢甲为副总统兼抗日义军统领、驻台黑旗军将领、总兵刘永福为大将军。"台湾民主国"是在台湾已经成为"弃地"的情况下,由当地士绅联合清朝命官为御敌保台而建立起来的,是台湾人民反侵略反投降的产物。

日本为逼迫台湾人民投降,于5月27日派主力近卫师团从冲绳中城湾出发,分两路进攻台湾。5月29日,一路日军从三貂角强行登陆。6月1日,另一路日军攻占基隆。这时,曾经扬言要守卫台湾的唐景崧和一些地主士绅,纷纷内渡逃命,把大量武器军火留给了敌人,使日军得以迅速占领台北。6月17日,日本的台湾总督桦山资纪在台北宣布台湾总督府正式成立,表示要坚决镇压台湾人民的反抗。不甘当亡国奴的台湾人民

---

① 《申报》,1895年7月15日。

纷纷组织义军,以徐骧、姜绍祖、吴汤兴等人为首领,与台中驻防的清军联合抗敌。刘永福也率军队坚守台南,与台湾人民共同抗击日军。

6月中旬,日本近卫师团兵分两路进犯新竹,以打开通往台中的门户。徐骧、吴汤兴、姜绍祖等人率义军和清军分统杨载云分路迎战,据险阻敌,一直坚持到6月22日,才因军械不继、粮食断绝而后撤。新竹失陷后,各路义军继续活跃在城外四周。7月10日,吴汤兴联络各军在新竹城东的十八尖山和虎头山与日军展开激战,损伤很大。姜绍祖被俘牺牲,徐骧、吴汤兴被迫率部突围。此后,徐骧所部义军退往大甲溪、台中一带,但仍不断向新竹发起攻势,大小20余战,牵制日军达两月之久。

8月中旬,日军步步南逼,大甲溪形势危急。刘永福派吴彭年率黑旗军前来支援,徐骧等人与其议定沿溪设伏以待敌攻。8月22日,日军进犯大甲溪,刚过溪岸就遭到了伏击,腹背受敌,纷纷落水,死伤甚多。次日,日军收买奸细,让其带路抄袭大甲溪,得手后又接连攻陷台中等地。

徐骧和吴汤兴、吴彭年等人率军退往彰化,以大肚溪为天然屏障,顽强阻击来犯之敌。8月27日晚,日军在炮火掩护下强渡大肚溪。次日晨,日军直逼彰化城东徐骧、吴汤兴部防守的八卦山。徐、吴居高反击,虽然多次打退日军的进攻,却又因日军收买奸细从后路偷袭上山而被夹攻。义军挥刀拼杀,吴彭年率军赶来救援,先后击毙日军1000多人,打死少将山根信成。但激战中吴汤兴、吴彭年壮烈牺牲,徐骧仅率20余名义军杀出重围,退往台南地区。

彰化失陷后,刘永福急派杨泗洪等人率黑旗军北上御敌,当地高山族人民也群起配合。经过近一个月的连续苦战,杀敌千人,收复云林,逼近了彰化。杨泗洪在战斗中殉难。这时,抗日军民缺饷缺械,清政府不仅不予接济,还扣留了刘永福派人到大陆募集的捐款,封锁了所有去台湾的船只,使抗日军民无力再进一步发动攻势。

10月上旬,日军1.5万余人在近卫师团长北白川能久的指挥下,从彰化倾巢而出,南犯嘉义。王德标、徐骧等人在城外暗埋地雷,诱敌深入,炸死700多人。日军仓皇撤退,半路又被伏兵截击,死伤累累。北白川能久也身受重伤,不久毙命。日军卷土重来,轰塌嘉义城墙,涌入城中。王德标、徐骧率军浴血巷战,伤亡极重,只得杀出重围,退往曾文溪。

曾文溪距台南府城仅20公里,是保卫台南的最后一道防线。徐骧与王德标等人率军依溪设防,准备与日军决一死战。10月19日,日军以重兵压向曾文溪,炮火齐发,枪弹如雨。徐骧、王德标等人率领义军和清军拼死杀敌,终因寡不敌众,徐骧阵亡,王德标下落不明。无数高山族和汉族的英雄儿女,都在这次战斗中洒尽了热血。

台南孤立无援,士兵饥疲,弹械俱缺。刘永福乘英国轮船内渡厦门。10月21日,台南陷落。

从1895年6月至10月,不畏强暴的台湾军民经过五个多月的激烈战斗,打了大小100多仗,抗击日本三个近代化师团和一支海军舰队,打死打伤日军3.2万多人。日本近卫师团有一半被消灭。台湾军民为保卫祖国的神圣领土,写下了可歌可泣的一页。

第五章

戊戌变法和义和团运动

第一节 帝国主义瓜分中国的严重危机

一、帝国主义在华强租海港和划分势力范围

《马关条约》签订后,帝国主义争夺中国的步伐大大加速。俄、英等国争先恐后地掠夺在华利权,强租海港,划分"势力范围",使中国面临着被瓜分的严重危机。

在帝国主义瓜分中国的狂潮中,俄国充当了急先锋。它是一个军事封建帝国主义国家,工业比较落后,没有足够的经济力量同英、美等列强竞争,企图通过进一步扩大领土的办法来弥补经济力量的不足。列宁指出:俄国"对军事力量的垄断,对极广大领土和掠夺异族一如中国等等一

的极便利条件的垄断,部分地填补了,部分地代替了现代最新金融资本垄断"①。90年代初期,俄国动工修筑西伯利亚铁路,并策划将该路穿越中国东北北部,从而控制这一地区。1895年初,俄国资产阶级的喉舌《新闻报》,竟鼓吹利用中日战争的"大好时机","干净利落地解决中国问题,由欧洲有关的几个主要国家加以瓜分"②。不久,日本战胜清王朝,签订《马关条约》,内容之一是清政府把辽东半岛割让给日本。俄国政府认为这是对俄国独霸东北的直接威胁,不能听任所为。财政大臣维特还强调说:"为俄国的最大利益着想,要求维持中国的原状","决不可让日本渗透到中国的心脏而在辽东半岛攫得立足点"③。1895年4月17日,即《马关条约》签字的那一天,俄国政府正式向法、德两国政府建议:三国联合劝告日本退还辽东半岛,如不应允,即"对日本在海上采取共同军事行动"④。

法国是俄国在欧洲的盟国,愿意参与干涉,并借机向清政府邀功索赏。德国是一个后起的帝国主义国家,渴望在远东地区夺取殖民地,认为这是一个难逢的机会。尽管它在欧洲长期与俄、法为敌,但这次却一反常态欣然同意与俄、法两国在远东合作。其目的,一是借此机会与俄国接近,设法松动和离间俄、法在欧洲的同盟关系;二是把俄国的视线转移到东方,减轻德国东方边境的威胁;三是希望得到中国的感激,实现从中国割占一个海军基地的夙愿。俄、法、德三国各有打算,互相利用,促成了以俄国为主轴的三国干涉还辽。

1895年4月23日,三国驻日公使各奉本国政府训令,分别照会日本政府,要求退出辽东半岛。三国海军也同时出现在日本海面,大有顷刻兵

① 《帝国主义和社会主义运动中的分裂》,《列宁选集》第2卷,第714页。
② 罗曼诺夫:《日俄战争外交史纲(1895—1907年)》第34页。
③ 亚尔莫林斯基编:《维特伯爵回忆录》第64—65页。
④ 孙瑞芹译:《德国外交文件有关中国交涉史料选译》第1卷,第29页。

戒相见之势。日本政府自忖无力与三国作战,急向英、美两国求援。然而,英、美两国既不愿冒此风险,也害怕日本在华势力过分膨胀,都劝告日本接受三国的要求。于是,日本被迫退还辽东半岛,向中国索取了3000万两白银"赎辽费"。

三国干涉还辽是19世纪末列强瓜分中国狂潮的开端。慈禧太后和李鸿章等人在"还辽"事件后,对俄国产生了很大幻想,主张"一意联络俄人",牵制其他列强。俄国便利用这一点,寻找机会向清政府索取"报酬"。这年冬天,它就以"还辽"有功为借口,迫使清政府给予俄舰到胶州湾"过冬"的权利。

1896年6月,沙皇尼古拉二世举行加冕典礼。俄国准备利用这个机会,与清政府的贺冕专使秘密谈判。清政府原拟派遣布政使王之春前往彼得堡参加典礼,但俄国政府表示,王之春"人微言轻,不足当此责"①,要求改派李鸿章为专使。于是,李鸿章被任命为"钦差头等出使大臣",赴俄庆贺沙皇加冕,并前往英、德、法、美四国"联络邦交"。

李鸿章奉命出使的消息一发表,西方列强便纷纷来电,请他先赴西欧和中欧。俄国急派专使乌赫托姆斯基前往苏伊士运河迎候,把李鸿章接到俄国。4月30日,李鸿章到达彼得堡。尼古拉二世亲自接见,给予最隆重的礼遇。5月3日,李鸿章和俄国财政大臣维特、外交大臣罗拔诺夫开始秘密谈判,于6月3日签订了中俄《御敌互相援助条约》,即《中俄密约》。密约的主要内容有:(一)日本如侵占俄国远东或中朝两国领土,中、俄两国应以全部海、陆军互相援助。(二)战争期间,中国所有的口岸均对俄国军舰开放。(三)中国允许俄国通过黑龙江、吉林两省修造一条铁路以达海参崴。该路的修筑和经营,由中国交与华俄道胜银行承办,其

---

① 梁启超:《李鸿章》,《饮冰室合集》专集之三,第60页。

详细合同由中国驻俄公使与华俄道胜银行商订。(四)无论平时或战时,俄国均可在该铁路运送军队和军需物品。

表面上看来,《中俄密约》是中、俄两国共同防御日本的军事同盟。实际上,俄国的目的是在"共同防日"的名义下,通过修筑中东铁路把自己的势力伸入我国东北地区,加强对中国的控制。正像维特所说,中东铁路的修建,必然"使俄国在任何时间内,都能用最快的速度把自己的军事力量运到海参崴,或集中于满洲、黄海海岸及离中国首都的近距离处"[①]。

《中俄密约》签订后,俄国又强迫清政府于 1896 年 9 月 8 日与华俄道胜银行订立了《合办东省铁路公司合同章程》,设立了名为中、俄合办实由俄国独揽大权的所谓"中国东省铁路公司",负责修筑和经营中东铁路。俄国在铁路沿线享有派驻警察、开采煤矿和兴办其他工矿企业的权利,实际上把这些地区变成了自己的势力范围。

俄国的这一系列活动,加剧了列强对中国的争夺。他们纷纷在中国强占港湾,掠夺铁路修筑权和划分势力范围。

德国在甲午战争前就垂涎我国胶州湾。1896 年 12 月,它向清政府正式提出了租借要求。鉴于这时俄国舰队已在胶州湾攫得"过冬"权利,德皇威廉二世又于 1897 年 8 月访问俄国,就侵占中国胶州湾问题同尼古拉二世达成默契。11 月 14 日,德国借口两个德籍传教士在山东巨野县被杀,派军舰占领了胶州湾,夺取青岛炮台。紧接着,俄国便于 12 月中旬强占了旅顺口和大连湾。事后,俄国对德国占领胶州湾"表示感谢",说什么"因为有了胶州的占领才使旅顺口、大连湾的迅速占领成为可能,否则在这方面就难于找到一个口实"[②]。

---

① 《财政大臣维特的节略(1896 年 4 月 12 日)》,《红档杂志》1932 年第 52 卷。
② 《德国外交文件有关中国交涉史料选译》第 1 卷,第 230—231 页。

1898年3月6日,德国强迫清政府订立了《胶澳租界条约》,主要内容是:(一)清政府将胶州湾租给德国,租期99年,在租期内胶州湾完全由德国管辖。(二)清政府允许德国在山东境内修筑两条铁路,一条由胶州湾经潍县、青州、博山、淄川、邹平等地以达济南及山东边境,另一条由胶州湾经沂州、莱芜以达济南。铁路沿线两旁各30华里以内的矿产,德商有权开采。(三)在山东境内举办任何事业,如需用外人、外资和外国器材时,德国享有优先承办权。通过这一条约,德国在"租借"的名义下,强占了胶州湾,并把山东省变成了它的势力范围。

继德国之后,俄国又于3月27日同清政府签订了《旅大租地条约》,并于5月7日订立《续订旅大租地条约》。这两个条约的主要内容是:(一)旅顺口、大连湾及其附近海面租与俄国,租期25年,在租期内旅顺口和大连湾完全由俄国管辖。(二)租借地以北设一"中立区",该地区内的行政由中国官吏主持,但界内的铁路、矿山和其他工商利权等,都不得让与他国。(三)允许中东铁路公司修筑一条支线,把中东铁路和旅顺口、大连湾连接起来,支线所经地区的铁路利权不得让与他国。俄国强租旅大后的第二年,擅自把租借地改为"关东省",设首席长官管理行政。这样,不仅辽东半岛完全落入俄国手中,东北全境也成为俄国的势力范围。

法国在1895年就强占了中国云南边境上的勐乌、乌得等地,迫使清政府增开云南的河口、思茅为商埠,并取得在广东、广西和云南开矿的优先权。1897年3月,法国又强迫清政府同意不将海南岛割让给他国。1898年4月,法国再迫使清政府答应租让广州湾,并于1899年11月16日正式和清政府签订了《广州湾租界条约》,强租广州湾及其附近水面,租期99年。此外,法国还取得了修筑从越南边境至昆明和从广州湾赤坎至安铺的铁路,以及承办中国邮政等特权,并逼迫清政府答应不把云南、两广割让给他国。从此,滇、桂、粤三省变成了法国的势力范围。法、俄两国在掠夺中国利权的过程中互相支持。法国驻华临时代办吕班在给法国外交部长哈诺德的报告中说:关于强租广州湾一事,"我得到俄国代办的支持,有如对类似情况我所给他们的支持一样"①。

英国为了抵制法国在西南两省的扩张,于1897年夺取了中缅边境上原属中国的一些土地,强行取得南碗(猛卯)三角地的"永租权",并迫使清政府开放西江,以及开辟广东三水、广西梧州等地为商埠。法国强租广州湾后,英国立即要强租九龙半岛作为"补偿",并于1898年6月9日逼迫清政府签订了《展拓香港界址专条》,把位于深圳河以南、九龙半岛界限街以北及附近岛屿的中国领土,即所谓"新界","租借"给英国,为期99年。至此,连同香港本岛、南九龙半岛和昂船洲,便是今天的香港。

为了阻挡俄国势力由东北地区南下,英国又要求按照租让旅顺口的同样条件租借威海卫,并于1898年7月1日强迫清政府签订了《订租威海卫专条》,取得了威海卫海湾连同刘公岛和威海卫沿岸十里宽地段的租借权。

英国为了保持它在长江流域的优势,又于1898年2月迫使清政府宣布不将长江沿岸各省让与或租给他国。从此,长江流域沦为英国的势力范围。

日本也不甘落后,于1898年4月22日强迫清政府答应不把福建租让给其他国家,使福建成了日本的势力范围。

意大利也于1899年3月向清政府要求租借浙江沿海的三门湾,由于列强之间的矛盾和清政府的拒绝,没有得逞。

列强在中国划分势力范围的过程中,既互相争夺,又互相勾结,最后总是以牺牲中国主权来换取它们相互之间的妥协。1896年,英、法两国达

---

① 《法国外交文件·中国(1898—1899)》第65号。

成协议,规定在四川、云南两省已经取得和将来得到的一切权利,都由英、法两国共同享有。1898年,英、德两国达成协议,英国承认山东为德国的势力范围,德国则同意英国租借威海卫。这些协议都是帝国主义国家背着中国订立的分赃协定,既是它们之间暂时妥协的产物,也反映了中国当时的屈辱地位和险恶形势。

当帝国主义在中国争划势力范围时,美国正在同西班牙争夺古巴和菲律宾,一时无力顾及中国。然而,美国丝毫没有放弃侵略中国的野心,美国驻华公使康格在1899年3月1日向国务院报告说:"除了直隶一省而外,事实上没有其他地方剩下来给美国了。但是,这一省加上可供整个华北出口的天津,将来必然成为东方具有永久商业价值的占领地之一。"①后来,美国海军部企图租借三沙湾或舟山群岛,但因和英国利益冲突而没有如愿。美西战

时　局　图

争结束后,美国夺取了关岛和菲律宾,在西太平洋建立了侵略的基地。接着,美国政府于1899年9月至11月由国务卿海约翰出面,分别向英、俄、德、日、意、法等国提出了一个关于中国"门户开放"政策的通牒。"门户开放"的基本内容是:(一)各国对他国在中国所取得的任何势力范围、租借地、通商口岸和既得利益,不得干涉。(二)各国对运往自己势力范围各

---

① 转引自卿汝楫:《美国侵华史》第2卷,第441页。

口岸的他国货物,均由中国政府按照中国现行关税率征税。(三)各国对进入自己势力范围各口岸的他国船舶,不得征收高于本国船舶的港口税;当他国使用自己所修或所经营控制的铁路运输货物时,不得征收高于本国商品的铁路运费。

美国在1899年9月6日致英国的照会中还提出:美国希望中国"为全世界商业保留一个开放的市场,消除国际摩擦的危险根源,从而使各列强在北京采取一致的行动"[①]。

美国提出"门户开放"政策的目的,是企图通过"机会均等"的手段,缓和列强争夺中国的矛盾,防止列强瓜分中国,以保持整个中国市场对美国商品的自由开放。当时,美国的工业总产值已跃居世界第一位,自信能凭借雄厚的资金和物美价廉、不断更新换代的精美产品称霸中国市场。其他列强因为各有自己的打算,所以对"门户开放"政策的态度不完全一致。未能取得势力范围的意大利首先赞成。经济正在迅速发展的德国、日本和法国也表示接受。拥有对华贸易绝对优势的英国,虽然衷心赞同,却将刚在九龙半岛取得的"新界",保留在这个政策的实施范围以外。经济落后的俄国,对于关税问题应由中国本身决定一节闪烁其词地作了保留,对于航行税和铁路优惠运费也没有正面答复,显然是勉强地予以承认。美国对列强基本上赞同"门户开放"政策十分得意,认为这是"在外交史上从来没有比此次更光辉和更重大的胜利","它保护了现在的利益,保障了未来的利益,使美国立于一个牢不可破的地位"[②]。

① 转引自福森科著,杨诗浩译:《瓜分中国的斗争和美国的门户开放政策》第212页。
② 转引自卿汝楫:《美国侵华史》第2卷,第465页。

二、帝国主义对华的资本输出

帝国主义列强在瓜分中国的过程中，还向中国大量输出资本，形成了这一时期对华进行经济侵略的新特点。当时，帝国主义向中国输出资本的主要方式有：

（一）向清政府进行政治贷款　《马关条约》中规定清政府要在三年内偿付对日赔款 20000 万两，后来又加上赎辽费 3000 万两。当时清政府全年的财政收入 8000 余万两，根本无力筹划。列强认为这是掠取特权的大好机会，争相兜揽借款。在列强的争夺和逼迫下，清政府在甲午战争后三年多的时间里，先后三次向列强借款。

第一次是 1895 年 7 月向俄法集团所借的"俄法洋款"。清政府原想通过赫德向英国汇丰银行筹借第一期赔款，遭到俄、法、德三国的极力反对。它们以"干涉还辽应有酬劳"为理由，向清政府提出揽借要求。清政府屈服于三国压力，决定向三国分借。俄国仍不满意，便挤掉德国，与法国合作争得了第一次借款权。1895 年 7 月，《俄法洋款合同》签字，又称《四厘借款合同》。这是帝国主义对中国进行政治性大借款的开端。"俄法洋款"的总额为 4 亿法郎，折银 9800 余万两，由四家俄国银行和六家法国银行分摊贷给。折扣九四点一二五，年息四厘，以海关收入为担保，分36 年还清。俄法集团通过这笔借款，得以插手中国的海关管理。中国海关在 1896 年增加了俄、法人员名额，因此发生了俄、法两国与英国争夺中国海关控制权的严重矛盾。

第二次是 1896 年 3 月向英德集团所借的"英德洋款"。1896 年初，清政府开始筹借第二期对日赔款。英国抢先和被俄、法撇开的德国联合，并责成两国驻华公使向清政府强硬宣称：这次如不向英、德借款，将"不惜诉诸武力"①。美国也想分润利益,俄、法还想继续出借,闹得总理衙门像个大拍卖场。经过一场激烈争夺,英德集团压倒俄法集团,取得了第二次借款权。3月,《英德洋款合同》(又称《英德借款详细章程》)签字,借款总额为1600万英镑,折银9700余万两,由英国汇丰银行和德国德华银行分摊贷给,九四扣,年息五厘,以海关收入为担保,分36年还清。借款合同还规定,借款偿还期内,中国海关总税务司职位一直由英国人充任,从而使英国获得了控制中国海关行政36年的保证。

第三次是1898年3月再次向英德集团续借的"英德洋款"。清政府从1897年开始筹借第三期对日赔款。英德集团再一次压倒俄法集团,取得了这次借款权。1898年3月,《续借英德洋款合同》(又称《英德续借款合同》)签字,借款总额1600万英镑,折银1.12亿余两,仍由汇丰、德华两银行贷给,八三扣,年息四厘五,分45年还清,以苏州、淞沪、九江、浙东等处货厘及宜昌、鄂岸盐厘为担保。通过这笔借款,英国又获得控制上述各地常关45年的保证,此外还取得了一些地区的厘金抵押权。

除以上三次政治大借款外,清政府还有一些其他名目的借款。据初步统计,从1895年到1900年,清政府共向列强借款4.51亿余两白银,约为当时年财政收入的五倍半。这些借款,不仅利率高,折扣大,而且都附有政治条件,使得帝国主义进一步控制了中国的海关和部分内地的盐税、厘金、外贸和运输;也使亏空骤增的清政府进一步加深了对帝国主义的财政依赖。

(二)争夺中国铁路的投资权　法国在争夺中捷足先登。1895年9月,它借助刚争得《俄法洋款》的优势,向清政府要求由法国"费务林公司"修建并经营从越南同登经镇南关到广西龙州的铁路,并于次年6月5

---

① 　高第:《中国与西方国家关系史》第3卷,第309页。

日签订了这项合同。这是法国后来强修滇越铁路的先声,从此开了外国侵占中国铁路线的恶例。其他帝国主义国家自然十分眼红,群起争夺芦汉、津镇、粤汉、京奉等铁路干线的投资权,从而使争夺中国铁路利权的斗争逐渐达到高潮。1897 年 7 月到 1898 年 6 月,俄法集团几经钻营,利用比利时银行团出面,取得了芦汉铁路的投资、修筑和经营权。俄国的势力从此可由东北地区直趋南下,沿铁路线伸入河南和湖北,在英国的势力范围长江流域打开了一个缺口。英国为了减轻芦汉铁路的重要性和阻挡俄、法插足长江流域,争揽到关内外铁路的借款权,向清政府提出了修筑天津至镇江、山西经河南至长江沿岸、九龙至广州、浦口至信阳、苏州经杭州至宁波五条铁路的要求。清政府迫于压力,表示除津镇路另行商议外,其他完全接受。

清政府之所以不敢答应英国修筑津镇铁路,主要因为该路直贯直隶、山东、安徽、江苏四省,地位极其重要,而且美国和德国早已开始争揽。当英国提出修筑这条铁路的要求时,德国竟向清政府表示:德国在山东有修筑铁路的独占权,如果这条铁路不由德国修筑,就不能穿过山东境内。英国被迫和德国政府直接交涉,以两国共同分割英国在非洲的殖民地为条件,来换取德国在津镇铁路上的让步。德国觊觎非洲已久,愿与英国妥协。双方议定:天津到山东南境的一段由德国修建,镇江至山东南境的一段由英国修建,全线竣工后由双方共同经营。此外,双方还议定:英国的铁路投资范围是长江以南各省和北经河南至山西;德国的铁路投资范围是山东省以及自黄河沿岸至南京一带。这项协定表面上是划分在华铁路投资范围,实际上却公开承认了各自在华的势力范围。英德协定签订后,两国联合向清政府提出承筑津镇铁路的要求,并于 1899 年 5 月 18 日逼迫清政府签订了《津镇铁路借款草合同》。

美国在争夺津镇铁路的过程中受到英、德两国的排挤,很不甘心,便于 1898 年 4 月夺取了粤汉铁路的借款权和承筑权。不久,美西战争爆发,修建粤汉铁路的计划暂时被搁置起来。这时,德国倡议欧洲各国干涉美西战争。英国便乘机以反对这一倡议作为交换条件,于 1899 年 2 月与美国签订协定,议定美国所取得的粤汉铁路允许英国投资,英国所取得的广九铁路也容许美国投资,从而瓜分了粤汉和广九两条铁路的投资利权。

英国虽然早在 1898 年 6 月就争得了关内外铁路的借款权,但由于俄国的反对,清政府不敢批准借款合同。10 月 18 日,俄国警告英国说:"俄国政府认为,同俄国边界接壤的中国各省,必须不落入俄国之外的任何国家的影响之下。"[①]英国被迫与俄国寻求妥协,双方于 1899 年 4 月达成协议,议定俄国保证不在长江流域进行铁路投资,同时也不直接或间接妨碍英国在长江流域的铁路投资;英国则保证不在长城以北地区进行铁路投资,同时也不直接或间接妨碍俄国在长城以北地区的铁路投资。从此,双方互相划定了在华的铁路投资范围,瓜分了中国的铁路利权,进一步巩固了各自在华的势力范围。

甲午战后几年间,列强先后通过八次铁路借款,共贷给中国 8967 万元,夺取了长达 1.9 万余里的铁路投资权和修筑权。它们不仅通过输出资本榨取到巨额的利润,还控制了铁路沿线的大片土地和资源,有的甚至享有铁路沿线的行政权和警察权,使铁路沿线的中国领土主权名存实亡。可见,投资和修筑铁路已成为甲午战后列强在华争相输出资本和巩固势力范围的重要手段。

（三）投资中国矿山　1896 年,美国首先和中国"合办"门头沟煤矿,外资从此侵入中国矿业。此后,列强纷纷效尤,诱迫清政府签订"矿务"合同,攫取矿山投资权和开采权。到 1899 年,美国先后夺取了山西平定、盂

---

① 　《英国蓝皮书》1898 年,中国第一号,第 6 页。

县煤矿的开采权和四川麻哈金矿的开采权;英国先后夺取了四川全省和山西盂县、平定、泽州、潞安以及河南怀庆附近地区的矿产开采权,还夺取了热河朝阳煤矿的开采权;俄国除了夺得中东铁路及其支路沿线的矿产开采权外,还攫取了新疆全省金矿的开采权;法国先后取得了四川灌县、犍为、威远、綦江、合州、巴县煤矿的开采权和四川金矿的开采权;德国先后取得了山东胶济铁路两旁和沂水、沂州、诸城、潍县、烟台等地矿产的开采权。

(四)在华开设工厂 甲午战前,外国资本在中国设立的工厂已有80余家,资本总额约为2800万元,其中多属船舶修造厂和原料加工厂。1895至1900年间,列强在华设厂总数激增到933家,资本雄厚的怡和纱厂、老公茂纱厂、增裕面粉厂、鸿源纱厂、三井制面厂、美国机器碾米厂和美国纸烟公司都是这时期建成的。外资企业已经伸入到中国的各个经济部门,并把上海变成了它们在华纺织业的中心。它们凭借雄厚的资本,利用中国的廉价劳动力和原料,节省了运费,又享有免纳种种苛捐杂税的特权,不仅获得了巨额利润,而且迅速发展为具有垄断性的企业,严重排挤了中国民族工业的产品。

这个时期列强对华商品输出继续增长,中国的入超越来越严重。在1890至1894年,每年平均进口总值为1.4亿多海关两,出口总值为1亿多海关两,入超额是3000多万海关两。而1895至1900年,每年平均进口总值为2.1亿多海关两,出口总值为1.5亿多海关两,入超额增至6000多万海关两。中国的出口货物中,除茶、丝之外,毛类、豆类等原料作物和草帽缏的出口量迅速增加。进口的货物中,又以棉布、棉纱、煤油、纸烟、面粉、钢铁、杂货等日用工业品居多,很少有工矿企业的机器设备。

帝国主义的商品倾销,进一步加速了中国城乡手工业的破产。这种现象不仅出现在沿海地区,而且在内地也日益明显。例如由于煤油输入的激增,中国的白蜡制造业逐渐衰落,植物油的销售也在部分地区受到排挤。土纱土布被洋纱洋布排挤的程度更为严重,有的地方已经出现停织的现象。

帝国主义对中国原料的掠夺,也刺激了中国农村某些经济作物的生产。当时,像蚕桑、烟草、大豆、花生、桐油的生产,由于国际市场的需要,都得到了较迅速的发展。特别是大豆,由于出口量急剧增长,种植面积也跟着迅速扩大。与此相反,中国一向远销欧美、日本和朝鲜的蔗糖和蓝靛,这时却由于欧洲和爪哇甜菜糖的发展以及德国洋靛的畅销,一蹶不振。种植甘蔗、蓝靛的土地,纷纷改种杂粮。由此可见,中国某些经济作物的发展,并不是取决于本国经济的需要,而是受到国际市场供求关系的制约。

中国对外贸易早已掌握在外商手中,进出口货物均被少数外商垄断。随着外国商品的大量畅销和农产品的大量输出,到19世纪末,中国的国内市场也已经为外商所控制。他们以雄厚资金为后盾,操纵市场,任意抬高或压低货价。中国的商业资本不得不仰承外国资本的鼻息,或成了替外国资本家推销商品和收购原料的工具。

甲午战后列强在华的资本输出和商品输出,给中国民族经济的发展造成了巨大的压力,进一步加深了中国社会经济的半殖民地化。

三、清政府的统治危机

《马关条约》的签订和战后列强瓜分中国的严重危机,进一步暴露了清政府卖国投降、腐朽落后的真正面目。它虽然靠出卖国家领土和主权得以苟延残喘,但困难重重,人心思变,出现了空前严重的统治危机。

对日本的巨额赔款,逼使清政府先后三次举借外债。从1896年起,清政府每年要偿还外债本息2000万两,到1898年又增为每年2500万两,财政更加困难。与此同时,在中日甲午战后几年间,直隶、奉天、山东、河南、江苏、安徽、浙江、江西、湖南、湖北、广东、广西、四川等省,先后发生严重的水灾或旱灾。1896年,湖北发生特大水灾,灾民"饿殍枕藉"。1897年,湖南出现数十年未有的大旱,安徽、江苏、广东、广西等省因淮河、珠江、西江先后泛滥,一片汪洋,数十万饥民在中国南北各省颠沛流离。1898年、1899年,黄河又连续两年大溃决,直隶、山东沿河两岸多被淹没,死亡十六七万人,灾情之重为百余年来所未见。在这种情况下,清政府不得不连续增加了数百万两的河工与赈灾费用,又减免了灾区1000多万两的田赋,使财政赤字愈增愈大,财政危机日甚一日。

甲午战争的惨败和战后的瓜分危机,还使中国社会的各阶层不同程度地对清政府感到失望。他们从各自的角度来思考民族的前途和救国的出路,并共同地发出了"救亡图存"的呼声。在清政府中,也有不少官员上奏疏,递条陈,要求在财政、用人和军事方面进行某些改革。

甲午战争的惨败和战后的危机,还进一步加剧了清朝最高统治集团的矛盾。慈禧太后在战后仍醉心于自己的大权独揽,依靠后党集团把持军政实权,以削弱光绪皇帝和帝党的势力。光绪皇帝因甲午战争惨败蒙受奇耻大辱深为忧愤,担心国势衰微,外敌环逼,也难以忍受慈禧太后事事干预朝政。他依靠师傅翁同龢和帝党集团,希图改变其处境,并图强御侮。他和慈禧太后之间,帝党和后党之间,矛盾更趋激化。

面对空前的危机,清政府为了转危为安,试图做一些改革,主要措施如下:

(一)编练新军 甲午战争中,清军的腐败无能完全暴露出来。清朝统治者认为日军是"专用西法取胜",因而也打算仿照西法练兵。1894年冬,督办军务处委派广西按察使胡燏棻编练新军,计5000人,编成10营,号"定武军"。《马关条约》签订后,胡燏棻调任督办津芦铁路,由袁世凯接替编练新军。

袁世凯(1859—1916年),字慰亭,河南项城人,出身于官僚地主家庭。早年投靠过淮军将领吴长庆,后又攀援李鸿章,得任清政府驻朝鲜总理交涉通商大臣。甲午战争爆发后,袁世凯见处境危险,托词患病回国,奉李鸿章之命在辽东前线筹拨弹药粮饷,联络各军。后来回到北京,到处钻营,受到刘坤一、张之洞、荣禄、李鸿藻等人的赏识。袁世凯在奉命到小站接练新军后,将定武军扩编到7000余人,改称"新建陆军"。新建陆军虽然还沿用了淮军的营务处、营、队、哨、棚等名称,但在编制上以近代德国的陆军制度为蓝本,分步、马、炮、工、辎各兵种,全部使用购自国外的新式武器,延聘德国军官督练洋操。

清政府期望依靠新建陆军振衰起弊。新建陆军由督办军务处直接控制,由户部供饷,饷银每年近百万两,在当时各军中待遇最优。袁世凯也因督练新建陆军而受到清政府的特别垂青,1897年7月被提升直隶按察使,仍专管练兵。

当袁世凯在小站练兵的时候,署两江总督张之洞也在南京从卫队、护军等营中选拔了2600人,按德国章程编为步兵八营、炮兵二营、马队二营、工程兵一营,练成了"自强军"。1896年春,张之洞回湖广总督本任,自强军由两江总督刘坤一续练。

(二)整顿财政　甲午战后,清政府全年总收入约8000余万两,仅军饷、洋务和归还外债三大项就需支出7000余万两,其他各项常用经费还需2000余万两,尚短一千数百万两。为了弥补巨额的财政亏空,清政府在增捐增税、向人民大肆搜刮的同时,又着手整顿财政。它提出了"裁革陋规,严剔中饱",令各省督抚严查当地在关税、厘金、盐课和田房税契等管理上的种种弊政,并委派军机大臣刚毅南下江苏、安徽、浙江、广东各省监督执行。刚毅所到各省,责成各级官吏将他们平时营私玩法所得的不义之财上交国库,并依据情节大小扣了这部分官员的"廉俸",结果收回了1000多万两白银。

此外,清政府还决定用举借内债的办法筹款,于1898年发行"昭信股票"一万万两,年利五厘,20年内归还。它号召王公贵族和文武官员带头"领票缴银",以推动各地商民踊跃认购。但清政府已在人民中失去信用,各级官员又借机强行摊派,结果引起不满,不得不在筹到1000多万两时就停止发行。

(三)派遣留学生　清政府有些官员鉴于日本自强得力于当年被派往欧美留学的伊藤博文、山县有朋和陆奥宗光等人,战后又发出了派遣有志青年留学日本的呼吁。有的大臣还在奏折中指出:日本的成功经验最适合中国采用,到日本留学路近、省钱、文字困难又少,是解决贯通中西人才的最好捷径。正是在这种气氛中,清政府在1896年3月派遣了第一批赴日留学的学生13名。此后,赴日留学日渐成风,造就了一批新型的知识分子。

清政府的这些措施,虽然收到了一些成效,但并没有把自己从危机中拯救出来。新军编练的主要受益者是袁世凯。他不仅因此得到清政府的提拔,而且引起了列强的关注。俄、英、日等国经常派人到小站"观操",不断吹捧袁世凯治军有方,试图控制袁世凯,进而把新建陆军变成他们维持半殖民地秩序的工具。袁世凯自然明白他的身份荣誉都来自新建陆军,因此越发苦心经营和控制这支军队,以此作为自己升迁的资本和工具。至于财政整顿所收款项,对于巨额的赔款和赤字来说,杯水车薪,无济于事。派遣留学生中的多数人,后来都走到了清政府愿望的反面。在这种情况下,清政府的这些措施并没有能挽救其统治危机,更谈不到给国家和民族的命运提供转机,亡国灭种的威胁仍然与日俱增。

第二节　资产阶级的维新运动

一、民族资本主义的初步发展

甲午战后，有些爱国的民族企业经营者和其他工商界人士，痛感战败之辱，发出了"实业救国"的呼声，提出自办铁路，自开矿山，设立工厂以"抵制洋商洋厂"。当时，洋务派已无法垄断近代工业，清政府也根本无力再投资兴办新式企业。同时，清政府既已允许外国人在华投资设厂开矿，如果再对本国民间投资设厂限制过严，也于理不合。因此只好放松限制，允许民间设厂。

允许民间设厂，是清政府工商政策的一大改变。这个措施，进一步激发了一部分官僚、地主和商人投资新式企业的积极性。而帝国主义在这一时期争先恐后地对华输出资本，在商品市场上由于外资工厂纷纷建立，洋货大量倾销，造成了农村以纺纱织布为主的家庭手工业急剧破产。机织棉纱、洋布和其他商品的需求量迅速上升，商品市场的不断扩大，对中国民间投资设厂起到刺激作用。随着自然经济的进一步解体，大量的农民和手工业者失业破产。津榆、京津、芦保等铁路相继动工，铁路沿线的土地被大量占用，许多农民失去赖以生活的基本条件。沿江沿海轮船日益畅通，运河废弃，使以往的许多运输工人流离失所。邮电事业的兴办，又夺走了大批驿站人员的生计。再加上各种天灾人祸，就造成了与日俱增的破产失业人群。这大量的破产失业人群，就给民族资本主义工业提供了充足而廉价的劳动力。正是在这种情况下，在甲午战后的一段时间里，出现了不少民办的纺织、缫丝、面粉、印刷等轻工业和采煤为主的工矿业。据1895至1898年的不完全统计，这期间新创办的商办厂矿企业有58家，资本总额达1200万元。官办和官商合办的企业，合计只有8家，资本总额不过 400 多万元。商办企业的投资额几乎相当于官办、官商合办企业投资额的三倍。以纺织工业为例，从 1895 至 1898 年，在上海、宁波、无锡、福州、苏州等地，就先后创办了 7 家商办企业，资本都在 20 万元以上，其中投资额最大的苏州苏纶纱厂，资本达 83.9 万多元。再以煤矿为例，从 1895 至 1898 年，共创办商办煤矿 4 家，其中规模最大的广东北海煤矿，资本也达 83.9 万元。

在这些商办企业中，比较重要的有：1895 年，商人楼景晖在浙江萧山县创办的合义和丝厂，华侨商人张振勋在山东烟台创办的张裕酿酒厂；1896 年，严信厚在宁波创办的通久源纱厂；1897 年，长芦盐运使杨宗濂等人在无锡创办的业勤纱厂，四品京堂庞元济在杭州创办的通益公纱厂，夏瑞芳等在上海创办的商务印书馆；1898 年，朱幼鸿在上海创办的裕通纱厂，祝大椿在上海创办的源昌碾米厂，吴懋鼎在天津创办的天津硝皮厂，等等。甲午战后出现的民间设厂"高潮"并不止于 1898 年，直到义和团运动失败前，一直保持着较快的发展势头。如著名的状元资本家张謇于 1899 年创办南通大生纱厂，孙多森于 1900 年在上海创立阜丰面粉公司等企业。

缫丝业是甲午以前发展最早和最多的民族资本工业，战后又有了明显的发展。中国的生丝，自外国丝业兴起之后，在七八十年代出口比重虽然日渐下降，但出口的绝对值仍在增加。1894 年以后，出口价值已超过茶叶，在出口贸易中占第一位。因为机器缫丝的质量优于土丝，出口量继续增加，1895 年以后，缫丝厂增加很快，成为民族工业资本最多的一个部门，并且从上海、广东扩展到四川、湖北、辽宁各地。

中国的民族资本主义工商业，在甲午战后虽然有了初步发展，但力量仍然相当微弱，不但数量很少、规模小，而且在发展过程中又遇到重重困难和阻碍。首先，他根本没有力量与雄厚的外国在华资本和廉价的商品竞争，随时都有破产倒闭的危险。例如在甲午战后的三四年时间里，先后开设的 10 家纱厂,资本额共 490 余万元,一时形成了兴办纺织工业的"高潮"。与此同时,日本棉纱在华中、华北一带大量倾销;英、美、德等国纱厂也在上海相继设立,资本额达 580 余万元。由于这些外资纱厂的竞争,上海及苏、杭一带的华资纱厂从 1898 年就开始亏损,很不景气。其他各地纱厂也日渐难以支持,更无人再办新厂。

本来就无力与外国资本主义在华经济势力竞争的民族工业,还要承受国内封建势力的压迫。"民间办厂"虽然得到了清政府的允许,但并没有可靠的法律保护。苛捐杂税、官吏勒索不但没有减少,反而日益增加。半殖民地半封建的中国,并没有为中国资本主义的顺利发展提供可能和有利的条件。但是,尽管道路艰难,社会环境恶劣,中国的民族资本主义工商业还是缓慢地前进了,甲午以后几年与战前比较,确实也有了比较明显的发展。新兴的民族资产阶级迫切要求挣脱帝国主义和封建主义势力的压迫和束缚,为在中国发展资本主义开辟道路。甲午战争的惨败,使他们意识到不但清政府不能为他们开辟这样的道路,洋务派和洋务运动也不能开辟这条道路。而由甲午惨败引发的割地赔款和瓜分危机,将把中国推进亡国灭种的深渊。深重的民族危机,激发了新的民族觉醒。而站在救亡图存前列的,正是代表民族资产阶级的知识分子群体。他们不但要求学习西方的科学技术,而且要求学习西方资本主义的政治社会制度,实行政治变革,为资本主义的发展开辟道路。甲午战争对中国近代来说,是一次重大的历史转折。

二、维新运动的发端和康有为的变法理论

由早期维新思想家发展而来的一批新式知识分子,在内忧外患的冲击和中西文化的碰撞过程中,逐步形成了一个共同认识:要救国,只有维新,要维新,只有学外国。甲午战后,他们作为中国民族资产阶级新的政治力量的代表,开始登上政治舞台。1898年的戊戌变法,就是中国资产阶级第一次政治演出。

19世纪90年代以后,帝国主义加紧了对中国的侵略,民族危机空前严重。与此同时,帝国主义为把中国变为它们的殖民地或半殖民地,又与中国的封建主义相结合,竭力阻碍中国资本主义的发展。经过甲午战败,早期维新思想家提出的"变法"主张,在新的历史条件下加速传播,并且很快形成一股新的社会思潮。以资产阶级维新派知识分子群体为代表的这股新的社会思潮的倡导者和鼓吹者,以新的姿态站在时代潮流的前面,向着传统的封建专制制度和守旧的思想文化,进行了猛烈的抨击。他们在痛斥封建顽固势力的同时,也对洋务派和洋务运动的种种失误和弊端,进行了尖锐的批评。他们认为,要把中国从被帝国主义瓜分的厄运中拯救出来,取得民族的生存和国家的独立富强,只有实行维新变法,走西方资本主义国家的道路。为此,他们从西方资产阶级那里借取了进化论和社会政治学说,作为思想武器,向恪守"祖宗成法"的封建顽固思想和只学西方技艺、反对西方政治制度的"中体西用"论调,展开激烈的批判。维新变法思想的传播,很快形成了一种政治运动,经过几年的思想酝酿、舆论宣传和组织准备,终于在1898年(农历戊戌年)发生了著名的戊戌变法。这次维新变法的主要领导者是康有为。

康有为(1858—1927年),字广厦,号长素,广东南海人。出身于封建官僚地主家庭,少年时代受过严格的儒家传统教育,从19岁开始又到广州,在著名理学家朱次琦门下学习三年,致力于"济人经世"之学。这使他对乾、嘉以来流行的"汉学"表示怀疑和反对。更为重要的是国家的贫弱和民族的危亡,使他对清朝统治的腐败深感不满。1879年,他在家乡西樵山"专讲佛道之书",与来游的同乡京官张鼎华相晤。在与张的交谈中,

"尽知京朝风气,近时人才,及各种新书"。同年,又到香港旅行,"览西人宫室之瑰丽,道路之整洁,巡捕之严密,乃始知西人治国有法度,不得以古旧之夷狄视之"①。1882 年,应顺天乡试不中,在归途中,路经上海,"益知西人治术之有本","大购西书以归",开始讲求西学,努力阅读江南制造局和外国教会翻译的西书及《海国图志》、《瀛寰志略》等介绍外国情况的著作。从此,他认识到西方国家的资本主义社会制度,要比中国的封建社会制度进步得多,决心向西方寻找救国真理。

中法战争失败之后,中国的情形更加恶化。志在救国救民的康有为强烈要求改变现状,愤发图强。1888 年,他趁入京参加顺天乡试的机会,第一次向光绪皇帝上书,陈述变法图强的必要性和紧迫性。指出在面临"强邻四逼于外,奸民蓄乱于内"的严峻形势下,"一旦有变,其何以支?"唯一的办法就是改变成法,力求自强。他请皇帝下决心赶快"变成法、通下情、慎左右",以挽救危局。由于顽固派的阻挠,这封上书没有递到皇帝手里。但它却在一些具有爱国维新思想的人士中辗转传诵,产生了不小的思想影响,也使康有为获得了相当的声誉。从此,康有为就开始了他倡导维新变法的政治活动。

第一次上书不达,康有为于 1890 年 1 月返回广东。同年春,晤见今文经学家廖平,受其启发,将今文经的"三统说"阐发为改制因革的理论;将今文经的"三世说"推演为"据乱世"、"升平世(小康)"、"太平世"(大同)人类社会进化的系统程序。这样,西方资产阶级的社会政治学说和自然科学知识,中国儒家的今文经学的"三统"、"三世"说,就成为康有为政治思想的两个来源。他根据这个思想学说,构筑自己的维新变法理论体系。1891 年,康有为讲学于广州长兴里,表面上不谈政治,实际上是在用

---

① 《康南海自编年谱》,"光绪己卯,二十二岁"。

他的政治理论宣传自己的政治主张,并积极培养维新变法运动的骨干。1896 年,移学舍于广州学宫万木草堂。学生中除陈千秋、梁启超之外,还有韩文举、梁朝杰、曹泰、麦孟华、徐勤等。从 1889 到 1895 年,他除先后出版了《长兴学记》和《桂学答问》两本讲学记录外,又在陈千秋、梁启超等学生的协助下,撰写了《新学伪经考》和《孔子改制考》。这两部书是维新变法的重要理论根据。

《新学伪经考》于 1891 年 8 月刊行。在这本书里,康有为以极大的勇气对固守"祖宗之法,莫敢言变"的传统守旧思想,表示强烈不满。把自东汉以来历代封建统治者和儒学人士奉为经典的《古文尚书》、《逸礼》、《左氏春秋》等古文经,统统说成是刘歆伪造事实,是王莽"新朝"之学,与孔子无涉,应称"新学"。后来被称为"汉学"的贾逵、马融、许慎、郑玄之学,也不是"汉学",而是"新学"。宋人所尊崇的经书也多是"伪经",而不是孔子之经。他的这种大胆言论,无疑是从根本上对"汉学"和"宋学"的严重打击,在学术上是要推翻"古文经学"的"述而不作",在政治上是要抨击顽固派"恪守祖训"、泥守古法的主张,为维新变法制造理论根据。康有为这种论断,并不符合历史事实。但是,它却在沉寂的思想领域掀起一声惊雷。从来没有什么人敢这样大胆地向长期以来占统治地位的"汉学"和"宋学"发起挑战。此书一出,立即引起封建卫道者们的仇恨和攻击,他们说康有为的"新学伪经之证,其本旨只欲黜君权、伸民力,以快其恣睢之志,以发摅其僔侘不遇之悲,而其言之谬妄,则固自知之也,于是借一用周礼之王莽、附王莽之刘歆以痛诋之"[①]。也有人惊呼:《新学伪经考》使"五经去其四,而《论语》犹在疑信之间,学者几无可读之书!"[②]在顽固派的攻

---

① 叶德辉:《〈輶轩今语〉评》,苏舆:《翼教丛编》卷 4,第 9 页。
② 《朱蓉生答康有为第四书》,《翼教丛编》卷 1,第 12 页。

击下,清朝统治者曾先后两次下令严禁该书流传。

《孔子改制考》是康有为另一部重要著作。他从 1892 年就在陈千秋和梁启超等的协助下,精心撰写此书,直到 1898 年才由上海大同译书局刊行。在此书中,康有为用资产阶级的政治思想附会《春秋》公羊派的学说,用"据乱"、"升平"、"太平"三世说,来解释历史的演进。所谓"据乱世",就是君主专制时代;"升平世"就是君主立宪时代;"太平世"就是民主共和时代。尽管这种附会并不是科学的历史观,但他明确指出历史是不断发展进步的,君主专制肯定要被君主立宪所取代,这就从根本上否定了君主专制制度永远不可更改的传统说教,为维新变法提供了历史理论依据。

《孔子改制考》认为孔子以前的历史都茫无可考。孔子创立儒教,提出他自己创造的尧、舜、文、武的政教礼法,作为"六经",假托古圣先王的言论,宣传孔子自己"托古改制"的主张。康有为虚构出一个首倡"改制"的孔子,实际上是用西方近代资产阶级的社会政治思想,把孔子改扮成变法改制的祖师,同时也把自己的维新变法主张说成是符合孔子道统的真谛。他打出孔子托古改制的旗号,就是要向人们证明,他的维新变法主张,就是继承孔子的事业,完全合乎"圣人之道"。

《孔子改制考》的问世,立即遭到顽固守旧派更猛烈的仇视和攻击。叶德辉说,康有为利用孔子宣传托古改制的理论是"假素王之名号,行张角之秘谋"[①]。御史文悌在严参康有为的奏摺中,说康有为在《孔子改制考》中所阐发的理论,是"灭圣经"、"乱成宪"的叛逆行为,要求将该书毁版,将康有为处死。顽固守旧派的这种攻击,表现出他们对政治变革的极大恐惧,同时也反映了康有为的变法理论在统治阶级中产生了重大反响。

康有为在万木草堂讲学授徒期间,还继续编著从 1885 年开始着手的

---

① 叶德辉:《〈长兴学记〉驳议》,《翼教丛编》卷 4,第 35 页。

《人类公理》。在这部书里,他要求人类社会能够实现"平等公同",希望有一个"奉天合地,以合国、合种、合教统一地球,又推一统之后,人类语言、文字、饮食、衣服、宫室之变制,男女平等之法,人民通同公之法,务致诸生于极乐世界。"反映了康有为早期的大同思想。

《新学伪经考》和《孔子改制考》是康有为宣传变法的两部理论著作,两书的先后问世,在当时的思想界引起了强烈的震动。梁启超曾说:如果把《新学伪经考》比做"思想界之一大飓风",那么《孔子改制考》便如同"火山喷发"[①]。因为在此以前,思想界还从未有过这样骇世震俗的新奇理论。康有为不论是指斥刘歆为新莽篡汉而制造"伪经",还是借用孔子宣扬"托古改制",其目的均不在古而在今,都是利用古书古人宣传西方资产阶级社会政治学说,向西方寻找救国真理。同时,在顽固守旧势力还很强大,封建传统观念在许多人的思想中还根深蒂固的情况下,借用儒家学说和孔子的偶像进行宣传,还可以减少来自封建顽固势力的阻挠和压力。正如他自己说:"布衣改制,事大骇人,故不如与之先王,既不惊人,自可避祸。"[②]

经过几年的思想理论准备,又有了一批维新志士作为骨干力量,一场以改革封建专制制度、仿效西方资本主义政治制度的维新变法运动,一俟有了适当的时机和条件,就将迅速兴起。

三、维新运动的高涨

1895 年 4 月,康有为在北京参加会试期间,传来了日本逼签《马关条

---

① 《清代学术概论》,《饮冰室合集》专集三十四,第 57 页。
② 《孔子改制考》第 267 页。

约》的消息。对于这个严重丧权辱国的条约,全国各阶层人士无不为之痛心疾首。在京参加会试的举人也义愤填膺,以省籍为单位纷纷到都察院请愿,表示反对。在全国上下一片愤怒声中,康有为更是万分愤慨,奔走呼号,发动了1300多名举人于5月2日联名上书清廷,痛切指出形势的危殆,在上书中警告光绪皇帝:如按条约规定对日割地赔款,必将丧失民心,引起列强接踵而至、"瓜分豆剖"的严重后果,并提出"拒和、迁都、变法"的主张。请求皇帝"下诏鼓天下之气,迁都定天下之本,练兵强天下之势,变法成天下之治"。即由皇帝下诏罪己,严厉处分丧权辱国的大臣;迁都西安,整军再战;将对日赔款移作军费,加紧练兵;实行变法,采取"富国"、"养民"、"教民"的各种有效措施,以改弦更张,转弱为强。强调"今之为治,当以开创之势治天下,不当以守成之势治天下;当以列国并立之势治天下,不当以一统垂裳之势治天下。盖开创则更新百度,守成则率由旧章;列国并立则争雄角智,一统垂裳则拱手无为"。皇帝如果要"筹自强之策,计万世之安,非变通旧法,无以为治"①。还提出以府县为单位,每约十万户公举一位"博古今、通中外、明政体、方正直言之士"为"议郎","上驳诏书,下达民词",供皇帝咨询,决定"内外兴革大政"。康有为认为"鼓气"、"迁都"、"练兵"三项都是"权宜应敌之谋",变法才是"立国自强"的根本大计。这是康有为继1888年第一次上书皇帝之后的第二次上书皇帝。这次上书,不论在政治思想内容上和变法的政治主张上,都比第一次上书有了更进一步的发展,也可以说,拉开了戊戌变法的序幕。这就是中国近代史上有名的"公车上书"。但是,这次上书,都察院却以《马关条约》已经签字,无法挽回为由,拒绝接受,当然也就不可能到达光绪皇帝手里。

"公车上书"虽然未能阻止《马关条约》的签订,但大批举人的这次上

_____

① 《康有为上清帝第二书》,中国近代史资料丛刊:《戊戌变法》第2册,第133、140页。

书请愿,却标志着酝酿多年的资产阶级维新变法思潮已经和爱国救亡运动有机地联系在一起,产生了广泛的社会影响。"公车上书"被传抄印刷,不胫而走,流传很广。社会上要求变法的呼声日益高涨,康有为也从此确立了维新变法运动领袖的地位。

《公车上书记》封面

"公车上书"后不久,康有为考取进士,授工部主事。同年 5 月 29 日、6 月 30 日,他又两次上书。第三次上书基本上是重申"公车上书"中的内容,请求皇帝"及时变法,富国养民,教士治兵,求人才而慎左右,通下情而求自强,以雪国耻,而保疆圉"。这次上书递到了光绪皇帝手里。光绪皇帝亲政不久,即遭甲午之败,他虽然想要有所振作,力求自强,但格于慈禧太后及后党官僚的掣肘,无能为力。看到康有为的上书之后,感到所言痛切中肯,书中所提出的变法主张有利于挽救危局,因此颇为重视,下令誊抄,分送慈禧太后、军机处和各省督抚。康有为在第四次上书中,提出了"设议院以通下情"的主张。为在设议院问题上避免顽固派的反对,也为了消除光绪皇帝的疑虑,他一再解释设立议院并不损害"君上之权"。他说:"会议之士,仍取上裁,不过达聪明目,集思广益,稍输下情,以便筹饷,用人之权,本不属是,乃使上德之宣,何有上权之损哉?"①尽管如此,顽固派仍然拒绝代呈。不过,这时光绪皇帝已经对康有为的变法主张有所了解,并且内心表示赞同。康有

① 《康有为上清帝第四书》,《戊戌变法》第 2 册,第 176、187 页。

为取得光绪皇帝的支持,不但使他本人感到振奋,更加信心十足地进行宣传和组织工作,也给维新派其他人士带来了很大的希望。

当时清朝统治集团内部,派系分立,矛盾重重。大体上分为"帝党"和"后党"两大派,也有游移于帝、后两党之间的一些洋务派官僚。光绪皇帝和支持他的帝党官僚,虽然倾向赞成变法,但并不掌握实权,中央军政大权仍由慈禧太后及后党官僚们把持。协办大学士、户部尚书翁同龢是光绪皇帝的师傅、亲信重臣,他与康有为接触较多,对康有为的才能和见识颇为赞赏。此外,支持变法的帝党官僚还有署礼部右侍郎徐致靖、内阁学士阔普通武、翰林院侍读学士文廷式等。

为了争取更多士大夫和知识分子支持和参加维新变法运动,康有为和一些维新志士还在北京、上海、湖南、广东、天津等地创办报刊,组织学会,开办学堂,大力宣传维新思想,制造变法舆论,训练变法人才。维新变法很快成为社会思潮的主流,维新变法运动也逐渐高涨起来。

1895 年 8 月,康有为在北京创办《万国公报》双日刊,由梁启超等人撰稿,宣传西学,鼓吹变法。开始每期印 1000 份,随当时专门刊载诏书、奏章的"邸报"分送给在京官员。随着变法思想的传播,《万国公报》不久改名为《中外纪闻》,印数也很快增加到 3000 份,作为维新变法的宣传媒介和舆论工具,在北京的一部分官员和士大夫中,产生了不小的影响。同年 11 月,在康有为、梁启超等人的积极活动和倡导之下,由文廷式出面组织北京强学会,推陈炽为提调,梁启超为书记员。陈炽是早期维新思想家之一,当时任户部郎中,有一定社会地位和影响。强学会每十天集会一次,每次集会都有人宣讲"中国自强之学"。康有为撰写的《强学会叙》指出:中国形势的危急犹如在列强"磨牙涎舌"、宰割瓜分的险境中,"屡卧于群雄之间,鼾寝于火薪之上"。他大声疾呼:"俄北瞰、英西睒,法南瞬,日东眈,处四强邻之中而为中国,岌岌哉!"①在维新变法得到光绪皇帝支持、声浪高涨之时,强学会的成立引起了不少官僚的兴趣。当时在天津小站练兵的袁世凯也来参加,署两江总督张之洞也为学会捐款,甚至李鸿章也想捐银入会,只是由于名声不好,而被拒绝。

在维新变法运动蓬勃发展的时候,西方国家来华的一些著名传教士,也表示赞同和支持中国的变法,并极力向中国的维新派施加影响。早在1887年,他们就在上海成立了"广学会",这个学会一方面作宗教宣传,一方面向中国介绍一些有关西方近代知识的书籍。强学会成立后,英、美传教士李提摩太、李佳白、林乐知等纷纷加入,甚至当时英国驻华公使欧格纳也亲自参加,并捐助图书。这些传教士都是长期住在中国的"中国通",对中国的情况有相当的了解,并且极力要用西方的面貌改造中国。他们表示热心支持中国变法,但是却并不完全赞同康有为等人的变法方案。李提摩太向光绪皇帝提出了名为《新政策》的长篇意见书,认为中国并不需要改变封建君主专制制度,也不必实行君主立宪制度,只要中央政府能实行"新政策"就行了。李佳白说:"中国立南北直省,环拱京师,外而督抚将军,内而阁部大臣,俱有专司,以上承天子,意美法良,诚不必如泰西君民共主,政多纷更也。"②他们主张保持清朝原来的政治体制,其目的在于更进一步控制清朝中央政府。李提摩太在《新政策》最后《目前应办之事》中,列举九项具体方案,其中有八项都提出要在政府各部门中任用西人。还建议设立"新政部",作为推行"新政"的领导机关。内设总管八人,其中四人要由赫德、艾迪斯、科士达、德鲁等在华外国人担任。由外国人指导中国的"新政"当然要符合外国的利益,显然与以救亡图存、变法自

① 康有为:《强学会叙》,《戊戌变法》第4册,第384页。
② 李佳白:《新命论》,《戊戌变法》第3册,第257页。

强为目的的维新宗旨相背。然而,当时的维新派人士对帝国主义的本质缺乏应有的认识,把这些外国传教士引为同调,来往甚密,还希望同他们合作,推动维新运动。这些传教士虽然要通过"传教"来维护西方国家侵华的利益,但是他们也毕竟向中国介绍了一些西方近代文化科学知识。同时各人的具体情况也不尽相同,并不同样都是帝国主义侵华分子。

强学会成立不久,就吸纳了一批维新派人士和帝党官僚,同时混进了一些首鼠两端的利禄之徒。由于派系各异,政见不一,人员构成比较复杂。一些守旧顽固官僚就散布流言,伺机破坏。1895 年 10 月,康有为留梁启超在北京坚持工作,自己离京南下,在南京会见张之洞,成立上海强学会,并于 1896 年 1 月创刊《强学报》。东南地区,特别是上海的维新运动也很快开展起来。维新变法的声势愈来愈大,反动势力的反扑也日益加紧。李鸿章的亲家、御史杨崇伊首先发难,于 1896 年 1 月上疏弹劾,说强学会"专门贩卖西学书籍","复借口公费,函索外省大员,以毁誉为要挟,请饬严禁"。随即奉谕:"著都察院查明封禁。"北京强学会被查封之后,上海强学会也随之解散,《强学报》也只出了三期而终刊。3 月间,杨崇伊又奏劾文廷式"互相标榜,议论时政",结果文廷式被革职。

强学会被迫解散,固然是封建顽固势力向维新派发动的一次反扑,但同时也与强学会内部组织庞杂、思想混乱有关,有些官僚入会并不是为了维新,而是观望风色,甚至有的别有意图。然而维新运动并没有因为受挫而止步,维新派仍然继续大力宣传自己的变法主张,维新运动在全国许多地区不断发展。经过翁同龢、李鸿藻等的策划,在强学会旧址设立官书局,由孙家鼐主持,每月拨给经费 1000 两,供购买、翻译外国新书和报刊之用。上海强学会停办后,由张之洞的亲信幕僚汪康年于 1896 年 8 月 9 日创办《时务报》旬刊,邀请梁启超为主笔,黄遵宪也参与了《时务报》的创办工作。《时务报》从创刊到 1898 年 8 月 8 日停刊,共出刊 96 册。它以新颖的言论,流畅的文笔,风行海内,影响深远,对维新运动的开展起了很大的推动作用。特别是梁启超发表的一系列鼓吹维新变法的文章,更是势如破竹,震聋发聩,显示了他杰出的宣传才能。

梁启超(1873—1929年),字卓如,号任公,广东新会人,是康有为的得意门生和得力助手。在他主编《时务报》期间,写了著名的《变法通议》、《论中国积弱由于防弊》、《论君政民政相嬗之理》、《说群》等重要文章。他在《变法通议》中指出:"法者,天下之公器也;变者,天下之公理也。大地既通,万国蒸蒸,日趋于上,非可阏制。变亦变,不变亦变。变而变者,变之权操诸己,可以保国,可以保种,可以保教,不变而变者,变之权让诸人,束缚之,驰骤之,呜呼,则非吾之所敢言矣!"[1]明确提出中国要变法图强,必须学习西方的资本主义国家的政治制度和文化教育制度。他大胆地宣传"民权论",驳斥"唯天子受命于天,天下受命于天子"的封建说教,把历代帝王斥之为"民贼",认为"君权日益尊,民权日益衰,为中国致弱之根原"[2]。呼吁"伸民权"、"设议院",实行君主立宪制度。同时他还要求改变科举制度,培养有用人才;主张实行"工艺专利",为发展民族资本主义创造有利条件。梁启超宣传变法图强的政论文字,在当时的爱国知识分子和一部分开明官僚中,引起了强烈反响。数月之间,《时务报》销数

《仁学》封面

---

① 梁启超:《变法通议》,《饮冰室合集》文集之一,第8页。

② 梁启超:《西学书目表后序》,《饮冰室合集》文集之一,第128页。

增加到一万多份。连张之洞也一度对之大加赞赏，称《时务报》"实为中国创始第一种有益之报"。由于《时务报》的有力宣传，不但大大加强了维新变法的声势，梁启超的名声也迅速提高，时人把他与康有为并称为"康梁"。

在北京、上海维新运动进入高潮的时候，湖南的维新志士也积极活动起来，成为当时全国最具有维新朝气的一省。由于一方面有谭嗣同、唐才常等人的努力倡导，开通风气；另一方面又有湖南巡抚陈宝箴、署按察使黄遵宪等的积极支持，湖南的维新运动进行得有声有色。

在湖南，最活跃、最激进的维新派代表人物是谭嗣同（1863—1898年）。谭嗣同字复生，号壮飞，湖南浏阳人，出自于官僚家庭。少年时代曾在浏阳著名学者欧阳中鹄的指导下学习和钻研王夫之和黄宗羲的著作，后来多次游历南北各省，不但眼界大开，还结交了不少维新志士；同时目睹国家的贫弱和人民的苦难，更激发了他的爱国热情和对清朝封建统治的不满。甲午惨败，进一步坚定了他的救国信念，和当时的许多进步知识分子一样，走上了救亡爱国的道路。在探索和追求救国救民真理的过程中，他逐渐对中国古代儒家经典中"三纲五常"和封建制度产生怀疑，并且由信奉"中学"转变为热衷"西学"。他努力学习西方近代的自然科学知识和社会政治学说，热烈地主张维新变法，成为维新运动的中坚骨干和杰出的思想家、政治活动家。

1896 年春，谭嗣同到北京结识了梁启超等维新派人士，并志同道合地积极投入变法救亡运动。谭嗣同写过不少宣传变法的文章，作过许多鼓吹变法的讲演，并于 1897 年 1 月完成他的重要著作《仁学》，系统地阐述了他的哲学思想和社会政治思想。在这部著作中，谭嗣同相当深刻地批判了封建制度和封建的伦理观念，大胆提出要"冲决君主之网罗"、"冲决伦常之网罗"，痛切揭露维护封建统治秩序的纲常名教的虚伪性，指出：

"俗学陋行,动言名教,敬若天命而不敢渝,畏若国宪而不敢议。嗟呼!以名为教,则其教已为实之宾,而决非实也。又况名者,由人创造,上以制其下,而不能不奉之,则数千年来,三纲五伦之惨祸烈毒,由是酷焉矣!"特别是对"三纲"中"君为臣纲"的抨击尤为激烈。他说:"二千年来君臣一伦,尤为黑暗否塞,无复人理,沿及今兹,方愈剧矣!"[1]在这里,谭嗣同不仅批判了二千年来的封建专制制度,也把批判的矛头指向了清朝的封建统治。同时,谭嗣同表现了追求资产阶级平等、自由的精神。他认为"五伦中于人生最无弊而有益",只有"朋友"一伦,因而伦理关系就要像"朋友"那样:"一曰'平等';二曰'自由';三曰'节宣惟意'。总括其义,曰不失自主之权而已矣"[2]。在《仁学》中,他虽然认为中国的危亡"唯变法可以救之",但就思想深层而言,他已经在一定程度上超出了改良的范围,而带有民主革命的思想色彩。

谭嗣同发出冲决封建网罗的呼喊,对封建专制制度和封建的伦理观念进行猛烈的抨击。虽然他的变法实践与他反封建的民主思想表现出某种自我矛盾,但在当时的维新派知识群体中,他仍然是最坚定和最激进的变革者。

在维新变法思潮日益高涨的形势下,湖南省表现得最为活跃,最有声势。湖南巡抚陈宝箴是各督抚中最热心支持变法的开明大吏。他周围的一批重要官吏,如署按察史黄遵宪、督学江标及继任徐仁铸,都积极支持变法。谭嗣同的密友唐才常、老师欧阳中鹄以及经学家皮锡瑞等,也在湖南各地宣传维新变法思想理论。1897 年 4 月,江标、唐才常等人在长沙创办《湘学新报》(后改名《湘学报》),对维新变法进行了有力的宣传,同年

---

① 《仁学》,《谭嗣同全集》(增订本)下册,第 299、337 页。

② 《仁学》,《谭嗣同全集》(增订本)下册,第 349—350 页。

10 月,陈宝箴又创办时务学堂,任命熊希龄为提调,聘请梁启超、李维格分任中、西学总教习,以唐才常、韩文举、欧榘甲等为中学分教习。学堂为培养维新人才,不少有志青年纷纷入校学习。1898 年春,谭嗣同、唐才常又创立南学会,于长沙设总会,各县设分会。总会每七天举行讲演会,听者踊跃,每次都有近千人。主讲人有谭嗣同、黄遵宪、皮锡瑞等,他们所讲的内容包括世界形势和资产阶级的社会政治学说,以及变法维新、救亡图存的政治主张。南学会与其他各学会的不同之处,在于它不但讲学,而且积极参与推行新政,如倡导设立课吏堂、新政局、保卫局等新式机构,实际上南学会带有地方议会的性质。随着维新变法运动的蓬勃兴起和新政的逐步推行,谭嗣同和唐才常于 1898 年 3 月又创办了《湘报》(日报),作为南学会的机关报。《湘报》创刊以后,对维新变法进行了卓有成效的宣传,不但进一步推动了湖南的维新运动,并且对南方各省也产生了很大的影响。

除湖南之外,两广地区的维新运动也颇为可观。1897 年 2 月,康有为在澳门创办了《知新报》,由他的弟弟康广仁和何廷光为经理,由他的学生徐勤担任主笔,这是当时在中国南部沿海地区宣传维新变法的重要报纸。同年春,康有为去广西桂林讲学,并与唐景崧、岑春煊发起组织"圣学会",创办了《广仁报》。广西的维新运动,也逐步开展起来。

在天津,严复于 1895 年即在《直报》上相继发表了《原强》、《辟韩》、《救亡决论》、《论世变之亟》等重要政论,大力宣传西方资产阶级的学术思想和政治观点,痛切批判封建传统观念,提出了救亡的主张。这些文章理直气壮,文笔犀利,是宣传维新变法的有名力作。1897 年冬,他又创办了《国闻报》(日报)和《国闻汇编》(旬刊),并介绍了《天演论》

严复(1854—1921 年),字又陵,号几道,福建侯官(今福州市)人。少年时曾入福州船政学堂读书,1877 年被派往英国学习海军,1879 年回国后任福州船政学堂教习,次年调任天津北洋水师学堂总教习。严复在英国留学期间,广泛地接触到西方近代自然科学和社会科学,努力向西方寻求救国真理,深感西方资本主义制度远远优越于中国的封建制度。回国之后,特别是在甲午战争之后,目睹中国封建统治的腐败落后,痛感民族危机严重,极力鼓吹维新变法等西方资产阶级的理论名著,影响深远。他认为要使中国富强,必须维新,要维新,必须大倡"西学"。强调要鼓民力、开民智、新民德,来达到民富国强的目的。严复除了撰写鼓吹维新变法的政论之外,他的更大贡献是把西方的一些社会政治学说介绍到中国,其中尤以《天演论》影响最大。《天演论》原名《进化与伦理》,是英国生物学家赫胥黎的论文集。严复在甲午战后译述其中的前两篇,并以《天演论》为书名。在译述时,严复写了序言并加了不少按语,认为"物竞天择"的法则也适用人类社会。他借用达尔文的进化论,阐明自己维新变法主张,认为实行变法,就会"自强保种",符合"天演"和进化;否则就要亡国灭种,为"天演"所淘汰。康有为读到《天演论》译稿后,称赞严复是精通西学的第一人,并在《孔子改制考》中吸收了进化论的历史观。梁启超也根据进化论的观点在《时务报》大作文章。进化论的介绍和传播,是对近代早期知识分子的一次重要思想启蒙,影响了 19 世纪末和 20 世纪初一代中国知识分子的思想,在近代中国的变革中起到了重大的推动作用。

《天演论》译文手稿

　　严复在倡导"西学"的同时,还对中国传统的封建旧文化进行批判。

他认为儒家的政教学说"少是而多非",至于汉学、宋学和词章之学更是"无实"、"无用"。他批评洋务派所标榜的"中学为体,西学为用"是"盗西法之虚声,而沿中土之实弊",并提出了"自由为体,民主为用"的主张。他把中国传统文化与西方近代文化作了一番比较,得出的断论是:前者亲亲,后者尚贤;前者尊主,后者隆民;前者夸多识,后者尊新知;前者委天数,后者恃人力①。这种对比,虽然不无偏颇之处,但是在当时却是起到了解放思想、弃旧图新的作用。后来他又翻译了孟德斯鸠的《法意》、斯宾塞的《群学肄言》等西方资产阶级社会政治学说的多部名著。严复以他自己在思想理论上的贡献,成为近代中国向西方寻求救国真理的先进人物、重要启蒙思想家和最著名的翻译家。

由于资产阶级维新变法思想的广泛传播,并且在思想上、理论上和组织上都有了一定的准备,从而为开创维新变法的政治实践创造了条件。

四、变法维新与顽固守旧的争论

维新运动的高涨,引起了封建顽固势力的极大恐惧和仇恨。他们攻击康有为等维新派人士是"名教罪人"、"士林败类",认为维新变法思想是"异端邪说",叫嚣"天下之祸,不在夷狄,而在奸党(指维新派)"②。要求严惩康有为,扑灭维新派。这种变法与反变法的斗争,在湖南表现得尤其尖锐。岳麓书院山长王先谦纠集一批守旧士绅,向陈宝箴递交《湘绅公呈》,攻击梁启超、谭嗣同、唐才常等人使时务学堂的学生"不复知忠孝节义为何事",并要挟陈宝箴整顿时务学堂,摒退梁、唐。这一要求被采纳,

---

① 严复:《论世变之亟》,《严复集》第1册,第3页。
② 曾廉:《元书》卷102上,第8页。

他又伙同豪绅兼旧式学者叶德辉、孔宪教等人煽动他控制的书院部分学生，制订所谓《湘省学约》，规定了"正心术"、"尊圣教"、"辟异端"等条规，加强对学生的思想控制，抵制维新思想的影响。他们著书撰文，攻击平等、民权学说为大逆不道；逼走长沙南学会主讲人之一的皮锡瑞；并给南学会邵阳分会负责人、维新派激进青年樊锥加上"首倡邪说，背叛圣教，败灭伦常，惑世诬民"的罪名①，将其驱逐出境。他们纠集一些人到南学会哄闹，殴打《湘报》主编，运动同乡京官向清廷上奏，攻击湖南维新派和支持变法的官员。湖南新旧两派的斗争，是当时全国斗争的一个缩影。

为抵制维新变法，湖广总督张之洞也一改当初赞助强学会和称赞《时务报》的态度，转而与维新派为敌。1898 年 3 月，他写了《劝学篇》，成为对抗维新变法的代表著作。这本书分为内、外篇，"内篇务本，以正人心；外篇务通，以开风气"②。所谓本，指的是维护封建制度的纲常名教，这是不能改变的。所谓"通"，指的是要学习西方近代生产技术和坚船利炮，这是维护封建统治不可缺少的手段，可以变通兴办。但是对民权、自由、平等等西方资产阶级的观念，则力加排斥。全书宗旨，仍然是以"中学为体，西学为用"为基调。由于张之洞在此书中采取了调和中西、折中新旧的态度，因此给人以不偏不倚的假象，而且又带有较多的"学术"色彩。此书一出，立刻引起许多人的赞赏，并且受到光绪皇帝的重视，认为它"持论平正通达，于学术人心，大有裨益"；并发布上谕，指示各省督抚、学政，"广为刊布，实力劝导，以重名教而杜卮言"③。因此，《劝学篇》得以"挟朝廷之力以行之，不胫而遍于海内"。一些西方人士也对之大加称赞，先后译成英

---

① 《翼教丛编》卷 5，第 1 页。
② 《戊戌变法》第 3 册，第 220 页。
③ 《戊戌变法》第 2 册，第 43 页。

文、法文出版。1900 年纽约出版的英译本，还加上了《中国唯一的希望》的标题。可见西方帝国主义势力对中国封建势力的支持，远远超过了对维新派的注意。

维新派人士对《劝学篇》的刊行，深为反感。指出它"不特无益于时，而且大累于世"；指责张之洞作《劝学篇》是"保一官而亡一国"，"倾天下以顾一家"①。在维新变法运动期间，洋务派由于甲午惨败、洋务破产而暂时失势，多数人对维新变法采取观望态度。而张之洞则以貌似公正的面目，以封建卫道者自居，对维新派某些人提倡的兴民权、开议院表示坚决反对，说什么"民权之说，无一益而有百害"，"民权之说一倡，愚民必喜，乱民必作，纲纪不行，大乱四起"，认为"民主万不可设，民权万不可重，议院万不可变通"，"君臣之义，与天无极"，坚决主张保持君主专制制度。不过，变法与反变法的争论，主要不是在维新派与洋务派之间进行，而是在维新派与顽固势力之间展开的。争论的中心是要不要实行维新变法。

针对维新派要求变法的主张，顽固势力坚持"祖宗之法不能变"，宣称祖宗之法是古圣先王留下的治国之道，只能恪守，不能改变，否则就是违背天理，祸乱国家。维新派对这种观点进行了反驳，他们指出事物的进化是自然界和人类社会发展的必然法则，世间的万事万物"无时不变，无事不变"，因此"祖宗之法"也不可永远不变，"不变一言，决非天运"。

维新派根据事物"新陈代谢"的法则，得出"法既积久，弊必丛生，故无百年不变之法"的结论②，认为"祖宗之法"必须随着时代的变迁而有所改变。他们以中国历史上各朝典章制度的变化，特别是清朝自身从鸦片战争以后 50 年间，清朝军队的武器由"刀矛弓矢"变为"洋枪洋炮"，以及

---

① 何启、胡礼垣：《劝学篇书后》，《新政真诠》五编，第 1 页。
② 《康有为上清帝第六书》，《戊戌变法》第 2 册，第 198 页。

政府新设总理各国事务衙门等事实,论证变法是不可抗拒的历史必然。他们嘲笑顽固守旧的大臣们说:"古而可好,又何必为今人哉!"

维新派在批驳顽固派的时候,把变法与救亡直接联系起来,认为中国积弊已深,又面临被列强瓜分的严重危机,要挽救危亡,必须维新变法。康有为说:"观大地诸国,皆以变法而强,守旧而亡",中国的变法更是刻不容缓,不变法就只有灭亡。他们诘问顽固派:"且法者,所以守地者也。今祖宗之地既不守,何有于祖宗之法乎! 夫使能守祖宗之法,而不能守祖宗之地,与稍变祖宗之法,而能守祖宗之地,孰得孰失,孰重孰轻?"①这是对顽固派反对变法最有力的驳斥。

维新派变法主张的一个基本内容,就是要改封建专制制度为君主立宪制度。而实行君主立宪,就要学习和仿效西方资本主义的议会制度,使他们得以参与政权。因此曾提出过开议院的主张,也有人提出过兴民权的意见。而这些正是顽固势力所不能容忍的。顽固派认为封建君主专制制度,是最完善最美好的政治制度,万万不可更改。维新派则指出封建君主专制制度正是中国贫弱的根源,中国只有实行君主立宪,开设议会,才能使"国家无难决之疑,言路无壅蔽之患",可以"解生民于倒悬之危,置国家于磐石之安"②。为了从根本上论证封建君主专制的不合理性和君主立宪的合理性,他们根据西方资产阶级的政治学说和中国古代的"重民"思想,对君主的起源和君民关系提出了新的观念,指出国家是"民之公产",王侯将相不过是"通国之公仆隶",而人民才是"天下之真主"③。谭嗣同也指出"生民之初,本无所谓君臣,则皆民也。民不能相治,亦不暇

① 《康有为上清帝第六书》,《戊戌变法》第2册,第197、198页。
② 赵而霖:《开议院论》,《戊戌变法》第3册,第195页。
③ 严复:《辟韩》,《戊戌变法》第3册,第81页。

治,于是共举一民为君",既然君可以由民"共举之,则且必可共废之",所以"君末也,民本也"①。这就从根本上否定了"君权神授"和君主"受命于天"的封建说教,为维新变法、实行君主立宪提出了理论根据。

维新派的变法主张包括政治、经济和文化教育等许多领域,并特别强调要改革封建的教育制度。他们认为要变法维新,挽救民族危亡,就必须变革科举,兴办学校,指出:"变法之本,在育人才,人才之兴,在开学校,学校之立,在变科举。"②顽固派则攻击维新派兴办学校的主张是"名为培才,实则丧才","且贻人心风俗无穷之忧"③,认为尊孔读经、八股取士的教育制度不可改变。维新派针锋相对地指出,旧的教育制度和科举制度是统治者"牢笼天下"的愚民政策,"为中国锢蔽文明之一大根源"。他们甚至说"覆中国,亡中国,必自科举愚民不学始也"④。

这场维新与守旧、变法与反变法的争论,是新兴的资产阶级与没落的封建地主阶级在思想上的交锋,也是中国有史以来作为新的经济力量和新的政治力量代表的资产阶级第一次向封建制度和封建思想的挑战。这场争论,比较集中地反映了近代中国在文化思想领域中学和西学、新学与旧学之争。通过这场争论,进一步开阔了知识分子的眼界,解放了思想,也开始改变了社会风气。思想论争,往往是政治斗争的舆论准备和思想前导,一场维新变法活剧的序幕已经拉开。

---

① 《仁学》,《谭嗣同全集》(增订本)下册,第339页。
② 梁启超:《变法通议》,《饮冰室合集》文集之一,第10页。
③ 《宾凤阳等上王益吾院长书》,《戊戌变法》第2册,第639页。
④ 徐勤:《中国除害议》,《戊戌变法》第3册,第131页。

五、百日维新及其失败

正在维新运动日趋高涨之时,1897 年 11 月,预谋已久的德国侵略者悍然出兵强占胶州湾。这一强盗行为,激起了全国上下的愤慨。康有为在上海闻讯后,急速赶赴北京,并于 12 月和第二年的 1、2 月连续三次向光绪皇帝上书(即上清帝第五、第六、第七书)。在这些上书中,分析了当时国际和国内形势,指出民族危机的严重性和维新变法的紧迫性。他说,以德国强占胶州湾为嚆矢,"万国报馆,议论沸腾,咸以瓜分中国为言。若箭在弦,省括即发","瓜分豆剖,渐露机牙"。中国的处境"譬犹地雷四伏,药线交通,一处火燃,四面皆应"。国际环境已经险恶到了极点,而国内又是"乱民蠢动","奸宄生心","揭竿斩木,已可忧危"。他警告光绪皇帝,必须立下决心,"发愤维新",否则"皇上与诸臣,虽欲苟安旦夕,歌舞湖山,而不可得矣;且恐皇上与诸臣,求为长安布衣而不可得矣"①!第五次上书递到工部,工部尚书淞桂不肯代呈。这次上书虽然没有送到光绪皇帝手里,但因为内容痛切,在北京的一些官员和士大夫中辗转传抄,天津、上海的报纸公开刊载,因此流传颇广,影响甚大。都察院给事中高燮曾向光绪皇帝上奏折,请求召见康有为,授以重任。恭亲王奕䜣和一些守旧王公大臣以"本朝成例,非四品以上官不得召见"为借口,从中阻拦。光绪皇帝只好下令,要五大臣传康有为"问话"。1898 年 1 月 24 日,康有为被召到总理衙门,由李鸿章、翁同龢、荣禄以及刑部尚书廖寿恒、户部侍郎张荫桓五大臣"问话"。在这次问话中,康有为再次申明变法的主张,并提出了变法的步骤,同时回答和批驳了荣禄等人的诘问。康的主张得到了

---

① 《康有为上清帝第五书》,《戊戌变法》第 2 册,第 188、189、190 页。

翁同龢的赞赏。在翁的推荐下,光绪皇帝谕令对康有为的条陈随到随送,不得阻拦扣压,同时令总署呈送康有为所著的《日本变政考》、《俄罗斯大彼得变政记》等书。

1月29日,康有为上《应诏统筹全局折》(第六次上书),请求光绪皇帝厉行变法,指出"变则能全,不变则亡,全变则强,小变仍亡"。他建议光绪皇帝,以"雷霆霹雳之气","成造天立地之功",取法日本,全面维新;当务之急,凡有三事:"一曰大誓群臣以革旧维新,而采天下舆论,取万里之良法;二曰开制度局于宫中,征天下通才二十人为参与,将一切政事制度重新商定;三曰设待诏所许天下人上书。"①这是康有为第一次受皇帝之命提出的变法的具体措施。显而易见,在"统筹全局"的上书中,康有为关于变法的主张比他以前的言论有所缓和,他把变法的希望几乎全部寄托在皇帝身上,而对原来的开议院、兴民权等则避而不谈,提出"以君权雷厉风行",开制度局于宫中"以参酌新政"②。康有为变法主张的这种变化,主要是由于他深感顽固势力对变法的阻力太大,为了减少阻力,只得收起"开议院"、"兴民权"的旗帜,而以尊崇君权、依靠皇帝推行变法。另一方面,也反映了康有为在政治思想上还不可能完全摆脱封建传统思想的束缚,这也是他后来政治倒退的思想根源。

康有为的上书受到光绪皇帝的赏识,这对维新派人士是一个很大的鼓舞。他们联络和发动各省旅京人士组织地区性的各种学会,在北京相继成立的就有粤学会、关学会、闽学会、蜀学会,接着又出现了保滇会、保川会、保浙会等。1898年春,会试举人从全国各地来到北京,经过康有为等维新派人士的奔走联络,由康有为发起并由御史李盛铎出面成立了保

---

① 《杰士上书汇录》卷1,故宫博物院藏内府抄本。
② 《杰士上书汇录》卷1。

国会。保国会以救亡保国相号召,在该会《章程》的第一条开宗明义地提出:"本会以国地日割,国权日削,国民日困,思维持振救之,故开斯会以冀保全。"它揭橥"保国、保种、保教"三项宗旨,并决定在北京、上海各设总会,在各省、府、县均设分会,以讲求"内治变法之宜"和"外交之故","讲求经济之学,以助有司之治"。康有为撰写的《保国会序》大声疾呼:对濒临危亡的中国,"惟有合群以救之,惟有激耻以振之,惟有厉愤气以张之,我四万万之人知身之不保,移其营私之心,以营一大公;知家之不存,移其保家之心,以保一大国"①。十分明显,保国会本是一个以保国救亡为宗旨的团体,而且得到了众多爱国人士的赞同和参加。然而它却遭到了封建顽固势力的诽谤和攻击,他们嗾使御史文悌上章弹劾,诋毁保国会"名为保国,势必乱国","徒欲保四万万人,而置我大清国于度外"②。把"四万万人"与"大清国"完全对立起来。由于文悌的奏折无据无理,光绪皇帝拒不听信,还为保国会辩护说"会为保国,岂有不善",下令将文悌革职。由于保国会并不是一个严密的政治组织,它的成员参加动机也各有不同,因此,在顽固势力的攻击恫吓之下,有一些人畏祸退出,而出面发起保国会的主持人李盛铎,看到风头不对,也转而攻击保国会。保国会连续召开了三次大会,由于出席会员大为减少,因而不得不停止集会。尽管它存在的时间很短,但它的宗旨和康、梁等人在会上发表的政治演说,却被天津、上海、广州各地的报纸刊载,影响甚大。

变法与反变法,不但在维新派和顽固派之间,从始至终进行着剧烈的斗争,而且也同朝廷内部帝后两党的斗争密切相关。1898 年春夏之交,支持变法的帝党与反对变法的后党之间争夺统治权的斗争日趋激烈。光绪

---

① 《戊戌变法》第 4 册,第 398 页。
② 文悌:《严参康有为摺稿》,《戊戌变法》第 2 册,第 485 页。

皇帝为了加快变法,推行新政,于6月11日颁布了"明定国是"的诏书,宣布变法。从此日开始,到9月21日慈禧太后发动反动政变,共103天,史称"百日维新"。

6月16日,光绪皇帝第一次召见康有为,商讨和确定变法的步骤和措施。康有为鉴于光绪皇帝受到慈禧太后的多方挟制,为了减少来自慈禧太后和后党的压力和阻力,建议"就皇上现在之权,行可变之事","勿去旧衙门,而惟增设新衙门;勿黜革旧大臣,而惟渐擢小臣;多召见才俊志士,不必加其官,而惟委以差事,赏以卿衔,许其专摺奏事足矣"[①]。召见之后,光绪皇帝特许康有为专摺奏事,并任命他在总理衙门章京上行走。从此,康有为接连向光绪皇帝上奏摺、递条陈,提出了一系列的新政建议。在政治方面,要求"假日本为向导,以日本为图样","开制度民政之局,拔天下通达之才,大誓群臣以雪国耻"[②]。在经济方面,要求振兴商务、农务、工业,劝募工艺,奖励创新,开矿筑路,举办邮政,废漕运,裁厘金,保护和促进民族资本主义经济的发展。在文化教育方面,要求废八股、改书院、兴学校、废淫祠、办报馆、禁缠足、废发辫、改制服,开通社会风气。在军事方面,要求裁旧军,练新兵,整顿国防,创办军事学校,实行征兵制,加强边疆地区的防卫能力。从6月到9月,康有为本人或代其他官员起草的变法奏摺50多件,大部分都被光绪皇帝采纳,并以上谕形式发布全国。

从6月11日到7月下旬,光绪皇帝颁布的新政主要是经济、军事、文教方面的改革。经济方面有:保护农工商业,设立农工商局,切实开垦荒地,提倡开办实业,奖励新发明、新创造;设立铁路、矿产总局,修筑铁路,开采矿产;设立全国邮政局,裁撤驿站;改革财政,编制国家预算,等等。

---

① 　梁启超:《戊戌政变记》第16页。
② 　《杰士上书汇录》卷1。

文教方面有:改革科举制度,废八股,改试策论;设立学校,开办京师大学堂;设立译书局,翻译外国新书;允许自由创立报馆、学会;派人出国留学、游历,等等。军事方面有:训练海、陆军,陆军改练洋操,裁减旧军,以及力行保甲,等等。从7月下旬到9月下旬,新政由经济、文教、军事方面扩展到政治方面。主要改革有:删改则例,裁汰冗员,取消闲散重迭的机构;准许"旗人"自谋生计;准许百姓向朝廷上书,等等。至于维新派和康有为在过去多次提出的设议院、开国会、定宪法等政治主张,在百日维新期间康有为并未提出,光绪皇帝颁发的维新诏令中也无此内容。康有为在此期间一再提醒光绪皇帝对国会、议院等不可操之过急,他说"日本亦至二十年始开议院,吾今于国会,尚非其时也"。原因是"民智不开,遽用民权,举国聋瞽,守旧愈甚,取乱之道也"①。

新政明显是要用西方和日本资本主义国家的政治、经济、文化制度模式,取代中国传统的封建制度。变法和反变法,既然是封建顽固势力与新兴的资产阶级之间的政治斗争,就不能不引起把持统治实权的顽固守旧势力的强烈抵制和反对。对康有为的奏摺和光绪皇帝的一系列关于变法和新政的诏谕,除了手无实权的某些开明帝党官员表示支持,湖南巡抚陈宝箴能认真执行,湖北巡抚曾铄也比较热心之外,其他各省督抚则观望敷衍,甚至抵制。如两江总督刘坤一和两广总督谭钟麟,对变法期间"谕令筹办之事,竟无一字复奏",经电旨催问,刘坤一声称"部文未到",谭钟麟则"置若罔闻"。光绪皇帝虽然也谕令奖励陈宝箴,斥责刘、谭二人,但新政在绝大多数省份仍然不能推行。因此,光绪皇帝关于变法的许多诏谕,大都成了一纸空文。而阴险狡诈的慈禧太后集团,从新政一开始,就加紧布置,准备反扑。

---

① 康有为为《日本变政考》所加按语,故宫博物院所藏戊戌进呈原本。

"明定国是"诏书颁布后四天,6 月 15 日,慈禧太后迫使光绪皇帝下令免去翁同龢的军机大臣和一切职务,驱逐回籍。翁本系支持变法的帝党首领,他的被罢黜,无疑是对光绪皇帝和变法的沉重打击。就在这同一天,慈禧太后又迫使光绪皇帝下令,授任新职的二品以上大臣,须到皇太后面前谢恩。已经"归政"的慈禧太后,照例不再召见臣工,这一违反常例的规定,无疑是要重新控制光绪皇帝,抓住朝廷用人大权,使光绪皇帝无法重用维新派和支持变法的帝党官员。同日,慈禧太后又强迫光绪皇帝任命她的亲信荣禄署直隶总督,不久即实授,并加文渊阁大学士衔,统帅董福祥的甘军、聂士成的武毅军和袁世凯的新建陆军。于是,荣禄身兼将相,权倾举朝。同时,慈禧太后又广布心腹,把北京城内外和颐和园的警卫权牢牢抓到自己手里。

这三道命令,为慈禧太后扑灭新政、发动政变完成了准备。变法与反变法的斗争加速表面化,有一触即发之势。

面对慈禧太后的一连串打击,光绪皇帝也试图对抗。9 月 4 日,他下令将阻挠礼部主事王照上书的礼部尚书怀塔布、许应骙、侍郎堃岫、徐会沣、溥颋、曾广汉等六人全部革职,并赞许王照"不畏强御,勇猛可嘉","赏给三品顶戴,以四品京堂候补"①。这一措施,显然是对顽固势力的示威和反变法的反击,在朝廷内外引起很大震动。9 月 5 日,光绪皇帝又特别给谭嗣同、刘光第、杨锐、林旭等四人以四品卿衔,担任军机章京,加紧推行变法。

光绪皇帝的这一系列措施,引起了慈禧太后更加恼恨,下决心要扑灭新政。于是加紧策划政变,不断派人去天津与荣禄密谋。荣禄突然调动聂士成的军队移驻天津陈家沟,调动董福祥的军队移驻北京南面的长辛

---

① 《戊戌变法》第 2 册,第 73 页。

店。军队的这种调动,显然预示着政局即将发生变动。

对于慈禧太后的反扑和新政面临的危机,光绪皇帝和维新派都万分惊恐。光绪皇帝既无实权,又无军队,维新派谈起变法头头是道,而一遇武力威胁,就一筹莫展。在束手无策之中,便甘冒风险想拉拢掌握新建陆军的袁世凯来对付慈禧太后和荣禄的武力威胁。袁世凯以小站练兵发迹,这时已掌握了7000余人的新式陆军,1895年又加入过强学会,表示支持维新。这就使维新派误认为袁世凯可为己用。其实袁世凯早已受到荣禄的赏识,而且是一个狡诈多端的奸雄。当康有为为了拯救光绪皇帝提出拉拢袁世凯的时候,维新派中有人认为袁不可信,但在走投无路的紧急关头,仍向光绪皇帝推荐了袁世凯。

9月中旬,政变已有山雨欲来之势,光绪皇帝在惊惶失措之中,于15日召见杨锐,并授以密诏。杨锐原是张之洞的门生,以新进官僚表示支持维新而得光绪皇帝的信任。密诏诉说慈禧太后及昏庸大臣反对变法及自己无权之苦,并表示:"必欲朕一旦痛切降旨……则朕位且不保,何况其他!"他问杨锐是否可想一良策,既可打破维新变法的阻力,除旧布新,使中国转弱为强,"而又不致有拂圣意"。他要杨锐与林旭、谭嗣同、刘光第等"妥速筹商"①。16日,光绪皇帝召见袁世凯,赏以侍郎衔,专办练兵事宜,可见他把希望完全寄托在袁世凯身上。林旭将密诏带出,康有为、谭嗣同等看了之后相对痛哭,束手无策,除拉拢袁世凯之外,又幻想取得英、日帝国主义的支持,挽救败局。17日,光绪皇帝为保护康有为,并希望他能设法救援,诏令他去上海办报。18日,御史杨崇伊看到时机已到,遂上密折,请慈禧太后"即日训政",历数光绪皇帝和维新派"变更成法,斥逐

---

① 赵炳麟:《柏岩集·光绪大事汇鉴》卷9。按:关于光绪皇帝密诏之说,在康有为、梁启超著作中均有记载,但据有的学者考证,康、梁之说不确。

老成"，"位置党羽"等等"罪过"。19 日,慈禧太后即从颐和园回宫,密作政变准备。

在政变发生之前,英、日等帝国主义为了和沙俄争夺在华的霸权,曾表示愿意帮助中国变法。维新派轻信了他们的诺言,称赞英国是"救人之国",并奏请光绪皇帝联合英、日对抗顽固势力。英、日帝国主义也密切注视中国政局的发展。9 月 14 日,日本前首相伊藤博文来到北京。他原想博取光绪皇帝和维新派的信任,操纵中国政治,但当他发现维新派的败局已定,遂无意支持光绪皇帝的维新变法,只对光绪皇帝和维新派虚表"同情"。康有为等人也曾到外国驻华使馆要求支持,但毫无结果。此时,他们只有把自己和新政的命运交给袁世凯了。

9 月 18 日深夜,谭嗣同只身前往袁世凯寓所,劝说袁世凯拥护光绪皇帝,诛杀荣禄。袁当面表示对光绪皇帝"忠诚"报效,同时又借口事机紧迫,须立即回天津部署。9 月 20 日,袁世凯向光绪皇帝再次信誓旦旦地表示自己的"忠心"。当晚,他急忙赶回天津,到总督衙门向荣禄告密,同时策划镇压维新派。

21 日凌晨,慈禧太后经过周密布置,先将光绪皇帝囚禁在中南海的瀛台,重新"训政",继而大肆搜捕维新派。康有为已于政变前一日离京赴沪,在英国人的保护下逃往香港。梁启超则在日本人的掩护下化装出京,由天津逃往日本。谭嗣同拒绝了出走日本的劝告,表示:"各国变法,无不从流血而成,今中国未闻有因变法而流血者,此国之所以不昌也。有之,请自嗣同始!"[①]他把自己所做的诗文和书稿交给准备逃亡日本的梁启超,决心为变法而死。28 日,谭嗣同、杨锐、林旭、刘光第、康广仁、杨深秀等六人被杀于北京菜市口,时人称之为"六君子"。其他维新派人士和参与新

---

① 　梁启超:《戊戌政变记》第 109 页。

政及倾向变法的官员,或被囚禁,或被罢黜,或被放逐。严复虽然也有人主张惩办,但因并未参加维新活动而未被追究。政变之后,除京师大学堂被保留下来之外,其余各种新政措施全被取消。"戊戌变法"宣告失败。

六、思想文化的更新及社会风气的转变

戊戌变法不但在政治变革上是一次历史的超越,而且在思想文化上也是一次重大的历史转折。从此,中国古老的封建文化的统治地位,在"西学"和新学的冲击下,从根本上发生了动摇。在新旧思想、新旧文化的撞击中,中国社会思想文化结构发生了前所未有的变化。

维新派志士们在提倡资产阶级新文化、反对封建主义旧文化的探索和斗争中,以大无畏的勇敢姿态,对陈旧腐朽的旧文化和顽固势力愚昧守旧的思想状态,进行了痛切的批判和鞭挞。梁启超后来回顾当时思想文化的转变情形说:"海禁既开,所谓'西学'者逐渐输入,始则工艺,次则政制,学者若生息于漆室之中,不知室外更何所有,忽穴一牖外窥,则灿然者皆昔所未睹也。环顾室中,则皆沉黑积秽,于是对外求索之欲日炽,对内厌弃之情日烈。""于是,以其极幼稚之西学知识,与清初启蒙期所谓'经世之学'者相结合,别树一派,向于正统派公然举叛旗矣!"①康有为、梁启超、谭嗣同、严复等许多人,都对封建旧文化旧思想进行过抨击和批判。他们在反对旧学、提倡新学,批判"中学"、提倡"西学"的同时,以新的思想内容,新的形式风格,在许多思想和文化学术领域有所创新,有所建树。在社会思想政治学说方面,康有为、梁启超、谭嗣同、严复等人的政论,以势如破竹的说服力和感染力,吸引了大批的知识分子,而严复对《天演论》

---

① 梁启超:《清代学术概论》,《饮冰室合集》专集三十四,第52页。

译述和进化论的介绍,在思想学术界起了震聋发聩的作用。所有这些,都是早期维新思想家们所不可企及的。

除了社会政治思想之外,在其他社会科学和文学艺术等领域,也开创了新的局面。

在历史学方面,1898 年黄遵宪在南学会的一次讲演中,就抨击了传统史学观点。他认为中国在周朝以前为"封建之世","封建之世,世爵、世禄、世官",统治者"即至愚不道","骄淫昏昧至于不辨菽麦,亦腼然肆于民上,而举国受治焉"。自秦以后,为"郡县之世","郡县之世,设官以治民",久而久之,"官与民无一相信,浸假相怨、相谤、相疑、相诽",贪官污吏,以权弄法,百弊丛生,民不堪命。因此,他认为这都是封建专制制度造成的祸害,必须改变这种政治制度,"以公理求公益"①。就在这一时期,梁启超也开始对传统史学提出了挑战。他说,历史"有君史、有国史、有民史。民史之著,盛于西国,而中土几绝。中土二千年来,若正史、若编年、若载记、若传记、若纪事本末、若诏令奏议,强半皆君史也"。他指出,这些旧式史书,"不过为一代之主作谱牒","至求其内政之张弛,民俗之优绌",以及制度政令之得失,"几靡得而睹焉"②。梁启超这种史学思想,是他后来提倡"史学革命"的先声。

在文学艺术方面,一些维新派人士也在进行新的开拓、探索、尝试和创造。他们把开民智、鼓民力、新民德、学西方当作维新变法、救亡图强的重要条件和手段,从而把文学艺术当作推动变法、宣传维新的思想武器。黄遵宪首先提出"我手写我口"的诗歌创作原则,以冲破旧体诗词形式的束缚,并以自己诗歌创作的实践,成为近代"诗界革命"的先驱。在 1896

---

① 《湘报》第 5 号。
② 梁启超:《续译列国岁计政要叙》,《饮冰室合集》文集之二,第 59—60 页。

到 1898 年期间,梁启超、谭嗣同、夏曾佑等正式提出了"诗界革命"的口号。尽管这些新派诗人对诗歌的改革、创新还只是一种大胆的尝试,他们往往把西方的一些政治名词和自然科学名词移用于诗歌创作,显得生硬难解,但是却在一定程度上抒发了爱国忧民的激情,反映时代的心声,使得那些吟风弄月、堆砌词藻、逃避现实、模拟往古的所谓"宋诗派"和"同光体"诗大为逊色。在"诗界革命"的同时,小说的作用也引起了维新派人士的高度重视。梁启超在《译印政治小说序》中,虽然还对《红楼梦》、《水浒》等文学名著抱有偏见,认为是诲淫诲盗之作,但他从维新变法的政治需要出发,把小说看成是最有力的宣传工具。他借用康有为的话说:"六经不能教,当以小说教之;正史不能入,当以小说入之;语录不能谕,当以小说谕之;律例不能治,当以小说治之。"①把一向不登大雅之堂的小说,看成是能够起到"六经"、"正史"、法令所不能起到的作用,却是一种大胆而新颖的见解。由于维新派的提倡,变法失败后不久,《新小说》等早期文艺刊物就出现了。

与诗歌、小说等改革创新的同时,散文的创作也有新的创造。长期统治清代文坛的桐城派古文,已经在新的文化浪潮冲击下日益衰落,代之而起的是以康、梁等为代表所开创的新文体。他们以流畅、清新的文笔,表达新的政治思想,既富有说服力,也富有感染力,易于为人们所接受。特别是"笔锋常带感情"的梁启超的大量政论,后来被称为"新文体",对中国近代思想文化界和文风的改造,起过广泛而深远的影响。此外,马建忠的《马氏文通》是中国汉语语法的第一部著作;宋恕首先提出了汉语拼音方案。所有这些,都是维新运动的产物。

戊戌变法的另一个重大功绩,就是不但在道理上和言论上强调兴学

---

① 梁启超:《译印政治小说序》,《饮冰室合集》文集之三,第34页。

校、变革科举的重要性,而且由皇帝发布诏令实行教育改革。在 1898 年 6 月 11 日发布"明定国是"诏书中,就要求"中外大小诸臣,自王公以及士庶",都要"发愤为雄,以圣贤义理之学,植其根本,又须博采西学之切于时务者,实力讲求,以救空疏迂谬之弊"。诏书中明确规定:"京师大学堂为各行省之倡,尤应首先举办。"6 月 23 日,又颁发上谕:"著自下科为始,乡会试及生童岁科各试,向用四书文者,一律改试策论。"7 月 10 日,又下令将"各省府厅州县现有之大小书院,一律改为兼习中学西学之学校","以省会之大书院为高等学,郡城之书院为中等学,州县之书院为小学"①。直到 8 月 19 日光绪皇帝最后一道新政上谕,还决定拨出经费 8500 两,作为开办京师大学堂之用。虽然由于变法很快失败,普遍兴办学校的措施不可能实现,但是中国有了自己创办的近代大学和比较普遍地有了新式中学、小学,则是戊戌变法开始的。

近代新闻出版事业的初步发展,也是戊戌时期的一个重要成果。在维新运动以前,中国人自己创办的报纸,只有 1858 年伍廷芳在香港创办《中外新报》和 1864 年陈霭亭在香港创办的《华字日报》,以及 1874 年王韬主编的《循环日报》。而到了甲午以后,康有为、梁启超 1895 年在北京创办了《中外纪闻》,严复、夏曾佑在天津创办了《国闻报》,此外,还有梁启超主编的《时务报》,徐勤、麦孟华等在澳门创办的《知新报》,以及唐才常等在长沙创办的《湘学报》和《湘报》等。据不完全统计,当时全国主要报刊有 30 多家②。而在这个时期就已经开始有白话报刊出现。

中国虽然是最早发明造纸术和印刷术的国家,但明清两代在社会政治经济和科学技术方面已远远落后于西方。到了洋务运动和维新变法时

---

① 《戊戌变法》第 2 册,第 17、24、34 页。
② 参考汤志钧著:《戊戌变法史》,人民出版社 1984 年版,第 231—248 页。

期,不得不向西方学习。而翻译和出版"西书",则是学习西方的重要手段。梁启超说:"海禁既开,外侮日亟,曾文正开府江南,创制造局,首以译西书为第一义。数年之间,成者百种。而同时同文馆及西士之设教会于中国者,相继译录,至今二十余年,可读之书略三百种。"①洋务时期所译的"西书","兵学几居其半",这是因为洋务派"震动于其屡败之烈,怵然以西人兵法为可惧",所以以翻译兵书为主,而所译之算学、电学、化学、水学等自然科学书籍,也"皆将资以制造,以为强兵之用"。他批评洋务派不知道西方国家"所以强者不在兵,不师其所以强,而欲师其所强,是由欲前而却行也"②。这种状况在戊戌时期有了改变,特别以上海为中心,在《强学报》、《时务报》创刊以后,介绍新思想、新学说的书刊相继出版。仅上海一地除了维新派创办的大同书局之外,还出现了新开设的多家书局,而著名的商务印书馆亦于 1897 年创建。戊戌变法翻开了中国近代出版史崭新的一页。

　　戊戌变法不但在思想文化和教育等方面开辟了新的局面,在社会风气和社会习俗方面也有了明显的变化。维新派人士在倡导变法的同时,也特别注意移风易俗的工作。严复指出:"中国礼俗,其贻害民力而坐令其种日偷者,由法制学问之大,以至于饮食居处之微,几于指不胜指,而沿习至深,害效最著者,莫若吸食鸦片、女子缠足二事。"他谴责统治者们对这种恶俗陋习熟视无睹,"以为无与国是民生之利病",而不知道"种以之弱,国以之贫,兵以之窳,胥于此焉,阶之厉耶! 是鸦片、缠足二事不早为之所,则变法者,皆空言而已矣"③。

---

①　梁启超:《西学书目表序例》,《饮冰室合集》文集之一,第 122 页。
②　梁启超:《变法通议》,《饮冰室合集》文集之一,第 68 页。
③　严复:《原强(修订稿)》,《严复集》第 1 册,第 28—29 页。

　　在维新运动期间,维新派就把戒除妇女缠足作为一项社会革新,广为宣传组织。1896 年,广东籍人士赖弼彤、陈默庵在顺德县倡立"戒缠足会"。随后梁启超也在《时务报》上发表《戒缠足会叙》,宣传男女平等,痛斥歧视、损害妇女的封建陋习。1897 年,梁启超、谭嗣同、汪康年、麦孟华、康广仁等又在上海发起"试办不缠足会"。1898 年春,维新派人士集中于湖南,由"南学会"、时务学堂和《湘报》的核心人物梁启超、谭嗣同、黄遵宪、唐才常、徐仁铸、熊希龄、毕永年、樊锥等 16 人为董事,在长沙发起"湖南试办不缠足会",《简明章程》规定:"凡入会人所生女子不得缠足","所生男子不得娶缠足之女"①。于总会之外,有些县还成立了分会,参加和捐助者十分踊跃。不缠足活动搞得有声有色。

　　在"湖南试办不缠足会"成立的同时,熊希龄还在长沙成立了"延年会"。这个"延年会"是一个树立新风、反对旧习、破除恶俗、讲求效率的群众团体。它的《章程》规定,会员要严格遵守作息时间,每天都要做体操,不搞无谓的社交应酬,婚丧嫁娶要从简办理,反对起居无节、酒食征逐,等等。实际上是提倡新的合理的生活方式,改变旧的腐朽的生活方式。

　　维新派在提倡移风易俗的同时,还大胆地提出剪辫易服的主张,并且利用海外报纸的消息进行宣传。《湘报》第 56 号转载《国闻报》来自新加坡的消息,称新加坡华人相约剪辫,认为梳辫子既不雅观、不卫生,且对机器生产有碍,对人身安全不利。

　　戒缠足、禁鸦片、讲文明、重卫生、讲简捷、重效率、剪发辫、易服装、反跪拜、重女权等等,都是反映新政治、新经济的新文化的组成部分,都是除旧习、立新风的社会变革。戊戌变法既是近代中国一次重要的政治变革,也是近代中国最早的一次思想解放运动和新文化运动,对社会进步和思

---

①　《戊戌变法》第 4 册,第 433 页。

想文化的发展,起到了重要推动作用。

戊戌变法以悲剧性的失败而告终,但是作为一次重要政治变革,它将永远载在史册。它的失败,既有客观原因,也有主观原因。客观原因是旧的封建势力虽然腐朽没落,但是对于维新变法来说仍然具有强大的阻碍力量、破坏力量。而新兴的资产阶级维新派,虽然朝气蓬勃,但却缺乏实力。而且他们把维新变法看得过于容易简单,以为有了皇帝的支持,就可轻易实现。对封建顽固势力的估计不足,又严重地脱离了民众。近代中国社会动荡剧烈,变化迅速。戊戌变法的活剧刚刚落幕,新的斗争和新的变革又接着开始。而资产阶级维新派也随着时代的前进,不可避免地发生了分化。

第三节　义和团运动和八国联军侵华战争

一、反对外国教会侵略斗争的新高涨

鸦片战争前,西方资本主义国家的教会和传教士就妄图用"十字架征服中国"。鸦片战争后,欧美的天主教、耶稣教和沙俄的东正教,依靠不平等条约和大炮的保护,先后向中国派遣的传教士,到19世纪末已达3300多人。他们中不无为信仰而来华传教者,也有的在传播西学和兴办文教慈善事业方面作出过贡献,但就总体而言,传教士在中国建立教堂,网罗教徒,收集情报,干涉词讼,挑拨民族关系,进行文化侵略,并为本国政府出谋划策,攘夺中国利权,起了侵略者的大炮所不能起的作用。中国人民对此极其痛恨,不断进行反抗。斗争大体可以分为四个阶段。

第一阶段,从1861年贵州开始驱逐外国传教士到1870年天津教案。

这期间,各国传教士相继在沿海、沿江建立教堂,招收信徒,无视中国的传统礼教和风俗习惯,激起了地方官员和士绅的不满。他们打出了"排斥异端"和"保卫圣道"的旗号,号召和组织官役、兵丁、团勇等起来进行斗争。从1861年贵州首先驱逐外国传教士开始,反对外国教会侵略的怒火迅速燃遍湖南、江西、四川、江苏、安徽、河南、直隶、内蒙、云南、西藏、福建和台湾等省区。1870年,爆发了震动中外的天津教案。由于天津法国教堂迷拐幼孩等罪行,居民愤恨,数千人前往教堂抗议。法国领事丰大业开枪杀人,群众怒不可遏,当场将他打死。接着,群众放火烧毁教堂等处房屋,杀死外国教士等20人。事后,法、英、美、俄、德、比、西等国联合向清政府提出抗议,并调遣军舰到天津海口及烟台一带示威。清政府派曾国藩到天津"查办",不久又派李鸿章赴津会同办理。曾、李屈服于压力,以杀害群众16人,缓刑4人,充军25人,赔款49万两,对法道歉结案。这种杀民谢敌的行径,受到各阶层人民的强烈谴责。

第二阶段,从天津教案后到中法战争结束。这期间,不少传教士在华创办学校、医院、育婴堂和报刊,宣传奴化思想,进行文化侵略。有些传教士或收集情报,或里外串通,协助本国政府敲诈中国。中法战争爆发前夕,各国在华教会关注中国局势,间谍活动越发猖狂。战争爆发后,法国在华传教士大多卷入这场不义的战争,积极配合本国政府行动。于是,地处抗法前线的云南、广西、广东和台湾、福建、浙江等省人民,群起焚教堂、驱教士,自发地把反对外国教会侵略的斗争与保卫边疆的斗争结合起来,造成很大声势。清政府不仅不予支持,反而在"力保和局"的思想指导下,继续重刑镇压反教群众。地主阶级的上层人物态度日渐消沉,中小地主成为斗争的领导者,下层群众参加的人数日渐增多。

第三阶段,从中法战争后到1894年中日战争前。由于各国传教士公开与中国的媚外官吏勾结起来,包揽词讼,干涉内政,插手外交,加剧了我国日益严重的民族危机。各地群众反教会斗争继续发展,先后掀起了大规模的武装起义。

1890 年,四川大足县龙水镇法国传教士破坏当地一年一度的迎神赛会,引起民愤。清政府派军队保护该镇法国教堂,进一步激起了大足人民的不满,群起捣毁教堂,斥责护堂清军,竖旗起义。起义军以大足县煤窑、纸厂工人及挑贩为主体,转战大足、铜梁等县,沿途发布檄文,号召人民起来驱逐外国教会势力。川东一带群众纷纷响应,声势大振。这支队伍坚持斗争两年多,屡次重创前来镇压的清军。

1891 年,长江中下游的码头工人、挑夫、水手、手工业工人和城市贫民,以哥老会为核心,掀起了反抗怒潮。这年 4 月,芜湖一万多群众焚毁教堂,攻打海关,并与前来镇压的侵略分子及官军英勇搏斗。芜湖暴动的消息迅速传遍了大江南北。几个月内,江苏、安徽、浙江、江西、湖北等省的几十个城市和广大农村,凡有外国教会盘踞的地方,几乎都发生了暴动。上海租界也出现了反对外国教会的匿名揭帖。列强联合出动军舰到长江一带,向清政府施加压力。清政府严令地方官镇压起义,各地斗争遭到官军围剿,先后失败。

1891 年 11 月,热河东部朝阳一带的民间秘密结社金丹道和在理教发动武装起义。起义军焚教堂,杀贪官,捣毁衙门,砸开监狱,纵横数百里,横扫四州县,逼近直隶。清政府慌忙调动热河、直隶、奉天等地军队前往剿杀。起义军与清军苦战两个多月,最后惨遭失败。

四川大足、长江中下游和热河朝阳一带的斗争说明,会党开始担负起领导重任,大规模武装起义和武装斗争已是主要斗争形式。

第四阶段,从甲午战后到义和团运动。这期间,外国传教士积极参与本国政府瓜分中国的活动;山东、广西、四川、湖北等地的人民则自发地把反对教会侵略和反对列强瓜分逐步结合起来,将斗争推向一个新阶段。

在山东曹县,大刀会首领刘士端自 1894 年开始反对教会侵略,影响及于鲁西南和江苏的丰县、沛县、萧县、砀山、考城等地。1896 年,按察使毓贤派兵镇压,杀害刘士端,大刀会实力大损。

在巨野县,当地人民于 1897 年 11 月攻打磨盘张庄德国天主教堂,杀死德国传教士 2 人。济宁、寿张、菏泽、单县、成武等地的大刀会纷纷响应,斗争此伏彼起。德国以巨野教案为借口,出兵占领胶州湾,又逼迫清政府惩办"凶手",将山东巡抚李秉衡革职,赔偿教堂"损失"。

1898 年,在郯城神山和沂州、日照、兰山等地爆发了大小数十次的武装起义,统称沂水教案。德国从青岛派兵去沂州,勾结当地官吏,共同镇压了这些斗争。在此期间,德军还在胶州湾修筑炮台,强修胶济铁路。高密等地群众多次武装阻止修路,都遭到德军的残酷镇压。

1898 年,广西天地会起义,一度攻占浔州、郁林、博白、贵县等地,并发出檄文揭露教会罪行,要求官民一致对外,洗雪国耻。

同年 6 月,四川大足县龙水镇人余栋臣率众起义,发布檄文,痛斥列强"既占上海,又割台湾"的罪行,指出了当今"胶州强立埠,国土欲瓜分"的严重危机,号召"顺清灭洋","除教安民"[1]。起义军分头出动,辗转 30 余州县,捣毁教堂 20 余处,很快控制了大足县周围百余里的地方。但起义军缺乏统一领导,后被官军各个击破。

余栋臣起义推动了邻省湖北的反教会斗争。长乐县(今五峰)数千民众在当地哥老会领袖向策安等人的领导下,也树起"顺清灭洋"的旗号举行起义,纵横长阳、巴东等县,焚毁教堂,击杀比利时教士董若望。长阳人覃培章在率众响应起义时,曾以"保清灭洋"号召群众[2],散发余栋臣告

---

① 《近代史资料》1955 年第 4 期。
② 《格致益闻汇报》第 44 号第 1 册,第 350 页。

示,惩罚教士,震动了当地官府。

60 年代初到 90 年代末的反教会斗争,虽然得到清政府守旧官员的同情和支持,有着"排斥异端"的思想和盲目排外的行动,但它一直是近代中国人民反帝斗争的重要组成部分,不仅显示了中国人民的强大力量,而且进一步激起了爱国热情,终于在戊戌变法失败后爆发了义和团反帝爱国运动。

二、义和团在山东的兴起及其在北部中国的发展

甲午战争后,在德国军事统治比较薄弱的鲁西北地区,群众经过长期酝酿,壮大了力量,奋起抗教,成为义和团反帝爱国运动的发源地。

义和团是在义和拳的基础上发展起来的。义和拳最初是乾嘉时期一个以民间秘密教门、拳会为核心的反清组织。其中有的原属白莲教系统的八卦教。乾隆中叶,八卦教的分支清水教就组织了义和拳。后来被清朝统治者视为"邪教",严加禁止。但是,义和拳的反清斗争并未因此而停止。随着民族矛盾不断激化,它逐渐从秘密的反清组织发展为具有广泛群众性的反帝团体。义和拳的成员中,有的原属大刀会。大刀会普遍习练的金钟罩术,从此被义和拳广泛吸收。在白莲教和大刀会的影响下,义和拳沿袭了杂拜各家鬼神偶像的传统,也借助气功,逐渐形成了一套"画符吞朱"、"降神附体"、"刀枪不入"的神秘主义活动方式。义和拳成员中,有的与白莲教、大刀会毫无关系,是从民间习拳练武、强身保家的基础上发展起来的。随着斗争在各地普遍展开以后,也有一些民团参加进来。

义和拳改称义和团,最早见于 1898 年 6 月山东巡抚张汝梅的奏折[1]。

---

[1]　故宫博物院明清档案部编:《义和团档案史料》上册,第 14 页。

1899 年夏,继任山东巡抚毓贤出示将义和拳改称义和团①。同年 10 月后,清政府在公文中也开始称它为义和团。义和团这一名称,从此逐渐取代了义和拳,或与义和拳通用。义和团不是由某一个秘密结社或秘密教门单独发展起来的,而是以义和拳为主,在群众性的反教会斗争中逐渐发展壮大的反帝组织,是各种社会力量"同心合和"反对外国侵略势力的结果。随着反帝斗争日趋高涨,义和团的群众基础也迅速扩大。

义和拳首先在冠县一带展开斗争。1897 年春,冠县梨园屯的天主教民在法国传教士的指使下,与村民争玉皇庙基激起众怒。村民阎书勤等人率众驱逐该村教民,并邀请直鲁交界处的梅花拳首领赵三多前来护庙。4 月,赵三多率领拳众在梨园屯亮拳设厂。传教士要挟清政府切实镇压拳民。山东巡抚张汝梅愤恨教士恃强相压,对义和拳采取了剿抚兼施、以抚为主的方针,并建议清政府"将拳民列诸乡团之内,听其自卫身家,守望相助"②。1898年 11 月,赵三多、阎书勤等人在冠县蒋家庄(今属河北威县)竖起"助清灭洋"旗帜,率众直攻红桃园教堂,随即东撤临清,沿途发展到千余人。随后,队伍分为两路,一路由阎书勤等率领,活动在直鲁交界地区;一路由赵三多率领,沿运河北上,力量扩展到直隶南部。

此后不久,义和拳很快又在茌平、平原、禹城一带活跃起来。茌平拳民首领朱红灯、禹城拳民首领心诚和尚,在这一带拳民中有很高威信。1899 年秋,平原杠子李庄教民地主李金榜荒年存粮不借,借故欺压拳民,又到平原县诬告群众"闹教"。知县蒋楷派差役到杠子李庄抓走六名拳民,朱红灯应邀前来相助,击退蒋楷的马队,乘势攻打恩县的教堂,并于 10 月率队到达距离平原县城 18 里的森罗殿。蒋楷向毓贤告急。毓贤于

---

① 《清史稿》第 42 册,第 12757 页。
② 《义和团档案史料》上册,第 15—16 页。

1899 年 3 月升任山东巡抚,曾先后八次下令禁止义和拳。但他充任山东地方官 20 多年,深知省内"教民肆虐太甚,乡民积怨不平"的真情①。德国强占胶州湾后,他目睹教会气焰更加嚣张,对义和拳的镇压已不再像镇压大刀会那样卖力,基本上沿袭了张汝梅以抚为主的政策。毓贤接到蒋楷的禀报后,立即派袁世敦等率兵来到平原,令其"出示开导,务期解散"②。然而,袁世敦违令于 18 日晨追至森罗殿附近,开枪击杀群众多人。朱红灯指挥拳民冲出重围,转回茌平继续斗争,得到邻县团民的积极配合,声势大张。当地官员多次禀报毓贤说:"自茌平拳匪闹教以来,博、清、高、恩多被窜扰"③,"此堵彼窜,实属防不胜防"④。

　　毓贤在处理平原事件的奏报中,建议清政府将镇压团民的蒋楷和袁世敦撤职,并强调说:"东省民风素强,民俗尤厚,际此时艰日亟,当以固结民心为要图。"⑤朝廷内不少官吏附和毓贤的意见。御史黄桂鋆在奏折中说:"自德人占据胶澳,教焰益张,宵小恃为护符,藉端扰害乡里,民间不堪其苦,以致衅端屡起。地方官不论曲直,一味庇教而抑民,遂令控诉无门,保全无术,不得已自为团练,借以捍卫身家","盖刀会、拳会与团练相表里,犯法则为匪,安分则为民"。他建议清政府对义和团"善为安抚",以"收为干城之用"⑥。

　　因为毓贤对义和团采取了由"剿"变"抚"的策略,所以他后来被帝国主义指为纵容义和团的罪魁祸首。美、法等国驻华公使压迫清政府撤换毓贤。毓贤得知这一情况后,于 1899 年 11 月派兵前往鲁西北保护教堂,

①　《义和团档案史料》上册,第 24 页。
②　《义和团档案史料》上册,第 34 页。
③　中国社会科学院近代史研究所近代史资料编辑室编:《山东义和团案卷》上册,第 386 页。
④　《山东义和团案卷》上册,第 413 页。
⑤　《义和团档案史料》上册,第 40 页。
⑥　《义和团档案史料》上册,第 44、45 页。

逮捕了朱红灯和心诚和尚。但清政府仍屈从帝国主义的意旨,将其撤换,改派袁世凯署理山东巡抚。12 月 24 日,毓贤在离任的前两天杀害了朱红灯和心诚和尚。

袁世凯本意是到任后即严厉镇压义和团。但就在袁的任命颁布后不久,慈禧太后立端王载漪子溥儁为大阿哥,企图取代光绪皇帝。各国公使拒绝入宫庆贺,表示不予承认。"废立"计划受挫,载漪、刚毅等顽固派非常怨愤。慈禧太后也十分不满,产生了利用义和团的想法,不希望袁世凯改变前任政策。因此,当袁世凯率领武卫右军到达山东后,清政府便接二连三地严颁谕旨,令他推行"以晓谕解散为主,毋轻用兵"的方针。1900 年 1 月,清政府发布上谕说:"若安分良民,或习技艺以自卫身家,或联村众以互保闾里,是乃守望相助之义。地方官遇案不加分别,误听谣言,概目为会匪,株连滥杀,以致良莠不

义和团乾字团印章

分,民心惶惑。"它要求地方官吏今后"办理此等案件,只问其为匪与否,肇衅与否,不论其会不会、教不教也"①。这道上谕,无异承认义和团是"自卫身家"、"互保闾里"的合法团体。袁世凯在山东脚跟还未站稳,又受到朝内一些主抚官员的弹劾,不敢违旨,"出示剀切晓谕,先后至十余次之多"②。这当然不是他的本意,因此等到 1900 年春初步稳住阵脚后,便不

---

① 《义和团档案史料》上册,第 56 页。
② 中国近代史资料丛刊·《义和团》第 1 册,第 304 页。

再顾及清廷的严令,吁请镇压团民,并指出义和团"就使真能纠合百十万人,鞭挞五洲,尽驱彼族,而该匪等势成燎原,不可向迩,国家又将何以制其后"①? 当时,有人建议清政府把义和团改成团练。袁世凯不仅坚决反对,还派兵围剿团民。各路团民死伤惨重,幸存者或转为秘密活动,或进入直隶继续斗争。

直隶是清朝封建统治的中心,也是帝国主义在华教会势力强大的地区之一。天主教和耶稣教遍布全省城镇,共有大小教堂两千余所。长期以来,直隶人民不断反抗教会欺压,参加的群众非常广泛。赵三多、阎书勤在冠县竖旗起义后,直鲁交界地区和直隶南部很快出现了义和团的活动,相继竖起了"助清灭洋"旗帜,并在1899年攻打了直隶南部朱家河天主教总堂。山东少数团民转移到直隶南部以后,当地人民纷纷邀请他们前往设坛授拳。开州、献县、景县、河间、盐山等地,很快出现了"习拳者益众,焚香设坛,人心若狂,官亦不敢过问"的局面②。

直隶总督裕禄派统领梅东益率部前往镇压,并要求袁世凯派兵会剿。在裕禄和袁世凯的联合镇压下,这些地区义和团的实力大损。但义和团继续向直隶西南各州和中部地区发展,到1900年4、5月间,冲破了种种障碍,向保定地区推进。从保定向北发展到新城、定兴、涿州一带,进入北京;向东发展到雄县、霸县、静海等地,进入天津;从而在京、津、保一带形成了一个新的斗争中心。

保定是直隶省府所在地。1900年4、5月以后,城内坛口"日盛一日",竖起"保清灭洋"旗帜③;城外也"无不有坛"。5月底,义和团已控制

---

① 《义和团档案史料》上册,第58页。
② 《景县志》卷14,第20页。
③ 《义和团》第2册,第163页。

了保定城,教堂"无论天主、耶稣,悉付一炬"①。

在保定东北的霸县,义和团的坛口也在 4、5 月间遍设全境。5 月 31 日,两千多团民焚毁高家庄教堂。霸县东南的静海县,在 5 月前后出现了两支声势浩大的义和团。一支以游勇出身的曹福田为首领,团众多达数千人。另一支以操船为业的张德成为首领,在独流镇建立"义和神坛天下第一坛",入坛者千余人。后来,张德成又到附近的杨柳青铺设坛口十余处,团众发展至两万人。

在保定城北的定兴县,各村团众发展迅速。仓巨村的团民于 1900 年 5 月中旬将该村的天主教堂"焚烧罄尽",并乘势与附近团民联成一气,控制了全县。定兴北邻的新城县,以板家窝和白沟镇两支义和团最为活跃。他们分别在王德成和宋福恒的率领下,互相声援,先后焚毁教堂多处,队伍也都迅速发展到数千人。新城之北的涞水县,义和团在 1900 年春也普遍设坛,引起当地教会势力的仇视。特别是盘踞在高洛村教堂的外国传教士,不但多次要挟地方官吏派兵前来镇压,而且还在教堂内组织武装,气焰十分嚣张。5 月 12 日,高洛村义和团在定兴、新城、涿州、易县及涞水各地团民的援助下,焚毁教堂。外国传教士有的逃跑,有的被当场处死。涞水县令祝芾带亲兵马队前来镇压,也大败而归。祝芾向直隶总督裕禄告急。裕禄于 16 日派梅东益等督同副将杨福同率兵镇压。义和团开始牺牲很大,被迫撤至定兴县石亭村。邻近各县团民赶来支援,于 22 日打死前来围剿的杨福同。杨部大乱,全军覆没。义和团乘胜于 27 日攻占涿州城,并在四个城门上下树起了"兴清灭洋"旗帜。接着,义和团直趋北上,将涿州至长辛店的铁路、车站、桥梁、电杆尽行焚毁。29 日,义和团占领丰台车站,逼近北京。

———————————

① 《义和团》第 1 册,第 305 页。

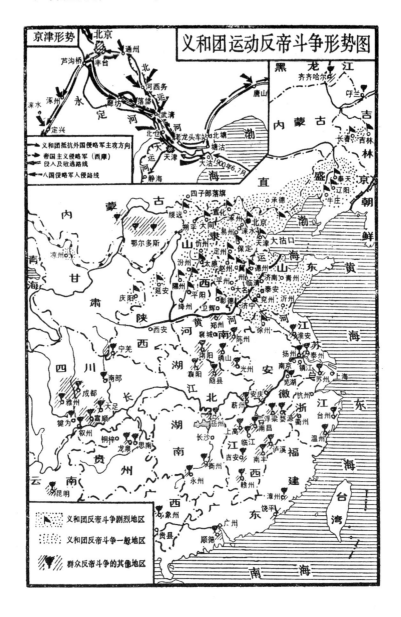

义和团运动反帝斗争形势图

还在 1900 年初春,北京城内就有了义和团的揭帖。有的写道:"最恨和约,误国殃民,上行下效,民冤不伸。原忍至今,羽翼洋人,趋炎附势,肆虐同群。"①有的提出"练习义和神拳,保护中原,驱逐洋寇,以免生灵涂炭"②。3、4 月间,在东单附近的于谦祠堂,出现了北京义和团第一个坛口③。到了 5 月,从附近州县来到北京城的零星团民不断增加,北京居民参加义和团也日渐踊跃。5 月 30 日,军机大臣兼刑部尚书赵舒翘、顺天府尹何乃莹在密奏中提出:"拳会蔓延,诛不胜诛,不如抚而用之,统以将帅,编入行伍,因其仇教之心,用作果敢之气,化私忿而为公义,缓急可恃,似亦因势利导之一法。"④赵、何二人的意见代表了当时一部分顽固大吏的主张,他们要求利用义和团对付外国侵略者。但直隶总督裕禄和湖广总督张之洞则主张加紧镇压团民,使列强失去武装干涉的借口,保证京畿和两宫的安全。

北京郊区马兰村设坛告示

这时的慈禧太后,既没有信心镇压义和团,又不敢利用义和团抵御外国,于是决定用和平解散义和团的办法来阻止列强的武装入侵。6 月 5 日,

---

① 佐原笃介:《拳乱纪闻》,《义和团》第 1 册,第 112 页。
② 佚名:《拳时上谕》附录:《杂录》第 117 页。
③ 史树青:《有关义和团反帝斗争的文物二三事》,《文物》1960 年第 10 期。
④ 《义和团档案史料》上册,第 110 页。

她派赵舒翘前往涿州等地劝说义和团解散,并严令清军"毋得轻伤民命,启衅邀功"①。6 日,她又加派协办大学士刚毅前往涿州颁布上谕,宣布对拳民教民"一视同仁"。然而,刚毅想利用义和团,到涿州后不仅默许义和团合法存在,而且强令清军停止镇压,还撤走了正在与义和团作战的部分清军。慈禧太后策略上的转变和刚毅禁止镇压义和团的举动,使地方官员不得不相继停止军事行动,聚集在京郊各地的义和团趁势进入北京。6 月中旬以后,清政府招抚义和团的态度更加明朗,团民便得以大批进入北京,出现了"官兵任其猖獗,城门由其出入"的情景②。到 6 月下旬,全城坛口已有 1000 左右,人数逾 10 万。

在义和团进入北京前后,天津城内也贴遍了义和团的匿名揭帖,城郊坛口的数量迅速增加,其中声势较大的有王荫荣在西郊张家窝建立的坎字团总坛口,刘呈祥在西郊高家庄设立的乾字团总坛口,韩以礼在西郊大南河村建立的乾字团总坛口,刘得胜在杨柳青设立的坎字团总坛口,滕德生在杨柳青于庄子设立的离字团总坛口。

义和团成群进入天津城的时间比北京稍晚。主持天津军务的裕禄、聂士成都是主张镇压义和团的,因而义和团在天津所遇阻力较大。义和团成群进入天津,是在帝国主义武装进犯北京以后。聂士成这时激于民族大义,在天津周围停止了镇压,并率部在京津沿线抵御侵略军。静海义和团首领曹福田,新城义和团首领王德成,以及城郊的团民首领王荫荣和滕德生,即乘机率领队伍先后到天津设坛,城内一时"神坛林立,业冶铁者,家家铸刀,丁丁之声,日夜相继"③。裕禄奏报说:"天津义和团民,近

① 《义和团档案史料》上册,第116页。
② 《义和团档案史料》上册,第140页。
③ 罗惇曧:《拳变余闻》,《庚子国变记》第26页。

已聚集不下三万人,日以焚教堂、杀洋人为事。"①天津义和团来源很广,支派源流繁多,但它坛口较大,组织比较严密,力量相对集中。他们在天津砸毁海关道署和电报局,抢空军械所,打开县监狱,没收教堂所藏武器,抗击侵略军挑衅。随着义和团运动日渐高涨,天津愈来愈成为义和团反帝的主要战场之一。

义和团从山东发展到直隶,由乡村进入城市后,便造成了很大的声势。当时,卷入运动的义和团员多达四五十万人,其中以男青年最多,也有一些女青年和儿童。他们大多数是来自各地的农民,也有一些失业的水手、脚夫、筑路工人、小手工业者和散兵游勇,到高潮时期还有不少中小地主、政府官吏和清军。这样众多而又复杂的人员在民族危亡的紧急关头加入义和团,急遽地走上武装"灭洋"的道路,不仅集中表达了中国人民反抗侵略的强烈愿望,而且迅速地燃起了反帝的燎原大火。

义和团没有形成一个统一的领导机构。各地义和团始终分属于许多大小不一、各自为主的坛口。这些坛口,又称坛厂(场)、拳厂(场),是义和团的基层组织。它们最初多设在庵、观、寺院里,或其他公共场所。后来,在署衙、书院、营房,甚至在前沿阵地上,都设上坛口。各坛口都供奉牌位,全是他们信仰的"神灵"和敬仰的人物,如洪钧老祖、玉皇大帝、张飞、刘备,等等。各坛口的人数不一,少者数十人,多者几百人,在高潮时甚至有上千逾万的。各支义和团首领,一般称大师兄、二师兄。总坛或其系统的领袖,一般称老师或祖师。各坛口始终处在分散作战的状态,其活动范围、人数、名称都不很固定。这种组织上的分散性,再加上本身浓厚的迷信色彩,决定了义和团有落后的一面。

义和团在山东兴起不久,就先后提出"助清灭洋"、"兴清灭洋"等口

---

① 《义和团档案史料》上册,第157—158页。

号,到 1899 年底,又打出了"扶清灭洋"的旗帜。其后由于袁世凯残酷镇压团民,"扶清灭洋"这一口号在山东一度不如以前流行。到义和团在直隶、京津等地掀起斗争以后,特别是在清政府的招抚政策日占上风的时候,"扶清灭洋"才更广泛地写在义和团的旗帜上,成为义和团的行动纲领。

"扶清灭洋"的口号,集中表示出义和团将斗争的锋芒指向帝国主义侵略者,鲜明表达了中国人民反对帝国主义、挽救民族危亡的愿望。这个口号反映了当时帝国主义与中华民族的矛盾已发展为中国社会最主要的矛盾,封建主义与人民大众的矛盾暂时降到了次要和服从的地位。然而,这一口号并不是义和团在科学分析中国社会主要矛盾之后提出来的。义和团还没有也不可能用科学的思想武器去分析和认识帝国主义的本质及其同清朝统治者之间的关系,而是从反对列强瓜分的爱国志愿出发提出来的。因此,这个口号既是民族矛盾逐渐激化的结果,又是大多数中国人对中外反动派的认识还处于感性阶段的产物。

"扶清灭洋"这一口号,继承了群众在反教会斗争中逐渐形成的"灭洋保国"的朴素认识。它与余栋臣在四川提出的"顺清灭洋"、覃培章在湖北提出的"保清灭洋"等口号一样,都是在人们中早已流传的反对洋人"欺主谋国"思想的延续,没有超越当时反教会斗争的思想水平。这个口号也反映了没有新的经济基础的广大小生产者无法冲破皇权主义的思想枷锁,不可能在救亡运动中提出一个超越陈旧皇权主义的救国方案,只能用洋人欺大清来激发民族义愤,又用扶大清、打洋人来反映和归纳当时反侵略斗争的内容。在这里,深沉的爱国主义情感同保卫清王朝交织在一起。义和团提出"扶清",显示了在这场正义的反帝群众运动中,有着落后的封建主义内容,也表明义和团当时在主观上并不反对清政府和封建制度。只是中国当时处于半殖民地地位,打击帝国主义不可能不连带打击封建统治和媚外官吏。特别是当团民灭洋反教遭到官府镇压的时候,出于自卫的需要,因而在实际斗争中也不全受"扶清"的束缚。

义和团提出"灭洋",虽然触及了时代的救亡主题,起了广泛吸引群众参加反帝斗争的作用。但它对洋人、洋教和外来思想统统排斥,并波及轮船、铁路、电线、机器、学堂、报馆、洋书、洋服,又具有盲目排外的落后性。当义和团运动进入高潮,清政府中的一些顽固派官僚,以及地主士绅卷进来后,在他们的煽动下,盲目排外显得突出起来。盲目排外思想模糊了群众的斗争目标,给义和团的反帝斗争带来了消极作用。

三、八国联军侵华和清政府宣战

随着义和团运动在直隶和京津地区的迅猛发展,帝国主义加紧胁迫清政府予以镇压。1900 年 4 月初,美、英、法、德四国公使联合照会清政府,限"两月以内,悉将义和团匪一律剿除,否则将派水陆各军驰入山东、直隶两省,代为剿平"。12 日,俄、英、美、法等国舰队聚集大沽口,再次照会清政府,"若于两月以内不能镇抚,则各国联合以兵力伐之"。[①] 5 月间,义和团在京、津一带迅猛发展,越来越多的清军士兵开始同情并参加义和团,以端王载漪为首的顽固排外势力在清政府内部已占上风。各国公使眼看清政府已经无法控制形势,便策划直接出兵干涉,并在 5 月 28 日各国驻华公使会议上正式议定联合出兵镇压义和团。5 月 30 日至 6 月 2 日,各国侵略军 400 多人,以保护使馆为名,陆续由天津乘火车开到北京,进驻东交民巷。集结在大沽口外的俄、英、日、美、法、意等国的军舰有 24 艘,聚集在天津租界的侵略军也有 2000 多人。6 月 6 日前后,驻华公使们

---

① 《八国联军志》,《义和团》第 3 册,第 169 页。

议定的联合侵华政策相继得到各自政府的批准。10 日，俄、英、美、日、德、法、意、奥等八国拼凑 2000 多人，在英国海军中将西摩率领下，乘火车由天津向北京进犯。义和团和清军沿途拆除铁轨，在落垡、廊坊等地不断进行拦截，杀伤敌军多人。18 日，西摩率部撤至杨村车站。当晚又被聂士成的武卫前军和当地团民围攻，死伤近 40 人。西摩见"进京之路，水陆俱穷"[①]，乃于 19 日率部沿北运河向天津撤退，沿途不断遭到义和团的袭击，至 22 日才到天津西沽。25 日，2000 多名俄、英侵略军把西摩这批残兵败将接回天津租界。在这场阻击战里，中国军民打死侵略军 62 人，打伤 228 人[②]，粉碎了西摩联军进犯北京的计划。

当西摩联军在廊坊遭到阻击时，大沽口外的各国海军将领就在俄国中将基利杰勃兰特的主持下，密谋侵占大沽炮台，作为大举进攻中国的滩头阵地。16 日下午，联合舰队向大沽炮台守将罗荣光发出最后通牒，限令守军于 17 日凌晨两点钟交出炮台。罗荣光严辞拒绝，并立即传令各炮台准备战斗。17 日零点五十分，距最后通牒规定的时间还有七十分钟，联合舰队便向大沽炮台发动猛烈进攻。罗荣光指挥守军发炮还击，经过六个小时的激战，大沽炮台失守。敌军纷纷从大沽登陆，扩大对中国的侵略战争。

与此同时，以保护使馆为名进驻东交民巷的侵略军，也在北京四出挑衅，开枪射杀团民、清军之事时有发生。一些国家的外交官也亲自参加屠杀活动。6 月 14 日下午，德国公使克林德带领一排德国兵外出时，在内城看到有团民练武，"即毫不迟疑发令开枪"，打死 20 人左右[③]。

———————————

① 《拳祸记》上册，第 85 页。
② 胡滨译：《英国蓝皮书有关义和团运动资料选译》第 58 页，中华书局 1980 年版。
③ 《庚子使馆被围记》，《义和团》第 2 册，第 225 页。

面对八国联军的武装入侵,清朝统治集团内部对和战问题存在着分歧意见。光绪皇帝和许景澄、袁昶等人,认为无力与八国同时开战,主张全力镇压义和团。一部分顽固官吏由于对帝国主义势力怀有恐惧心理,也不赞成与列强开战。另一些见风转舵的官吏,则在"和"、"战"之间依违两可,不表示明确态度。把持朝政的载漪、刚毅、那桐等顽固大臣,由于在"废立"问题上和帝国主义有矛盾,坚决主张利用义和团与列强对抗。慈禧太后此时则举棋不定,时而谕令前线将领准备武力阻止洋兵进京,时而急调驻防山东的袁世凯和驻防山海关的马玉昆率部来京剿团,时而又电召李鸿章由广东晋京商讨对策,其目的都是为了避免外国军队大举进逼北京。6 月 16 日,慈禧太后召开御前会议,再次宣布暂时停止镇压义和团,如果外国继续进兵,就不惜开战。会后,她又根据各国公使的要求,派荣禄的武卫军和董福祥的甘军严密保护使馆,幻想以此换取外国停止进兵。但这个幻想很快破灭了。17 日,慈禧太后接到了裕禄关于列强强索大沽炮台的奏报;同时又接到谎报,说列强要让她归政给光绪皇帝。这更激起她对列强的忌恨,当天召开了第二次御前会议,欲强行宣战。由于光绪皇帝和主和官员坚决反对,慈禧太后只好传令裕禄死守大沽,各省督抚派兵援京。19 日,慈禧太后召开第三次御前会议,决定派王文韶、立山、许景澄前往使馆,要求各公使出面劝阻联军勿犯北京。立山等人的奔波毫无结果,却在这天传来了大沽沦陷的恶讯。慈禧太后立即召开第四次御前会议,不顾光绪皇帝等人的反对,强行决定对外宣战。21 日,清政府颁布"向各国宣战谕旨",声称"与其苟且图存,贻羞万古,孰若大张挞伐,一决雌雄"①。

———————

① 《义和团档案史料》上册,第 163 页。

四、京津军民抗击八国联军

宣战后,清政府给北京义和团发放粳米2万石,银10万两,并命令团民与清军共同防御北京。此外,清政府还谕令马玉昆部和董福祥部拨军天津,与团民共同收复大沽;令各省督抚招民成团。但随着八国联军大量增兵来华,清政府很快动摇。7月25日,清政府在复两广总督李鸿章等人反对宣战的电旨中再三解释说:义和团发展迅猛,"剿之,则即刻祸起肘腋……只可因而用之,徐图挽救"[1]。29日,清廷又命令驻外使节向各国解释宣战系出于被迫的苦衷,表示"即不自量,亦何至与各国同时开衅,并何至持乱民以与各国开衅",一定"设法相机自行惩办"义和团,乞求各国谅解[2]。清政府还暗中指示盛京将军增祺等人,"各该省如有战事,仍应令拳民作为前驱,我则不必明张旗帜,于于后来筹办机宜可无窒碍"[3]。这些上谕充分说明,慈禧太后虽然愤恨列强以武力相逼,并想利用义和团发泄怨愤,但也处处为对外投降准备后路。

清政府还任命庄亲王载勋、协办大学士刚毅等人统率义和团,制定所谓《团规》,规定各地义和团要服从"总团"指挥,缴获武器和抓到俘虏必须交给官府,团众应与官军联成一家,不得自行反抗官军的欺压,遇事必须禀告清军统领处理。此外,还规定义和团如违背《团规》,即是"假团",要按"匪徒"处理,格杀勿论。有许多义和团民被无故指控为"假团"而惨遭杀害。

---

① 《义和团档案史料》上册,第187页。

② 《义和团档案史料》上册,第203页。

③ 《义和团档案史料》上册,第360页。

　　京津义和团和部分清军激于民族义愤,早在宣战前就已开始抗击八国联军。宣战后,他们不顾清政府的阻挠和破坏,继续进行英勇抵抗。

　　天津城南的紫竹林租界,是控制在各国驻津领事之手的"国中之国",这时更成为联军不断增兵和镇压义和团的大本营。到6月中上旬,集结在这里的各国军队已近2400余人。他们在界内划分防区紧张备战,并不断外出寻衅。这引起直隶提督聂士成的不满,6月15日前后,他把部队陆续调到天津,与驻守在该地的清军共同御敌。6月17日,侵略军攻占大沽炮台后,驻津各国领事立即派军攻打邻近租界的武备学堂,以防留守学堂的学员炮轰租界。守堂学员大多是参加或同情义和团的爱国青年,以猛烈炮火英勇阻击联军的进犯。联军见硬攻十分困难,便放火焚房,引起库存军火爆炸,守堂学员全部壮烈牺牲。天津驻军和附近团民闻声赶来营救时,敌人已经撤回租界。清军愤恨租界内侵略军不断挑衅,进犯武备学堂,开炮轰击紫竹林租界。这是天津驻军参加抗击八国联军的开始,也是他们由镇压义和团到与团民并肩抗敌的转折点。

　　武备学堂被焚毁和清军参战后,直隶总督裕禄改变了对义和团的态度,由镇压转而招抚,并鼓励团民配合驻军进攻紫竹林租界。租界内联军凭借优势火力负隅顽抗,至26日,又陆续得到大批侵略军的增援,共达1.2万余人。侵略军开始反守为攻,于27日攻打租界东面的东局子。东局子是清政府在华北最大的兵工厂,开战后一直有清军在此坚守,新城团民首领王德成也率部赶来增援。守军与团民首先重创前来攻局的2000余名俄军,随后又打退800余名赶来增援的英军、美军和日军。在激烈的战斗中,局内的弹药库被敌军击中,爆炸起火,守军伤亡惨重,被迫撤出了东局子。

　　联军占领东局子后,见盘守在老龙头车站的俄军自6月17日后多次受到曹福田所部团民的猛烈攻打,已死伤500余人,便调拨重兵前往支援。29 日,曹福田联合附近清军,以及从独流镇赶来的张德成所部团民,共同攻打车站,曾使车站几次易手。

7 月初,裕禄召集曹福田、张德成、聂士成、马玉昆计议,决定由曹福田部和马玉昆的武卫左军继续攻打火车站,聂士成的武卫前军和张德成部进攻紫竹林租界。7 月 6 日,聂士成率军从天津城南迂回到租界的西南方,在城墙上架起大炮猛轰租界。第二天,聂军又分兵与张德成部共同向租界发起进攻。聂军的突然出现和张部团民的勇敢战斗,使租界里的敌人十分惊慌。然而,八国联军不断增兵,到 7 月上旬已达 1.8 万余人。在这危急时刻,清政府却派力主剿杀团民的四川提督宋庆前来主持天津战事。宋庆刚到天津城郊,就指使清军大杀义和团,并将部分义和团调离抗敌前线。7 月 9 日,联军兵分三路出界反扑,包抄坚守在城西南的聂士成军和团民。聂士成率部誓死抵抗,激战中壮烈牺牲,其部众和团民也大多为国捐躯。10 日,宋庆进入天津城,相继捣毁城内各坛口,进一步削弱了城内的防御力量。13 日,联军乘势向天津的南门和东门同时发起猛攻,裕禄、宋庆、马玉昆等率部逃往杨村。部分守门清军和团民虽然拼死阻击来犯的敌军,但抵抗失败,天津于 14 日陷落。

八国联军占领天津后,在俄国远东司令阿历克谢耶夫的建议下几经策划,于 7 月 30 日成立了"天津临时政府"（又称"都统衙门"）。这个殖民机构,由俄、英、日三国指定具有同等权力的三人组成"临时政府委员会",对天津、静海、宁河等广大地区实行军事殖民统治,直到 1902 年 8 月才撤销。此外,俄国、比利时还乘机在天津先后强行建立租界,日本和法国也乘机扩大他们在天津的租界。连帝国主义分子也不得不承认,这种行动"实际上等于瓜分"[1]。

---

[1] 《中国海关与义和团运动》第 94 页。

当天津义和团和清军同八国联军鏖战时,北京的义和团和清军围攻了西什库教堂和东交民巷使馆区。清政府宣战后,并没有认真的作战部署,却将不是军事前线的外国使馆和教堂作为进攻的首要目标。慈禧太后利用义和团和清军中对使馆区侵略者的义愤,鼓励他们去攻打使馆,其目的是为了对各国公使干涉她的"废立"计划进行报复。在她的指使下,清政府于7月20日下午任命荣禄为总指挥,组织清军和团民进攻使馆。这一举动给列强增加了扩大侵略的借口,也给清政府造成了政治上的被动。随着慈禧太后很快转战为和,荣禄便在她的支持下,对使馆明攻暗保,进而派人求和。因此,攻打使馆和教堂的活动时断时续,一直到北京沦陷都没有攻下。

8月4日,八国联军2万余人,以俄军与法军为右路,以日军、英军和美军为左路,从天津沿运河两岸向北京进犯。惊慌失措的慈禧太后加紧向侵略者求和,于8月7日正式任命李鸿章为议和全权代表,并禁止京郊义和团继续进城,又把京城内外一部分义和团调往前线,让团民和侵略军互相削弱。然而,京东前线的部分清军出于爱国义愤,仍与义和团合力阻截八国联军,北仓一战就歼敌数百人。但因裕禄、宋庆、马玉昆等部相继溃退,北仓、杨村先后落入敌手,裕禄自杀。8月6日,帮办武卫军事务大臣李秉衡受命出京御敌,节制从湖广、两江、山西、山东等地调来的"勤王师"。9日,他和各军会合于河西务,即遇联军来攻。这些临时应命之师不听调度,很快就不战自溃。李秉衡仅率身边几个幕僚退至张家湾,自杀而死。联军又接连占领了张家湾和通州,于13日直抵北京城下。8月14日,北京失陷。侵略军除在东便门和朝阳门遭到守卫的甘军和团民的顽强阻击外,其他守军大都很快溃逃。慈禧太后带着光绪皇帝和她的亲信臣仆,已于当天早晨仓皇出逃离京。

五、宣战后北部中国的斗争和"东南互保"

在京、津军民反帝斗争的鼓舞下,北部中国的反帝斗争日趋高涨,发展迅猛。

首举义旗的山东义和团,这时又冲破袁世凯的高压,"复起响应",或赴京、津助战,或就地进行斗争,动辄"其数逾万"。面对清政府对外宣战和招团御侮这一新形势,袁世凯一方面于6月底派兵把内地各州县的外国人全部护送到青岛、烟台躲避,并保证将来归还和赔偿他们的财产;一方面驱令山东义和团北上助战,以减轻义和团对山东的压力,同时借此把留在山东坚持斗争的团民打成"假团"和"土匪",使自己继续镇压义和团合法化。待到八国联军攻占北京后,袁世凯更毫不顾忌地打起了"奉旨剿团"的旗号,颁布《严拿拳匪暂行章程》,驱令部将严剿团民。

山西省义和团在1900年5、6月间就开始活动,清政府宣战后很快以太原为中心,发展到大同、朔州、五台、徐沟、榆次、汾州、平定各地,焚毁教堂90余所。这既是列强竞相侵略山西的结果,又与山西巡抚毓贤的态度有关。毓贤调任山西后,便有意利用义和团,甚至发布告示表示予以"支持",给山西义和团的斗争提供了某些方便。但他出于盲目的仇外情绪,相继诱杀和捕杀150余名外国传教士及其眷属,助长和煽动了山西义和团众的排外狂热。

河南省的东部地区,也在1900年夏天前后出现义和团的活动。7月初,全省四分之三的教堂被捣毁,其中以围攻南阳靳岗教堂的规模最大。该堂是河南天主教总教堂,教堂周围筑有高达三丈的混凝土围墙,并设有炮楼和枪垛。主教安西满平时操纵官吏,欺压人民。南阳数万义和团民愤怒围攻靳岗教堂,并捣毁了城内其他天主教堂。

义和团的斗争风暴于 1900 年 5、6 月间波及到内蒙古。到了 7 月,东至察哈尔西四旗和兴和一带,西至阿拉善旗三盛公一带,北至乌盟四子王旗,南至伊克昭盟鄂托克旗、乌审旗最南端的城川等地,都有了义和团的活动。义和团在攻击城川教堂时,封建王公派兵镇压。义和团提出了"上打洋人下打官"的口号,夺取了教堂的枪支,击退前来镇压的士兵,还活捉了西南蒙古教区的主教韩默理。

当时,声势最大的是东北义和团抗击俄国侵略军的斗争。1900 年 2、3 月间,营口就出现了义和团。6 月,义和团以铁路沿线为中心地区发展到奉天府。不久,旅顺口发现了"扶保中华,逐去外洋"的揭帖①,吉林和黑龙江等地也相继打出了"保国灭洋"的大旗②。团民的斗争从捣毁各地教堂和打击为非作歹的传教士开始,很快就发展到袭击中东铁路沿线的俄国护路军。清政府对外宣战后,部分清军也和团民共同破坏中东铁路,驱逐俄国侵略军。短短一个月内,中东铁路几乎全被焚毁,俄国损失 7100 万卢布。早就想独占东北的沙皇尼古拉二世,这时自认为抓到了侵略借口,于 7 月上旬调集 11.6 万军队,以保护中东铁路为名,分兵七路入侵我国东北。7 月 30 日,俄军占领海拉尔、珲春、三姓(今依兰)。8 月,先后占领哈尔滨、瑷珲、营口、齐齐哈尔和宁古塔(今宁安)。9 月,又占领了伯都讷(今扶余)、吉林和辽阳。10 月 1 日强占奉天,6 日占铁岭,31 日占锦州。至此,东北主要城市和交通线都被俄军占据。11 月 8 日,阿历克谢耶夫用武力胁迫清朝盛京的代表签署了一个所谓"奉天交地暂且章程",规定:俄国驻兵盛京及其他各地;中国军队一律撤散,收缴军械;拆毁炮台、营垒、火药库;俄国在盛京设总管,预闻要公;中国设马步巡捕,数额由双

①　张蓉初译:《红档杂志有关中国交涉史料选译》第 219 页。
②　《海龙县志》卷 17,《兵事》第 4 页。

方商定等。按照这个"章程"的内容,盛京名存实亡。沙皇尼古拉二世为
了将这个"章程"的各项规定推广于全东北,又授意炮制了《俄国政府监
理满洲之原则》。在这个殖民计划中规定:中国军队要全部撤出东北地
区;俄国官员有权监督清朝将军与副都统的行动;中国政府委派官吏要经
过俄国的同意;设立军事法庭"处理"中国居民中"攻击俄国军队或污辱
俄国军事长官之罪人",等等。这套"原则"显然是要使中国东北沦为俄
国的殖民地,难怪俄国资产阶级的喉舌《新闻报》,这时竟狂妄地把东三省
改称为"黄俄罗斯"。

俄军在大举侵犯东北的过程中,制造了血洗海兰泡、强占江东六十四
屯、火烧瑷珲城等惨案。

海兰泡位于黑龙江省瑷珲县黑河镇对岸,原是中国的一个居民村。
俄国侵占黑龙江左岸以后,才在这里建立城市,并于1858年改名为布拉
戈维申斯克。到1900年,海兰泡已有3万多人口,半数以上是中国人。
从7月17日到21日,俄军在海兰泡的黑龙江边疯狂屠杀被捕的中国居
民,共夺去了5000余人的生命,以致"骸骨漂溢,蔽满江洋"[1]。

江东六十四屯在黑龙江左岸精奇里江以南至霍尔莫勒津屯,有六十
四个居民屯,居住着中国的汉、满、达斡尔等族人民。根据1858年的《瑷
珲条约》,江东六十四屯属中国管辖。但俄国对这块地方始终抱有野心,
不断强行向这里移民。7月17日与海兰泡大屠杀同时,俄军连续在江东
六十四屯烧杀逞凶。有2000多中国居民被驱赶出屯,不是淹死在黑龙江
里,就是惨死在俄军的屠刀下。大屠杀后,俄军将江东六十四屯强行
霸占。

瑷珲位于黑龙江右岸,俄军在8月4日强行占领后,"纵火焚城,火光

---

[1]　《瑷珲县志》卷8。

烛天,数日不息"①,有数千中国居民被活活烧死。

俄军在其他地区,也制造了一系列屠杀事件。例如在齐齐哈尔,俄军竟然向逃难的人群开枪扫射,一时尸横遍野,死伤无数。在哈尔滨一带,俄军"所到村屯,悉行焚烧,凡遇华人,不论男妇大小,尽行屠戮,遭害者不下数千村,被烧者不下万户"②。列宁痛斥俄国在东北地区杀人放火的罪行,严正指出:"沙皇政府在中国的政策是一种犯罪的政策。"③

东北义和团和清军怀着民族仇恨,武装抗击俄国侵略军。在瑷珲,凤翔率3000名守军"死力拒敌",义和团民也高举"救清灭洋"的旗帜配合作战,坚守城池一个多月。瑷珲城破后,凤翔率部转移到兴安岭一带,与当地团民并肩杀敌,直至阵亡,部众"争前死敌,无一遁者"④。在三姓,守军在松花江中横放江锁,下沉巨石,阻止敌舰驶入,并于7月25日击沉俄舰一艘,俄军上校维尼柯夫毙命。27日晨,俄军分水陆两路再次进犯三姓,军民奋战,击毙俄军200多人,击沉俄舰一艘。此后,三姓军民又艰苦守城40多天。在海城,义和团坚守城池,育字军分统承顺率兵增援,吉林将军晋昌亲临前敌,坚守海城40余日,多次击退俄军进犯。在珲春,守城清军和团民奋力抗击来犯俄军,毙敌200余人。珲春失守后,当地义和团民、猎户、路矿工人及部分清军组成的"忠义军",转战东北各地,并提出了"御俄寇、复国土"的口号,很快发展到数万人。到1901年春天,忠义军先后夺回了海龙、通化、新宾、宽甸、凤凰、安东、朝阳等州县,收复了吉林南部和奉天北部的大片国土。

义和团和清军在北部中国的反帝斗争,使帝国主义胆颤心惊。英国

---

① 《黑龙江志稿》卷30,第57页。

② 《洋事记册》,《义和团运动史料丛编》第2册,第270页。

③ 《对华战争》,《列宁选集》第1卷,人民出版社1995年,第282页。

④ 《瑷珲县志》卷8。

既害怕义和团的势力发展到它所控制的长江流域,又担心清军愈来愈倒向义和团。早在6月14日,英国驻上海代总领事霍必澜就致电英国外交大臣索尔兹伯里,建议说:"我们应当立即与汉口及南京的总督达成一项谅解。我们完全相信:如果他们可以指望得到女王陛下政府的有效支持,他们将在所辖区内尽力维护和平。"①第二天,索尔兹伯里复电霍必澜,授权他"通知驻南京的总督(刘坤一),如果他采取维护秩序的措施,他将得到女王陛下军舰的支持",同时给湖广总督张之洞"一项同样的保证"②。显然,英国是想通过刘坤一、张之洞加强对长江流域的控制。刘坤一、张之洞本来就竭力要求慈禧太后"明降谕旨,力剿邪匪"③,更害怕英国舰队开进长江自行保护,此时得到英国这样的承诺,便立即电告清政府驻英公使,要他向英国政府保证,将"不惜代价,采取有力措施"④,维护英国在长江流域的一切权益。继英国之后,美、德、法等帝国主义也参与策划"东南互保"。

当帝国主义加紧和东南督抚进行勾结的时候,督办芦汉铁路大臣盛宣怀正在上海。他同帝国主义、东南各省督抚都有密切联系,便在当中穿针引线,出谋划策。清政府"宣战上谕"发布后,刘坤一、张之洞拒绝执行。在英国的策动和盛宣怀的积极串通下,6月26日,刘、张授权盛宣怀和上海道台余联沅,同各国驻上海领事正式会商,共同炮制了一个《东南互保章程》,规定"上海租界归各国公同保护,长江及苏杭内地均归各督抚保护,两不相扰"⑤。此后,两广总督李鸿章、山东巡抚袁世凯等,都对"东南互保"表示支

① 《英国蓝皮书有关义和团运动资料选译》第41页。
② 《英国蓝皮书有关义和团运动资料选译》第42页。
③ 《官方文电》,《义和团》第3册,第327页。
④ 《江汉关税务司何文德致赫德》,《中国海关与义和团运动》第80页。
⑤ 《官方文电》,《义和团》第3册,第335页。

持。浙江巡抚刘树棠宣布参加"东南互保"。闽浙总督许应骙也宣布"与江鄂办法不谋而合"①，并于 7 月 14 日同俄、英、美等六国驻福州领事签订了《福建互保协定》，规定福建地方当局要"在其权限内采取一切措施，保护外国驻福建官员、商人及教士之生命财产不受侵害"；"如有不良分子散布侵害外国人的谣言"，须"认真予以逮捕及惩罚"②。东南督抚的这些行动，表面上与清政府的"宣战"有抵触，实际上同它的对内镇压、对外妥协的一贯方针是一致的。所以，清政府接到他们实行"东南互保"的报告时，认为意见"正复相同"，同意了他们的做法。

"东南互保"表现了东南地区当权的洋务派官员与西方列强合作抵制义和团的意向，并在推行过程中保全了西方侵略者在长江流域和华南的利益，维护了这些地区督抚的势力。他们之间的互相勾结，破坏了东南各省人民反帝斗争的发展，同时有利于帝国主义集中兵力镇压义和团。

六、义和团运动的失败和《辛丑条约》的订立

八国联军在占领天津后，曾急于任命一个总司令以协调侵略步骤。俄国陆军部很想把这一职位抢到手，陆军大臣库罗巴特金还打算亲自担任。由于这一打算有违俄国政府表面维持对华友好的方针，又受到英、日等国的反对，因而没有得逞。8 月初，德皇威廉二世利用俄、英之间的矛盾，又以德国公使克林德在 6 月 20 日被杀为借口，向各国建议由德国元帅瓦德西担任联军总司令。这个意见首先得到俄国的赞同，随后其他各国也表示接受。9 月 25 日，瓦德西到达天津。

① 《许应骙致盛宣怀电》，《愚斋存稿》卷36，第34页。
② 《英国蓝皮书有关义和团运动资料选译》第206页。

联军占领北京后，曾将北京城划为俄、英、日、美、法、德几个占领区，实行军事殖民统治。侵略者公然张贴布告，禁止中国人民反抗，提出"遇有执持枪械华人，定必即行正法，若由某房放枪，即将该房焚毁"①。

联军还以北京为基地，派兵四出扩大侵略。9月下旬，俄军沿京榆路占领了北塘，然后扑向山海关。英国唯恐俄军占先，立即从大沽派出军舰，并于9月30日下午抢先占领了山海关。次日，俄军沿铁路赶到，几乎与英军发生冲突。后来，联军方面决定由各国共同占领山海关。10月，联军分别从北京和天津出发，沿芦汉铁路向南进犯，占领保定、正定、井陉等地，危及山西。在天津的侵略军还南下窜犯，直到山东边界。11月，联军又从北京出长城，进犯宣化、张家口一带。

八国联军在京津地区烧杀抢掠，暴行累累，骇人听闻。

在大沽周围地区，繁华的大沽竟被夷为平地，5万多居民的塘沽"已无华人足迹"②，1000多户的新河被烧得只剩下300余户，万户居民的北塘也伤亡过半。从大沽到北京，"沿途房屋未经被毁者极为罕见，大都早已变成瓦砾之场"③。

在天津，联军进城后即恣意屠杀，以致"自城内鼓楼迄北门外水阁，积尸数里，高数尺"④。至于抢劫财物，更是侵略者的惯技，"满载着抢来的毛皮、丝绸、瓷器等物的军人和文职人员，随处可见"⑤。

在北京，凡是义和团设过坛的房屋，都被焚毁。瓦德西还供认："联军占领北京之后，曾特许军队公开抢劫三日。其后更继以私人抢劫。北京

① 《俄国公示》，原件藏中国历史博物馆。
② 《瓦德西拳乱笔记》，《义和团》第3册，第18页。
③ 《瓦德西拳乱笔记》，《义和团》第3册，第29页。
④ 佚名：《天津一月记》，《义和团》第2册，第157页。
⑤ 科罗斯托维茨：《俄国在远东》第50页。

居民所受之物质损失甚大。"①当时,从公使、将军直到传教士、士兵,都参加了这一暴行。日军从户部抢去300万两银子后,立即烧房毁灭罪证。英军、美军还把抢来的东西造册,在使馆当众拍卖,卖的钱按官阶高低分赃。法国主教樊国樑从户部尚书立山家里一次就抢走价值100万两银子的财物。瓦德西则从钦天监里把17世纪设制的古天文仪器掠送柏林。大量珍贵的历史文物,也惨遭毁坏或抢劫。翰林院所藏著名的《永乐大典》,几乎丧失净尽;其他经史子集等珍本图书,共损毁4.6万余册。有人说:经过这次洗劫,中国"自元、明以来之积蓄,上自典章文物,下至国宝奇珍,扫地遂尽"②。

慈禧太后在逃经山西前往西安的路上,一方面发布命令,要官兵对义和团"严行查办,务净根株";一方面任命李鸿章和庆亲王奕劻为议和大臣,要他们尽快和帝国主义商议和谈。从此,清政府与帝国主义公开合流,共同镇压义和团。当八国联军四出扩大侵略时,驻扎在直隶境内的清军按照李鸿章的命令,一面大肆屠杀义和团,一面步步后撤,将大好河山拱手让给了敌人。

列强之间既有共同的目标,又各有自己的打算。联军攻占北京前,各国在"保护使馆"的幌子下暂时勾结在一起。占领北京后,它们过去潜伏着的错综复杂的矛盾都暴露出来,出现了英、俄两国为霸主继续争夺中国的激烈斗争。俄国为把东北占为己有,故意摆出一副对清政府"友好"的姿态,首先承认李鸿章为清政府的议和全权代表,主张立即撤退各国在北京的占领军,开始议和,以便取得清政府对它强占东北的承认。英国反对俄国的主张,不承认李鸿章为议和代表,反对联军从北京撤兵,声称要等

① 《瓦德西拳乱笔记》,《义和团》第3册,第31—32页。
② 《庚辛记事》,《义和团》第1册,第316页。

"中国立有合例政府方可开议"。英国所说的"合例政府",即指由它所操纵的亲英政府。德国在联军占领北京后,继续派遣大批陆军和军舰来华,计划侵占烟台,进一步控制山东,并向清政府勒索更多的权益。因此,它也反对撤兵及立即与清政府开始议和。日本因与俄国争夺中国东北有矛盾,支持英国的主张。法国为了反对英国在两广的扩张,也在一定程度上同意俄国的建议。美国乘机提出了《第二次门户开放宣言》,附和俄国的主张。帝国主义之间关于先撤兵后议和还是先议和后撤兵的激烈争论,实际上是各自在挑选代理人。结果,英、德、日向俄、美、法作了妥协,承认"皇太后(慈禧)为合例",并接受李鸿章为议和代表,交换条件是清政府接受各国提出的全部条件。

1900 年 12 月 24 日,除了参加武装侵略中国的俄、英、美、日、德、法、意、奥八个国家以外,又加上比利时、西班牙和荷兰,向清政府共同提出"议和大纲十二条",声称这些条件"无可更改"。这个"大纲"基本上包括了后来正式和约的主要内容。李鸿章等把它电告逃到西安的慈禧太后,慈禧太后见条款上没有将她作为祸首加以惩办,如获大赦,"诏报奕劻、鸿章尽如约"①。

此后,列强又在"惩凶"和"赔款"问题上进行了激烈的争吵。1901 年 9 月 7 日,俄、英、美、日、德、法、意、奥、西、比、荷 11 个帝国主义国家胁迫清朝政府签订了丧权辱国的《辛丑条约》。除正约外,还有 19 个附件。主要内容是:

(一)清政府向各国赔款白银 45000 万两。以关税、盐税和常关税作为担保,分 39 年还清,加上年息四厘,本息共计 9 亿 8200 多万两。各省地方赔款还有 2000 万两。这是自鸦片战争以来最大的一次赔款。从此,中

① 李希圣:《庚子国变记》,《义和团》第 1 册,第 34 页。

国的关税和盐税都受帝国主义控制。

（二）在北京设立"使馆区"。中国人民不准在这个区域内居住，帝国主义各国可以在这里驻兵。从此，"使馆区"成了"国中之国"，成了帝国主义策划侵略中国的大本营，各国公使成为清政府的太上皇。

（三）大沽炮台以及从北京到大沽沿路的炮台"一律削平"。从北京到山海关铁路 12 个战略要地（黄村、廊坊、杨村、军粮城、塘沽、芦台、唐山、滦州、昌黎、山海关、秦皇岛、天津），准许各国派兵驻守。这样，侵略者可以随时对清政府进行军事控制，直接镇压中国人民的反帝斗争。

（四）惩办在义和团运动中和帝国主义作对的官吏。永远禁止中国人成立或加入反帝性质的各种组织，"违者皆斩"。地方管辖区内如发生此类事件，"必须立时弹压惩办"，否则"即行革职，永不叙用"。这是帝国主义要清政府更加唯命是从，进一步镇压中国人民的反帝斗争。

（五）改总理衙门为外务部，"班列六部之前"，以办理今后对帝国主义的交涉。

《辛丑条约》是帝国主义强加给中国的一个严重的不平等条约。列强除了穷凶极恶地对中国人民敲榨勒索外，还重新确立了以慈禧太后为首的清政府继续充当它们的在华代理人。清政府也彻底投降帝国主义，表示要"量中华之物力，结与国之欢心"，并公开保证永远禁止中国官民成立任何反帝组织和坚决镇压中国人民的反帝斗争。从此，清政府完全成为"洋人的朝廷"。

义和团反帝爱国运动虽然被中外反动派联合绞杀，但中国人民敢于同帝国主义血战到底的英雄气概，使帝国主义分子认识到要瓜分"地土广阔、民气坚劲"、"尚含有无限蓬勃生气"的中国是不易实现的[①]，而不得不

---

① 《有关义和团舆论》，《义和团》第 4 册，第 245 页；《瓦德西拳乱笔记》，《义和团》第 3 册，第 86 页。

采取"以华治华"的政策。正是义和团运动所显示的力量打乱了列强共同瓜分中国的侵略计划。

中国人民通过这一次血的教训,进一步认清了清政府已经变成帝国主义的忠实走狗,不打倒它,中华民族不可能有振兴之日。全国人民反清斗争日益高涨,清政府则愈来愈孤立,终于在十年之后,为辛亥革命的浪潮所吞没。

第六章

辛 亥 革 命

第一节　民族灾难的深重和清末"新政"

一、帝国主义对中国侵略的加深

《辛丑条约》订立后,帝国主义各国军队陆续从华北撤走,但沙俄的十几万大军仍然盘踞在我国东北。1902 年 4 月订立的《中俄交收东三省条约》规定,俄军在一年半内分三期撤出,然而沙皇尼古拉二世企图夺取"满洲",根本没有履行条约、真正撤军的打算。第一期(1902 年 10 月)只是把辽西的俄军集中到中东铁路沿线。第二期(1903 年 4 月)将要到期,便提出俄国在东三省享有特殊权益的七项无理要求,作为撤军的前提条件。这显然是企图借词拖延,为俄军长期侵占东北制造借口。接着,沙皇政府特设远东总督府于旅顺,非法将旅大租借地及中东铁路沿线作为俄国远东领土的一部分,归远东总督管辖。到第三期(1903年10月),俄军非但不撤,而且增兵重新占据奉天省城(今沈阳)。他们派兵驻守各衙门及电报局,命令各家各户悬挂俄国国旗,并强迫各处团练交出武器,气焰万分嚣张,妄想实现把我国东北变为"黄俄罗斯"的野心。

沙俄的"黄俄罗斯"计划和日本夺取我国东北的侵略政策发生了严重冲突。英国在中东、远东各地和沙俄争夺霸权,矛盾很深,因而和日本订立同盟,大力支持日本对抗沙俄。美国也企图插足东北三省,不愿沙俄独占东北权益,希望日本去"开放"被沙俄关闭的"门户"。在英、美等国支持下,日本积极准备对俄作战。从1903年8月起,日、俄两国为宰割我国东北举行了多次谈判,未能达成分赃协议。

1904年2月6日,日本对旅顺口的俄国舰队发动突然袭击,日俄战争爆发。这是为争夺中国领土并在中国领土上进行的一次帝国主义战争。日、俄双方海、陆军全力进行厮杀,经历了一年多的时间。从2月到8月,日、俄舰队在旅顺口附近多次海战,俄舰受到重大损失。同一期间,日本陆军一路自新义州渡鸭绿江,攻占九连城、凤凰城、宽甸、本溪湖,进逼辽阳,牵制住在辽沈地区的俄军主力;另一路从貔子窝登陆,攻占金州、营口,切断了俄军主力与旅顺口及海上之间的联系。9月,经过激战,俄军主力自辽阳撤退到沈阳。1905年1月,旅顺口俄军投降。2、3月间,双方共60万兵力展开为期两周的沈阳大会战,俄军败北。日军进占开源、铁岭,因实力耗损巨大,无力继续进攻。双方陆战呈现僵持状态。沙俄为挽回海军败局,由欧洲调舰队东驶,结果于5月间在对马海峡全军覆没。

日、俄两个帝国主义强盗为争夺中国并闯入中国厮杀,清政府竟宣称"彼此均系友邦",将辽河以东划为"交战区",而自守什么"局外中立"。战争给战区人民带来了巨大灾难,盛京地区"陷于枪烟弹雨之中,死于炮林雷阵之上者数万生灵,血肉飞溅,产破家倾,父子兄弟哭于途,夫妇亲朋号于路,痛心疾首,惨不忍闻"[1]。"自旅顺迤北,直至(柳条)边墙内外,凡属俄、日大军经过处,大都因粮于民,菽黍高粱均被芟割以作马料,纵横千里,几同赤地"[2]。双方军队抢掠骡马牲畜,要索银钱粮草,焚毁官署民居,破坏村落田园,强迫中国人搬运辎重,充当苦役,乃至奸淫杀戮,无所不至。家仇国难,迫使东北人民进行自卫反击。盛京、金州、复州、岫岩、海城、营口、辽阳、沈阳附近及铁岭以北,都有抗俄义军的活动,或攻击小股俄军,或偷袭俄军粮台,或炸毁从哈尔滨到铁岭的铁路。旅京学生张榕、朱锡麟、丁开嶂等激于义愤,弃学返乡募兵,号召"拒俄自立"。在日军占领区内,也发生了群众反抗日寇蹂躏的斗争。

　　1905年,俄国国内爆发革命。沙皇政府为了镇压本国的革命运动,急于早日结束战争。日本虽然在海、陆两个战场上都获得胜利,但打得精疲力竭,难以继续作战。6月,在美国的调停下,日、俄各派代表前往美国议和。9月5日,签订《朴次茅斯条约》,其中规定:两国除铁路警备队外,同时撤退在中国东三省的军队;俄国将租自中国的旅顺口和大连湾、长春至旅顺口的

江孜炮台遗址

铁路及其他有关权益全部"转让"给日本。日俄战争结束。

---

① 《盛京时报》,光绪三十二年九月初一日。
② 《日俄战纪》第13册,第85页。

　　日、俄交恶期间,英国曾在西藏燃起战火。1903 年 8 月,英国派遣麦克唐纳指挥一支侵略军,"护送"使节荣赫鹏入藏"谈判"。侵略军从亚东入境,打退藏军阻击,占领帕里,随即进驻干坝。12 月,英军大举进攻,西藏地区军民英勇抵抗。1904 年 5 月,英军占领江孜宗(县)政府,西藏军民主动出击,夺回宗政府,并坚守宗政府所在的山头,在武器落后及弹药不足的情况下,多次击退敌人的进攻,坚守达一月之久。8 月,英军侵入拉萨,烧杀淫掠极为残酷,大批珍贵文物被劫走。9 月,英国侵略者强迫西藏地方官员签订《拉萨条约》,主要内容是:开江孜、噶大克、亚东三地为商埠,赔偿英国兵费 50 万镑,自印度至江孜、拉萨的炮台和山寨一律拆除,把西藏变为英国独占的势力范围。西藏军民坚决抵制《拉萨条约》,清政府也不敢在条约上签字。直到 1906 年 4 月,在英国的压力下,才在北京重订新约。英国取得了《拉萨条约》中规定的许多特权,但承认西藏是中国不可分割的一部分,"允不占并藏境及不干涉西藏一切政治",割取西藏的野心没有得逞。

　　西藏狼烟未熄,德国在 1904 年派炮舰驶入长江,要求"租借"洞庭湖和鄱阳湖一带,长江流域也曾一度出现了紧张局面。

　　从甲午战争以来,帝国主义列强公开叫嚣瓜分中国并实行军事压迫的紧张局势,到日俄战争结束才告缓和。"瓜分"急先锋沙俄受挫,退守北满。日本跻身世界强国之林,日俄战后,它便强迫清政府订立《中日会议东三省事宜》正约及附约。清政府除承认日本继承沙俄从中国所攫取的长春以南的全部利权外,还同意增开凤凰城、辽阳、铁岭、长春、吉林、哈尔滨、齐齐哈尔、瑷珲、满洲里等 16 处为商埠,在营口、安东、沈阳等地划定日本租界,并给予改建和经营安奉铁路及采伐鸭绿江右岸森林等权益。在世界范围内,随着英、俄争霸转为英、德争霸,欧洲各国为了准备重新瓜分殖民地的世界大战,急于拉拢日本和调整它们相互之间在远东的关系。

1907年，日法、日俄、英俄相继订立协定。这些协定一方面相约维持现状，"尊重中国的独立和完整"，另一方面又相互保证各自在华的"特殊利益"。例如，日法协定中承认它们两国各自在中国和越南的侵略地位；日俄协定所附秘约规定，从俄国和朝鲜边界的西北端划为一直线至乌兰浩特附近，线南属日本，线北属沙俄，彼此保证不侵入对方界内，并不阻挠彼此在各自界内寻求让与权的任何行动。1910年、1911年，日、俄又两次续订协定，除重申1907年协定内彼此的特殊权益并共同保护这种权益外，日本还给予俄国"在蒙古活动的充分自由"。"人为刀俎，我为鱼肉"的态势和"瓜分豆剖"的危机始终是激励中国人民奋起自救的号角。

不过，"瓜分"毕竟没有成为事实。20世纪头10年，帝国主义对华侵略的主要方面还在于政治控制的加强和经济势力的扩展。

《辛丑条约》给予帝国主义各国以挟制清朝政府的种种权利，清朝统治者也俯首贴耳，甘当"儿皇帝"。各国驻华公使颐指气使，左右朝政，甚至干预督抚大员的调用。例如，1904年清廷命胡廷幹署山东巡抚，就因德国公使反对而改调杨士骧。在清政府的重要部门，任用了不少"客卿"，除长期把持海关的总税务司英人赫德外，财政顾问美人精琦、邮政总办英人帛黎等，都是颇有实权的。"客卿"还进入了地方衙门，例如，日本的坂西少佐担任直隶督练分所的军事顾问，德国的肯多福以山东巡抚办事随员的名义，插手山东的路矿、巡警、洋务、商务各要政。

1902至1903年，英、美、日三国先后和清政府签订新的《通商航行条约》，为外国资本家对华倾销商品和输出资本提供了更为有利的条件。通商口岸由1899年的45个增至1911年的82个，并在其中的16个城市设立了"租界"。各通商口岸的外国商行由1901年的1102家增至1912年的2328家，垄断了中国的进出口贸易。1900年，中国进出口总值为3.7亿多海关两，入超5000多万两；1906年，总值增为6.4亿多元，入超则增至 1.7 亿多两。尽管中国在国际贸易中的地位很低,直到 1911 至 1913 年间,中国的对外贸易仅占国际贸易的 1.7%(而人口则占 20%),但就中国本身而言,对外贸易的发展是相当迅速的。进出口贸易的增长说明国内外市场的扩大,冲击着中国封建社会经济的平衡,给外国资本家提供了巨大利润,而巨额入超则依靠外资和侨汇才使中国的国际收支没有发生严重问题。

外国在华投资是在 20 世纪初期大大发展起来的,包括直接投资和借款。甲午战争前,帝国主义在华投资总共不过二三亿美元。到 1902 年,加上该年的庚子赔款 6900 多万元,总额达 1.5 亿多元。1914 年,该年的庚子赔款降为 5400 多万元,而总额则猛增至 2.2 亿多元。截至 1911 年,清政府的外债累计超过 12 亿两,外国在华投资总额约 20 亿元。中国已修成的铁路里程的 93.1% 控制在帝国主义手里。此外,外资还控制着中国机器采煤的 91.9%(1912 年),生铁生产(不含土法制铁)的 100%,棉纺生产的 76.6%(1908 年),内外航运的 84.4%(1907 年)。几十家外国银行及其分支机构操纵中国外汇、经办对华贷款、投资开设厂矿、大量发行纸币,形成在中国金融系统中的垄断地位。帝国主义的资本输出,一方面刺激着中国民族资本主义的发展,另一方面掠夺着中国的资源和财富,并通过操纵中国经济命脉,进而操纵中国的政治和军事力量,把对中国的控制权伸展到各个领域,陷中国于"名存实亡"的绝境。

这时期,中国矿山、铁路等利权是帝国主义掠夺的重要目标,而铁路利权尤为帝国主义所垂涎。因为攫取铁路利权,不仅是帝国主义对华输出"过剩"资本、榨取巨额利润的极好途径,而且是它们伸展势力范围、扩大政治、经济、军事、文化侵略的重要杠杆。日本《朝日新闻》曾鼓吹:"铁路所布,即权力所及。凡其他之兵权、商权、矿权、交通权,左之右之,存之亡之,操纵于铁路两轨,莫敢谁何。故夫铁道者,犹人之血管机关也,死生存亡系之。有铁路权,即有一切权;有一切权,则凡其地官吏,皆吾颐使之奴,其地人民,皆我刀俎之肉",是"亡人国"而"亡之使不知其亡","分人土"而"分之使不知其分"的绝妙方法①。日、俄分割南满、中东铁路利权从而分霸南、北满,是"有铁路权即有一切权"的突出事例。《朴次茅斯条约》使日本取得了长春至旅顺口铁路及其附属权益。1906 年,日本天皇敕令设立南满洲铁道株式会社,作为侵略的大本营;同时设置关东都督府,对旅大租借地实行殖民统治,并"保护"和"监督"满铁会社的"业务"。满铁会社成立后,除已取得的南满铁路及其支线的经营权外,又通过贷款控制了新奉铁路和吉长铁路。铁路沿线到处设有以"保护铁路"为名的日本兵营。日俄战争期间,日本已经霸占了抚顺、烟台、本溪湖等处煤矿,任意采伐长白、临川境内森林;战后,又取得了鸭绿江沿岸木业和南满、安奉铁路沿线矿业由"中日合办"的特权。到 1911 年,东北南部地区开设了由日本投资经营的资本 10 万元以上的大型工矿企业近 30 家,10 万元以下的则在 50 家以上。仅满铁会社所属的煤矿,在 1907 至 1911 年的五年中,便挖掘了 340 多万吨煤,获得了 1000 多万日元的利润。沙俄则以中东铁路公司为大本营,垄断了东北北部的水陆交通,占有"铁路用地"13 万余垧,享有铁路沿线两侧 30 华里以内的煤矿开采权和 200 平方里林区的采伐权。"铁路用地"相当于铁路实际用地的三倍,中东铁路公司内特设有"地亩处",不仅利用这些地段安置行栈、划分街区、开辟市场,而且将"剩余"土地租给附近农民耕种,征收税租。沙皇政府还借口《中东铁路合同》法文本载有"该公司在(铁路)地段内享有绝对的及独占的管理权"等字样,企图把铁路沿线变成"租界",建立俄国对该地居民的殖民统治。这样,东三省实际上便被分割为日俄的天下。

---

① 宓汝成:《中国近代铁路史资料》第 2 册,第 684 页。

大利所在,引起了帝国主义各国间的激烈争夺。20 世纪初年,英、俄、日三国在退还山海关内外铁路的交涉中进行了激烈的争斗。法国成立滇越铁路公司,加紧建造滇越铁路,并企图夺取两广路权;英国阴谋展筑滇缅铁路,染指粤汉铁路,并夺取江浙路权;英、德两国加紧侵夺津镇铁路;日、美、德等国为攫取福建、浙江、江西路权展开了各种阴谋活动。1902 至 1903 年间,正太、汴洛、沪宁三路分别落入俄、比、英等国的掌握。日俄战争后,美、英等国为动摇日、俄在东三省的垄断地位,曾经策划过收买南满铁路、建造新法铁路、锦瑷铁路以及所谓“满洲铁路中立化”计划等,因日、俄抵制而搁浅。1909 年 6 月,清政府和英、法、德三国银行团订立《湖广铁路借款合同》,因美国强烈要求参加,改组为四国银行团,企图控制中国的财政、金融并垄断对清政府的贷款。

帝国主义对中国的掠夺、奴役及其相互间的争斗与妥协,使中国大地笼罩着“亡国灭种”的阴霾,刺激着中国人民爱国运动持续高涨,并深刻地影响着中国的社会经济和清朝政局。

二、清末“新政”

清王朝在义和团战争中几乎垮台。为了继续取得帝国主义的扶植,安抚统治阶级内部各派系和资产阶级上层人物并欺骗人民,还在慈禧太后挟光绪皇帝逃亡西安期间,便发布“罪己诏”和“改革”谕旨,要求官员们“各就现在情弊,参酌中西政治,举凡朝章国故,吏治民生,学校科举,军政财政”等情,考虑“当因当革,当省当并”,限期奏报[1]。1901 年 4 月,清政府成立督办政务处,作为规划“新政”的机构,命奕劻、李鸿章、荣禄等 6

---

[1]　《光绪朝东华录》第 4 册,总第 4602 页。

人为督办政务大臣,刘坤一、张之洞遥为参预。从此,逐步推出各项"新政",主要包括如下几个方面:

一、改革官制。1901 年 7 月,清政府应帝国主义要求,撤销总理各国事务衙门,改设外务部,"班列六部之前"。为适应"新政"的需要,1903 年设商部(后来与工部合并,改为农工商部)、练兵处(后来与兵部合并,改为陆军部),1905 年又增设巡警部(后改为民政部)、学部。在此期间,先后裁撤了河东道总督,云南、湖北、广东三省巡抚及詹事府(并入翰林院)、通政司等"冗衙",并宣布裁汰胥吏差役,停止捐纳实官("虚衔、封典、翎枝、贡监"等除外)、废除勒索性"陋规"、"供应"等。自隋唐沿袭下来的传统的六部建置至此瓦解。但这种裁旧衙门、添新衙门的"官制改革",丝毫没有触动封建专制的政治体制,也没能革除清政府腐败、无能的种种弊端。"整顿吏治"等则流于一纸空文。1906 年清廷宣布"预备立宪"后,官制改革成为首要"预备"项目,并引发了统治集团内部的权力纷争。

二、改革兵制。1901 年,清廷下谕停止武举,命各省筹建武备学堂,并决定裁汰 20% 至 30% 的绿营和防勇,建立按西方国家的营制、采用洋操训练、使用洋枪洋炮的"常备军"。1902 年,继李鸿章任直隶总督的袁世凯练成"北洋常备军"一镇,约 1.25 万人,湖广总督张之洞也练成"湖北常备军"两翼,约 7000 人,成为全国练兵的"样板"。1904 年,练兵处和兵部奏准在全国编练"常备军"三十六镇(师),每镇官兵 1.25 万人,总共为 45 万人,后来还拟定了按省分配、限年编成的办法。但除袁世凯在 1905 年编成"北洋陆军"六镇外,各省限于财力、人力,大都没有完成计划,直到清朝覆亡,总共只编成十四镇和十八个混成协(旅)、又四标(团)及禁卫军一镇,约 17 万人左右。这些新编的"常备军",泛称"新军"。为争夺"新军"的指挥权,激化了满、汉统治集团之间的矛盾。由于"新军"军官多选用国内外军事学校毕业生,对士兵也要求具有某些文化知识,从而为革命知识分子的活动提供了条件,最终使"新军"成为一支反清力量,这是清朝统治者始料不及的。

三、改革学制。主要包括"停科举"、"设学堂"和"奖游学"三项内容。为了造就有用的人材,传统的科举制度必须改革,这是有识者的共识。应诏陈言的刘坤一、张之洞在《江楚会奏变法三摺》中便强调了这个问题。1901年,清廷谕令从1902年起各省科举要考试能够解说四书、五经和论述中国历史、政治及西学政治、艺学的"策论",废除八股文章;将各省、府、州县的书院改设大、中、小学堂,学生毕业后可以取得功名;选派学生出国留学,毕业后"分别赏给进士举人出身",自费留学学生也"一体考验奖励"。1902年,派张百熙为管学大臣,颁布《钦定学堂章程》。1904年,重订学堂章程,制定了一套以日本教育为模式的学堂行政管理规章,规定学堂分为初等和高等小学堂、中学堂、高等学堂三级,高等学堂毕业后还可以升入分科大学或通儒院深造,通儒院或分科大学毕业生授予进士功名,高等学堂毕业生授予举人功名,中学堂和高等小学堂毕业生授予生员(秀才)功名,并宣布科举录取名额将自丙午(1906年)科起递减。1905年9月,清廷下令从1906年起停止一切科举考试,随后命令各省学政专管学堂事务,并在12月设立学部。延续一千多年的科举制度终于被废除了,这是具有深远意义的重大举措。科举的废除大大加速了学堂建立的步伐。据学部统计,1904年全国学堂总数为4222所,学生92169人;1909年学堂总数猛增为52346所,学生达156.027万人。留学生人数也大幅度增长。一个不同于旧式文人和封建士大夫的新知识分子群体活跃于历史舞台,在政治和社会生活中发挥着越来越大的作用。清朝统治者改革学制的本意在于因应时势、培养既忠于朝廷又懂得西学的候补官员,指导思想并没有超出"中学为体,西学为用"的范围。清政府曾三令五申,各级学堂"当以四书五经、纲常大义为主,以历代史鉴及中外政治艺学为辅","均以忠孝为本,以经史之学为基,俾学生心术壹归于纯正,而后以西学瀹其智识,练其艺府"①。但学生们在或多或少地接受了西学之后,感受着民族危难的刺激,便逐渐走向朝廷的对立面,成为清朝统治者所无法控制的社会力量。

四、奖励工商。主要是为工商业的振兴立法和给予兴办实业卓有成效者以奖励。1903 年商部成立前,清廷已派人议订商律,商部成立后,陆续公布了《商律》、《公司注册试办章程》、《商会简明章程》、《奖励公司章程》以及《矿务章程》、《试办银行章程》等。1905 年,商部在北京设立劝工陈列所、高等实业学堂,开办户部银行。《奖励公司章程》后经修订,还公布了《奖给商勋章程》、《华商办理农工商实业爵赏章程及奖牌章程》等。除"立法"与奖赏外,清政府并没有采取任何振兴实业的实际措施,即如严重阻碍工商业发展的厘金制度,也没有什么变化。但这些"立法"和奖赏,在保障工商业者权益和提高工商业者地位方面还是起了一定的作用。在大、中城市,新的"商绅"阶层开始崛起,这些"商绅"不仅跻身于传统"士绅"的行列,并有取代"士绅"传统地位之势。

此外,清政府还发布了禁缠足、禁鸦片、废酷刑以及允许满汉通婚等命令。

综观"新政",虽然在某些方面取得了一定的成效,但显得支离、敷衍、拖沓,缺乏总体目标和实施规划。根本问题在于政治制度改革的滞后。官制改革只是裁并一些旧衙门,增设一些新衙门,从朝廷到地方体现封建专制的整套统治机构,丝毫没有触动。这套机构所派生的种种弊端自然也无从消除。不少"新政"流于一纸空文。即以较有成效的学制改革来说,许多新式学堂只不过是旧式书院或村塾挂上一块新招牌而已,特别是在州县,根本没有那么多合格的教师,因此新式学堂只好仍然照旧授课,"新瓶装旧酒"。财

---

① 《光绪朝东华录》第 4 册,总第 4719 页;第 5 册,总第 5125 页。

政的困难也限制着"新政"的推行。清政府早已入不敷出，《辛丑条约》订立后更是债台高筑，罗掘俱穷。筹办"新政"需要经费，在乱增税种、乱提税率、严剔中饱、多方搜刮仍严重不足的情况下，便只好让各地官吏自开饷源任意抽税，从而财税制度紊乱不堪，贪污勒索肆无忌惮。没有可靠的经费来源，"新政"的推行自然步履维艰。新军的编练就是这样。"新政"的支离、敷衍、拖沓，使人们对清政府推行"新政"的诚意产生了怀疑，政治制度改革的呼声于是日益强烈。

三、残破的农村经济和民族资本主义发展的艰难

进入 20 世纪，中国广大农村仍然是封建统治下的小农经济，大部分土地掌握在地主手中。据 1911 年的调查，在主要农业省份，三分之二以上的农民都是缺地少地的佃户和半佃户，为了租种地主的土地，农民需要把收成的半数以上奉献给地主。军阀、官僚、地主、富商、高利贷者大肆兼并土地，他们所占的土地面积，往往达数千亩、数万亩乃至数十万亩。资本主义经济的发展，在城市附近，地租的形式有从分成租向定额租、从实物向货币发展的趋势，表明农民的人身依附关系有些松动。但这丝毫没有减轻地租的剥削，有的地区甚至达到敲骨吸髓的地步。例如，江苏震泽县"田每亩得二十（斗）粟已庆大有，其代价不过六七元，除去肥料人工，所余几何？乃收租竟至五六元，少亦须五元，是以冬期农民只可罗掘以应，不足则卖妻鬻子以偿"①。不断增加的外债、新捐，最后又都落在农民身上。仅庚子赔款一项，从 1902 年起，每年必须支付 1800 多万两，头三年另加赔款缓期半年的利息 300 多万两。户部把赔款额摊派给各省。建

---

① 李文治：《中国近代农业史资料》第 1 辑，第 287 页。

议各省试办"房间捐输"、"按粮捐输"、地丁收钱提盈余、盐斤加价再加价以及增抽厘捐等办法,并声明如果上述办法"窒碍难行",各省还可以"因时制宜","另行筹措",只要求"凑足分派之数,如期汇解"[1]。于是,各省的田赋、粮捐、房捐、卖税以及其他各种名目的苛捐杂税迅速增加,各级地方官吏又乘机贪污中饱。1904 年,清廷曾公开承认:"近年以来,民力已极凋敝,加以各省摊派赔款,益复不支,剜肉补疮,生计日蹙……各省督抚因举办地方要政,又复多方筹款,几同竭泽而渔。其中官吏之抑勒,差役之骚扰,劣绅讼棍之播弄,皆在所不免。"[2]1909 年,御史胡思敬奏称:"业之至秽至贱者灰粪有捐,物之至纤至微者柴炭酱醋有捐,下至一鸡一鸭一鱼一虾,凡肩挑背负、日用寻常饮食之物,莫不有捐";农民负担"漕粮、地丁、耗羡之外,有粮捐,有亩捐,有串票捐,田亩所出之物,谷米上市有捐,豆蔬瓜果入城有捐,一身而七八捐",因而"力不能胜,弃田潜逃者比比也"[3]。

　　封建地主阶级和清政府的残酷压榨,是造成农村经济残破的一个原因。还有另一个原因,就是帝国主义的疯狂掠夺,以及商业高利贷资本的残酷盘剥。外国商品的大量涌入,特别是洋纱洋布的倾销,使广大农村家庭手工纺织业遭到了严重的摧残,剥夺了农民藉以勉强维持穷苦生活的手段。同时,随着自给自足的自然经济的破坏,农产品日渐商品化,农村经济被卷入了商品市场,加速了广大农民的破产。据直隶省景县的调查材料,1880 年一斗小麦可换得十五尺洋布,至 1910 年便只能换得九尺二寸,减少了三分之一以上。投机商人和高利贷者利用农民的贫困,农产品

① 《光绪朝东华录》第 4 册,总第 4725—4726 页。
② 《光绪朝东华录》第 5 册,总第 5251 页。
③ 胡思敬:《极陈民情困苦请撙节财用禁止私捐疏》,《退庐疏稿》卷 1。

压价收购,低价预买,使农民受到难以估量的损失。例如,1910年秋收后,湖南华容德兹口、南州三仙湖一带谷价大贱,"每谷一石,仅售钱九百文",合银只四钱五分,农民为生活、债务所逼迫,不得不忍痛出售,"大耗血贲,有多数因之破产荡家,无复再能业农者"①。由于商业资本的控制操纵,粮价暴涨暴跌,农民越来越严重地遭受商业高利贷资本在市场的投机盘剥,这种盘剥又和封建性质的地租、高利贷剥削联系在一起,使广大农民陷入了绝境。据1906年《盛京时报》记者报道:"向四乡农民询及今年丰歉何如,莫不痛心疾首曰:'无论丰歉何如,嗣后种地皆须赔死。'"②

亿万农民的赤贫化,不能不引起农业生产的衰退。农民们挣扎在饥饿死亡线上,终日不得一饱,自然不可能改善生产经营。通常的农具仍然是世代相传的犁、耙、锄、镰,而且由于农民贫困已极,无力畜牛,只得以人代牛耕作,肥料缺乏,只得坐视土地日益浇薄,因而产量递减,生产衰退。加上连年不断严重灾荒,更使得农村经济趋于崩溃的状态。1905年前后,全国每年受灾地区平均达三四百州县。灾区如此广泛,灾情又极其严重。1906年的报纸报道:"今年中国饥馑之状,实为从来所未有……灾荒之广泛,约八百平方英里,被灾民数有一千五百万之多。"③1910至1911年间,长江流域六省同遭水灾,"江、浙、湘、沔、淮、泗之间,嗷嗷之声,达于比户。而淮安、扬州、江宁、平湖、海州等处,老弱流亡,络绎道路,或数百人为一起,或数千人至万人一起。汉口地方聚至二十余万人"④。湖南饥民卖女,价仅2000文。皖北一带,往往数十里内炊烟断绝。

在农村经济残破的背景中,民族资本主义近代工业艰难地向前发展着。

---

① 《帝国日报》,宣统二年十月十日。
② 《盛京时报》,光绪三十二年十一月二十二日。
③ 《时报》,光绪三十二年十一月十六日。
④ 陈雨人:《陈侍御奏稿》卷1,第37页。

　　中国资本主义工业在 1895 至 1898 年一度出现兴办高潮后,经过几年的回落、徘徊,从 1904 年起开始回升,1905 至 1908 年出现了又一次高潮。四年间,新设资本万元以上厂矿 238 家,资本额 6121.9 万元,较上次高潮增长三倍以上。1909、1910 年发展势头减弱,但还是有所增长。总计 1901 至 1911 年间,新设厂矿达 386 家,资本额 8.8348 亿元,十年间超过前此三十年设立的厂矿、资本额总数二倍以上①。

　　商办民用企业的突飞猛进是这时期的特色。洋务运动时期清政府兴办的军工企业这期间大都靠常年拨款维持生产,很少增资扩建,唯一新设的北洋机器局是在天津机器局被烧毁后兴办的。由于经费困难,出现了"招商承办"的呼声,个别局厂由"军工"转"民用"而改归商办。例如,江南制造总局在 1905 年将船坞和相关机器部门析出,承揽修造各商轮船,"变为纯粹商业机构"②。洋务运动时期占当时民用企业资本总额 78% 的"官办"、"官督商办"厂矿,这期间发生了不少变化:有的停办,如兰州织呢局、漠河金矿;有的因债务而受外国资本控制,如开平煤矿、湖北铁政局;有的招商承办,如上海机器织布局、湖北纺织四局;继续维持的也失去了原来的垄断地位,如上海轮船招商局。新设的"官办"、"官商合办"厂矿资本所占比重下降到民用企业资本总额的 27.1%,商办企业则占 72.9%,处于绝对优势。民族资本向城市公用事业方面发展,是这时期出现的新动向。据统计,1901 至 1911 年间,各地自办水、电厂共计 36 家,资本额 1900 多万元,其中商办 31 家,资本额 1500 多万元。在收回利权运动推动下,采矿业有了较大的发展。1901 至 1911 年间,开办矿冶企业 55

①　参考严中平:《中国近代经济史统计资料选辑》第 93 页,表 1;汪敬虞:《中国近代工业史资料》第 2 辑下册,第 649、657 页。
②　《中国近代工业史资料》第 2 辑上册,第 460—463 页。

家,资本额 1600 多万元,其中商办 26 家,资本额 700 多万元。纺织、食品方面,仍是民族资本的主要投向。1901 至 1911 年间设立的纺织厂共 85 家,资本额 400 多万元;食品厂共 95 家,资本额 1300 多万元,除少数几家官商合办外,几乎全是商办的。此外,卷烟、造纸、火柴、玻璃等轻工业,都有一些发展。

在兴办近代企业的过程中,某些和帝国主义、封建主义有密切联系的资产阶级上层人物的经济力量发展较快,社会地位也显著提高。出身于大商人、买办的,往往乞求外国资本的"援助",或者把自己的企业在国外注册,或者吸收一部分外国股份,或者聘请一位外籍经理,借以抵制清政府的压制和征敛。出身于大地主、官僚的,往往勾结官府作奥援,进行封建式垄断,排斥一般工商业者的自由竞争。前者可以祝大椿为代表,后者可以张謇为代表。祝大椿原是英国怡和洋行买办,借佣金积累了大量资财,从 19 世纪 80 年代起就开始投资于近代企业。由于他和帝国主义的关系十分密切,可以借其势力避免地方官的种种勒索,所以营业发展较快,先后投资于航运、面粉、缫丝、纺织、打包等工业,其中源昌碾米厂、怡和源打包公司、公益纱厂都是与外商合办的。本来公益纱厂"纯系华人资本,后为营业起见,利用怡和洋行推广销路,让一部分之股分于英人,改为中英合办"[①]。祝大椿经营的企业获得发展,显然得益于帝国主义势力的庇护。后来,他充当上海工部局学校、上海商务总会及上海造纸、榨油厂董事、锡金商务分会总理,清廷赏给他花翎、道衔。张謇是甲午(1894 年)科状元,授翰林院修撰。他创办大生纱厂,不仅在筹建期间曾借用公款,依靠官兵保护厂房,而且开业以后还依仗清政府的扶植,取得了"二十年中,百里之内,不准别家设立纱厂"的垄断权。1904 年,上海纺织业资本

---

① 《中国近代工业史资料》第 2 辑下册,第 1126 页。

家朱畴拟在崇明增设大有公司,清政府商部竟出面替张謇加以阻止;朱畴拟改在海门设立裕泰纺织分厂,又遭到张謇的坚决抵制。由于具有这种垄断地位,张謇经营的大生纱厂获利甚丰。他用纱厂的部分盈余结合招股,先后创办了通海垦牧公司、广生油厂、大达外江轮步公司、天生港轮步公司、资生铁冶厂等20多个企业,并充当江苏教育会副会长、江苏铁路公司协理、中国图书公司总理、江苏咨议局议长,清廷赏予三品衔和商部头等顾问官,俨然成为"东南实业领袖"。

　　然而,民族工业的基础仍然是十分脆弱的。突出的表现是资金不足。帝国主义的掠夺,使中国民穷财尽,百业萧条。据统计,1903年,赔款及外债本利为6800万元,进出口贸易入超4.8亿多元,外商在华企业盈余为2400多万元①,仅此三项,中国在一年内便被掠走银元2亿以上。1904年,张謇便曾忧心忡忡地指出:"前、上两年每交赔款之时,上海商市大力掣动,拆息之大为从来所未有。推原其故,由于输出之银太多,商市因之窘蹙。屈指赔偿之期未至十一,而上下交困,势已如此。过此以往,何堪设想!"②这种"上下交困"的社会危机和"不堪设想"的惨淡前景,年复一年,情况愈益严重。汪洋大海般的封建经济关系也起着阻遏社会资金流向近代企业的作用。土地、高利贷和商业是中国富豪们传统的投资对象,收益大,又较熟悉,因而感到稳妥。为了吸引投资,近代企业在开工之前就往往要付出8%的固定官利,但仍然低于当时一般在12%上下,并可高达30%的市场利率。据统计,1912年,在农商部登记的全国钱庄和典当业资本为1.6亿多元,比全国工业资本(不到5500万元)多出两倍有余。也就是说,流向钱庄和典当这两个封建性行业的社会资金便大大超过了

　　① 《中国近代经济史统计资料选辑》第88页。
　　② 张謇:《张季子九录·政闻录》卷3,第3页。

工业投资。资金贫乏,不仅使中国的重工业得不到应有的发展,而且轻工业也是规模小、资本有机构成低下,经不起风浪。1905 至 1908 年民族工业的兴盛,是和抵制美货、收回利权等爱国运动的推动分不开的。就扬州织布业的情况来说,因抵制美货运动减少了美国布匹的输入,"扬城内所设之机器手工织布厂,去岁(1906 年)年终已不下四十余处"①。但运动平息后洋布卷土重来,扬州织布业经受不住压力,发生了一片"倒风",至 1907 年,保存下来的不过十余家,而且都赔累不堪,难以继续维持下去。1908 年以后,由于银根紧迫,控制金融市场的外国银行拒绝给钱庄、银号拆息借款,引发了接二连三的金融风潮,1909 年三起,1910 年八起,1911 年仅上半年便达五起,从而"富商巨肆,倒闭频闻",市面萧条,百业凋敝,整个工商界都处于岌岌可危的困境。

　　随着民族资本主义的发展,民族资产阶级的力量和组织程度都有所加强。据光绪三十三年(1907 年)《东方杂志》所载,各地成立的商务总会、分会达46 所。安徽省于 1906 年 10 月成立芜湖商务总会,到 1908 年各埠商务总会、分会增至 12 所,1911 年增至 33 所。许多重要集镇设有商务分所、商务集议所。此外,还成立了一些专业商会,如茶业商会等。一些重要城市的商会组织,大都掌握在资产阶级上层人物手中。这些上层人物,虽然在根本利益上同帝国主义、封建主义存在着矛盾,但他们在政治上和经济上又同帝国主义、封建主义具有密切的联系,因而妥协性很大。他们把希望寄托于清政府实行自上而下的改革,以便参与政权,保护既得的政治经济利益,并谋求进一步的发展,反对可能会使自己的百万资财遭受损失的暴力革命。于是,立宪派成为他们的政治代表。资产阶级中、下层人士虽然反帝反封建的要求比较强烈,但软弱的地位使他们惧怕

---

①　《时报》,光绪三十三年正月二十六日。

风险,往往在政治上唯上层人物马首是瞻,成为立宪运动的追随者。民主革命的倡导者主要是资产阶级知识分子。

第二节　资产阶级民主革命运动的兴起

一、孙中山和兴中会

中国资产阶级民主革命运动是从孙中山开始的。

孙中山(1866—1925 年),名文,字逸仙,因留居日本期间曾变易姓名为中山樵,后来即以中山为号。他出生于广东省香山(今中山市)翠亨村的一个贫苦农民家庭,对中国农民的苦难遭遇有较深的感受,并怀着真挚的同情。青少年时代,他读过三年私塾,1878 年前往檀香山,在他哥哥、华侨资本家孙眉的资助下,先后在美、英等西方国家为殖民地开设的学校里读书。1892 年,毕业于香港西医书院。

孙中山在学生时代便非常关心国家大事。1884 年中法战争后,严重的民族危机使他产生了反清思想。他经常和同学们讨论时局,称赞农民领袖洪秀全为“反清第一英雄”,对太平天国起义的失败表示惋惜,并以“洪秀全第二”自居,愿意和具有反清传统的会党分子及其他进步青年交朋友。1892 年,他在澳门行医,因受澳门葡籍医生排挤,翌年改赴广州。在广州行医之余,曾与陆皓东、郑士良等集会,提议创设兴中会,以“驱除鞑虏,恢复华夏”为宗旨,但尚未建立组织机构;曾想结交康有为,未成。1894 年,孙中山自称为“窥清廷之虚实”,北上京津,曾上书李鸿章,陈述“人能尽其才,地能尽其利,物能尽其用,货能畅其流”的治国大计。同年秋冬间,孙中山由上海赴檀香山,联合华侨人士 20 余人,组成兴中会,并立即着手筹备回国发动反清起义。

1895 年春，孙中山回到香港，和当地进步社团辅仁文社合作，成立兴中会总部。兴中会总部在会章中沉痛地指出了帝国主义瓜分中国的严重危机，揭露了清朝统治的黑暗和腐败，在会员入会的秘密誓词中提出"驱除鞑虏，恢复中华，创立合众政府"的革命纲领，决心推翻清政府，建立资产阶级政权。兴中会总部成立后，即联络广东各地会党、绿林和防营，密谋起义。经过半年的准备，预定于重阳节(10 月 26 日)举事，夺取广州为根据地。起义前夕，因内部步调参差，消息泄漏，参加起义的群众 70 多人被捕，陆皓东等英勇牺牲，孙中山被迫流亡国外。

这时，兴中会的革命活动，主要是限于海外和广东一隅，而且没有进行广泛的革命宣传鼓动工作，对国内政治生活和广大群众还没有产生重大影响。广州起义密谋失败后，孙中山逃往日本，在横滨建立了兴中会，接着前往美、英等国宣传革命及考察西方社会。他在欧美接触了当时颇为流行的各种资产阶级社会政治学说，亲眼看到西方资本主义的弊病，同时还受到工人运动的影响，他的民主主义革命思想有了进一步的发展。后来他自己回忆说："两年(按：1896 至 1897 年)之中，所见所闻，殊多心得。始知徒致国家富强，民权发达如欧洲列强者，犹未能登斯民于极乐之乡也；是以欧洲志士，犹有社会革命之运动也。予欲为一劳永逸之计，乃采取民生主义，以与民族、民权问题同时解决：此三民主义之主张所由完成也。"①1897 年，孙中山由英国赴加拿大转赴日本，在东京、横滨等地宣传革命，结交同志，但成效不大。当时，国内正值维新运动高潮。戊戌政变后，康有为、梁启超等逃亡海外，又在华侨中掀起了"尊皇攘后"热。康有为前往加拿大等处建立"保救大清光绪皇帝会"(简称"保皇会")，得到广泛的支持。梁启超在横滨创办

---

① 《建国方略》，《孙中山选集》第 2 版，第 196 页。

《清议报》、《新民丛报》，在歌颂光绪皇帝"圣德"的同时，大力抨击清朝当权的"逆后贼臣"（指慈禧太后、荣禄、袁世凯等），并倡导"民族御侮论"、"民权救国论"，深刻批判君主专制的权术、手段，提出"国民与奴隶"、"朝廷与国家"、"国民与国家"、"权利与义务"等新概念，强调人民的主权，否定君主专制制度，甚至说中国几千年来只有奴隶、没有国民，只有朝廷、没有国家，耸人耳目，撼人心弦，大受知识分子欢迎。从 1898 到 1903 年，他先后发表了《爱国论》、《少年中国说》、《积弱溯源论》、《过渡时代论》、《新民说》等几十篇思想新颖、文笔流畅的文章，成为当时思想、舆论界的"骄子"。

孙中山等就联合反清问题多次和康、梁会谈。康有为坚持"不能忘记'今上'"，拒绝合作。梁启超一度认为"讨满为最适宜之主义"[①]，和孙中山等往来密切，曾有过联合立会的计划，拟以孙中山为会长，梁启超为副会长。因康有为强烈反对，计划未能实现。

义和团运动爆发后，以唐才常为代表的原来维新派中比较激进的一些人准备在长江流域起事，得到孙中山、梁启超两派的一致支持。唐才常到上海，发起"正气会"，后来根据康有为的指示，改称"中国国会"，主张推翻清政府，"请光绪帝复辟"，建立君主立宪的"新自立国"。康有为在华侨中募集巨额军费，但他却把"勤王"计划的重点摆在进行两广起事，对长江中游不甚倚重。唐才常利用会党组织自立军七军，定于 8 月 9 日在安徽、江西、湖南、湖北各路同时大举。他自任诸军督办，驻汉口。由于等待康有为汇款接济，举事日期一再推迟。8 月下旬，张之洞捕杀唐才常等 200 余人，自立军失败。自立军"勤王"起义的失败，使一些受康有为影响、徘徊于革命和改良之间的进步人士如秦力山、毕永年等开始坚定地走上了革命道路。

---

① 　梁启超：《与夫子大人书》，见丁文江、赵丰田：《梁启超年谱长编》第 286—287 页。

　　当义和团运动在北方蓬勃发展,唐才常在华中策划起事之时,孙中山决意加紧在广东起义。他派郑士良前往惠州,联络会党以谋发动,并派史坚如至广州策动响应。他自己则亲往香港,准备潜入内地。抵港后受到英国殖民当局的监视,不得登岸,于是折回日本,转渡台湾。1900 年 10 月,郑士良率会党 600 人在惠州三洲田起义,连败清军,占领了清安、大鹏至惠州、平海一带沿海地区,起义队伍迅速扩展到 2 万多人。为了取得海外接济,起义军向福建厦门方向进军。日本帝国主义唯恐孙中山在台湾的活动危及它的殖民统治,便禁止军火出口,破坏孙中山自海外接济起义军的计划。起义军血战半月以后,弹尽援绝,被迫解散。

　　惠州起义虽然失败了,但博得了许多人的同情。孙中山回忆说:第一次广州起义失败后,"举国舆论莫不目予辈为乱臣贼子、大逆不道,咒诅谩骂之声,不绝于耳";而惠州起义失败后,"则鲜闻一般人之恶声相加,而有识之士且多为吾人扼腕叹惜,恨其事不成矣。前后相较,差如天渊"①。这说明民主革命事业逐渐得到较多的支持,开始呈现出新的局面。

　　为了抵制革命,1902 年,康有为抛出《答南北美洲诸华商论中国只可行立宪不可行革命书》。在这篇文章里,他竭力为清王朝的反动统治辩护,把清政府对人民的残酷压迫和剥削,美化成为"唐虞至明之所无,大地各国所未有"的"至仁之政"。他认为中国人民愚昧无知,只能实行君主立宪,万不可倡导共和。他攻击革命不但不能挽救中国的危亡,反而将造成"天下大乱"和"亡国灭种"的后果。他臆想了革命所产生的种种危害,妄图扑灭民主革命思想。梁启超在 1903 年以后也"完全放弃""从前所深信的破坏主义和革命排满的主张"②,但又打出"名为保皇,实则革命"的

---

①　《建国方略》,《孙中山选集》(第 2 版)第 199 页。
② 《梁启超年谱长编》第 334 页。

幌子,以迷惑群众,扩大保皇会阵地。

为了推进革命,孙中山对康、梁的进攻作出了有力的反击。1904年,他发表了一系列重要文章。在《敬告同乡书》一文中,他强调革命与保皇是两条截然不同的政治道路,绝无折中调和的余地,"革命、保皇二事,决分两途,如黑白之不能混淆,如东西之不能易位",号召人们"划清界限,不使混淆";并揭露梁启超所说的"名为保皇,实则革命"不过是一种宣传骗术,"彼辈所言保皇为真保皇,所言革命为假革命",劝告人们不要受骗上当。他又指出:康有为所著《最近政见书》(即《答南北美洲诸华商论中国只可行立宪不可行革命书》和《与同学诸子梁启超等论印度亡国由于各省自立书》合刊)的要害,是要人们"不可行革命,不可谈革命,不可思革命",跟着他"死心踏地以图保皇立宪",其结果必然使广大人民永远处于被奴役的地位。在《驳保皇报》一文中,他揭露了清政府媚外卖国及充当帝国主义鹰犬的罪行,痛斥保皇派为清政府涂脂抹粉,歌功颂德,以及将"保皇"与"爱国"故意混为一谈的狡诈伎俩,指出保皇派所说的"爱国"是爱清王朝,而不是爱"中华国",他们所标榜的"爱国",实际上是"害国"。他还批判了保皇派诬蔑中国人民愚昧无知的反动论调,相信中国人民在推翻清朝统治之后,完全有能力建设一个民主共和的国家。孙中山的这些文章,有力地批驳了保皇派所散布的谬论,对革命思想的传播起了推动作用。

二、民主革命思想的传播和革命团体的出现

《辛丑条约》的订立,使许多进步的中国人对帝国主义侵略本性及中外反动势力相互勾结的关系,开始有了新的认识。首先觉醒的是知识分子。

　　上海和东京是当时青年知识分子与留学生最为集中的两个地方。1903 年前后，在他们中间兴起了一个创办刊物、翻译介绍西方民主政治学说和各国民主革命历史的热潮，二三年内，出版政治性刊物近 20 种，卢梭《民约论》、孟德斯鸠《万法精理》以及《法兰西革命史》等书近 50 部。大部分刊物都抨击清政府丧权辱国，昏庸腐败，认为只有努力学习西方，奋起自救，才能外御列强，保护利权，挽救中国的危亡。早在 1901 年，个别刊物如《开智录》、《国民报》等就曾著文指出，清政府既然甘心充当帝国主义统治中国的工具，那么，"恃今日之政府官吏以图存"是不可能实现的幻想，"欲立新国乎？则必自亡旧始"①。唯一的出路在于革命。随后，《游学译编》、《大陆》、《湖北学生界》、《浙江潮》、《童子世界》、《江苏》等倾向革命的刊物陆续出版，上海一家原来偏于保守的报纸《苏报》也转而宣传革命。1903 年拒俄运动发生后，又有一批新的革命报刊如《国民日日报》、《觉民》、《中国白话报》、《女子世界》等相继问世。原来具有革命倾向的报刊，这时宗旨更加坚定，立论更加鲜明，文词更加犀利。同时，还出版了一批宣传革命的书籍。民主革命思想迅速传播开来。

　　革命书刊如雨后春笋般涌现，预告了中国资产阶级、小资产阶级领导的民主革命运动将蓬勃兴起。这些革命书刊公开向人们宣传民族民主革命的思想和主张，大造革命舆论，有的还分析了革命对象、革命动力和革命领导力量等问题。当时的革命知识分子一般自认为是"中等社会"的政治代表，负有领导和教育"下等社会"，以打击和破坏"上等社会"的责任；并提出了由"中等社会"的"豪杰之士"组成政党，以领导群众建立共和国的主张。他们所说的"上等社会"指大官僚、大地主、大买办，"下等社会"指劳动人民，"中等社会"大致指中小资产阶级及其知识分子。知识分子

---

　　① 《辛亥革命前十年间时论选集》第 1 卷上册，第 67、92 页。

把自己当作领导民主革命的"豪杰之士"，要由他们来承担推翻清王朝、建立共和国的历史使命。

在民主革命思想的宣传品中，影响最大的是章炳麟的《驳康有为论革命书》、邹容的《革命军》和陈天华的《警世钟》、《猛回头》。

章炳麟（1869—1936年），原名绛，号太炎，浙江余杭人。他早年曾受改良思想的影响，参与了维新变法的宣传活动。后来，他吸取戊戌变法失败的教训，转变政治立场，走上了民主革命的道路。他写了《客帝匡谬》一文，检查自己过去主张拥戴清帝的错误，在当时知识分子中间产生了很大的影响。1903年，他在上海《苏报》上发表了传诵一时的《驳康有为论革命书》，全面、深刻地批驳康有为的"保皇"主张。他针对康有为散布的中国人民"公理未明，旧俗俱在"，因而"不可行革命"的论点，指出"公理之未明，即以革命明之；旧俗之俱在，即以革命去之"。他把保皇派大肆吹捧的光绪皇

辛亥革命前的进步书刊

帝斥为"载湉小丑，未辨菽麦"，并指责康有为是一个利禄熏心、甘当奴才的市侩。他从当时风起云涌的群众反抗斗争中受到鼓舞，认为"今日之民智，不必恃他事以开之，而但恃革命以开之"。他歌颂革命为"启迪民智，除旧布新"的良药，并相信在革命之后中国人民完全有能力建立民主共和制度。

邹容（1885—1905年），字蔚丹，四川巴县人，留日学生。1903年，他从日本回到上海，发表了脍炙人口的《革命军》，那时他还是一个不满20岁的青年。他以满腔的热情歌颂革命，歌颂民主，论述中国进行民主革命

的必要性和正义性。他认为革命不仅可以使中国人民摆脱奴隶地位，而且可以使中国与世界列强并驾齐驱，独立于20世纪的新时代。他大力赞扬和鼓吹西方资产阶级革命时代的天赋人权、自由平等的学说，主张用革命手段"扫除数千年种种之专制政体"，恢复人民应当享有的民主权利。他提出了建立"中华共和国"的口号，反对帝国主义干涉中国的革命和独立。他把推翻清朝专制统治与反对帝国主义侵略联系起来，指出只有打倒帝国主义的"奴隶总管"清王朝，中国人民才能获得民族的独立和社会的进步。《革命军》出版后，受到广大读者的欢迎，风行海内外，各地翻印时或改名《革命先锋》，或改名《图存篇》，或改名《救世真言》，销售逾百万册，占清末革命书刊销数的第一位，对民主革命思想的传播起了很大的作用。

陈天华（1875—1905年），字星台，湖南新化人。他同邹容一样，是留日的青年学生。1903年，他怀着对祖国的无比热爱和对帝国主义的深仇大恨，写成了《警世钟》和《猛回头》两本小册子，以通俗流畅的文字，较透彻地阐明了中国必须进行民主革命的道理。他对帝国主义侵略给中国人民带来的深重民族灾难作了深刻的揭露，号召广大人民立即行动起来，"改条约，复税权，完全独立；雪仇耻，驱外族，复我冠裳"，为保卫祖国的独立自主和民族的生存权利而斗争。他认识到清政府已经成为帝国主义统治中国的驯服工具，指出："这朝廷，原是个，名存实亡；替洋人，做一个，守土官长。"强调要抵抗帝国主义侵略，挽救民族危亡，必须进行革命，推翻清政府这个"洋人的朝廷"。他驳斥了保皇派打着"爱国"的幌子宣扬保皇的荒谬言论，认为："要想拒洋人，只有讲革命独立，不能讲勤王。"他还指出保皇派所鼓吹的"维新"、"立宪"，都是自欺欺人的鬼话。《警世钟》、《猛回头》同《革命军》一样，很受读者欢迎，人们争相传诵，成为当时资产阶级革命派宣传革命的锐利武器。

革命派从民主主义立场出发,还对封建专制主义的政治和道德观念进行了批判。他们驳斥了君权神圣不可侵犯的反动说教,宣称国家的主人不是皇帝,而是"国民"。他们抨击了以三纲五常为核心的封建礼教,认为礼教并不是人类"固有之物",而是"圣人"制订出来的,历代的"独夫民贼"加以利用,作为奴役人民的精神枷锁。他们控诉说:"礼之耗人血,消人气,不致死亡不止。"[①]谴责那满口仁义道德的封建卫道士是一群杀人不见血的刽子手。

革命派在批判封建礼教的过程中,提出了妇女解放的号召。女革命家秋瑾以其对广大妇女所受痛苦的深切感受指出:在封建礼教的压迫下,妇女们"沉沦在十八层地狱",成为"一世的囚徒,半生的牛马"[②]。她把封建社会中宣扬的"男尊女卑"、"夫为妻纲"、"女子无才便是德"等道德伦理观念,一概斥为"胡说",号召妇女们起来砸碎封建礼教的锁链。她明确指出,妇女要获得解放,必须获得独立的社会经济地位,要做事,不可寄生;还必须和腐朽的旧社会决裂,投入民主革命的斗争,和男子并肩作战。她大声疾呼:"人权天赋原无别,男女还须一例担";"男和女同心协力方为美,四万万男女无分彼此焉"[③]。她为革命献出了自己的生命,成为近代中国妇女解放运动的先驱者。

民主革命思想的传播,引起了清朝统治者的惶恐。他们对邹容的《革命军》和章炳麟的《驳康有为论革命书》尤为忌恨。1903 年 6 月,清政府勾结上海租界帝国主义所设的工部局,派巡捕到刊登介绍《革命军》文章的《苏报》馆捕人,章炳麟和邹容先后入狱,发生了震动一时的"苏报案"。

---

① 《权利篇》,《辛亥革命前十年间时论选集》第 1 卷上册,第 479 页。

② 《秋瑾集》第 14 页。

③ 《秋瑾集》第 130—131 页。

清政府要求工部局将章、邹等引渡，解送南京审讯，借兴大狱以镇压革命运动。帝国主义担心这会影响他们在租界内的特权，拒绝引渡。最后由租界会审公廨判决，章炳麟监禁三年，邹容监禁二年。后来，邹容因不堪虐待死于狱中，为革命献出了自己年轻的生命。国内外反动势力的政治迫害不但未能制止革命思想的传播，反而激起了人民群众更大的愤怒。"苏报案"发生后，革命分子将《革命军》和《驳康有为论革命书》收集在一起，题名《章邹合刊》，各地交相翻印，进一步扩大了革命思想的影响。

随着革命思想的传播，国内出现了许多小的革命团体。

1903年拒俄运动前，留日学生中的激进分子秦毓鎏等组织了一个名为青年会的小团体，"以民族主义为宗旨，以破坏主义为目的"①，参加者20余人。拒俄运动中，青年会成员都参加了"拒俄义勇队"。义勇队旋改称军国民教育会，以"养成尚武精神，实行爱国主义"为宗旨，俾便于公开活动。秦毓鎏曾提议改宗旨为"养成尚武精神，实行民族主义"。随后，一部分会员秘密组织了一个暗杀团，决定回国进行实际革命活动。暗杀团成员黄兴、龚宝铨分别在长沙、上海组建了革命团体华兴会、光复会。

黄兴（1874—1916年），原名轸，号廑午，后因进行革命活动受到清政府的通缉，改名兴，字克强，湖南善化（今长沙市）人。少年时期受封建主义的教育，后来在武昌两湖书院读书，开始接触资产阶级社会政治学说，并参与了唐才常的自立军起事。1902年初，赴日本留学，就读于东京弘文学院，受到革命思想的影响，转向革命。他先后参与了《游学译编》和《湖北学生界》的创办工作，积极参加了"拒俄义勇队"、军国民教育会及暗杀团的活动。1903年夏回国，在长沙的明德、经正等学校担任教员，秘密从事民主革命的宣传、组织工作。经过一段时间的酝酿，湖南革命分子陈天

---

① 冯自由：《革命逸史》初集，第102页，中华书局1982年版。

华、宋教仁、谭人凤等 20 多人,于 11 月 4 日以庆贺黄兴生日为名,举行秘密会议,决定成立华兴会,推举黄兴为会长,为避免清朝地方官吏的注意,"对外用办矿名义,取名华兴公司,发行华兴票"①。1904 年 2 月 15 日,正式召开成立大会,先后参加华兴会的两湖革命知识分子有四五百人。另设同仇会为外围组织,专门联络会党。拥有会众 2 万多人的哥老会首领马福益接受华兴会的领导。黄兴和马福益商讨起义计划,取得了共同意见,决定趁农历十月初十(11 月 16 日)慈禧太后 70 岁生日那天,预埋炸弹于举行祝寿典礼的皇殿,炸死全省高级文武官员,乘势占领长沙,并在岳州、常德、浏阳、衡州、宝庆五路策动响应。同时,他们还联络外省革命人士,如期配合。这个起义计划不幸临期泄漏,清朝地方官员在各地搜捕革命党人。马福益被捕遇害。黄兴化装逃往上海,不久转赴日本。

1904 年 6 月(一说 7 月),湖北革命志士刘敬安、张难先等在武昌成立科学补习所,暗中从事革命活动。他们认为,"革命非运动军队不可,运动军队非亲身加入队伍不可"②。在他们的宣传鼓动下,有不少青年知识分子投笔从戎,在新军中进行革命的宣传和组织工作。科学补习所曾和华兴会取得联系,准备响应华兴会的起义。后来华兴会起义计划泄漏,科学补习所也受牵连,被迫停止活动。于是,刘敬安等利用有合法地位的教会阅览室——日知会,继续进行革命宣传,暗中联络同志,于 1906 年春重新组织了秘密的革命团体,名称也叫日知会。

1904 年 10 月,另一个重要革命团体光复会在上海正式成立。光复会的酝酿开始于 1903 年冬。当时,浙江留日学生陶成章、龚宝铨曾两次密商,认为日俄战争即将爆发,是进行革命活动的大好机会,应组织革命团

---

① 黄一欧:《黄兴与明德学堂》,《辛亥革命回忆录》第 2 集,第 134 页。

② 张难先:《湖北革命知之录》第 55 页。

体回国发动起义。龚宝铨到上海设立"暗杀团"机关,陶成章回浙江联络各地会党,并和华兴会取得联系,准备在华兴会发动长沙起义的同时,浙江、安徽起义响应。陶成章、龚宝铨等联合江浙一带革命知识分子四五十人,于1904年10月在上海组成光复会,推举蔡元培为会长,章炳麟在狱中与闻其事。后来,光复会在日本成立分会,参加者达数百人。

1904年前后,各地还先后成立了其他一些革命小团体,如福建的汉族独立会、安徽的岳王会、江苏的强国会、江西的自强会,等等。

三、蓬勃发展的反帝爱国运动

1903年以后,资产阶级及其知识分子领导的爱国运动的兴起,是社会政治生活具有重要意义的大事。它反映了这个时期中国社会阶级关系的变化和阶级斗争的新特点。

1903年的拒俄运动是爱国运动的第一声。这一年,盘踞东北的沙俄军队拒绝按期撤退,并提出七项无理要求,全国人民感到无比愤慨。上海爱国人士举行集会,抗议沙俄的侵略罪行,致电清政府外务部表示:俄国的七项要求,"我全国人民万难承认";并通电各国外交当局说:"即使政府承允,我全国国民万不承认,倘从此民心激变,遍国之中,无论何地,再见仇洋之事,皆系俄国所致。"①北京、武昌等地学生都曾集会抗议,罢课示威。留日学生尤为激昂,召开了有500余人参加的抗俄大会,通过组织"拒俄义勇队"(后定名为"学生军"),提出宁死"不为亡国人"的口号,每日操演不懈,并派代表回国活动,要求出兵抗俄,学生军愿作先锋,表示要

① 《江苏》第2期,《纪事》,《本省时评》。

"为火炮之引线,唤起国民铁血之气节"①,奔赴前敌,与沙俄进行血战。
在《学生军缘起》中,他们沉痛地指出:东北三省的存亡,关系到祖国前途
和民族命运,决不可等闲视之;高呼"头可断,血可流,躯壳可糜烂,此一点
爱国心,虽经千尊炮、万支枪之子弹炸破粉碎之,终不可以灭","宁为亡国
鬼,不为亡国人"②。清朝驻日公使蔡钧勾结日本政府强制解散"拒俄义
勇队",压制了运动。

1905 年爆发的抵制美货运动,是广大人民为抗议美帝国主义虐待华
工、迫害华侨、拒不废除期满的限制华工条约而发动的一次规模较大的群
众运动。

鸦片战争后的几十年间,美国资产阶级为了开发其本国的西部,从中
国陆续诱骗了大量华工。这些华工,担负了开矿、垦荒、建造铁路等最繁
重的劳动,促成了美国西部的繁荣。70 年代后,美国不断发生周期性的经
济危机,工人运动蓬勃兴起。美国资产阶级为了转移群众斗争视线,煽动
排华。1894 年,美国强迫清政府订立"限制来美华工"的条约,对赴美华
工作了种种苛刻的限制。虐待华工、迫害华侨的罪行,愈演愈烈。1904
年,条约期满,海外华侨和国内人民纷纷要求废除这个苛约。清政府在舆
论压力下,为修改条约和美国政府磋商,但美国蛮不讲理,一意孤行,因而
激起了中国人民的极大愤怒。檀香山《新中国报》提出不用美货以谋抵制
的办法。上海《时报》发出"事关全国之荣辱,人人有切肤之痛,合群策群
力以谋抵制"的"公启"。1905 年 5 月 10 日,上海商务总会召开特别会
议,会长曾铸倡议"以两月为期,如美国不允将苛例删改而强我续约,则我

① 田野桔次:《最近支那革命运动》第 179 页。
② 《湖北学生界》第 4 期,《留学纪录》。

华人当合全国誓不运销美货以为抵制"①,获得全体一致通过。随即电告清政府拒签续约,同时通电汉口、大津、广州、香港等21处商务局,传知各商相戒不用美货。波澜壮阔的抵制美货运动,迅速在全国范围内发动起来。自7月下旬起,运动进入了高潮。

7月20日,上海商务总会因多次和美国驻沪领事商谈改约而没有结果,遂即开会决议采取行动。许多行业的代表当场签字不定美货,各省会馆、各业公所、各学堂、各工厂、妇女界、戏剧界,纷纷开会拥护。各行各业各阶层人民都卷入了运动。全国各地几十个主要城市先后热烈响应。运动还得到了海外侨胞和留学生的大力声援。各种社会团体开会演说,制订措施,互相鼓励,积极活动,并成立了拒约会、争约处、拒约公所、抵制美约社等爱国团体。商号不定、不卖美货,人们不买、不用美货,码头工人不装、不卸美货。美国人办的学堂,学生集体退学;美国人办的企业,职工纷纷离职。广州食品业工人拒用美国面粉,决定如果店东强用美国面粉,即罢工抵制。新加坡华侨拒不搭乘美国人经营的电车。中国人民同仇敌忾,显示出群众爱国运动的巨大威力。

抵制美货运动是民族资产阶级领导的。运动的指导思想是"不可仰鼻息于政府,惟我民以自力抵制之"②。《广东日报》曾提出"勿依赖政府而专恃民气"的主张。《时报》刊文进一步发挥说:"今日之事,万不能忍,亦万不容缓。我同胞其结以团体,持以毅力,勿依政府,勿惧外人,勿为威所劫,勿为害所动";"禁用美货,专在商民,务使与政府不着一丝牵挂"。《时报》还刊文指出,开展抵制美货运动有五利:一、"可以鼓我之民气";二、"可以结我之民力";三、"可以兴我之商业";四、"因此广开会议,联络

① 和作辑:《1905年反美爱国运动》,《近代史资料》1956年第1期。
② 《近代史资料》1958年第5期。

全国,可为异日自治自立之基础";五、"可仿造美货以图畅销,收回已失之利权"①。这些言论表明,民族资产阶级已经有了新的觉醒,正在加紧努力为自己政治、经济的发展开辟道路。

抵制美货运动兴起以后,美国总统罗斯福在太平洋彼岸发言恫吓;驻华公使柔克义奔走于京沪等地,威胁清政府出面压制;驻沪领事极力活动,阴谋干涉破坏;一些美国传教士也大放厥词,造谣惑众。在美帝国主义的压力下,清政府于 8 月 21 日发布谕旨,说什么禁用美货"有碍邦交",命令各省督抚"从严查究,以弭隐患",并两次电令两江总督周馥严办曾铸等人。直隶总督袁世凯首先镇压了天津的爱国运动。福建、广东等省的爱国运动也相继遭到了禁止。曾铸顶不住强大压力,发表《留别天下同胞书》,表示不再参与运动。但广大群众继续斗争,"抱定不用美货四字,坚持到底"。群众斗争的威力迫使美国和清朝统治者未敢签订限制华工的续约,斗争直到 1906 年才渐次平息。

继 1905 年抵制美货运动后,1907 年,江浙两省人民在收回沪杭甬铁路利权的斗争中,开展了抵制英货运动。1908 年,山东发生抵制德货运动;广东、广西等省掀起了抵制日货运动。抵制日货运动曾得到上海商民和南洋各埠华侨的声援,坚持了半年多的时间,给予日本帝国主义以一定的打击。

从 1903 年起,各省人民反对帝国主义控制我国铁路、矿山的收回利权运动,逐渐在全国开展起来。经过激烈的斗争,先后收回了黑龙江、山西、奉天、山东、安徽、四川、云南、湖北等省被帝国主义侵占的部分矿区,取得了一定的胜利。收回铁路利权的斗争尤为激烈。粤汉、川汉铁路和苏杭甬铁路是当时斗争的焦点。

---

① 《1905 年反美爱国运动》,《近代史资料》1956 年第 1 期。

　　粤汉铁路是 1898 年由盛宣怀经手出卖给美国华美合兴公司的,经勘测后于 1900 年订立续约。规定借款总额为 4000 万美元,由美国人承筑,并不得转让给他国。后来,华美合兴公司股票在市场上被比国商人买去了三分之二。湖北、湖南、广东三省人民获悉这个消息,纷纷揭露美国违约的事实,坚决主张废除原订合同。留日学生组织了鄂、湘、粤三省铁路联合会,电争收回自办。至 1905 年,终于以 675 万美元赎回已经筑成的广州——三水段,原订合同作废。粤汉铁路的收回,开创了"赎路自办"的先例,对其他各省人民收回铁路利权的斗争起了推动和鼓舞作用。京汉、津镇、道清、沪杭甬等路预定通过省份的爱国人士都提出了收回路权、改归"商办"的要求。广东潮汕、湖南、江西等商办铁路公司相继成立,都以确保利权为宗旨。

　　1905 年,江苏人民收回沪宁铁路的斗争失败。浙江绅商成立商办铁路公司,奏准招股兴筑全浙铁路,先筑苏杭段。1906 年,江苏绅商也组成商办铁路公司,与浙路公司相呼应。浙路的杭州至嘉兴段和苏路的上海至嘉兴段先后开工。英国以 1898 年曾订立借款代筑苏杭甬铁路草约为理由,胁迫清政府改订正约,并勒令苏、浙停工。1907 年 10 月,清政府下了一道"借款修筑"苏杭甬铁路"以昭大信而全邦交"谕旨,把路权奉送给英国,只准两省绅商搭股。这道谕旨立即激起了两省人民的无比愤慨,把收回路权的斗争推向了高潮。两省绅商、两路公司、上海等处商会、学会等函电交驰,抗议卖路谕旨。上海报纸纷纷发表评论,斥责清政府"宁令国人死,毋触外人怒"的可耻行为。广大群众集会抗议,争先认股,"众情胥愤,力谋抵制,商贾则议停贸易,佣役则相约辞工,杭城铺户且有停缴捐款之议"[①]。1908 年 3 月,清政府和英国商定了一个变相卖路的办法,由

---

　　①　《光绪三十三年十月中国大事记》,《东方杂志》第 4 卷第 11 期。

清政府邮传部出面向英国贷款,然后由该部转借给两路公司,在借款期内聘用英人为总工程师。但两路公司相约不用"部拨存款",不与英籍总工程师合作,继续暗中抵制。到1909年夏,两路公司又向清政府提出废约、退款和撤回英国总工程师的要求。斗争延续到1911年春,清政府和英国协议,将苏杭甬铁路借款移作开封徐州铁路借款,风潮才告一段落。

苏杭甬铁路风波未平,粤汉、川汉铁路风潮又起。

粤汉路权在1905年已经收回,由湖北、湖南、广东三省绅商分段集股自办。1908年,清政府突然任命张之洞为粤汉铁路督办大臣并兼督湖北境内的川汉铁路。1909年,张之洞和英、法、德三国银行团(后加上美国为四国银行团)议定湖广铁路借款。湖南绅商民众首先掀起"拒债"、"集股"的保路运动。留日学生出版《湘路警钟》(后改名《湘路危言》),号召抵制。湖南咨议局初选议员800余人致函清政府:"铁路借款,湘人决不承认。"绅商们还组织了湘省集股会,用抽股、认股等办法,集资开始修筑株洲——长沙段。湖北绅民接着行动起来,留日学生千余人集会抗议,派张伯烈等回国内力争,绅商学界联合组成湖北铁路协会,有组织地开展"拒债"、"集股"运动。铁路协会公举代表张伯烈等人入京抗争,在邮传部绝食七昼夜,消息传回湖北,各界人士极为愤慨,酝酿采取进一步的行动。清政府玩弄欺骗手法,于1909年末和1910年初先后准许湖南境内粤汉铁路和湖北境内粤汉、川汉铁路商办,但实际上并未废除向各国银行团借款的合同。湖广铁路风潮终于在1911年演变成为爆发革命的导火线。

拒俄运动、抵制外货运动、收回利权运动等,显示了广大人民激昂的爱国热情,也反映了民族资产阶级及其知识分子的政治积极性。但"爱国有罪",运动无不遭到清朝统治者的破坏和镇压,许多人通过爱国运动的实践,得出了要救亡必先推翻清朝统治的结论。于是,资产阶级领导的民主革命运动迅速地广泛发展起来。

四、中国同盟会的成立及其政治纲领

　　民主革命思想的广泛传播和国内革命形势的迅速发展,使孙中山十分欣慰。他积极支持海外华侨和广大知识分子的革命活动,同他们建立了密切的联系,并在他们中间享有很高威望。自 1902 至 1905 年间,他作了一次环球旅行,从越南河内取道日本、檀香山,前往美洲和欧洲,到处在华侨中宣传革命思想,发展革命组织,进一步扩大了革命的影响。

　　1903 年,孙中山在东京建立革命军事学校时,第一次提出以"驱除鞑虏,恢复中华,创立民国,平均地权"十六字为纲领。后来在檀香山改组兴中会,在美洲实行洪门会会员总注册,以及在布鲁塞尔、柏林、巴黎等地建立革命组织时,都以此十六字纲领为号召。1904 年,孙中山发表了《中国问题的真解决》一文,满怀信心地指出:清朝统治"正迅速地走向死亡","中国现今正处在一次伟大的民族运动的前夕,只要星星之火就能在政治上造成燎原之势",对革命形势的发展极为乐观。

　　1905 年夏,孙中山从欧洲到达日本,受到中国留日学生和各革命团体的热烈欢迎。由于国内革命形势的发展,孙中山感到各革命团体分头活动,力量分散,已经不能适应革命的需要。他在各革命团体领导人中间做了许多工作。宣传"互相联络"的重要,倡议成立一个全国规模的统一的革命组织,以便领导全国的革命运动。7 月 30 日,孙中山、黄兴、宋教仁等开会讨论建立统一组织问题。孙中山提议定名为中国革命同盟会,讨论结果,确定为中国同盟会。孙中山又提议以"驱除鞑虏,恢复中华,创立民国,平均地权"为纲领,有些人对"平均地权"表示怀疑,经孙中山详加解释后通过。会上,黄兴发表演说,慷慨陈述革命大义,支持孙中山的倡议,并被推举为同盟会章程的起草者之一。8 月 20 日,中国同盟会在东京正式成立。

同盟会成立以前的各革命团体,基本上没有脱离旧式会党的组织形式和活动方式,而且带有浓厚的地域色彩。同盟会具备了近代资产阶级革命政党的规模,并成为当时领导全国革命运动的中心。

同盟会设计了一套比较完整、系统的组织方案。它设本部于东京,举孙中山为总理,按"三权分立"原则,设执行、评议、司法三部。黄兴主持执行部庶务科,总理外出时由庶务代理一切,相当于协理。国内分东、西、南、北、中五个支部,支部下按省设立分会,推定了各省分会的主盟人。海外华侨分南洋、欧洲、美洲、檀香山四个支部,支部下按国别、地区设立分会。

　　同盟会的主要成员,是中小资产阶级及其知识分子。

　　兴中会是同盟会的组织基础。同盟会成立后,香港、河内、檀香山等处兴中会会员都是全体转入同盟会的。兴中会会员总数约300多人,成分可考的有279人,其中78%以上侨居国外(219人)。这279人的社会成分是:农业和商业资本家9人,中小商人124人,教员、职员、科技人员等31人,学生23人,官吏4人,工人54人,会党活动分子34人,即中小资产阶级及其知识分子占全体会员的67%强。

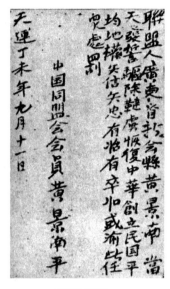

同盟会誓词

　　同盟会成立后,知识分子的比重大大增加。据统计,1905至1907年三年间加入的会员,出身可考的有379人,其中留学生和学生354人,官吏和有功名的知识分子10人,教员、医生8人,资本家、商人6人,贫农1人,即98%以上都是中小资产阶级及其知识分子。

　　以孙中山为首的中国同盟会所制定的革命纲领,是比较完整的资产阶级民主革命的纲领。在《中国同盟会革命方略·军政府宣言》中,明确指出,这次革命于"驱除鞑虏,恢复中华之外,国体民生,尚当与民变革,虽经纬万端,要其一贯之精神,则为自由、平等、博爱"。它强调这是一次"国民革命"。

　　1905年11月26日,同盟会创办了机关刊物《民报》。孙中山在《民报发刊词》中,将同盟会的十六字纲领归结为民族、民权、民生三大主义,即所谓三民主义,并且宣布要将三民主义"灌输于人心,而化为常识"。

民族主义包括"驱除鞑虏,恢复中华"两项内容,即推翻清王朝,变半殖民地半封建的中国为独立的中国。孙中山批判了革命党内存在的片面的"反满"思想,指出:"民族主义,并非是遇着不同族的人便要排斥他";"我们并不是恨满洲人,是恨害汉人的满洲人。假如我们实行革命的时候,那满洲人不来阻害我们,决无寻仇之理"①。从此以后,"反满"的宣传基本上是遵循这个原则的,连鼓吹"反满"最为激烈的章炳麟也一再解释说:"种族复仇者,本非外于政权而言";"故排满洲者,排其皇室也,排其官吏也"②。可见革命派所宣传的"反满",实质上是反对清王朝反动统治。孙中山与当时一些激进的资产阶级革命分子认识到,中国社会所以陷入"外邦逼之"的境地,主要原因就在于反动腐朽的清政府是帝国主义统治中国的工具。中国人民与清朝统治者之间的矛盾,成为帝国主义与中华民族的矛盾、封建主义与人民大众的矛盾的焦点。同盟会民族主义纲领的提出,最大限度地孤立了清朝统治者,大大加速了清王朝土崩瓦解的过程。

民权主义的内容是号召推翻封建专制主义的统治,建立资产阶级的民主共和国。《军政府宣言》中勾画了一幅资产阶级共和国的蓝图,规定国民应享有参政权,大总统由国民选举产生,议会由国民选举的议员组成,宪法由议会制定,人人共守。孙中山《在东京〈民报〉创刊周年庆祝大会的演说》着重说明了推翻封建专制制度的必要性,认为"中国数千年来都是君主专制政体,这种政体,不是平等自由的国民所堪受的";"就算汉人为君主,也不能不革命"。他把民族主义与民权主义紧密结合起来,指出:"我们推倒满洲政

---

① 《孙中山选集》(第2版)第80—81页。
② 《民报》第16号,第26页;第21号,第11页。

府,从驱除满人那一面说是民族革命,从颠覆君主政体那一面说是政治革命,并不是把米分作两次去做。"他又特别强调,要废除君主专制制度,不是专靠"民族革命"可以成功的,必须进行"政治革命"。

民生主义的具体内容为"平均地权"。按孙中山的解释,它包含着如下的几项基本思想:(一)鉴于西方资本主义制度的弊病和劳资的尖锐对立,认为"欧美强矣,其民实困,观大同盟罢工与无政府党、社会党之日炽,社会革命其将不远",因此,中国革命不能停留在"媲迹于欧美"上,而应"睹其祸害于未萌","举政治革命、社会革命毕其功于一役"①。(二)资本主义社会问题之所以产生,根据亨利·乔治"单税社会主义"的理论,是"因为没有解决土地问题"。为了"预防"贫富的分化和对立,解决土地问题是中国革命后的迫切任务。(三)解决土地问题的最好办法,是"定地价的法子",即约翰·穆勒在《经济学原理》一书中所说的法子,"核定天下地价。其现有之地价,仍属原主所有;其革命后社会改良进步之增价,则归于国家,为国民所共享"②。(四)中国实行平均地权之后,"私人永远不用纳税,但收地租一项,已成地球上最富的国"。这样,就能"肇造社会的国家,俾家给人足,四海之内无一夫不获其所"。总之,民生主义或平均地权,是防止资本主义贫富分化的一种社会政策,它反映了孙中山对劳动群众的恳切同情和对世界潮流的敏锐观察。孙中山后来说,民生主义就是社会主义或国家社会主义。

在当时的社会历史条件下,同盟会的纲领确实是一个比较完整的资产阶级民主主义革命的纲领。它在与改良派的斗争中,在动员和组织群众推翻清朝统治、建立共和国的斗争中,起了巨大的作用。但是,它又是

---

① 《孙中山选集》(第2版)第76页。

② 《孙中山选集》(第2版)第78页。

一个不彻底的民主革命纲领。它主张民族主义,但没有明确提出反帝的号召;它主张民权主义,但又不敢依靠广大工农群众;它主张民生主义,但缺乏使农民获得土地的内容。同盟会纲领中的这些弱点,反映了中国资产阶级的软弱性和妥协性。

此外,同盟会成员对纲领的态度并不一致。有的只接受民族主义,在筹备会上就曾有人提议定名为"对满同盟会"。有的不赞成或忽视土地纲领,只接受民族、民权"二民主义"。表示赞成三民主义纲领的,在具体解释上也存在着很大的差异。同盟会所设计的组织系统,也始终没有完备地建立起来。特别是支部一级,海外仅建立了南洋支部,国内仅建立了南方支部。本部和各地分会之间缺乏紧密联系的桥梁,各地分会实际上往往处于分散的、各自为战、各行其是的状态。

同盟会虽然存在着这样那样的弱点,但以孙中山为首的革命民主派坚持通过武装斗争推翻清朝统治、建立民主共和国的革命立场,从而团结和发展了革命力量,推动了革命形势的向前发展,促进了革命高潮的到来。以同盟会成立为标志,民主革命运动进入了新阶段。

第三节　革命运动的发展

一、革命派与改良派的论战

同盟会机关报《民报》创刊后,公开宣布以"倾覆现今之恶劣政府"、"建设共和政体"和"土地国有"为"主义"[①],用资产阶级的民族理论分析

---

① 　《民报之六大主义》的前三条,后三条属于对外纲领,为"维持世界真正之和平"、"主张中国日本两国之国民的连合"、"要求世界列国赞成中国革新之事业"。

中国的满汉民族关系,指出满族对汉族实行高压的不合理性和汉民族起来反抗的正义性;强调"专制之为祸",并通过世界资产阶级革命的历史,说明只有与君权浴血奋战,才能争得民权,任何专制君王都不甘心放弃压迫人民的权力,清王朝兼有民族压迫者的性质,更加不会和平让出政权;除民族革命、政治革命外,还认为"社会革命当与政治革命并行",热情地宣传了"土地国有"思想。用孙中山"三民主义"理论武装起来的《民报》,迅速占有了进步舆论的中心领导地位,大受海内外进步知识分子的欢迎。

以康有为、梁启超为代表的资产阶级改良派,惊惧于思想界权威地位的动摇和丧失,企图驳倒同盟会提出的革命纲领,阻遏民主革命思想的传播。革命派清楚地认识到,对于改良派的进攻,必须予以有力的回击,才能进一步推动革命的发展。因此,革命与改良两条道路、两种思想的对立更加尖锐,两派之间的壁垒更加分明了。

1905 至 1907 年间,革命派与改良派在政治思想领域内的论战达到了高潮。这次论战的规模之大,时间之长,斗争之激烈,影响之深远,在中国近代史上是仅见的。同盟会的机关报《民报》和改良派的主要喉舌《新民丛报》是双方论战的主要阵地,两派在新加坡、檀香山、旧金山、香港等地的报纸也都投入了这场斗争。

论战涉及的范围很广,包括民主革命的对象、任务、方法、前途等一系列重大问题,归纳起来,主要是围绕"三民主义"进行的,即要不要"反满"和以暴力推翻清王朝的统治,政治革命的目标应是君主立宪还是民主共和,以及封建土地制度是否应当改革等三大问题。

要不要"反满"和用暴力推翻清王朝,是这次整个论战的中心。为了论证"反满"和暴力革命的必要,革命派抓住"非我族类,其心必异"的传统观念,反复宣传满族非中国臣民;满族入主中原,中国实际上早已亡国;满族入关后对汉民族实行血腥统治,260 年如一日;满族以少数"劣等"民族高踞于汉族"优等"民族之上,从历史到现实,都绝对不合理。这些宣传显然具有浓厚的封建种族主义色彩,颇有煽动性,但经不起理论推敲。不过,革命派随即指出"反满"并非要杀尽满人,而只是反对满清王朝,"颠覆现今之恶劣政府"。在不推翻反动、卖国的满清王朝,中国就不能前进的历史关头,革命派把"反满"和暴力革命紧紧结合起来,从而把握了人民要革命的时代脉搏,实现了对时代潮流的指导。改良派争辩说,满族早就是中国臣民;清朝取代明朝,只是政权的更迭,不是亡国;满族入关后即已和汉族同化;"反满"和政治变革没有必然的因果联系,反对变革的不尽是满人;所以,应当以政治变革为目标,而不应以"反满"为目标;暴力革命是杀人盈野的残酷行动,并势必引发内乱和招致帝国主义瓜分,最后导致亡国。因此,主张"反满"和暴力革命的,"当以故杀祖国之罪科之"。改良派的民族理论不能说是错误的,但他们竭力掩盖清朝政府的种种罪行,脱离了当时斗争的残酷现实,违背了亿万群众的感情和利益,从而遭到进步人士的唾弃。

在论战中,革命派热情地歌颂了革命的历史火车头作用,指出革命虽不免流血,但可"救人救世","无革命,则亦无平和,腐败而已,苦痛而已"[1]。革命派还正确地宣布,推翻清王朝后将以民主的原则对待满人,"侪之于平民",决不歧视。关于改良派提出的革命将引发内乱、招致外国干涉和瓜分的问题,革命派也作出了自己的回答。革命派强调民主革命不同于以往的农民战争,是有纲领、有组织的运动,且速战速决,"无恐怖时代之惨状"。他们自信能够控制住局势,使革命有秩序地进行,不会发生内乱。内乱既不发生,外国也就无由干涉。至于瓜分,根本的危险在于清政府的腐败和卖国,所以推翻清朝的革命正是避免中国被列强瓜分的唯一途径。所有这些,都

---

① 思黄:《中国革命史论》,《民报》第 1 号,第 53 页。

有助于祛除人们对革命的疑虑,增强对革命的信心。

　　政治改革的目标是君主立宪还是民主共和,是这次论战的又一重点。改良派一贯主张,政治改革只能循序渐进,君主专制、君主立宪、民主共和是必经的阶段,不能"躐等"。梁启超指出,只有有自治能力的国民才能享受民主共和,而国民的自治能力又须经过长期的培养,像中国这样"数百年卵翼于专制政体之人民","既缺乏自治之习惯","又不识团体之公益",如骤以民主共和,必然险象环生,"民无宁岁",而最后仍归于专制。他声称:"与其共和,不如君主立宪;与其君主立宪,又不如开明专制。"①在当时的形势下,唯一可行的办法是"劝告"清政府实行"开明专制",或"要求"清政府实行"君主立宪"。改良派机械地把"君主立宪"列为民主政治的必经阶段是缺乏根据的,但他们强调实行民主政治需要有相应的"生计"及"政治、道德、学术"水平②,则含有合理的内容,不能简单地斥为"无耻谰言"。革命派用"取法乎上"批驳改良派的"循序渐进";声称自由、平等是人的本性,一旦破除禁锢,就会沛然而出。譬如流水,虽受千年专制而"伏行于地","一旦有决之者,则滔滔然出关"③。有着几千年历史的中华民族,决不会没有实行民主共和的能力。国民的政治程度虽低,但和"不辨菽麦"的皇帝及"蝇营狗苟"的大臣相比,"固已优之万万",所以政治改革不能期望政府,而应"专望之国民"。他们认为,通过革命实践,人民的政治程度可望迅速提高,在推翻清朝统治之后,一定能够建立世界上最完善的"共和政体"。革命派没有理会改良派关于"民智未开"不利于民主建政的警告,真诚地寄希望于革命,寄希望于人民,表现了民主主

①　《开明专制论》,《新民丛报》第75号。
②　《新民说·论政治能力》,《新民丛报》第49号。
③　《论中国宜改创民主政体》,《民报》第2号。

义者的坚定立场,但机智多于剖析、信念多于理念,缺乏民主建政的具体规划和实施方案。

封建土地制度是否应当改革的问题,争论没有充分展开。孙中山的"平均地权"和《民报》标举的"土地国有",本不是一回事。在这个问题上,革命派内部的见解并不一致,且语焉不详。梁启超据"耳食之言",指责革命派主张"土地国有"是以国为盗,"夺富人之所有以均诸平民",借以博得下层群众同情。他举出许多"理由",认为"土地国有"破坏了私有制的"自然法则","将妨害"社会生产力的发展和"阻碍"社会文明的进步。革命派争辩说,土地属于自然资源,理应由全民所共享;少数地主阶级垄断土地,不仅陷亿万贫民于苦难深渊,而且是工商业发展的一大障碍。为了国家的繁荣昌盛,必须废除封建土地制度,实行"平均地权"或"土地国有",从而推动社会生产力的发展,促进整个社会的进步。

这场激动人心的大辩论以革命派的胜利告终。论争的实质是用什么手段、建立一种什么样的资本主义制度。其中,是颠覆还是保留现有政权的争论吸引了绝大部分的注意力。当时虽然大多数人并不真正懂得民主共和的内容,但通过论战,反满——革命——建立共和国,在人们的心目中成为同一链条上紧密相连的几个环节,极大地推进了民主革命思想的传播。

革命派和改良派在论战中存在着原则分歧,但也有一些共通之处。两派都反对帝国主义的侵略,但又都替侵略者开脱罪责,认为:"人必自侮而后人侮之","自有可亡之道,岂能怨人之亡我哉!"①两派都不敢正面提出反对帝国主义的口号,反而希望争取帝国主义的支持和赞助。两派都反对封建专制制度,主张建立民主政体,但又都对反封建的艰巨性缺乏认

---

① 观云:《极东问题之满洲问题》,《新民丛报》第 35 号;陈天华:《绝命书》,《民报》第 2 号。

识,改良派只想有个"国会",革命派则再加一个"民选总统",以为这些就是民主建政的全部。

论战表明,革命派和改良派代表着同一个阶级——资产阶级的利益,是这个阶级在政治上的两翼:左翼的革命派希望用革命阵痛为资本主义的发展开辟道路;右翼的改良派希望不冒革命风险为自己争得较好的境遇。两派的分裂和对立,正是中国资产阶级尚不成熟的表现。尽管革命派本身存在着许多严重的弱点,但他们以高昂的革命精神,决心通过暴力推翻清王朝,建立资产阶级共和国。这个主张,受到了当时进步人士的普遍拥护。《民报》风行海内外,多次重印,仍然供不应求。继《民报》之后,又一批革命刊物,如《复报》、《云南》、《鹃声》、《汉帜》、《河南》、《四川》等相继创刊,和《民报》相呼应。国内许多城市如上海、武汉、天津、广州等地,都有革命党人主编的报纸出版。同时,大量秘密的和公开发行的革命书籍在人民群众中广泛流传。革命派已经以明显的优势占领了思想阵地。革命运动于是不可遏抑地迅猛发展。

二、同盟会领导的武装起义及其他革命活动

同盟会成立后,以孙中山为首的资产阶级革命派,朝气蓬勃,积极开展各项革命活动。他们一面创办《民报》及其他报刊,大造革命舆论,批判改良思想;一面派人回国,发展革命组织,联络会党和新军,不断发动武装起义。1906 年秋冬间,孙中山、黄兴和出狱后从上海到东京任《民报》主编的章炳麟等制订了《中国同盟革命方略》,详细规定了起义的方针、政策及有关事宜,其中拟定的准备起义后发布的《军政府宣言》,第一次言简意赅地阐述了革命宗旨即"四纲"(驱除鞑虏,恢复中华,建立民国,平均地权)和实施程序即"三序"(军法之治,约法之治,宪法之治),成为各地

革命党人共同遵从的经典性文献。随后,孙中山即奔赴南洋,具体筹划在
华南组织起义。

1906年12月,在湖南、江西交界的浏阳、醴陵、萍乡地区首先爆发了
号称"革命军"的大规模会党起义。

萍浏醴一带,向来会党众多,且和自立军、华兴会有过密切的联系。
1906年夏,黄兴派刘道一、蔡绍南等返湘整顿会党。蔡绍南,萍乡人,回乡
后到处"演说革命",得到会党首领龚春台(谢再兴)等信从。这年,湖南
大水,"禾谷不登,一粒如珠",灾民衣食无着,人心浮动,萍、浏、醴一带盛
传"杀鞑子"、"劫富济贫"的呼声。龚春台等遂密谋起义,创立洪江会,设
总机关于麻石,势力迅速发展到萍乡、宜春、万载、浏阳、醴陵各县,并决定
在农历十二月底清朝官府封印后举事。风声外播,清吏不断派人突击搜
捕,会党头目李金奇、萧克昌等先后被捕杀,总机关也遭抄封。在形势十
分紧急的情况下,龚春台部会众二三千人于1906年12月3日在麻石竖旗
起事。十天之内,各处会党首领先后举兵,拥有会众2000余人的姜守旦
也在浏阳响应。起义群众包括煤矿工人、贫苦农民和防营士兵等,总数达
3万人以上。

这次起义明显地反映了革命思想的影响。起义军竖白旗,旗书"革命
军"及"洪福齐天"字样,头裹白布,"所过地方,只索军械、令供粮食白布,
所抢劫焚杀者,皆向办警察保甲绅士人家为多,到处出有伪示安民,收买
人心"[1]。告示用"钦命替天行道督办革命军"名义,内容则限于"体天伐
罪吊民"、"江山统一归汉"等[2],没有超出会党传统的"劫富济贫"、"灭满
兴汉"的政治水平。在组织上也还没有克服旧式会党起义的弱点,仓卒发

---

[1]　《江西巡抚吴重憙致外务部请代奏电》,《萍浏醴起义资料汇编》第115页。
[2]　《汇报》9年94号,1906年12月29日。

难，各股蜂起，号令不一，事前缺乏严密的计划，起事后又没有迅速出击的战斗方案。清政府急调湖南、湖北、江西、江苏等省军队 5 万多人四面围剿。起义军仅凭从地方团防局夺来的二三千支枪和清军奋战近日，交战 20 余次，表现了英勇顽强的战斗精神，终以寡不敌众而失败。龚春台、蔡绍南、姜守旦等潜逃，数千群众被杀。

萍浏醴起义使革命党人精神振奋。东京的同盟会员"莫不激昂慷慨，怒发冲冠，亟思飞渡内地，身临前敌，与虏拼命，每日到机关部请命投军者甚众"①。且有人假托龚春台名义撰写"中华国民军南军革命先锋队"檄文，刊登《革命军报》，以广声势。清政府则在长江中下游大兴党狱。湖北日知会首领被捕，并诬指为湖北会党首领刘家运，遭严刑拷打，死于狱中。湖南同盟会分会负责人禹之谟早在 8 月间被捕，定为永远监禁，萍浏醴起义后被绞杀。先后由同盟会派回国内的刘道一、孙毓筠、杨卓林、胡瑛、宁调元、权道涵、段濡等相继在湖南、湖北、江苏被捕，刘道一、杨卓林等被杀害。长江中下游的革命活动遭到严重挫折，黄兴因而转向协同孙中山经营华南。

从 1907 年 5 月至 1908 年 4 月，在孙中山的直接领导下，同盟会在华南沿海和沿边地区连续发动了 6 次武装起义，即 1907 年 5 月的饶平黄冈起义，6 月的惠州七女湖起义，9 月的防城起义，12 月的镇南关起义，1908 年 3 月的钦州马笃山起义和 4 月的云南河口起义。

孙中山的战略思想是：在华南沿海和沿边地区起义，夺取两广为根据地，然后挥师北上，长江南北革命党人齐起响应，从而直捣北京，推翻清朝。但是，历次起义都失败了。失败的根本原因在于革命党人缺乏依靠群众、发动群众进行长期艰苦战斗的决心。他们之所以选择在华南沿海和沿边地区

---

① 《建国方略》，《孙中山选集》（第 2 版），第 202 页。

起义,主要是为了便于从海外接济饷械。起义后,往往因为饷械接济困难,在清军的镇压下,便解散起义队伍。历次起义人数最多的也不过1000多人,其中好几次都只是几百人的冒险突击。例如,1908年3月黄兴率领200多人进入钦州马笃山起义,随后在广东、广西边境的几十个村镇转战40多天,大小数十仗,先后击败1万多清军,声威大振,但由于没有依靠群众和发动群众,孤军苦战,粮食困难,战士疲劳,终于失败。防城起义本来具有很好的群众基础,但革命党人并没有重视在群众中扎根。

1907年春,广东钦州三那(那桑、那黎、那彭)地方人民为反对清政府增收糖捐,召开"万人会",组织了以刘思裕为首的群众队伍,掀起声势浩大的抗捐运动,一度攻入钦州城。清政府派兵镇压,刘思裕牺牲,群情更为激愤。三那人民派梁建葵等为代表,赴河内向孙中山求援。孙中山派王和顺前往联络。当时,广大群众革命情绪很高,梁建葵等"在各乡村组织革命军,预备发动,有枪数百枝,刘思裕之侄显明党数百人来会,声势颇盛"[1]。但是,王和顺等坐失良机,一心指望清军郭人漳部反正,在三那附近徘徊观望达数月之久。9月,革命党人依靠三个清军下级军官的反正,占领了防城,仍然不去发动人民群众,而转攻钦州,要求清军统领郭人漳应约起义。郭人漳拒绝后,起义军又临时决定去袭取灵山。结果猛攻灵山不下,防城又被郭人漳部夺去。对清军反正的幻想造成了这次起义的失败。

1907至1908年间,光复会在浙江、安徽发动了两次起义。

同盟会成立后,光复会的一部分领导人如徐锡麟因意见分歧,没有加入同盟会,继续以光复会名义进行革命活动。浙江绍兴大通学堂是光复会的据点。徐锡麟等召集金华、处州、绍兴等地会党头目入校练习兵操,借以蓄积革命力量,伺机起事。徐锡麟为打入清政府内部以发动革命,纳

---

①　《革命逸史》第5集,第106页,中华书局1982年版。

粟捐官,以道员分发安徽候补,充任巡警学堂及巡警的会办。绍兴大通学堂由秋瑾主持。秋瑾于 1904 年底在上海加入光复会,次年在东京又加入同盟会,被推为浙江分会负责人。她接办大通学堂后,积极联络平阳、武义等地会党首领,吸收浙江新军官佐及军事学堂师生朱瑞等参加光复会。经过秘密联系,秋瑾和徐锡麟决定在浙江、安徽同时发动起义,遥相呼应。部署未定,嵊县会党先期发难失败,武义、金华、兰溪、汤溪、浦江各县会党武装也先后遭到镇压。徐锡麟仓卒举事,于 1907 年 7 月 6 日利用安徽巡抚恩铭到巡警学堂参加毕业典礼的机会,刺杀恩铭,率领学生等进攻安庆军械所,失败被执,慷慨就义。绍兴大通学堂受到牵连,秋瑾被捕,牺牲于绍兴轩亭口。

早在 1905 年,安徽革命知识分子柏文蔚等组织了名为"岳王会"的革命团体。岳王会以军事学堂学生及新军官佐为主要联络对象,成为光复会的外围组织。1908 年 11 月 22 日,岳王会军事骨干、安徽新军炮营队官(连长)熊成基率马、炮营新军千余人起义,围攻安庆一昼夜未能得手,向集贤关退却,旋改变战略,拟取道桐城,袭取庐州为根据地。清军追击,部众渐散,到庐州时已不满百人,势不能支,熊成基潜匿,起义失败。后来,熊成基在东北被捕牺牲。

同一期间,四川革命党人联络会党在江安、泸州、成都、叙府多次发动起义,都没有成功。湖南、湖北等省也有革命党人发动会党起义,但因步调参差,缺乏集中统一的指挥而均告失败。

除熊成基安庆起义外,历次起义基本上是依靠会党发动的。会党的主要成分是游民无产者,即破产的农民和失业的手工业工人。他们同广大农民有着天然的联系。联络会党,客观上可以说是资产阶级革命派发动农民的一种特殊形式,但这并不意味着革命派与农民阶级建立了革命的联盟。革命党人由于获得会党的支持,感到自己有所凭借,大大增强了革命的决心和信心。但是,革命党人联络会党的工作存在着严重的缺陷:一般只是联络会党首领借以发动起义,不注意对会党群众进行民主革命的教育;重视利用会党勇于斗争的精神,但无法克服会党纪律松弛的现象。革命党人没有能力改造会党,在历次起义失败后,反而产生了埋怨会党的情绪,认为"会党发动易,成功难,即成而嚣悍难制,不成则徒滋骚扰"①。于是,他们把工作重点逐渐转移到新军方面。新军同农民的联系不如会党,但比较集中,比较有组织性。由于新式教练的需要,新军的中下级军官和士兵中也有一些知识分子,这就为革命党人打入军队进行活动提供了便利条件。当时,清政府编练新军主要是仿效日本,派往日本留学的人很多,同盟会成立后的两三年内,在日本陆军士官学校学习的就有300多人,其中约1/3加入同盟会,有的如阎锡山还加入黄兴组织的机密团体"丈夫团"。此外,国内各省的陆军中、小学堂的学生也有不少加入同盟会或其他革命组织的。这些军事学堂的学生毕业后,分派到各省新军担任中下级官佐,加上一些革命知识分子入营当兵,从而在新军中普遍地埋下了革命的种子。同盟会东京总部曾指示各省分会,"希望国内同志竭力向清朝新军之初级军官运动"②,吸收入会。1907年,广东陆军中、小学生参加同盟会的就占学生总人数的30%以上;至1910年,步兵一标(团)和炮兵一营士兵入会的人数接近总数的80%。其他各省新军中的革命势力也不断迅速发展。1910年的广州起义就是依靠新军发动的。

以孙中山为首的资产阶级革命派经历了1907至1908年多次起义的失败,仍然坚持武装斗争。1909年秋,黄兴等在香港设立领导机关,准备在广州发动起义,派赵声、朱执信、倪映典等在广东新军中发展革命组织。

① 《辛亥武昌首义记》卷上,第4页。
② 黄元秀:《西湖白云庵与辛亥革命之关系》,《辛亥革命回忆录》第4集,第151页。

年底,各项工作逐渐准备就绪,预定于次年2月24日(元宵节)前后发动。不幸消息泄露,广州地方官吏加强了戒备,并下令收缴新军士兵手中的枪枝弹药。革命党人不得不提前发动,倪映典等于1910年2月12日率新军千余人在广州城郊起义。清军出城弹压,倪映典中弹牺牲,起义军伤亡百余人,终因子弹缺乏(每人不过七颗)而失败。

广州新军起义失败后,同盟会的一些领导人中间出现了悲观失望的情绪。"举目前途,众有忧色。询及将来计划,莫不唏嘘太息,相视无言"①。一部分革命党人丧失了信心,连黄兴也准备去从事暗杀活动。本来,革命党人早就把暗杀作为革命的辅助手段,并认为面对残暴的强敌,暗杀可以唤醒沉睡的人民,成为革命的导火线,而又简便易行。因此,从兴中会到同盟会,组织了七八个暗杀团,策划过50起以上的暗杀活动。有的作为起义的先声或配合、响应起义的行动,有的为了惩处叛徒、奸细,有的为了粉碎敌人的阴谋、扫除革命的障碍和唤醒国人。因暗杀活动而牺牲的史坚如、吴樾等,他们视死如归的精神赢得了人们的尊敬。1910年,汪精卫入京谋炸摄政王载沣,则属失败之余为了泄愤。孙中山原则上并不排斥暗杀手段,但认为像黄兴、汪精卫这样的重要骨干放弃武装起义而搞暗杀是不妥当的。广州起义失败后,他由美洲到达马来半岛的槟榔屿,召集黄兴、赵声等举行会议,勉励他们不要因失败而气馁,应当再接再厉,继续坚持斗争。他说:"吾曩之失败,几为举世所弃,比之今日,其困难实百倍。今日吾辈虽穷,而革命之风潮已盛,华侨之思想已开,从今而后,只虑吾人之无计划、无勇气耳!"②孙中山的革命乐观主义精神,使大部分革命党人深受鼓舞。会议商定了在广州继续发动起义的计划,由孙中山

① 《建国方略》,《孙中山选集》(第2版)第206页。
② 《建国方略》,《孙中山选集》(第2版)第206页。

负责在海外筹饷,赵声、黄兴等革命党人先后返回香港,组织统筹部,作为起义的领导机关,并派人分别前往长江中下游各省联络,策动响应。许多革命党人潜入广州,设立秘密机关达数十处。他们吸取以往一处机关遭受破坏即牵累全局的沉痛教训,决定各秘密机关互相保密,直接与统筹部负责人进行单线联系。经过较长时间的活动,在广州新军、防营、民军、警察中的发动工作渐趋成熟。1911 年 4 月 8 日,香港统筹部召开会议,制定了起义的周密计划,决定分十路进攻广州,从香港派"选锋"800 人至广州发难,于 13 日(农历三月十五日)正式起义。8 日这一天,革命志士温生才在广州咨议局门前击毙广州将军孚琦,后被捕牺牲。广州地方当局惶恐万状,采取了严加防范的措施。革命党人方面因饷械均未及时运到,起义被迫延期。不久,统筹部获悉广州的一部分新军将于 5 月初退伍的消息,认为起义不宜再延。4 月 23 日,黄兴赶到广州,主持起义的领导工作。由于清方搜捕极严,广州城内风声鹤唳,部分秘密机关已遭破坏,黄兴在准备尚未就绪、联系未及周密的情况下,临时决定于 27 日(农历三月二十九日)晚举事,进攻计划由原来的十路改为四路。及时,他亲自率领革命志士 200 人进攻总督衙门,但其余三路均未能按时策应。他原来打算活捉两广总督张鸣岐,然后用总督名义号召两广清军反正,但攻入总督衙门后,张鸣岐已经潜逃,计划落空,失去了下一步战斗的目标。起义者纵火焚烧总督衙门后,黄兴将队伍分为三路,分途前往接应事前已经联系的新军、防营和民军,途中遇到清军的截击,双方展开了激烈的巷战,革命志士多人牺牲,起义遭到惨重的失败。黄兴、朱执信等负伤退回香港。事后,牺牲的革命烈士遗骸 72 具合葬于广州红花岗(后改称黄花岗)。因此,这次起义被称为"黄花岗起义"。

黄花岗起义的失败,使同盟会丧失了许多优秀干部,领导力量大为削弱。但这次起义使清朝统治受到一次沉重的打击,烈士们英勇战斗、视死如归的革命精神,更加振奋了全国人民的斗争意志,鼓舞着人们踏着他们的血迹奋勇前进。孙中山后来总结这次起义说:"是役也,集各省革命党之精英,与彼虏为最后之一搏。事虽不成,而黄花岗七十二烈士轰轰烈烈之慨已震动全球,而国内革命之时势实以之造成矣。"①

同盟会领导和影响下的连续不断的武装起义,大为振奋人心,促进了全国革命形势的发展。但历次起义的失败,使同盟会的力量受到了挫伤,革命党人内部的分歧和涣散明显地加深了。

同盟会虽有统一的组织、纲领和行动计划,但内部却很不一致。它的领导成员分别来自原兴中会、华兴会、光复会等几个不同的地方性革命组织,这些人原来有各自的活动区域,有各自的社会联系,有各自的乡土观念,往往难以融洽无间。当同盟会筹建期间,华兴会内部就有不同意见:或主张保持华兴会的组织和兴中会联合,或主张形式上加入孙中山的组织而精神上仍保持自己的团体,或干脆反对联合。光复会主要领导人则没有参预筹建。同盟会成立不久,原华兴会的宋教仁等就对孙中山的专断作风表示不满,黄兴也曾因军旗、国旗问题和孙中山发生争执。孙中山主张用青天白日旗,黄兴主张用井字旗,孙中山不容异议,黄兴"怒而退会",并"发誓脱同盟会籍"②。1907 年,日本当局为协调和清政府的关系,迫令孙中山离境,使孙中山无法主持同盟会东京本部的工作。孙中山远赴南洋,全力在华南策动起义,又引起以长江流域为基地的原华兴会、光复会成员的不满。1907 年 6 月,在北一辉次郎等几个加入同盟会的日本无政府主义者挑动下,东京本部的张继、章炳麟、刘光汉、谭人凤曾掀起"倒孙"风潮,要求罢免孙中山,改选黄兴为总理,因黄兴坚决反对而作罢。

---

① 《建国方略》,《孙中山选集》(第 2 版)第 207 页。
② 《革命逸史》初集,第 18 页;《宋教仁日记》第 343 页。

同年 8 月,四川张百祥、江西邓文辉、湖南焦达峰、湖北孙武等一部分同盟会员,在宋教仁、谭人凤的支持下,在东京成立共进会,随后推派会员回国活动。共进会对于推动长江流域革命运动的发展起过一定的积极作用,但它虽自称是同盟会的"外围",却不仅有自己独立的组织,而且把同盟会的"平均地权"纲领改为"平均人权",甚至有自己的旗帜——十八星旗。黄兴曾质问焦达峰,同盟、共进"二统谁将为正!"焦达峰回答:"异日公功盛,我则附公;我功盛,公亦当附我。"①实际上是独树一帜。1908 年春夏间,陶成章计划联合江、浙、皖、赣、闽五省会党,建立"革命协会"。在他草拟的《革命协会章程》里,提出了有别于同盟会纲领的政治主张,如否定代议制度,要求"田地公有"等,更明显地具有"独立"的性质②。陶成章为募集革命经费到南洋华侨中活动,和同盟会南洋支部发生摩擦,认定为孙中山作梗,便在南洋各埠倡设光复会,并纠集同盟会员李燮和、许雪秋等对孙中山进行人身攻击。1909 年 9 月,陶成章、李燮和等起草了一份《孙文罪状》,捏造种种罪责,要求罢免孙中山的总理职务,掀起了又一次"倒孙"风潮。章炳麟主编《民报》,改变《民报》宣传三民主义的编辑方针,大肆鼓吹"佛学"与"国粹",艰涩难懂,脱离现实,遭到海内外许多革命党人的不满。这时,他也参加了对孙中山的攻击。孙中山等被迫反击,关系破裂。1910 年 2 月,重建的光复会宣告正式成立,以章炳麟为会长,陶成章为副会长,设执行局于南洋,公开与同盟会分庭抗礼。孙中山在谈及此事时沉痛地说:"际此胡氛黑暗,党有内哄,诚至为艰苦困危之时代。"③值得注意的是,宋教仁、谭人凤等虽然没有参与第二次"倒孙风潮",但也在酝

---

① 　章炳麟:《焦达峰传》;张难先:《湖北革命知之录》第 232 页。

② 　平山周《中国秘密社会史》误操为《龙华会章程》。

③ 　《复吴稚晖函》,《孙中山全集》第 1 卷,第 429 页,中华书局 1981 年版。

酿"独立"活动。1910 年 6 月,宋、谭等聚于日本,邀约在日本的同盟会分
会会长"研讨革命前途",决定采取在长江流域发动革命的方针,筹建同盟
会中部总会。1911 年初,谭人凤从黄兴那里领来活动经费 5000 元,即督
促宋教仁、陈其美等加紧筹建工作。7 月,同盟会中部总会在上海正式成
立。它提出"以推覆清政府、建立民主的立宪政体为主义",公开抛弃了民
生主义。它制订了自己的会章,不仅建立本部,而且准备在长江流域各省
设立分会,还拟定了自己的旗帜——五色旗。尽管中部总会说它奉东京
本部为主体,认南方支部为友邦,但实际上是又一个具有"独立"性的组
织。1908 年以后,日本政府以及越南、香港等地的殖民当局都禁止孙中山
入境,孙中山不得不远游南洋、欧美。他对同盟会东京本部的章炳麟、宋
教仁等深为不满,但又无力加以整顿。他在新加坡建立同盟会南洋支部,
在香港建立南方支部,以全力经营华南的革命发动。在孙中山的直接领
导下,同盟会本部的职权实际上大部分转移到新加坡和香港,南洋支部、
南方支部成为革命军事大本营。东京本部被冷落在一旁,名义上它是同
盟会的领导中心,而实际上不能起领导中心的作用。鉴于同盟会内部的
分歧和涣散,孙中山曾计划把同盟会改组为中华革命党,把纲领改为"废
灭鞑虏清朝,创立中华民国,实行民生主义",并于 1910 年 2 月在旧金山
实施,要求南洋各埠同盟会与分会一体遵改,因遭到抵制而未能贯彻。

　　自立组织,一方面表现了各地革命党人的革命积极性和主动精神,对于
推动各自地区的革命运动有所贡献;另一方面又表现了革命党内部领导层
的矛盾和不团结,对后来的革命进程不能不产生严重的消极影响。

三、群众性的反抗斗争

　　民主革命运动日益发展的同时,广大人民群众反抗清朝暴政的自发

斗争也日益高涨。

20世纪初的中国,民族灾难深重,农村经济残破,整个社会动荡不安。广大工农群众自发的抗暴斗争此伏彼起,连绵不断。

1902年,因摊派赔款,"抗捐滋事之案,层见叠出"。在广泛的抗捐风潮的基础上,直隶广宗等地农民举起"扫清灭洋"的旗帜,四川巴县一带会党以"灭洋剿清兴汉"为号召,湖南邵阳人民则组织"大汉灭洋军",发动武装起义。广宗群众推景廷宾为首,联合钜鹿、南宫、威县一带农民,抗"洋差",抗赔款,攻教堂,抗清军,影响及于河南、山东,北京震动。在19世纪末爆发的广西陆川、武鸣会党起义,到1902年,广大农民纷起响应,斗争火焰迅速蔓延到广西南部和西部的十余州县。随后,起义地区愈广,势力愈强,烽火燃遍全省,广西巡抚发出了"几于无人不匪,防剿俱穷"的哀鸣。这次会党起义,有汉、壮、苗、瑶等各族人民参加,曾波及广东、湖南、贵州、云南四省。清政府为此用兵数十万,到1905年虽然将起义镇压下去,但始终未能将斗争火焰完全扑灭。会党首领王和顺等后来参加了同盟会。

伴随着抗捐抗税的斗争而普遍兴起的抢米风潮,深刻地反映了农村经济的残破和广大农民的苦难。

1906年,江苏受灾严重,地主、商人乘机囤积居奇,米价暴涨,灾民忍无可忍,掀起了猛烈的抢米风潮。靖江、山阳、扬州、泰州、镇江、清江、苏州等处先后聚众数千人,拦抢米船,捣毁米行、钱庄、当铺、衙署;徐州府属丰、沛、砀山等县农民群起抗租,地方官吏压制干涉,激成暴动。浙江省仙居县农民抢夺绅富米谷,泗安镇农民抗阻奸商运米出境,杭州也发生了抢米事件。安徽省徽州府各属农民成群结队,集体抢粮。湖南省衡、永一带灾民"结队求食"。湖北省兴国、武昌、通山,河南省汝州、关林、新野、西平,江西省吉安、瑞昌,奉天省营口、辽河东岸、凤凰厅、安东等地,都发生了农民暴动,或抗捐,或抗粮,有的攻入县城,毁署劫狱,有的捣毁厘捐局卡,有的竖旗举事,鸣锣出队,抗击官军的镇压。内蒙古伊克昭盟和郭尔罗斯前旗也先后爆发了蒙古族人民反对无止境的"放垦"和加重各族人民负担的反抗运动。广西壮、汉各族人民在柳州、南宁等地打开牢狱,放出囚犯,劫走饷银,发动了武装起义。

各地农民斗争此呼彼应,持续高涨。1907 年陕西"蔓延十余州县,前后亘四阅月"的抗捐斗争,江、浙等省的抢米风潮,新疆哈密维吾尔族人民反抗沉重差徭的暴动,奉天辽阳满、汉人民反抗牛马捐的斗争;1908 年吉林延边朝鲜族人民反抗苛捐杂税的斗争,1909 年直隶迁安县数万农民的抗捐暴动,江西袁州数千农民的抗捐起义,等等,都是当时规模较大的农民抗暴运动。1910 年,出现了数十年所未有的严重灾荒,各族人民的反抗浪潮更加高涨起来。这一年发生抢米事件的地区遍及南北各地。江西抚州抢米,参加者达 1 万人;焚抢江苏海州海丰面粉厂的饥民达 2 万余人;湖北沔阳饥民围抢富户后,又列队对抗前往弹压的官军;湖南长沙饥民一夜间将城厢碓房、米店 100 余家一齐捣毁,次日又焚烧巡抚衙门,焚烧和捣毁大清银行、税关、官钱局等盘剥人民的机构,斗争的锋芒还指向帝国主义的教堂、洋行以及一些洋货商店,参加斗争的人数达 2 万以上,并波及益阳、宁乡、湘潭、湘阴、安化、岳州、宝庆、常德、澧州、衡州、浏阳各地。抗捐抗税斗争也到处发生。江苏省反抗调查户口风潮,遍及宜兴、江宁、吴县、震泽、武进、阳湖、丹徒、金坛等地。广东省罗定、连州、大埔,浙江省长兴,云南省昭通,直隶省易州,都曾发生反对调查户口的骚动。调查户口、钉门牌,是清政府"预备立宪"的措施之一。官绅借调查户口为名,按户敛钱,引起了人民群众的激烈反对。这个事实,充分说明了清政府吏治的腐败和"预备立宪"骗局在群众心目中的破产。此外,因筹办"地方自治"、"乡村巡警"及其他"新政"而加捐加税,也造成无数次大小"民变"。

例如,广西怀远县因加抽油捐,激起 121 村的农民起义,永淳县、藤县、岑溪县农民为抗缴新捐而发生暴动;河南省叶县农民抗捐,聚众一二万人,长葛县发生万人暴动,密县农民拆毁县署;山东省莱阳县因贪官劣绅滥增新捐新税,吞蚀积谷,激起了由曲诗文为首的农民起义,参加的群众达五六万人,海阳、荣成等各处农民纷起响应。

1911 年 7、8 月间,大雨滂沱,江河泛滥,长江两岸自宜昌以下,一片汪洋,几成泽国。湖南饥民达数十万之多,每日饿死者不下千余人。于是安化、溆浦、新化、浏阳群众"相约执戈蜂起",衡州、永州、宝庆三府农民捣毁官运局,岳州、南州、华容等地"抢米谷者不知凡几",桂阳、郴州、永顺、靖州、辰州均纷纷禀报"匪徒"滋事。两湖地区形成了如火如荼的革命形势。亿万农民已经不能照旧生活下去了,遍及全国的农民抗暴斗争的持续发展,震撼着清朝统治的基础,预示清王朝的末日即将到来。

反洋教斗争仍然不断发生。《辛丑条约》订立后,外国传教士更加横行霸道,气焰嚣张,因而在浙江、湖北、江西、四川、河南、广东、福建、安徽、直隶、山东、山西、云南、西康等省都激起了广大人民的激烈反抗。仅据《东方杂志》的记载,1904 至 1908 年间,发生"闹教"的地方就有 35 处。实际上在 20 世纪初年发生反洋教斗争的州县在六七十以上。1903 年浙江桐庐濮振声"仇教起事",1905 年湖北宜昌、沙市间居民设立"灭洋"义勇队,1906 年安徽霍山张正金、河南遂平苗金声"毁堂杀教"、"戕官劫狱"和江西的"南昌教案",都是较为著名的事例。

工人阶级的罢工斗争是群众抗暴斗争的重要组成部分。

伴随着帝国主义在华投资的增加和民族资本主义工业的发展,中国工人阶级的队伍迅速增大。在帝国主义、本国封建主义和资本主义的三重压迫下,工人阶级不断发动反抗。例如,1904 年四川成都兵工厂 600 名职工举行罢工,抗议工头任意克扣工资;1905 年盛宣怀暗将上海华新纱厂卖给日本资本家,"该厂自归日人经理后,工人大不满意"。4 月,日方准备裁减工人,激成暴动;同时,上海集成纱厂工人因反对工头的压迫和剥削,4600 余人举行罢工,捣毁厂内部分设备,并抗击外国巡捕的镇压;5 月,萍乡安源煤矿外国工程师无理扣发工人工资,激起罢工。工人们捣毁洋房,痛打监工,并准备夺取军械,迫使该厂的帝国主义分子星夜乘火车逃往湖南醴陵。后来,矿方被迫同意照发工资,罢工才渐次平息。此后,各地罢工斗争继续发展,罢工次数不断增多,罢工规模日益扩大。其中较著名的有:1906 年,上海虹口瑞纶丝厂外籍经理无理扣发工人工资,全厂女工 1000 人立即罢工,终于迫使厂方照付工资。1907 年,山东坊子煤矿矿坑爆炸,110 名工人遇难,激起了广大工人的愤怒,罢工持续了数周之久。1911 年 8 月,上海闸北协和、晋昌、长纶、锦华等丝厂克扣工人工资,并延长工人劳动时间,四家工厂女工 2000 余人举行罢工以示抗议。20 世纪初年的中国工人阶级,还没有形成为独立的政治力量,但在迅速成长过程中,已经与农民阶级一起成为中国革命的主要动力。工人阶级的罢工斗争,把广大群众的反抗怒潮引进了城市,更加直接地打击中外反动势力的统治中心,进一步推动了革命形势的发展。

第四节　清政府的"预备立宪"和立宪运动

一、"仿行宪政"的"预备"措施

民主革命运动的迅速发展和群众反抗斗争的持续高涨,使清朝统治者也感到不能照旧统治下去了,于是宣布"预备立宪"。

在资产阶级改良派的推动下,从 1904 年起,开始有一些清朝官员奏请立宪。日俄战争以"立宪"的日本战胜、专制的俄国战败,立宪的呼声更高。驻法公使孙宝琦、署两江总督周馥、湖广总督张之洞、署两广总督岑春煊、直隶总督袁世凯相继奏请变更政体,实行立宪。清廷遂于1905年10月派载泽、端方、戴鸿慈、李盛铎、尚其亨等五大臣"出洋考察政治",随后又命政务处设立"考察政治馆"。1906年8月,出洋考察宪政的五大臣归国,密陈立宪有"皇位永固"、"外患渐轻"、"内乱可弭"三大好处,主张诏定国是,仿行宪政,而"实行之期,原可宽立年限"。经过御前会议的一番争论之后,清政府于9月1日正式宣布"预备仿行宪政"。谕旨指出立宪的原则是"大权统于朝廷,庶政公诸舆论",但"目前规制未备,民智未开",不能立即实行宪政,应先从改革官制入手,逐步厘订法律、广兴教育、清理财政、整顿武备、普设巡警,作为实行宪政的"预备"。

清朝最高统治者慈禧太后对立宪抱着敷衍拖延的态度,只求安度晚年。满族亲贵企图通过立宪巩固自己的特权,并削弱地方督抚的权势,进一步加强中央集权。汉族官僚则企图借立宪限制满族亲贵的权势,给自己带来更大的发展机会。清廷派载泽等编纂官制,本想大体效法日本,削弱现行督抚权限,将财政、军事权全部收归中央,使督抚的权限和日本府县知事相当。但在讨论的时候,遭到参加会议的袁世凯等的强硬反对。主持会议的奕劻就认为这问题太大,暂把地方官制押后,先议中央官制。中央官制的改革也碰到许多权位、饭碗的轧轹问题,于是有"五不议"之说,即军机处、内务府、八旗、翰林院、太监的事不议。这五项不议,可议的就不多了。最后在11月6日宣谕中央官制改革方案:

一、军机处不变,"一切规制,著照旧行。其各部尚书均著充参预政务大臣,轮班值日,听候召对"。

二、设外务、吏、民政、度支、礼、学、陆军、法、农工商、邮传、理藩等11个部,"各部堂官,均设尚书一员、侍郎二员,不分满汉"。

三、大理寺改为大理院，"专掌审判"；增设资政院以"博采群言"、审计院以"核查经费"，"均著以次设立"。

四、太常寺、光禄寺、鸿胪寺并入礼部，练兵处、太仆寺并入陆军部；都察院改为都御史一员、副都御史二员，六科给事中改为给事中，"其余宗人府、内阁、翰林院、钦天监、銮仪卫、内务府、太医院、各旗营侍卫处、步军统领衙门、顺天府、仓场衙门，均毋庸更改"①。

这个方案，除变更几个名称、归并几个旧衙门、增设几个新衙门外，并没有多大意义。作为"议院"之"预备"的资政院的设立，又迟迟不见下文。而根据这个方案任命的内阁总理大臣（即军机大臣）和内阁政务大臣（即各部尚书），共计13人，其中满族7人，汉族4人，蒙古1人，汉军旗1人。过去各部堂官满汉平列，现在"不分满汉"，却成为满七汉四，而蒙古、汉军旗实际上一贯依附满族，汉族不足1/3。因此，这个内阁被称为"满族内阁"。

陆军部是要害部门。尚书铁良，侍郎寿勋、荫昌，清一色的满族贵族。铁良强调陆军部有统率全国陆军之权，迫使袁世凯将练成的"北洋六镇"交出四个镇，归陆军部统率。中央政府机关直接控制军队，这在清朝是前所未有的。铁良又创立贵胄学校，相当于陆军大学，以培养高级军官，规定宗室、八旗子弟及三品以上实缺大员之子方准入学。三品以上实缺大员之子，不是京堂便是道府，几乎没有来入这种学校的，所以这条规定只是掩人耳目，实际目的是使统率军队的高级军官都由满族贵胄充任。习惯于骄奢淫逸的贵胄们学不成才，这项计划没有产生什么实际效果。1907年9月，湖广总督张之洞、直隶总督袁世凯同时入调任军机大臣，明为荣升，实则剥夺了这两位实力最强的汉族总督的实权。

---

① 《光绪朝东华录》第5册，总第5577—5580页。

"预备立宪"不仅有名无实,而且显露出满族贵族借立宪以集权的种种迹象,引起各省官绅的普遍不满而发动了召开国会的请愿运动。作为对国会请愿的回应,清政府于1908年9月间宣布"预备立宪"以九年为限,九年后正式召开国会,同时颁布《钦定宪法大纲》和《议院法选举法要领》、《逐年筹备宪政事宜清单》。

《钦定宪法大纲》以保障"君上大权"为核心,规定皇帝有颁行法律及发交议案、召集及解散议院、设官制禄及黜陟百司、统率陆海军及编定军制、宣战议和及订立条约、宣布戒严及发布命令等权力,并总揽司法权,实际上和专制帝王没有多少不同。《议院法选举法要领》对议院职权、议员言论作了种种限制,使作为"民意"机关的议院实际上成为皇帝的咨询机关。《逐年筹备宪政事宜清单》详细列举了九年内每年应办事项,包括调查户口、实行会计法、编纂简易识字课本和国民必读课本、推广识字学塾,等等。所列项目,许多都不是为召开国会、实行宪政所必需的"预备"。这样的"宪法大纲"和九年的期限,自然都不能令人满意。

1908年11月14、15日,光绪皇帝和慈禧太后在20小时之内先后死去。不满三岁的溥仪继承皇位,改元宣统,由溥仪的父亲醇亲王载沣摄政。摄政王载沣监国的第一件大事,是罢斥军机大臣兼外务部尚书袁世凯。

袁世凯在戊戌维新期间因叛卖行径为光绪皇帝所痛恨,但在慈禧太后的宠信下飞黄腾达,迅速成为权势煊赫的大官僚。他继李鸿章出任直隶总督兼北洋大臣,掌握着北洋六镇军队。他纠集死党,网罗爪牙,采用破格提拔、金钱收买等各种办法控制各级将领,竭力把北洋六镇培训成私人军队;各级将领则向士兵灌输袁世凯是"衣食父母"的观念,甚至在兵营中供奉袁世凯的长生禄位牌。全军绝对服从袁世凯一人。尽管满族贵族逼他交出了四镇,随后又内调军机大臣,但他对北洋六镇的控制力依然存在。他继承李鸿章衣钵,把持着招商局、电报局、铁路总公司等企业,并和日本、德国、美国、英国等保持着良好的关系。为了抵制革命、拉拢资产阶级改良派,并借立宪以削弱满族贵族的权势,袁世凯曾多次奏请立宪,还在天津设立宪法研究所,招致一批改良派人士,推行新政。载沣为了给光绪皇帝"雪恨",以袁世凯患"足疾"为名,要他回河南彰德"养病"。但清朝中枢主政的庆亲王奕劻早已被袁世凯用大量钱财所收买,以"小站旧人"为核心的袁世凯心腹爪牙,文官如徐世昌、唐绍仪、朱家宝、杨士琦,武将如冯国璋、段祺瑞、王士珍、张怀芝等,仍然身任要职,布满朝廷内外,对袁世凯唯命是从,"事无大小毕报"。改良派首领张謇等人也常和袁世凯互通声气。彰德实际上成为秘密的小朝廷。袁世凯的被罢斥,是清朝统治集团的重大分裂。

在罢斥袁世凯的同时,载沣宣示"预备立宪、维新图治"的宗旨,诏令官员们认真筹办立宪事宜,务必于1909年内成立各省咨议局,借以稳定局势、笼络人心;并先后给戊戌维新中被黜革的已故户部尚书翁同龢、湖南巡抚陈宝箴等"开复原官",陕甘总督升允、甘肃布政使毛庆蕃等则以阻挠、玩误宪政而被革职,力图显示新朝廷颇有"除旧布新"的气概。

1909年10月,除新疆奏明缓办外,各省咨议局相继成立。设立咨议局是地方官制改革的重要项目,作为省议会的"预备",但还不是省议会。它只有"指陈通省利病,筹计地方治安"的咨询、建议职能,而没有立法和监督地方行政长官的权力。咨议局议员的名额是比照原来各省科举考试录取名额和负担漕粮数目来确定的,少则数十名,多则百数十名。议员的产生采用复选举法。首先,根据籍贯、性别、年龄、职业、社会身份、文化教育程度、财产状况等多方面的严格限制,确定"合格选举人"。"合格选举人"为数极少,没有超过该省总人数1%的。然后,由选举人选出若干"选举议员人",再由这些人投票选出议员。有些省份的咨议局(如山东),为保守的封建士大夫所控制,凡事"阿附官绅,颠倒舆论"。但绝大多数省份的咨议局,资产阶级改良派都占据明显的优势,他们的头面人物如江苏的张謇、奉天的吴景濂、湖北的汤化龙、湖南的谭延闿、四川的蒲殿俊等,联袂当选为议长。不少省份也有革命党人当选为议员的。咨议局的常年会定于每年10月间召开,会期一般为40天;遇有必要时可随时召开临时会,会期一般为20天,休会期间由常驻议员处理有关事务。改良派力图使咨议局成为代表"民意"的权威机构,他们一面以咨议局为讲坛,发表议论,通过各项决议,力争监督地方政府的权柄,从而在咨议局和督抚间发生了大量的纠纷和争执;一面互通声气,"函电咨询",发起和组织各省咨议局联合请愿,要求缩短"预备"年限,从速召开国会,立即成立"责任内阁",加快立宪的步伐。通过咨议局,改良派取得了"国民代表"的合法资格,成为清末一支极为活跃的政治力量。

1910年10月,作为"立议院基础"的资政院在北京召开第一次常年会。议员分"民选"、"钦选"两种。"民选议员"98人,由各省咨议局议员互选产生,经督抚核定。"钦选议员"包括宗室王公世爵、满汉世爵、外藩王公世爵、宗室觉罗、部院衙门官、硕学通儒和纳税多额者,按对等原则,也是98人。不过,正、副总裁(即正、副议长)是"特旨简充"的,秘书长也是"请旨简放"的,所以"钦定"的议员稳占多数。但是"钦选"议员在文化教育程度和对议会民主的理解方面,都远不如"民选"议员,实际上是十几个最活跃的改良派人士如刘春霖、雷奋、罗杰、马宗夔、籍忠寅、孟昭常、吴赐龄等左右着会议。"钦选"议员往往呆若木鸡,或随声附和。第一次常年会按章会期为三个月,后因议事未竣,延长10天。议案包括政府交议、本院议员提议和地方咨议局提请核议三种来源,内容涉及经济、政治、外交、法律、文化、教育、地方事务等各个方面。政府交议的多为不关痛痒的"规则"、"章程"等条例,议员们渐渐感到极不耐烦,于是中断对条例的讨论,要求议长改定议事日程,首先讨论"速开国会案",议员们慷慨陈词,要求"议员全体赞成通过","从速上奏"、"即允速开"。最后用"起立法"表决,全体议员应声矗立,连一些顽固的"钦选"议员在左顾右盼之后也只好嗫嚅而起,获一致通过。随后的"弹劾军机大臣案",虽有争议,但也以112 对 12,获绝大多数通过。不过,资政院的决议案还得"请旨裁夺"。对于"速开国会",载沣的回答是,将"预备"年限缩短三年,还得等到宣统五年才能召开国会。对于"弹劾军机大臣",则以"朱谕"形式,对资政院严加申斥,对军机大臣奕劻等温言抚慰。议员们大为沮丧,吵嚷着要"请旨解散"资政院。咨议局提请核议的议案,资政院一般都支持各省咨议局,而朝廷和军机处则偏袒各省督抚,资政院的核议也大多不起作用。会开了 100 天,几乎没有办成一件大事。尽管如此,资政院毕竟是中国历史上第一个代表民意的法定机构,具有一定的历史意义。议员们高谈国事,抨击政府,中外记者到会旁听,报刊报道评说,多少也有些民主的气息,对于长期生活在封建专制制度下的中国人来说,也起了一定的启蒙作用。

咨议局、资政院的开设,是载沣迎合立宪潮流的一面,他还有另一面,即力图集中权力于皇室,首先是军权。监国伊始,他就另编禁卫军,由自己亲自统率,派弟弟载涛、皇族毓朗等为禁卫军大臣。接着宣布,摄政王暂行代理大元帅,设军咨处(参谋部),派毓朗、载涛管理。军咨处改军咨府,即以载涛、毓朗为军咨大臣。紧接着又派另一弟弟载洵筹办海军,后设海军部,即以载洵为海军大臣。载沣还裁撤了近畿督练公所,命近畿陆军均归陆军部管辖。1911 年 5 月,载沣颁布新内阁官制,撤军机处、旧内阁和会议政务处,由内阁总理、协理大臣和各部大臣充任国务大臣,总揽政务,组成所谓"责任内阁"。国务大臣共 13 人,汉族只有协理大臣徐世昌、外务大臣梁敦彦等 4 人,满族 9 人中,皇族如总理大臣奕劻、民政大臣善耆、度支大臣载泽、海军大臣载洵、农工商大臣溥伦等又占了 5 人。这届内阁于是被称为"皇族内阁"或"亲贵内阁"。皇族组阁,是违反立宪精神的。载沣集权于皇室的用心遂大白于天下。实践证明,清政府的"预备立宪",实质上只是一场骗局。

二、"国会请愿运动"和保路风潮

清政府宣布"预备立宪",使资产阶级改良派人士大为振奋。在国内,1906年12月,江苏、浙江、福建等省商学界200多人在上海成立预备立宪公会,推福建郑孝胥为会长,江苏张謇、浙江汤寿潜为副会长。随后,汤化龙在湖北成立宪政筹备会,谭延闿在湖南成立宪政公会,丘逢甲等在广东成立自治会,彼此唱和。在海外,康有为宣布,从1907年元旦起,保皇会改名为中华国民宪政会;7月,梁启超、蒋智由等在东京组织了具有资产阶级政党规模的政闻社,遥相呼应。这些团体的共同宗旨是:拥护清政府"预备立宪","劝告"和"要求"清政府加快立宪的步伐,反对革命。从此,资产阶级改良派遂被称为"立宪派"。政闻社提出四大纲领:(一)实行国会制度,建设责任政府;(二)厘定法律,巩固司法权之独立;(三)确立地方自治,正中央地方之权限;(四)慎重外交,保持对等权利。在《政闻社宣言书》中,一面表白对于皇室绝无干犯尊严之心,对于国家绝无扰紊治安之举;一面指出"现政府"既为被改造的对象,便不可能主动地进行改革,因此以唤起国民的政治热情、增进国民的政治知识、养成国民的政治能力为己任。政闻社出版了机关刊物《政论》,指陈内政外交的利害得失,向清政府提出建议和"警告",为立宪大造舆论。1908年2月,政闻社本部迁往上海,在总务长马相伯主持下,创办法政学堂,联络各立宪团体,交结王公大臣,逐步建立沿江沿海及南北各省的分支机构,展开了公开的和秘密的活动。

清政府的"官制改革"遭到立宪派的非议。"满族内阁"出台,湖南留日学生熊范舆便在《中国新报》上发表《新官制评议》,指出从官制改革看来,"政府主倡立宪之结果,适足愈巩固其专制势力耳"。《申报》刊载的《敬告丁未年新年诸君》文中也有"改革官制,视为具文,集权中央,迹近专制"的话。从 1907 年秋起,立宪派开始把请愿速开国会作为推动立宪的近期目标。10 月,熊范舆、沈钧儒等联名上书,请在一二年内开设国会;御史江春霖、给事中忠廉等奏请召开国会。12 月,湖南举人萧鹤祥上书请开国会。1908 年 6 月,康有为联合华侨中的立宪分子,以海外 200 余埠华侨的名义上书请开国会。7 月,政闻社在《为国会期限致宪政馆电》中正式提出三年内召开国会的主张,并策动王善荃奏请"颁发明诏,定期三年,召集国会"。预备立宪公会则移书湖南宪政公会、湖北宪政筹备会、广东自治会以及河南、安徽、直隶、山东、山西、四川、贵州等省立宪派首领,相约各派代表齐集北京,向都察院呈递国会请愿书,要求代奏。8 月,各省请愿代表纷纷入京,他们的国会请愿书都征集了许多签名。例如,八旗请愿书签名的有 1000 多人,山东请愿书签名的有 2000 多人,吉林签名的有 4000 多人,广东的 1.1 万多人,浙江达 1.8 万多人,使运动具有了某种程度的群众性。

国会请愿运动使清朝统治者大为震惊。他们认为这是"民气喧嚣"、"横议干政"的表现。曾派往国外考察宪政的大臣于式枚几次奏请缓行立宪。他摘引《今年国民为国会请愿文》中"宪政所以能实行者,必由国民有一运动极烈之年月,盖不经此,不足摧专制之锋"等几句话,指为"逆党煽惑",要求"随时劝导,遇事弹压","正人心,息邪说,拒诐行",以免"别滋事端"。政闻社社员、法部主事陈景仁等电请定三年内开国会,革于式枚以谢天下。清政府立将陈景仁革职,并宣称"政闻社内诸人良莠不齐,且多曾犯重案之人(指梁启超等),陈景仁身为职官,竟敢附和比暱,倡率生事,殊属谬妄"。接着又以政闻社"内多悖逆要犯,广敛资财,纠结党类,

托名研究时务,阴谋煽惑,扰害治安"的罪名,通令全国,严行查禁①。这是
"杀鸡给猴看",请愿运动暂时被压了下去。

咨议局的设立使立宪派取得了代表"民意"的合法资格,他们于是以
咨议局为基地,再次掀起国会请愿运动。

1909 年 10 月江苏咨议局成立后,议长张謇即发表《请速开国会建设
责任内阁以图补救书》,指出:列强侵略日益加紧,形势危急,召开国会是
为了合全国人力以"拱卫国家",犹如"拯溺救焚",岂可迁延观望;政府所
说的筹备事宜,大部分都不是在国会召开之前必须完备的,而且有些还是
须待国会成立之后才能做到的;各省士绅一致希望速开国会,如果请愿再
三而毫无结果,则"一二激烈之士,将以为国家负我,决然生掉头不顾之
心,和平之士,将以为义务既尽,泊然入袖手旁观之派",那时国家前途就
不堪设想了。因此,必须缩短预备立宪的年限,定于宣统三年(1911 年)
召集国会,立即成立责任内阁。为了使清廷接受这个主张,张謇既策动江
苏巡抚瑞澂联络各省督抚合词奏请,又通电各省咨议局并派孟昭常、杨廷
栋、方还等分赴各省游说,组织联合请愿。12 月,江苏、浙江、安徽、江西、
湖南、湖北、河南、广东、广西、福建、山东、直隶、山西、奉天、吉林、黑龙江
16 省咨议局代表 50 多人齐集上海,假预备立宪公会会所连日讨论,最后
决定组成 30 多人的请愿代表团诣阙上书。张謇又特写《送十六省议员诣
阙上书序》给代表们饯行,强调指出一个"诚"字,希望代表们"秩然秉礼,
输诚而请……设不得请而至于三,至于四,至于无尽。诚不已,则请亦
不已"②。

1910 年 1 月,各省咨议局代表相继到达北京,向都察院呈递联名请愿

---

① 《光绪朝东华录》第 5 册,总第 5951、5967 页。
② 《张季子九录·文录》卷 10。

书，要求代奏。请愿书的措词是以维护清朝万世一系立言的，声称速开国会是"巩固皇祚"的根本。但清廷以"国民知识不齐"为理由，坚持国会的召开须等九年预备期满、国民教育普及之后。请愿宣告失败。

请愿失败后，代表们本着"设不得请，至于三，至于四，至于无尽"的精神，首先通电发表《国会请愿代表同人奉上谕后通知书》，说明清政府已经拒绝速开国会和成立责任内阁的要求，呼吁各省绅商、团体，继续组织力量，准备再次请愿。然后，又在北京组织国会请愿同志会，发表《国会请愿同志会意见书》，号召各地士绅参加到国会请愿同志会中来，以扩大请愿的声势，并为建立一大政党奠定基础。国会请愿同志会创办了机关刊物《国民公报》，还指定由江苏、广东、直隶三省派人到内地各省和南洋各埠进行立宪的宣传鼓动和请愿的组织工作。同时，梁启超又主编《国风报》，发表《论请愿国会当与请愿（责任）政府并行》等文，指导请愿运动的进一步开展，并通过各种关系和国内的请愿活动取得联系，密切配合。

经过几个月的准备，立宪派组织了号称代表 20 多万人的十个请愿团体再度晋京请愿。1910 年 6 月，各省咨议局代表、商会及商界代表、教育会及学界代表、官绅代表、各宪政公会及政界代表、海外华侨代表等齐赴都察院呈递请愿书。清廷经过二次御前会议，借"财政困难，灾情遍地"为理由，再次拒绝了请愿团的要求。

请愿的再次失败并没有使立宪派气馁。张謇以江苏咨议局议长名义发表公启，号召各省议长齐到北京，组成"议长之请愿团"，向即将开会的资政院陈请建议，"以期必达"，"别开第三次请愿之新面目"。8 日，各省咨议局联合会在北京召开第一次会议，推汤化龙为主席、蒲殿俊为副主席，通过了向资政院提出的请开国会等议案。各省立宪分子更向上争取督抚，向下发动工农商学兵群众签名，准备在资政院开会时举行规模空前的第三次请愿。

1910 年 10 月,资政院正式开会。国会请愿代表团孙洪伊(顺直咨议局议员)等即向资政院呈递请愿书,指陈国外则列强日逼,国内则民变蜂起,请资政院迅速提议于宣统三年内召集国会,以救危亡。同时,各省立宪分子又纠众向当地督抚请愿,要求奏请开国会。天津千数百人齐赴督辕,"反复哀恳"。太原、开封、福州等省城都有"聚集数千人"向督抚"吁恳"的活动。奉天则各府县纷纷写信给咨议局,准备"纠合万数千人"到省城"吁求"。云贵总督李经羲感到如果不答应成立责任内阁和迅速召开国会,则"大局难支,人心愈涣",电商各省督抚联奏"立即组织内阁,特颁明诏,定以明年开设国会"。他的建议得到程德全、孙宝琦、锡良、袁树勋等 18 个督抚的同意,并先后两次联名向清廷发出了请设内阁和国会的电报。

资政院内部,也在请愿运动的影响下掀起波澜,一致通过了《陈请速开国会具奏案》。在强大的压力下,清廷不得不做些"让步",宣布缩短预备立宪期限,于宣统五年(1913 年)召开国会,国会未开以前,先厘订官制,设立内阁。立宪派内部产生了分歧。张謇、汤寿潜等认为请愿已经取得一定成效,遵"即日散归"的诏令,停止请愿活动。汤化龙、谭延闿、蒲殿俊等坚持宣统三年召开国会的原议,谋在北京组织第四次请愿。东三省士绅则一面请总督锡良代奏,一面派代表赴京,仍请速开国会。顺直咨议局也继续向直隶总督陈夔龙提出请速开国会的请求。这时,清廷开始采取强硬态度,请愿者被指为"无识之徒……聚集多人,挟制官长","一再渎扰,实属不成事体",命令立即将东三省代表押解回籍,并以"深恐奸人暗中鼓动"、"希图扰害治安"为借口,禁止请愿活动,明白宣布,各省如果再有"聚众滋闹情事",该省督抚应即"查拿严办"。谕旨传到天津,天津学生罢课抗议,并通电全国,呼吁各学堂同时罢课请愿,"期宪政即日成立"。陈夔龙派出军警数百名进行弹压,将为首的温世霖发成新疆。第四次请愿于是流产。

国会请愿运动具有民主运动的性质。立宪派企图通过和平请愿的形式,迫使清政府开放政权,迅速转入民主政治的轨道,但他们确实没有干犯皇室尊严的用心。可是,"顽冥不灵"的清朝统治者却不理会他们的"忠心耿耿",从而使立宪派极为痛心。梁启超在《国风报》上不禁破口大骂:"麻木不仁之政府","误国殃民之政府","妖孽之政府"。

"皇族内阁"的出台又给立宪派当头棒喝。张謇指责清廷"举措乖张",联合汤寿潜、沈曾植、赵凤昌等写信给载沣进行苦谏,劝载沣"勿以国事为孤注"。各省咨议局议长、副议长齐赴北京召开第二次联合会,推谭延闿为主席,上书力争,说:"以皇族组织内阁,不合君主立宪国公例,请另简大员组织内阁。"清廷断然拒绝了他们的请求,宣称"黜陟百司,系君上大权",议员们"不得率行干请"。各省咨议局联合会发表《宣告全国书》,痛哭流涕地诉说:"新内阁如此,吾人民之希望绝矣。议员等一再呼号请命而不得,救亡之策穷矣。"①人们普遍感到,革命的风暴即将到来。资政院的议员们分别组织了"宪友会"、"辛亥俱乐部"、"宪政实进会"等政团,准备应变。地方的立宪分子有的则开始向革命派靠拢。民族资产阶级政治上的左、右两翼终于沟通了。

"皇族内阁"卖国、集权的倒行逆施,进一步激化了各种社会矛盾,把各阶级、各阶层人民推向反清革命阵营。早在 1911 年 1 月,盛宣怀就任邮传部尚书时,就向清政府提出把各省"商办"铁路"收归国有"、"借款兴办"的具体办法,并着手和帝国主义国家磋商大批借款。4 月,清政府以"改革币制"和"振兴东三省实业"为名,和英、美、法、德四国银行团订立了 1000 万镑借款协定。"皇族内阁"成立后,便以"上谕"形式宣布"干线

---

① 《国风报》第 2 年第 14 期。

均归国有定为政策",接着和四国银行团订立了粤汉、川汉铁路借款合同,借"国有"名义把铁路利权出卖给帝国主义。它一面任命端方为督办粤汉、川汉铁路大臣,派他南下强行接收湖北、湖南、广东、四川四省的商办铁路公司;一面和四国银行团正式签订借款筑路的合同,从而激起了四省的保路风潮。

清政府"铁路干线国有"政策的实质,是借"国有"名义把铁路利权出卖给帝国主义。"当时一般舆论,都认为外国人掌握着我们的铁路矿山,就和掌握着我们的生命一样"①。这种出卖民族利益的政策,不能不激起全国人民的坚决反对。此外,清政府"劫收"商办铁路公司,也和各省人民以及地方绅商、立宪派的经济利益发生了尖锐的冲突。

原来湖广铁路准归商办时,各省除了募集"商股"之外,还在税收项下附抽租股、米捐股、盐捐股、房捐股等。例如,四川集资 1400 余万两,其中实收租股 950 余万两,官民购股 260 余万两,土药盐茶商 120 余万两。资金来自社会各个阶层,都期待着"一旦铁路成功,有十倍利息"的将来。掌握着公司实权的地方士绅、立宪党人更以修路为"利薮",自称"生命财产与本路息息相关"②。清政府规定,在实行国有政策时,湖北和湖南的路股还本不还息;广东路股发还六成,其余四成给无利股票;四川路股实用之款发给国家保利股票,余款或附股或兴办实业,另行规定,不得由股东收回,其由经手人亏倒之款,政府概不承认。这种"劫夺"商股的办法,自然要激起强烈的抗议。

湖南绅商纷纷发表意见抨击清政府的反动行径,长沙学生举行罢课,开会演说,各属"纷传某日焚某署,某日攻某城","风声鹤唳,一日数惊",形势

① 吴玉章:《在六十庆祝大会上之自述》。
② 《民立报》,1911 年 9 月 7 日。

已接近起义。湖北商民继起响应,汉口罢市。革命党人詹大悲主编的《大江报》上发表文章,指出"中国时势,事事皆现死机",和平改革既"为理所必无……故大乱即救中国之妙药"①,号召人民抛弃一切幻想,准备和清政府决战。广东召开了粤汉铁路股东会议,一致要求维持原案,力争商办。留日学生主张"路存与存,路亡与亡"。旅美华侨更愤激地说:"粤路国有,誓死不从……泰山可移,商办之局断难摇撼","有劫夺路权者,格杀勿论"②。四川的反抗风潮尤为炽烈。1911年6月,川汉铁路股东在成都组织了保路同志会,各府州县纷纷响应,成立保路分会,参加人数达数十万人。保路会每次集会,到会者动辄成千上万,情绪异常激昂。8月,成都罢市,数十州县闻风而动,卷入了罢市斗争。9月,斗争发展为全省抗粮抗捐,金堂、新繁、彭县、灌县等地发生群众暴动。

各省立宪派处于保路风潮的领导地位,本来打算把斗争限制在"文明争路"的范围。当反抗形成为群众运动之后,他们便连忙"抚慰居民,戒勿暴动",并对清政府表示让步。湖南立宪派宣称:"国有民有已成第二问题",只要求商股"不使有丝毫亏损"。湖北汤化龙提议,只要清政府允许商股仍充路股,并许商民立查账会,有稽核铁路度支之权,也就是商股有了不致被吞蚀的保证后,运动便可收束。四川立宪派的代表甚至在广东保路会的成立大会上谆谆告诫:"万勿暴动,致为政府借口。"在成都,他们刊发光绪皇帝牌位和谕旨中"庶政公诸舆论"、"川路准归商办"两句话,令各家各户张贴,设案焚香,用悼念已故皇帝的方式来表达对当今掌权者的抗议。署四川总督赵尔丰奉清政府旨意,诱捕咨议局正、副议长蒲殿俊、罗纶以及保路同志会和川路股东会的负责人。消息传开,数万群众到

① 《时报》,1911年10月5日。
② 甦民:《满夷猾夏始末记》。

督署请愿,要求释放蒲、罗等人。赵尔丰下令军警向手无寸铁的群众开枪,当场打死 30 多人,造成骇人听闻的"成都血案"。广大人民忍无可忍,迅速掀起了全川的武装暴动。同盟会员龙鸣剑等联络会党组成保路同志军进攻成都。同盟会员吴永珊(即吴玉章)和王天杰等在荣县宣布起义,建立革命政府。清廷命令端方自湖北带兵前往镇压。部分鄂军西调不久,湖北方面便响起了武昌起义的枪声。

第五节　辛亥革命的胜利和失败

一、武昌起义与全国各地的响应

1911 年 10 月 10 日,革命党人发动武昌起义。这一天,后来被定为中华民国的国庆日。

武汉向称"九省通衢",是当时国内仅次于上海的第二大城市。它是帝国主义侵略的重要据点和清朝反动统治的一个重心,也是资产阶级革命力量发展迅速的地区和各省革命党人联系的枢纽。革命与反革命的斗争,在这个地区格外激烈。自 1904 年武汉第一个革命团体科学补习所成立以来,湖北革命党人便把新军作为进行革命活动的主要对象。科学补习所设有专门负责新军工作的干事,不断将青年学生、会党群众输送入伍,努力扩大新军中的革命力量。虽然革命团体遭到几次破坏,团体名称一再变更,但从日知会、湖北军队同盟会、群治学社、振武学社,直到文学社以及共进会等革命团体,都有许多革命知识青年以当兵为掩护,长期潜伏在军队里进行艰苦细致的宣传工作和组织工作,始终坚持不懈。根据多年积累的秘密工作的经验,革命党人在湖北新军的标(团)、营、队(连)

各级都推举了他们的代表,组织网遍及湖北新军各基层单位,参加革命组织的士兵群众达五六千人,占湖北新军总数的三分之一左右,为武昌起义的发动奠定了坚实的基础。

1911 年的广州起义和四川保路风潮,大大鼓舞了全国人民的斗争意志,革命形势一派大好。湖北革命党人决定利用这个大好时机,在武汉发动起义。为了加强对武汉地区革命力量的领导,共进会和文学社两个革命团体在同盟会中部总会的斡旋下决定联合行动,于 9 月 24 日组成统一的起义领导机构,推举文学社领导人蒋翊武为湖北革命军总指挥,共进会领导人孙武(即孙葆仁)为参谋长,两团体的重要骨干刘尧澂、彭楚藩等为军事筹备员。他们拟定了起义的详细计划,推定了武装起义后军政府的负责人,草拟文告,派人到上海迎接同盟会领导人来鄂主持大计,同时和邻近各省进行联系,策动响应。武昌起义之前,湖北革命党人是作了比较周密的准备和部署的。

这时,孙中山远在海外筹款,以接济国内的革命活动。黄兴在香港接到有关湖北情况的报告后,即复函赞成在武汉发动起义:"迩者蜀中风云激发,人心益愤,得公等规画一切,长江上下自可联贯一气,更能争取武汉。老谋深算,虽诸葛复生,不能易也。光复之基,即肇于此。"①不过,他要湖北革命党人等待孙中山筹措 20 万元巨款和购买大批枪枝弹药后发动。湖北革命党人认为,起义时机已经成熟,"势成骑虎",不能等待。同时,他们看到清政府从湖北抽调大批新军前往四川镇压保路运动,新军中的革命骨干将随军离去,湖北革命力量有被削弱的危险。因此,他们坚决表示,即使"无外款接济",也"事在必行"②。

① 《复同盟会中部总会书》,《黄兴集》第63页。
② 《湖北革命知之录》第246页。

　　湖北革命党人原订农历八月十五日中秋节(10月6日)举行起义,由于准备不及而延期。10月9日,孙武在汉口俄租界制造炸弹失慎爆炸,沙俄巡捕闻声赶来,孙武逃匿医院,而准备起义的旗帜、符号、文告、印信等全被搜去。第二天,设在武昌的指挥起义的秘密机关又遭破坏,彭楚藩、刘尧澂等被捕,蒋翊武逃脱。湖广总督瑞澂下令杀害彭、刘及杨洪胜三人,全城戒严,按照查获的名册搜捕革命党人。武昌形势顿时紧张起来。革命面临十分严峻的考验,起义活动已成"群龙无首"的状态。但革命党人和新军中的革命士兵群众,没有畏惧退缩,在失去指挥机关的紧急情况下,自行联系,坚决发动了起义。

　　10月10日晚,新军工程第八营的革命党人打响了起义的第一枪。他们打死镇压起义的反革命军官,几十人冲往楚望台军械库夺取弹药。军械库守军中的革命士兵们闻风响应,一举占领了楚望台。接着,步、炮、辎重各营和军事学堂学生约五营兵力,纷纷起义,齐集楚望台,临时推举原日知会员、队官吴兆麟担任指挥,向总督衙门发动攻击。革命士兵们奋不顾身,血战通宵,占领了总督衙门、藩库等重要机关,湖广总督瑞澂仓皇逃往停泊长江的兵舰上。起义军一夜之间占领了武昌城,取得了首义的胜利。11日晚和12日晨,驻汉阳、汉口的新军先后起义,武汉三镇完全为革命党人所控制。

　　这时,革命所面临的首要任务,是立即建立革命军政府,扩大革命的成果,把革命继续推向前进。湖北革命党人是奉孙中山为领袖的,文学社和共进会都与同盟会有密切的联系,但孙中山远在海外,至12日上午才获悉武昌起义的消息,一时不可能赶回国内。黄兴和同盟会其他重要领导人也分别在香港、上海等地。直接组织这次起义的文学社、共进会的领导者,在起义前,有的负伤,有的牺牲,有的被迫逃出武汉。11日,经过一夜战斗的起义士兵群众,聚集在湖北咨议局,准备推举都督,建立革命军政府,他们没有意识到应当把军政府的权力掌握在自己手里,错误地以为需要社会上有名望地位的人出面以资号召,于是邀请咨议局议员和地方绅商举行会议,推举清朝高级军官、二十一混成协(旅)的协统黎元洪为军政府的都督。

黎元洪(1864—1928 年),字宋卿,湖北黄陂人。早年毕业于北洋水师学堂,后来在北洋海军中任职。甲午战争后他投奔湖广总督张之洞,颇受宠信,三次被派往日本学习,由管带升至协统的职位。10 月 10 日晚,武昌起义的枪声打响后,黎元洪仍坚持顽抗,亲手杀死了响应起义的士兵 2人。起义的迅速胜利,迫使他仓惶逃到一个营管带家里躲藏。由于他平时在汉族官僚中以"开明"著称,起义前革命党人就有过推他为都督的拟议。黎元洪并不愿意顺从革命,又不敢公然反对,他是被革命党人用手枪逼上都督席位的。湖北军政府设军令、参谋两部,军政多由参谋部主持。至于政务、交涉等事务,革命党人感到自己无能为力,愿意让湖北咨议局议长汤化龙担任民政部长,主持有关工作。汤化龙原是立宪派首领,在立宪运动破产后对清廷绝望。他在 11 日推举湖北军政府都督的会议上表示:"革命事业,鄙人素表赞成","关于军事,请诸位筹划,兄弟无不尽力帮忙。"①过了几天,他便公布了一个冒称同盟会东京本部草拟的《中华民国军政府条例》,由都督兼总司令,改民政部为政事部,下设外交、内政、财政、司法、交通等七局,总揽政务。政事部由汤化龙任部长,下面七个局的正副局长"几乎成了清一色的旧派人物"②。虽然这个条例不久即被革命党人否定,各局一律改为部,只给汤化龙留下一个编制部长的闲职,其他各部都由革命党人负责,汤化龙因而弃职东去。但首义的湖北军政府,由

---

① 《中国革命记》第 2 册。
② 《辛亥首义回忆录》第 2 辑,第 170 页。

新军高级军官、立宪派首领出面主持,却具有"示范"的作用,为后来响应
革命的许多省份所效法。

　　首先响应武昌起义的是湖南和陕西两省。10 月 22 日,湖南革命党人
焦达峰、陈作新等发动会党和新军进攻长沙,巡抚余诚格逃遁,起义军推
举焦、陈为正、副都督,建立湖南军政府。湖南起义后,不仅巩固了湖北的
后方,而且派遣军队支援了武汉抗击清军的战斗。同一天,陕西同盟会会
员景梅九、井勿幕等联络会党和新军起义,护理巡抚钱能训逃走,陕西军
政府在西安建立,原日知会会员、新军队官张凤翔为都督。井勿幕率领起
义军渡河攻入山西,从侧面威胁南下的清军,并切断了清政府和西北地区
的联系。

　　10 月 23 日,驻江西九江的新军响应武昌起义,拥标统马毓宝宣布独
立,成立九江军政分府。九江独立,解除了长江下游清军对武汉的威胁。
31 日,同盟会员蔡公时联合南昌各界在咨议局开会,准备拥清朝巡抚冯汝
骙宣布独立,冯拒绝接受。蔡公时发动新军起义,建立了江西军政府。后
来,由同盟会员李烈钧任都督。

　　10 月 29 日,山西新军中的革命党人发动起义,杀死巡抚陆钟琦,组成
山西军政府,由新军协统阎锡山任都督。

　　10 月 30 日,云南同盟会员李根源、罗佩金联合新军协统蔡锷以及管
带唐继尧等发动起义,组成云南军政府,蔡锷为都督。

　　11 月 3 日,上海的同盟会员张承槱等发动工人、防营和会党起义,次
日攻克江南制造总局,占领了上海,同盟会员陈其美被推举为上海军政府
都督。

　　上海起义直接推动了浙江、江苏的独立。11 月 4 日,浙江革命党人在
上海的支援下,联合新军和防营占领了杭州,立宪派首领汤寿潜出任浙江
军政府都督。上海起义的消息传到苏州,江苏立宪派和绅商、官僚立即抢

先一步,要求巡抚程德全宣布独立。5 日,江苏军政府成立,程德全摇身一变,由巡抚成了都督。

11 月 4 日,贵州革命党人发动新军和陆军学堂学生起义,占领贵阳,成立贵州军政府,新军教练官杨荩诚为都督。

11 月 5 日,安徽同盟会员联合团练发动起义,占领寿州,连克颍上、亳州等地。8 日,立宪派劝说巡抚朱家宝宣布独立,并推朱为都督。后来,起义军内部发生武装冲突,朱家宝感到形势不稳,逃离安徽,同盟会员孙毓筠、柏文蔚先后任安徽军政府都督。

11 月 6 日,广西咨议局议决与清政府脱离关系,推巡抚沈秉堃为都督。不久,前清军提督陆荣廷发动兵变,攫取了都督职位。

11 月 9 日,福州同盟会员许崇智率军起义,推第十镇统制孙道仁为福建军政府都督。

同日,广东宣布独立,两广总督张鸣岐逃入租界,同盟会员胡汉民任都督。

从武昌起义到11 月 9 日,短短一个月内,全国已有湖北、湖南、陕西、江西、山西、云南、浙江、江苏、贵州、安徽、广西、福建、广东等 13 省和最大城市上海以及其他省许多州县宣布起义,清朝的一部分海军也投奔到革命方面来。至 11 月下旬,四川重庆革命党人发动起义,川东南 50 多州县响应。在四川资州,一部分新军起义,杀死了前来镇压保路运动的端方。河南信阳附近京汉铁路工人和农民组成的民军,拆毁铁路,袭击军用列车,有力地支援了武汉革命军。甚至在清王朝统治中心地区直隶,革命党人也策动驻滦州的新军第二十镇和驻保定的新军第六镇举事。

革命在全国范围内飞跃发展,有些地区的农民群众在农村中也掀起反封建斗争的风暴。江苏常熟、江阴、无锡三县交界地区爆发了农民武装暴动,烧毁恶霸地主的房屋,竖立"革命大都督"的旗帜。上海附近各县农民,普遍掀起了抗租斗争。据报载:"松江一带,则各村庄鸣锣齐会,相约不还;昆山正义镇,则因催收田租,兵民互哄;青浦西乡,则聚众闹事;南汇周浦,则拆毁绅董房屋……抗租风潮,方日演日剧,蔓延而未已。"[①]湖南衡阳、醴陵等十几个州县农民起义,围攻县署,杀逐贪官污吏和土豪劣绅。陕西自咸阳到凤翔、陇州的数百里地区内,到处发生戮官劫狱等暴动。四川农民反抗清军和地主武装的战斗,在各州县如火如荼地猛烈开展。奉天辽阳、辽中、凤凰、庄河、复州等地和山东的民军都迅速发展,声势浩大,迫使东北三省和山东的清朝地方官吏不得不宣布半"独立",借以应付岌岌可危的局面。几乎全国各省无不发生规模大小不等的群众起义或暴动。

许多少数民族地区也发生了响应武昌起义、拥护共和制度的革命运动。内蒙地区一部分蒙古族和汉族的同盟会员,曾经在学校、军队、会党和反清士绅中进行工作。武昌起义后,归化(今呼和浩特)、陶林(今察哈尔右翼中旗)、包头、丰镇等地的革命党人纷纷响应,组成革命军,12月间一度攻克丰镇。次年初,又配合山西革命军占领包头,成立革命军政府。1911年12月下旬,在新疆乌鲁木齐爆发了有哥老会和当地少数民族参加的武装起义。起义的消息迅速传到革命党人活动的中心伊犁。1912年1月,起义军占领伊犁,组织了"汉、满、蒙、回、藏五族共和会",宣布"五族共和",并成立了临时政府。

武昌起义后,各省纷纷响应和席卷全国的群众自发斗争,汇合成为资产阶级民主革命的巨大洪流。在这个革命洪流中,反动的清王朝土崩瓦解了。

资产阶级革命派在推动这次革命迅速走向高潮中起了很大的作用。

[①] 1912年1月3日《申报》评论:《论乡民抗租风潮》,《辛亥革命在上海史料选辑》第697页。

分散在各地的同盟会员以及与同盟会有或多或少联系的各地革命组织,在武昌起义后积极策动响应,促进了革命形势在全国蓬勃发展。但是,面临着如此广泛和迅猛的革命高潮,资产阶级革命派却没有一个统一的坚强的领导核心。同盟会组织很不健全,缺乏一个彻底反帝反封建的斗争纲领和把革命推向前进的统一的革命步骤。他们十分害怕帝国主义出面干涉,又非常恐惧农民群众把反封建斗争深入开展下去,希望赶快推翻清朝,建立共和制度,尽量缩短革命的历程,取得廉价的胜利。

资产阶级立宪派在革命形势高涨的压力下,转到革命方面,利用自己在各省咨议局中所取得的地位,策动清朝官员"反正",宣布"和平光复",对清王朝的崩溃起了积极作用,但他们力图维持旧秩序,防止革命的深入开展,并窃夺权位。湖南起义后,曾一度设立筹饷局,按房地产和田产的多寡摊派捐款,以保证革命的需要。湖南绅商和立宪派激烈反对,把这个革命措施说成是"暗无天日"、"鸡犬不宁"。他们唆使旧军官在湖南起义后十天发动兵变,杀害都督焦达峰等人,推立宪派首领谭延闿为都督。就这样,立宪派与旧官僚采用"和平"的乃至流血政变的手段,先后取得了湖北、湖南、江苏、浙江、广西、贵州等许多省军政府的权力。

另一些省区,如上海、广东、安徽、江西等地,表面上权力掌握在资产阶级革命派手中,但是,这些革命党人掌权以后,由于地位发生了变化,很快地向右转了,其中有些人已蜕化为新官僚政客。当时宣布起义的各省,无论是革命派掌权,还是立宪派、旧官僚掌权,几乎一律压制工农群众的革命运动,解除群众武装,府县基层政权基本上没有触动。四川的几十万保路同志军被遣散,广东的十几万民军被裁撤,湖北军政府通告全省各州县官绅赶办团练,防止农民暴动,并派军队镇压会党武装。资产阶级革命党人刚刚取得局部的政权,就同人民群众对立起来,他们不可能把民主革命引向真正的胜利。

二、南京临时政府的成立

革命的根本问题是政权问题。建立一个统一的共和政府,不仅是这次革命的目标,而且是当时起义各省共同对清王朝进行斗争的迫切需要。中央政权如何建立,由什么人掌握,这是资产阶级革命派和卷入革命营垒中的立宪派、旧官僚政客等各派政治力量最为关注的问题。此外,由于各派政治力量重新组合而出现的湖北、江浙等地方集团,也都力争对中央政权的控制权。这就使得组织临时中央政府的斗争更加尖锐复杂。

11月9日和11日,湖北和上海两地先后发出建议成立临时中央政府的通电。上海方面提出由各省咨议局和都督府各举代表一人到上海"集议"的方法。15日,第一次各省代表会议在上海召开,定名为"各省都督府代表联合会"。由于湖北方面力争,24日,各省代表联合会决定迁往武昌开会,各省留一人在上海以便联络。

当时,湖北革命军正与清军处于紧张对峙状态中。重新被清政府起用的袁世凯派他所掌握的北洋军相继攻陷了汉口和汉阳,武昌已处于清军炮火的威胁之下。11月30日,各省代表联合会不得不由武昌改在汉口英租界举行。各省代表联合会的成分十分复杂,革命派与立宪派占有几乎相等的席位,另有少数旧官僚和封建士绅,甚至有清政府的密探在内。12月2日,代表联合会作出两项重要决议:一是通过《临时政府组织大纲》,一是决定"虚临时总统之席以待袁君反正来归"。从一开始,组织民国临时政府就和期待袁世凯"反正"紧密联结在一起,这充分反映了革命阵营对封建买办势力的妥协性和对袁世凯反动集团所寄予的深切期望。同一天,江浙联军攻克南京,江浙集团声势大振,决定在南京成立临时中央政府,电催汉口代表迅速东下。12月14日,汉口、上海两地的各省代表齐集南京开会。代表名额由原来的 23 人增加到 45 人。同盟会员在其中所占比例有所提高,约占 1/2 强,其余为立宪党人、旧官僚士绅和独立活动的光复会会员。代表们获悉袁世凯的议和代表唐绍仪到达武汉以及袁世凯表示赞成"共和"的消息,决定暂缓选举临时总统,虚位待袁,而推举大元帅、副元帅"专征北伐"。因人选问题争执不下,临时政府的组建陷于难产。

12 月 25 日,孙中山自海外回国,到达上海。各省革命党人大都同意推举众望所归的孙中山为临时大总统。立宪派和旧官僚政客也认为在"争取"袁世凯反正以前,这个"过渡"总统"非孙莫属"。29 日,孙中山当选为临时大总统,临时政府才在难产中诞生。

1912 年 1 月 1 日,孙中山在南京宣誓就职,宣告中华民国临时政府成立,以 1912 年为民国元年,改用公历。

南京临时政府的行政首脑,由临时大总统孙中山、副总统黎元洪和九名国务员(各部总长)组成。九名国务员名单由孙中山和黄兴提出,1912 年 1 月 3 日在各省代表联合会议上通过。其中,陆军总长黄兴、外交总长王宠惠、教育总长蔡元培为同盟会员,实业总长张謇、交通总长汤寿潜为江浙立宪派首领,内务总长程德全、司法总长伍廷芳为旧官僚,海军总长黄钟英是起义的舰长,财政总长陈锦涛是当时的所谓"理财专家",曾在清政府任职。根据同盟会设计的"部长取名,次长取实"的方案,由孙中山直接任命的各部次长、局长和总统府秘书长等,除海军次长外,都是同盟会的重要骨干。程德全、汤寿潜、张謇等人没有到南京就职,各部几乎都由次长代理,当时有"次长内阁"之称。所以,实权是掌握在革命派手中的。

1 月 28 日,临时参议院在南京成立。作为立法机关,40 余名临时参议员中,同盟会 30 人,立宪派不足 10 人。从汉口各省代表联合会、南京各省代表联合会到临时参议院的成立,短短一个月内,出现了很大变化。立宪派代表锐减(主要是北方未起义各省咨议局的代表),革命派代表激增,反映了革命形势的迅速发展和同盟会在建立政权的角逐中取得了暂时的胜利。

以孙中山为首的南京临时政府,是资产阶级领导的民主革命的产物。临时政府中虽有立宪派和旧官僚参加,但资产阶级革命派居于领导地位。

"临时之政府,革命时代之政府也",这是南京临时政府发表的第一个文告《临时大总统宣言书》中庄严宣布的。在这个宣言书中,对临时政府的施政方针作了如下的规定:对内要实现民族、领土、军政、内治、财政的统一,对外要将清政府"辱国之举措与排外之心理,务一洗而去之,持和平主义……循序以进"①。对内强调统一,克服各省起义以后各自为政的现象,以利于推翻清朝反动政府,建立一个统一的资产阶级共和国,这显然是具有积极意义的。对外要洗雪清朝反动政府的"辱国举措",也是完全必要的。但是,宣言书并没有提出明确的革命任务和实现革命任务的步骤,显得有些空泛。

南京临时政府参议院开幕典礼

① 《南京临时政府公报》,《近代史资料》总第 25 号。

南京临时政府成立后,在短短的三个月时间里,颁布了不少有利于民族资本主义经济、资产阶级民主政治和文化教育的法令。根据资产阶级"自由平等"、"天赋人权"的原则,它宣布人民享有选举、参政等"公权"和居住、言论、出版、集会、信教等"私权";命令各级官厅焚毁刑具,停止刑讯;通令保护华侨,禁止贩卖华工;严禁买卖人口,禁止蓄奴,解放"疍户"、"惰民"等所谓"贱民",允许他们享有"公权"和"私权";革除历代官厅"大人"、"老爷"等称呼,以及禁止蓄辫、缠足、赌博,严禁种植和吸食鸦片,等等。在发展民族工业方面,它颁布了保护工商业的规章,废除清代的一些苛捐杂税,奖励华侨在国内投资。在文化教育方面,它提倡以"自由平等博爱为纲"的"公民道德";禁用清政府学部颁行的教科书,新编教科书必须合乎"共和民国宗旨",废止"有碍民国精神及非各学校应授之科目",《皇朝掌故》、《大清会典》、《大清律例》等一律禁用,小学禁读经科,等等。所有这些法令,无不体现了民族资产阶级的原则和利益。

南京临时政府的各项法令,对资产阶级利益表现了热忱关切的态度,但对地主阶级利益,没有根本的触动,对广大农民的要求缺乏任何积极的反映。

南京临时政府成立于南北议和开始之后,革命党人普遍地希望通过和平谈判争取袁世凯反正和清帝退位,以便尽快地结束革命。同时,他们把争取获得帝国主义国家的承认,作为临时政府的首要目标。临时政府在《宣告友邦书》中,重申承认清政府和帝国主义国家缔结的一切不平等条约,承担过去的外债和赔款,保护帝国主义在华的各种特权和利益。软弱的资产阶级革命派天真地认为,主动承受清朝卖国政府的可耻"遗产",就可以换取帝国主义对临时政府的同情和承认。临时政府外交总长根据《临时大总统宣言书》中所规定的对外施政方针,仅仅怯懦地声明:租界的行政警察权"应俟大局底定,再行设法收回";侵害我国司法主权的上海会审公廨，"当向各领事交涉，使必争回"①。临时政府为取得列强承认，进行多次交涉，都毫无结果。帝国主义一直不承认临时政府，使临时政府的领导者们感到很大的压力。

南京临时政府从成立的时候起，便面临着十分严重的财政危机。清政府所课征的许多苛捐杂税已经宣布废除；海关及部分常关、盐厘的税收被帝国主义者把持，拒绝交付临时政府；各地的田赋和其他税收也被各省军政府截留，不上缴中央。军需紧急而款项没有着落，各处要钱的电报接踵而来，南京附近的民军"嗷嗷待哺，日有哗溃之虞"，每日前往陆军部索饷者不下数十起，致使陆军总长黄兴"寝食俱废，至于吐血"②。临时政府一度准备命令各地商会认捐款项，以救燃眉之急。但是，各地商会大都操纵在资产阶级上层及其政治代表立宪派手中，他们不肯从经济上支援临时政府，公开阻止募捐计划的实现。在这种情况下，南京临时政府不从发动群众、争取人民支持中寻找出路，而是乞求帝国主义国家的贷款，作为解决财政困难的主要途径。孙中山在回国前后，亲自进行过多次贷款活动，几乎每天盼望外国银行的复电，可是，直到他辞去临时大总统职务为止，始终杳无音信。南京临时政府还曾企图以国内大企业（如轮船招商局、汉冶萍公司等）作抵押，向外国举借几笔贷款，又遭到立宪派的坚决抵制，临时参议院内外一片反对鼓噪声。南京临时政府束手无策，始终没能摆脱财政困难的处境。

南京临时政府的基础是脆弱的。它名义上是一个全国性的中央政府，但是，它的权力并不能推行于被立宪派和旧官僚控制的省区。即使在革命派掌权的地方，也往往各自为政，不完全服从中央的号令。作为资产

---

① 《辛亥革命在上海史料选辑》第476页。
② 中国近代史资料丛刊：《辛亥革命》第8册，第55页。

阶级革命政党的同盟会,早已处于十分涣散的状态,内部"意见不相统属,议论歧为万途",起不了革命政党的领导作用。直到1912年2月,同盟会才在南京召开改组会议,议决由秘密转为公开,并制订了新总章。这时,清帝退位已成定局,新总章遂以"巩固中华民国,实行民生主义"为宗旨,具体政纲包括:完成行政统一,促进地方自治,实行"种族同化",采用国家社会政策,普及义务教育,主张男女平等,厉行征兵制度,整理财政,厘定税制,力谋国际平等,注重移民垦殖事业等九条。新政纲保持着民主精神,但缺乏应付当时复杂政局的革命对策,起不了统一革命党人思想和行动的作用。在组织上,根据宋教仁扩大招纳会员的建议,把黎元洪拉入同盟会,并推举他为协理,大批官僚、政客、豪绅纷纷混入党内。许多同盟会员蜕化变质,和立宪派、旧官僚打得火热,为猎取个人权位而组成了形形色色的政治团体。孙中山等少数坚持革命主张的革命党人,被攻击为"理想派",在同盟会中处于孤立的地位。孙中山无力改变"过渡"政府与"过渡"总统的局面,在他当选为临时大总统的当天,便不得不致电袁世凯,表示"暂时承乏","虚位以待"①。

不过,以孙中山为首的南京临时政府,尽管存在着这样那样的弱点,但它坚持了民主共和的立场,在促成清朝覆灭和民国成立的革命大业上,仍有其不可磨灭的历史功绩。

三、袁世凯窃夺政权

武昌起义的消息传到北京,中外反动势力惊慌失措。清政府急忙派陆军大臣荫昌率领北洋军队赶往武昌镇压革命。北洋军队是袁世凯一手

---

① 《孙中山全集》第1卷,第576页。

培植起来的,大部分将领都是他的心腹爪牙,不听从荫昌的调度。荫昌指挥不灵,清政府束手无策。

帝国主义列强对中国革命抱着敌视的态度,力图阻止革命烈火的蔓延。武昌起义后几天之内,它们便在武汉江面集中了十余艘军舰,对革命方面进行监视,并随时准备武装干涉。驻北京的各国外交使团连续举行会议,共商如何维护它们在华的侵略利益。它们接受美国驻华公使嘉乐恒的建议,促使清政府立即起用两年前被罢黜的袁世凯,叫嚷"非袁不可收拾",企图通过袁世凯出山,为清王朝稳住阵脚。

10月14日,清政府任命袁世凯为湖广总督,要他统率北洋军队南下镇压革命。袁世凯野心勃勃,想乘机向清廷索取更大的权力,借口"足疾未痊",留在河南彰德不肯出山。27日,清政府因进攻武汉受挫,湖南、陕西、江西等省又相继起义,不得不任命袁世凯为钦差大臣,节制湖北水陆各军,袁世凯仍不满意,提出召开国会,组织责任内阁,授予他军事全权,保证供应充足军饷等条件。清政府一时犹豫不决。这时,起义的省份日益增多,革命形势不断高涨。资政院正在北京召开第二次年会,议员们齐声呐喊,上奏要求立即召开国会,取消皇族内阁,赦免国事犯。在袁世凯策动下,驻直隶滦州的新军第二十镇统制张绍曾,联合第三镇协统卢永祥等,电奏政纲十二条,要求速开国会,改定宪法,特赦国事犯,组织责任内阁。资政院的呐喊,张绍曾的"兵谏",都和袁世凯的要求相呼应,给了清政府很大的压力。以摄政王载沣为首的清朝统治者万分惶恐,被迫屈服,连忙下"罪己诏",颁布宪法"十九信条",下令释放政治犯,解散皇族内阁,任命袁世凯为内阁总理大臣,组织"责任内阁"。这样,清政府的军政大权便实际上落入袁世凯手中。11月1日,袁世凯南下视师,指挥北洋军队攻陷汉口。然后返回北京,于11月16日成立袁世凯"责任内阁"。

帝国主义列强,特别是沙俄和日本政府,曾经企图利用中国的动荡局势,秘密策划对华采取武装干涉行动,以乘机扩大它们在华的侵略利益。英帝国主义在华的侵略利益主要集中在长江流域,它担心公开站在清政府方面与革命军为敌,势必有丧失它的巨大利益的危险。美帝国主义不愿意俄、日两国在华势力过分扩张,反对各国采取单独行动。由于帝国主义列强相互之间矛盾重重,它们正忙于准备重新瓜分世界殖民地的战争,或多或少地被牵住了手脚;而且革命形势的飞跃发展和清朝统治的土崩瓦解,使它们感到公开进行武装干涉已很难达到目的。于是,它们决定采取在"中立"的幌子下加紧扶植袁世凯,胁迫革命方面向袁世凯妥协的办法,利用袁世凯取代清王朝作为它们统治中国的工具。

11月26日,经过英国公使朱尔典和袁世凯密谋后,由英国驻汉口领事出面,向湖北军政府提出南北停战议和的建议。武昌方面欣然接受。12月初,南北双方达成停战协议。12月18日,袁世凯的议和全权总代表唐绍仪和各省军政府议和代表伍廷芳,开始在上海进行和平谈判。20日,当南北议和代表举行第二次会议的时候,驻上海的俄、英、美、日、法、德等六国总领事向双方代表提出照会,要他们"尽速成立和解,停止现行冲突"。这项照会虽向双方代表同时提出,实际上是压迫南方革命势力向袁世凯势力妥协。

在南北议和过程中,革命派不仅遭到帝国主义的干涉和压迫,而且还受到卷入革命内部的立宪派施加的巨大压力。立宪派害怕革命继续发展将危及自己的既得利益,希望通过拥有北洋武装而又受帝国主义宠信的袁世凯来维持社会"秩序"和"治安",平息动荡的局势。立宪派首领张謇早已和袁世凯达成了合作的默契。当唐绍仪到达上海后,张謇等人即展开了紧张的幕后活动。伍廷芳和唐绍仪分别代表南北两方,"在议场时,板起面孔,十足官话"①,而每天晚上却在上海南阳路赵凤昌②家中与立宪派密谋策划,研究如何对付革命势力。赵凤昌的住宅"惜阴堂"成为南北议和代表和立宪派进行阴谋活动的场所。立宪派在革命内部极力散布对袁世凯的幻想,制造妥协空气,迫使革命派向袁世凯交出政权。张謇密电袁世凯说:"甲日满退,乙日拥公,东南诸方一切通过","愿公奋其英略,旦夕之间勘定大局"③,表达了立宪派结束革命的谋略和对袁世凯的期望与忠诚。

在革命派内部,妥协思想也已占上风。黄兴早在11月9日就曾致函袁世凯,希望他"以拿破仑、华盛顿之资格,出而建拿破仑、华盛顿之事功",并表示"非但湘、鄂人民戴明公为拿破仑、华盛顿,即南北各省当亦无有不拱手听命者"④。南北议和开始后,黄兴等人主张"化敌为友",害怕袁世凯"像曾国藩替清室出力把太平天国搞垮一样来搞垮革命",建议"给他一个民选的总统"⑤。同盟会重要骨干、因刺杀载沣未遂而被监禁的汪精卫,出狱后立即投靠了袁世凯,配合袁世凯推行"南抚北剿"的反革命策略。他一面向袁世凯告密,出卖北方革命组织,一面为南北议和穿针引线,力劝南方革命党人对袁妥协。他跑到上海,担任南北各省议和参赞,暗中参与了"惜阴堂"的阴谋,极力为袁世凯疏通,并"恶意攻击孙中山先生本人有权利思想"⑥。他是袁世凯安插在革命队伍中的一个内奸。

袁世凯也对南方革命势力进行赤裸裸的武力威胁。当孙中山于1912

① 《辛亥革命史料》第292页。
② 赵凤昌原是湖广总督张之洞的机要幕僚,总办文案,后因被人参劾落职,在上海当寓公,和清朝官僚及立宪派交往甚密。
③ 《张季子九录·政闻录》卷4,第1页。
④ 《黄兴致袁世凯书》,《近代史资料》,1954年第1期。
⑤ 李书城:《辛亥前后黄克强先生的革命活动》,《辛亥革命回忆录》第1集,第200页。
⑥ 李书城:《辛亥前后黄克强先生的革命活动》,《辛亥革命回忆录》第1集,第200页。

年1月1日就任临时大总统的时候,袁世凯指使他的部将冯国璋、段祺瑞等发出"誓死抵抗"的叫嚣,并撤销唐绍仪议和代表资格,故意制造决裂的势态,逼迫革命派就范。在北洋军队咄咄逼人的叫嚣中,前线又趋紧张。一时颇为高涨的北伐声浪,暂时压倒了大多数革命党人的妥协和迁就思想。南京临时政府接受了孙中山提出的北伐建议。1月11日,孙中山宣布自任北伐军总指挥,派黄兴为北伐陆军参谋长,并制订了六路北伐的计划。13日,在津浦铁路线上,北伐军败清军于宿州等地,战略重镇徐州不战而下。安徽、河南、湖北等战场上,革命军也取得了一些胜利。

但是,北伐并没有继续下去。财政困难使南京临时政府硬不起来,帝国主义干涉的阴霾更令革命党人气短。这时,各国军舰在长江示威,并阻止革命军在大连登陆。驻北京的各国外交使团蛮横地宣布不准在京奉铁路两侧十里内战斗。俄、日两国分别增兵东北及内蒙。外国资产阶级报纸竭力宣传列强将要进行干涉,立宪派危言耸听地宣扬帝国主义一旦干涉,中国便有亡国灭种的危险,大多数革命党人也仿佛塌天大祸就在眼前,终于在帝国主义威胁下屈服。南北双方达成了一项协议:革命党人同意让出政权,袁世凯则同意宣布赞成"共和",并逼清帝退位。

君主立宪与民主共和不再是南北谈判的问题了。双方争议的中心,是如何结束南北两个政权的对立局面,建立以袁世凯为总统的统一政权的问题。

袁世凯主张清政府与南京临时政府同时解散,由他另立统一的共和政府。南京临时政府拒绝了这个无理要求。孙中山认为取消南京临时政府"于理绝对不行",但被迫同意在清帝退位后立即由袁世凯重组政府。

如何"处置"清朝皇帝,是双方争议的另一重要问题。袁世凯主张给清帝及皇室以特殊"优待",并搞了个《优待条例》,规定:清帝称号不变;每年由民国政府给予400万元;清帝仍暂居皇宫,以后移居颐和园;原有私产由民国政府保护，等等。这个极端荒谬的优待条件，不仅使孙中山等感到是奇耻大辱，连主张对袁世凯妥协甚力的黄兴也认为难以接受。黄兴致电伍廷芳说："议和愈出愈奇，殊为可笑。第一条仍保存下大清皇帝名称及世世相承字样，可谓无耻已极。"然而，伍廷芳、汪精卫等却说保留的不过是"虚名"，"共和目的已达，其他枝节似可从宽"①。1912 年 2 月 6 日，南京临时参议院竟正式通过了《优待条例》。

袁世凯得到南方同意让权的确切保证后，立即对清帝实行逼宫。他指使北洋军将领段祺瑞等人联名发表通电，要求清王朝立即同意共和，否则将率领军队直捣北京。2 月 12 日，清帝宣布接受优待条件，正式退位。第二天，袁世凯声明赞成"共和"，孙中山向临时参议院辞职。2 月 15 日，临时参议院选举袁世凯为临时大总统。

孙中山在宣布辞去临时大总统职务时，为了防范袁世凯专制独裁，以便把中国纳入资产阶级民主政治的轨道，提出奠都南京、新总统到南京就职和遵守《中华民国临时约法》等三项条件，并派蔡元培等为专使北上，迎接袁世凯南下。袁世凯表示愿意南下就职，暗中却密令他的嫡系部队在北京、天津、保定等地制造暴乱，作为他不能南下的借口。孙中山等得知北京等地兵变的消息，决定出兵平乱，并由黄兴等发出率兵北上的通电。这时，帝国主义又一次出面配合袁世凯，纷纷从各地增调军队前往北京，加剧紧张局势。立宪派和旧官僚都反对孙中山提出的奠都南京的主张，许多革命党人做了他们的应声虫。孙中山再次被迫退让。3 月 6 日，临时参议院议决允许袁世凯在北京宣誓就职。

南京临时政府颁布的《临时约法》，是一个很重要的文件。它规定了资产阶级共和国的国家、政府组织机构以及人民享有的各项民主权利。

---

① 　《共和关键录》第 1 编，第 89、80 页。

它具有资产阶级共和国宪法的性质。孙中山等企图凭借这部临时约法来限制袁世凯的权力,束缚他专制独裁的手脚。奸黠狡诈的袁世凯一方面表示他是《临时约法》的拥护者,另一方面又说以后要对它进行"修改"。4月1日,孙中山正式解除临时大总统的职务。次日,临时参议院决议将临时政府迁往北京。

孙中山的解职和临时政府的北迁,标志着革命遭到了严重的挫败。资产阶级革命派交出政权后,企图依靠一纸约法以实现其资产阶级议会政治,使中国走上民主的轨道。历史证明,这是一个多么幼稚的幻想。

四、临时政府北迁后的政局和"二次革命"

南北统一是袁世凯北洋军阀集团、资产阶级革命派和改良派等各种政治势力相互妥协的结果。袁世凯取得临时大总统的职位,但不得不信誓旦旦,表示"永远不使君主政体再行于中国","深愿竭其能力,发扬共和之精神,涤荡专制之瑕秽"①。革命派让出了大总统,但控制着南方数省和临时参议院,企图以临时参议院、《临时约法》、"责任内阁制"限制袁世凯搞专制独裁。1912年3月,袁世凯提名唐绍仪为国务总理,在南京组织第一届内阁。唐绍仪在清末是深得袁世凯信任的官僚,这时加入了同盟会,以"调和南北"自居。唐内阁的要害部门受袁世凯控制,如陆军总长一职,袁世凯便坚决不肯交给黄兴,而由他的亲信段祺瑞充任;但宋教仁等四个同盟会员也分到了农林、工商、司法、教育等四个部门,连同唐绍仪在内的十个阁员中,同盟会员占半数,被称为"同盟会中心内阁"或"唐宋内阁"。4月初,南京临时参议院议决将临时政府迁往北京。唐绍仪事事强

---

①　白蕉:《袁世凯与中华民国》第22页;《袁大总统文牍类编》第2页。

调大总统发布命令须经国务员副署的"责任"，袁世凯感到不能指挥如意、独断专行，在 6 月间利用唐内阁任命非袁嫡系的王芝祥为直隶都督事，指使北洋将领通电反对，并不经内阁副署而发布了改王芝祥为南方军宣慰使的命令。"责任内阁制"遭到破坏，唐绍仪及同盟会的四个阁员被迫辞职，改良派的两个阁员也不安于位而辞退。

唐内阁倒台，宋教仁主张积极从事民主政治的建设，通过全国民主选举产生国会，制订宪法，由国会中的多数党组织内阁，实行"责任内阁制"，以保障宪法的贯彻执行。孙中山对政治抱悲观情绪，希望袁世凯维持一个小康局面，自己则从事交通、实业建设，为民国谋长远的利益。黄兴在 1912 年 6 月间主动撤销"南京留守府"，遣散南京临时政府的军队，对政治也抱消极态度。李烈钧、胡汉民等"地方实力派"主张地方自治，致力于巩固自己的地盘，不大过问全国的形势与斗争。"激烈分子"如戴天仇（季陶）、何海鸣等不信任袁世凯，不断揭露、责骂，甚至鼓吹用武力推翻袁世凯的统治，但既无组织，又无核心，不能左右政局。为了议会斗争的需要，1912 年 8 月，在征得孙中山、黄兴的同意后，宋教仁以同盟会为基础，联合统一共和党等几个小党派，组成国民党，推孙中山为理事长而由自己代理。国民党的革命精神比同盟会大为减退，抛弃了同盟会秘密时期的"平均地权"纲领，取消了同盟会公开时期的"男女平等"主张，并把原来的"力谋国际平等"改为"维持国际和平"，但由于吸收了各方面人物参加，声势浩大，在临时参议院中占多数，成为第一大党。和国民党并立的还有以两湖、江浙的原立宪派为核心的共和党，以章炳麟为首的统一党和以梁启超为首的民主党。这些党派知道自己还没有组阁的希望，便主张"超然内阁"，向袁世凯靠拢，但也要求分享政权。

袁世凯提名无党派而"驯顺如羊"的陆徵祥为国务总理，但当陆徵祥向临时参议院补提六个国务员时，全部遭到否决。袁世凯指使反动军警通电、通函、召开会议,痛骂参议院,甚至叫嚷要用武力解散。陆徵祥再次提出六个国务员名单时,参议院在压力下被迫通过了五人,但随即提出弹劾陆徵祥失职案。陆徵祥从此称病住进医院,由袁世凯亲信内务总长赵秉钧代总理。

为了稳定政局,袁世凯邀请孙中山、黄兴北上会谈,尊二人为"革命元勋","百般地曲意相从",特授孙中山"筹划铁路全权"。孙、黄都落入圈套,对袁世凯表示信任。黄兴代为疏通,使参议院通过赵秉钧为国务总理,并把赵秉钧及其他六个阁员拉入国民党。赵内阁号称"国民党内阁",实际上完全被袁世凯所控制。

从1912年12月到1913年2月,第一届国会选举在全国范围内进行。宋教仁等全力投入竞选,结果国民党在参、众两院获得了压倒多数的席位。为了实现把中国建成一个独立、富强、民主的资产阶级共和国的抱负,宋教仁亲自到长江流域各省宣传游说,宣布政见,力图组织真正的国民党内阁。他还拟订了一系列内政和外交方面的政策,准备在他当政时施行。

清朝的覆没,帝制的废除,民国的成立,使整个社会呈现出一派欣欣向荣的景象。经济上,扭转了革命前民族工商业的萧条局面,出现了振兴实业、提倡国货的热潮。各种实业团体如中华民国工业建设会、中华实业团、民生团以及西北(河南、山西、陕西)、安徽、苏州、镇江等地方实业协会纷纷成立,号召乘共和政体成立的"运会",实行产业革命以建设新中国。工矿企业,特别是中小资本和工场手工业迅速增加,"几乎每天都有新公司注册"①。清朝专制政体设置的若干禁锢的解除,使民族资本主义的发展获得了新的活力。政治上,民主空气浓厚,民主潮流高涨,民主宪政在

---

① 《中国近代工业史资料》第2辑下册,第849页。

实验中。言论、结社是自由的。"一时报纸风起云涌,蔚为大观",1913年7月前"统计全国达五百家"①。许多报纸以监督政府为己任,议论时政得失,评说政府官员,乃至公开斥责大总统。政党、社团如"雨后春笋,蓬勃兴起",1912年10月,仅在民政部立案的团体就有85个,包括政治团体22个②。众多政党合法并存,和平竞争。临时参议院的存在,第一届国会的选举和成立,表明议会民主制仍然是革命派以及改良派努力争取的目标。议员中的大多数为限制袁世凯专制独裁也进行了一定的斗争。三权分立的国家体制基本上保持着。文化上,资产阶级文化教育得到发展。1912年大中小学学生总数超过1911年的一倍,其中女学生增加得更多。由于"社会对政治兴味非常亢进",政法学校和大学法科学生猛增,"一时法政学校遍于全国"③。各种学术思想可以自由讨论。所有这一切,表明形势还大有可为。以宋教仁为代表的资产阶级政治家力图通过合法的政治斗争重新掌握政权。有人推测,国会正式选举大总统时,袁世凯未必能够当选。但是,宋教仁等幼稚天真,忽视了北洋军阀手中的武力。

袁世凯决心用铁血手段扑灭民主势力。1913年3月,宋教仁准备北上组阁,在上海车站遭暴徒枪击,伤重逝世。袁世凯听到宋教仁被刺的消息,表示"愕然",电令江苏地方官吏"迅缉凶犯,穷究主名,务得确情,按法严办"。然而,"穷究"的结果,主使行刺的正是袁世凯自己,而直接布置暗杀的则是国务总理赵秉钧。"宋案"真相公布,全国哗然。孙中山从迷误中猛醒,认为"非去袁不可",主张立即兴师讨袁。但许多革命党人对武装讨袁没有信心,大部分国民党议员则留恋名位,主张在北京联合其他

---

① 戈公振:《中国报学史》第181页。
② 《远生遗著》卷2,第24页。
③ 舒新城:《中国近代教育史资料》上册,第369页。

党派,以国会的力量从事"法律倒袁"。

在国民党人争论不休的时候,袁世凯已积极准备进行武力镇压。为了筹集反革命战争经费,4月26日,他指派赵秉钧等同英、法、德、日、俄五国银行团谈判,把交涉经年未定的2500万英镑的所谓善后大借款的合同签订下来。扣除折扣、到期的借款和赔款,袁世凯实际能拿到手的不过760万英镑,而规定47年还清的本利为6785万英镑。尽管条件如此苛刻,袁世凯为了发动反革命内战的需要,不交国会审议,悍然签订了大借款合同。

"善后大借款"遭到国会中国民党议员的反对。他们表示未经国会同意,此项借款为不合法,不能予以承认。袁世凯立即指使民主党、共和党、统一党合并,组成以梁启超为实际主持人的进步党,以对抗国民党;同时授意北方各省都督通电斥责国会反对借款为"不顾大体,无理取闹",在国会内外向国民党议员施加压力,把"法律倒袁"的微弱呼声压了下去。

袁世凯得到国内外反动势力的支持,凶相毕露。他攻击孙中山、黄兴"左又是捣乱,右又是捣乱",无耻标榜自己是"受四万万人民付托之重,不能以四万万人之财产生命听人捣乱",扬言"彼等若敢另组政府,我即敢举兵征伐之"①。6月间,他借口江西都督李烈钧、广东都督胡汉民、安徽都督柏文蔚曾通电反对善后大借款是不服从中央,下令免职。并派兵南下,进入江西,发动反革命内战。

国民党人被迫应战。他们一开始就不能统一行动,处于被动挨打的局面。7月12日,李烈钧在江西湖口誓师,组织讨袁军,发表讨袁通电。黄兴迫于形势,也在南京逼使都督程德全宣布讨袁。上海、安徽、湖南、广东、福建、重庆等省区先后宣布独立。这就是孙中山所说的"二次革命"。

---

① 《上海时报》,1913年5月24日。

袁世凯以江西、南京为进攻重点。江西方面,湖口的讨袁军遭到了北洋军的水陆夹攻,于7月25日败退。8月18日,北洋军攻陷南昌,占领江西。南京方面,由于部分讨袁军被袁世凯用金钱收买,发生内变,被迫退守临淮关。黄兴于7月29日潜离南京,程德全便宣布取消讨袁。9月1日,袁军张勋部占领南京。上海的陈其美等在8月13日弃吴淞炮台而去。安徽的柏文蔚也被袁军所逐。接着,其他各地相继取消独立。不到两个月,南方各省的国民党军队全被袁世凯打垮,"二次革命"遂归于失败。孙中山、黄兴等被加以"乱党"名目,严令通缉。他们被迫再次逃亡海外。

"二次革命"是辛亥革命的最后一战。"二次革命"失败,标志着辛亥革命无可挽回地最后失败了。革命虽然取得了推翻清朝、结束帝制的伟大胜利,从而为中国人民实现彻底的民主革命开辟了道路;但是反帝反封建的任务没有完成,历史进入了袁世凯北洋军阀的黑暗统治时期。

第六节　辛亥革命时期的文化

一、社会变动中各种思潮的涌现

20世纪初年的中国,处于所谓"学问饥荒"年代。为了拯救灾难深重的祖国,人们以无比的热情向西方寻找救国救民的真理。"日本每一新书出,译者动数家。新思潮之输入,如火如荼,然则皆'启超式'的输入,无组织,无选择,本末不具,派别不明,惟以多为贵,而社会亦欢迎之"[1]。各种思想、理论,和各种社会政治势力相结合,于是涌现出各种思潮,诸如民族解放思潮、

---

[1]　梁启超:《清代学术概论》第72页。

民主共和思潮、君主立宪思潮、地方自治思潮、社会主义思潮、无政府主义思潮、国粹主义思潮、教育救国思潮、实业救国思潮,等等。孙中山从民族主义、民主主义、社会主义思潮中汲取营养,把这些思想集中起来,制订出简单明确的革命纲领,"三民主义"遂成为革命党人的指导思想。君主立宪、地方自治、教育救国、实业救国等思想多为改良派人士所倡导,并成为他们政治实践和社会实践的思想动力。国粹主义和无政府主义则是革命阵营所派生的两个别具特色的支流。

1905 年 2 月,《国粹学报》月刊在上海创刊,标志着国粹主义思潮的出现。章炳麟、刘师培、邓实、黄节、陈去病、黄侃、马叙伦等是《国粹学报》的主要撰稿人。他们大多是"国学"根底较深的革命党人。《国粹学报》在《发刊辞》中声明:"本报以发明国学、保存国粹为宗旨,不存门户之见,不涉党派之私。"从创刊到武昌起义后停刊,七年共出 82 期,是革命报刊中生命最长的一种,在同封建文化联系较深的爱国知识分子中有较大的影响,并得到一些改良派人士如郑孝胥、张謇等的赞扬,对于一些守旧而又有点反满情绪的文士也有相当的吸引力。除《国粹学报》外,他们还在上海设立了"国学保存会"和藏书楼,出版"国粹丛编"、"国粹丛书"。1906 年,章炳麟到日本东京主编《民报》,又把大量国粹主义的文章塞进《民报》,还在《民报》社内设立"国学振起社"的事务所,主讲"国学",发行讲义,号称"国学泰斗",一时声势颇盛。

什么是"国粹"? 国粹派认为,"国粹"就是"我们汉种的历史",包括"语言文学"、"典章制度"、"人物事迹"[1]。为什么要提倡"国粹"? 主要目的有二:一是"用国粹激动种性,增进爱国的热肠",鼓吹"排满光复"。他们从所谓"夷夏之辨"的封建传统思想出发,认为中国理应由汉族统治,从而把包括

---

[1]　章太炎:《演说录》,《民报》第 6 号。

满族在内的历代少数民族统治者入主中原一律称之为"亡国",借此激动人们的"排满"情绪,献身于"光复故国"的大业。二是从古代的"良法美意"中寻找某些可以克服或避免资本主义弊端的对策,反对"醉心欧化"。他们对资产阶级共和国方案有所怀疑,对资本主义的社会制度缺乏信心,企图从中国古代的典章制度中去寻找救时的药方。

国粹派继承了明末清初地主阶级反满派的思想,但注入了新的内容。除强调"排满"是反对"满洲政府"而不是一般满族平民外,还把"排满"与政体改革、社会进步联系起来,从而使之获得了新的阶级和时代的特色。不过,他们对古代历史、民族起源和民族关系作了许多错误的论述,并散发着浓厚的大汉族主义的气息,具有消极作用。

国粹派也不是封建的复古主义者。他们郑重声明,"国学"不是"君学",不是"孔学"。他们认为孔子的学说和其他诸子的学说一样,"仅列周季学派之一",否定了"圣人"和"圣学"的绝对地位。他们倡导的"古学复兴",是以西欧早期的文艺复兴为蓝本的,力图从古代文化中发掘出民主的乃至社会主义的内容。作为对国故的整理,国粹派从经籍中撷采关于民族斗争、民主思想的材料,在"保存文献"、"会通学术"、"创定义例"等方面,也确实作了一些有益的尝试。不过,他们对传统文化的眷恋太深,往往沉溺于故纸堆中而难以自拔,他们对资产阶级政治和社会制度的理解太少,用以比附古代典章,往往不伦不类,没有也不可能找到超越资产阶级制度的可行方案。国粹派总是引导人们向后看,从而干扰了民主主义思想的传播。

国粹主义思潮的出现,反映了在中西古今文化冲突融汇的过程中,如何清理传统文化的精华与糟粕,把保存和发扬传统文化与吸取和改造西方文化结合起来,建立有中国特色的近代民族文化,已经成为需要解决的历史课题。国粹派没有能够解决这个课题。

关于无政府主义的消息传入中国,可以上溯到19世纪80年代。20世纪初,包括《苏报》、《政艺通报》、《浙江潮》、《江苏》、《民报》在内的许多报刊,都发表过介绍和赞扬无政府主义的文章,并出版了一些译著。1907年夏,张继、刘师培、何震(刘师培妻)等在日本东京设立"社会主义讲习会"和"女子复权会",出版《天义报》半月刊;李石曾、吴敬恒(稚晖)等在法国巴黎出版《新世纪》周刊。他们各以所据刊物为阵地,鼓吹无政府主义,标榜"倾覆一切强权",从而在资产阶级革命队伍中形成了一个无政府主义派别,在留日、留法学生中产生了一定的影响。

《天义报》为"女子复权会"的机关刊物,主编为何震,主要撰稿人为刘师培、汪公权等,以鼓吹废弃人治、废兵、废财、废除政府,"人类均力",妇女解放、破除家庭为特色。"人类均力"是其理论核心。刘师培在《人类均力说》中认为,平等是人类的最高理想,要实现人与人平等,就必须消除分工,使"人人为工,人人为农,人人为士,权力相等,义务相均"。为此,他设计了一个"均力主义"方案:以乡为社会的基本自治单位,设老幼栖息所以抚老育幼,20岁以前学习语言文字、科学及器械制造,21至36岁从事重体力劳动,如农耕、筑路、开矿、建房等,37至50岁从事轻体力劳动,如烹饪、运输货物等,或担任技师、医师等工作,除农忙外,每人每日劳动仅二小时,所余时间,"均可各择其性之所近","从事于学"。很明显,这是一个以小生产为基础、农业与手工业相结合、自给自足的自然经济王国。在他们激烈反对一切强权的掩盖下,包藏的却是小生产者对大工业发展的恐惧,这就使以《天义报》为代表的无政府主义具有民粹主义的特色。

《天义报》刊行时间不长,但无政府主义——民粹主义对一部分同盟会员如章炳麟、陶成章等有很深的影响,直到1910年重建光复会,仍可觉察到这种影响是导致同盟会分裂的因素之一。

《新世纪》和同盟会保持着较好的关系。它的主编是李石曾、褚民谊、吴敬恒，由张静江出资创办。他们虽然把无政府主义作为终极目标，反对强权、特权，反对军备，反对法律，反对赋税，反对财产，但承认资产阶级民主革命是社会进化的"过渡物"，承认资产阶级共和国是"过渡"到无政府主义的必经阶段，这就使得以《新世纪》为代表的无政府主义者同以孙中山为代表的革命民主派有了共同的语言，主义虽"稍有异同"，并不妨碍"同为革命党"，并不妨碍"协力以图"反清的革命。此外，他们在宣扬无政府主义的同时，也努力揭露帝国主义的侵略和清朝的腐朽统治，主张"三纲革命"、"祖宗革命"、"破除迷信"、"革孔丘的命"，批判儒学和封建的伦理道德，不失为革命民主主义的一支友军。自然，他们出于宣传无政府主义的需要，攻击民族主义是"不凭公道真理"的复仇主义，指责民权主义实际上是"富权"，是自利主义，诋毁革命民主派都是"为功名利禄"，"不脱乎自私自利"等等，以偏概全，混淆视听，也起了恶劣的消极影响。有的无政府主义者实际上是把无政府主义当作时髦的外衣，借以标新立异，哗众取宠，"挟甚高之主义，以抵制他人之实行"，在当时就曾遭到革命民主派的严正批判。

二、史学、文学艺术和新闻出版的新面貌

20世纪初年，资产阶级改良派和革命派为了政治斗争的需要，都提出建立新史学的主张。梁启超在《中国史叙论》和《新史学》两篇文章中，强调了史学的社会作用，认为"史学者学问之最博大而最切要者也，国民之明镜也，爱国心之源泉也"。他用进化论的观点，对中国过去的历史书进行批评，指出二十四史不过是二十四姓帝王的家谱，不能说明社会进化的趋势和历史事件的因果关系。他提出建立资产阶级"新史学"的主张，要求历史学应

该"叙述人群进化之现象,而求得其公理公例"。章炳麟在同时期也提出类似的见解。用这种观点来编写中国历史的第一部著作,是夏曾佑在1904年出版的《中学中国历史教科书》,后改名《中国古代史》;稍后,刘师培也出版了《中国历史教科书》。资产阶级革命党人还对外国历史作了不少翻译介绍,主要是介绍英、法等国的资产阶级革命史,美国、意大利等国的独立史,以宣传资产阶级民主革命思想。

辛亥革命时期文学艺术的最大特色是强调它的社会教育功能,从而推动了小说的繁荣和戏剧的革新。

小说,在中国的文人学士眼里,向来是"街谈巷语"、"君子弗为"的。《四库全书总目提要》于小说别为叙述杂事、记录异闻和缀辑琐语三派,"甄录其近雅驯者",至于宋代的平话,元明的演义,包括《三国志演义》、《水浒传》等等,虽然盛行于民间,但被认为"猥鄙荒诞,徒乱耳目",皆"黜不载"。维新运动期间,维新派从启蒙的角度开始认识到小说的重要性并阐述其价值。1902年,梁启超创刊《新小说》,发表《论小说与群治之关系》,认为小说"有不可思议之力",足以支配人的心理,改变社会风气,从而把小说提到"文学之最上乘"的崇高地位,提出"欲改良群治,必自小说界革命始,欲新民必自新小说始"的主张。梁启超的观点得到许多人的赞同,不少有志者为抨击清政府,提倡维新、提倡革命而挥毫创作小说,蓬勃兴起的报纸、期刊也竞相刊登小说以吸引读者,还涌现了一批专刊小说的杂志,继《新小说》之后,有《绣像小说》、《新新小说》、《月月小说》、《小说林》、《小说月报》、《小说时报》、《小说世界》等,盛极一时。据估计,当时创作的成册的小说,至少在1000种以上[①]。

这时期创作的小说,不仅数量多,而且题材广泛。社会的方方面面,

---

① 阿英:《晚清小说史》第1页。

各色人等,从官场到商场,从内政到外交,从学界到工界,从维新人士到革命党人,几乎都有所反映。一般作者有意识地用小说作武器,对清政府和一切社会丑恶现象进行抨击,鲁迅称之为"谴责小说":"命意在于匡世","揭发伏藏,显其弊恶,而于时政,严加纠弹,或更扩充,并及风俗。"①体裁上最普遍采用的是一段一段没有总结构的类似《儒林外史》的形式,拆开来每段各自成篇,合拢来可以长至无穷,这是为适应报纸杂志连续发表的需要和容纳繁杂多样的题材所决定的。写作上则大都采取直接暴露、批判的手法,艺术性较低,"不重含蓄",口号化,论文化。"辞气浮露,笔无藏锋,甚且过甚其辞,以合时人嗜好"。因此,传世之作较少。最著名的作家有李宝嘉(伯元)、吴沃尧(趼人)等。李宝嘉的《官场现形记》、《文明小史》,吴沃尧的《二十年目睹之怪现状》以及曾朴的《孽海花》、刘鹗的《老残游记》等,最为人所称道。

　　清末小说的繁荣,还应包括翻译小说的日兴月盛。由于社会对小说的需求殷切,而翻译毕竟比创作省时、省力,翻译小说在数量上占据压倒的优势。首屈一指的大家当推林纾(琴南),他一生翻译的小说达171部,其中50部左右是在民国以前出版的。以《巴黎茶花女遗事》(小仲马)、《黑奴吁天录》(斯托夫人)等最受推崇。不过,林纾本人不懂外文,他是靠别人口译,再由他笔述的,在原本选择和忠实于原著等方面都受到很大的限制。除林纾外,吴梼、陈冷血、包天笑等都是著名的翻译家。他们介绍了大批世界名著,扩大了中国人的视野,为清末的小说园地增添了绚丽的异国风采。

　　从小说的社会教育功能很容易联想到戏剧的社会教育功能。但传统的剧目及其表演程式,距离现实生活太远,于是有戏剧的革新。

---

　　①　鲁迅:《中国小说史略》第298页。

1904 年柳亚子、陈去病创办的《二十世纪大舞台》,是我国最早的专业戏剧杂志。在柳亚子的《发刊词》和陈去病的《论戏剧之有益》等论文里,指出戏剧具有广泛的群众基础,为广大人民所喜闻乐见,而且对观众有很强烈的感染力,主张重视戏剧的社会作用,提高戏剧及艺人的社会地位,并着眼于戏剧革新。首先是剧本问题。要编演有利于反清革命的历史剧和时事剧,以唤醒国民,激励士气。其次在语言和表演艺术上也要有所改革,使观众能够接受。在这种理论指导下,剧作家们费了很大力气,取得了可观的成绩。截至 1911 年,创作各类戏曲剧本达 160 多种,包括传奇 54 种,杂剧 40 种,地方戏 51 种,话剧 16 种①。其中,"引古鉴今,明夷辨夏,激动种族之观念"以及鼓吹"推翻这专制政府,扫灭那无道昏君"的中外历史剧占了很大的比重,也有一些反映现实生活和歌颂革命党人英勇事迹的作品。在京剧舞台上,编演时事新剧和历史新剧逐渐流行。主要倡导者是被称为"剧班第一革命巨子"的汪笑侬,夏月珊、夏月润弟兄和潘月樵等京剧艺人对新剧的编演也起了推动作用。他们在春仙、丹桂、新舞台等戏院,演出了《波兰亡国惨》、《缕金箱》等直接讽刺和抨击清政府的新戏,受到群众欢迎。在编演时事新剧的过程中,产生了新内容和旧形式的矛盾。穿西装唱皮黄,观众总觉得不自然,难以接受。有些人认为还不如改为纯用话白演出。于是,一个新的剧种——话剧应运而生。

话剧在当时称为"新剧"或"文明戏",创始于 1907 年。这一年,以留日学生曾孝谷、李息霜(叔同)、欧阳予倩为骨干的春柳社,在东京演出了用同名小说改编的话剧《黑奴吁天录》,以其强烈的反对民族压迫的思想,使观众深受感动,取得了成功。不久,王钟声在上海组织春阳社,也演出了该剧。随后,王钟声还演出了《秋瑾》、《徐锡麟》、《官场现形记》等新

---

① 阿英:《晚清戏曲录》,见《晚清戏曲小说目》。

剧,并在1908年到北京、天津演出,和刘艺舟等将新剧播及于北方。此外,1910年,任天知在上海成立的职业新剧团进化团,对初期话剧运动也有较大贡献。这个剧团除在上海演出外,还到南京、芜湖、汉口、宁波等地演出。所演剧目多半是反映当时的政治问题,宣传革命和爱国思想的。

综观20世纪初年小说、戏剧所表现的文艺观,着眼的是文艺的社会教育作用,实际上是把小说和戏剧作为从属于政治需要的一种工具,忽视了它们作为文艺的本质特征,即具体形象地反映社会生活。它起了启迪、振奋人心的作用,但艺术质量不高,突出地表现在没有塑造出性格鲜明的艺术形象。人物大都比较概念化,缺乏丰满的有血有肉的性格,因而不能给读者和观众以深刻的印象。当政治上失去需要之后,也就为人们所逐渐淡忘。

这时期,很有影响的文学团体是"南社"。南社于1909年底在苏州成立,是由柳亚子、陈去病、高旭等发起的。翌年,出版《南社》杂志,为专刊诗文的集刊。最初入社的只有17人,多属同盟会员,后来发展到1000余人。南社通过文学活动,提倡民族气节,宣传革命反满。鲁迅说:南社"是鼓吹革命的文学团体,他们叹汉族的被压制,愤满人的凶横,渴望着光复旧物"。在诗歌创作上,南社反对拟古主义和形式主义的宋诗派、同光体等诗派,改变了诗坛风气。

20世纪初年,新闻出版也呈现出兴旺的景象。

中国的报纸,如果从《邸报》算起,可以上推到汉唐,但历时千余年没有什么发展。清代的《京报》,也仍是每日内阁所发抄的内容:宫门抄、上谕、奏折等。1851年,有人奏请刊刻《邸报》发交各省,奉谕严行申斥。1886年,强学书局改归官办,刊行《官书局报》,形式和内容都和《京报》相似,只是增加了若干"新事、新艺"的介绍。1901年,直隶总督袁世凯首创《北洋官报》,内容除谕、折、公牍外,还有本省时政、外省新闻和各国新闻等，为地方政府办报的先导。1903 年后，各省纷纷仿效，《南洋官报》、《安徽官报》、《湖北官报》、《江西日日官报》、《豫省中外官报》等接踵问世。1907 年，清政府推出《政治官报》(后改为《内阁官报》)。在此之前，农工商部还刊行了《商务官报》，学部刊行了《学务官报》。官办报纸一时称盛。

民办报纸不仅在时间上早于官办报纸，在数量和影响上更远远超过官办报纸。早在 19 世纪 70 年代，受来华外国人办的中外文报纸的"刺激"，武汉、香港、上海就有民办报纸出现，80 年代，广州也出现了民办报纸，但多销路不畅，或受地方官员禁阻，先后停办。进入 20 世纪，民办报纸蓬勃兴起。沿海、沿江的十几个省的省城及其他十几个大中城市都办起了报纸，总数在 150 种以上。上海、广州的民办报纸都超过了 30 种，而且约 1/3 是由革命党人创办的。《苏报》、《时报》、《民立报》等都受到社会的欢迎。

维新运动期间，办杂志曾一度成为时髦，因戊戌政变而顿挫。20 世纪初年，办杂志之风再度兴起，并超过了前此的势头。革命派、改良派竞相通过杂志以宣传自己的政治主张。日本东京和上海是两个刊行杂志最多的地方。据有关著录统计：上海有杂志 46 种，其中鼓吹革命的为 14 种；东京有杂志 34 种，鼓吹革命的为 24 种[1]。

报纸、杂志的兴盛和印刷技术的进步有密切关系。石印、铅印取代了雕版印刷，大大推动了出版事业的发展。继商务印书馆(1897 年)之后，文明书局(1902 年)、集成图书公司(由集成图书局、点石斋石印书局、申昌书局和开明书店在 1906 年合并组成)、中国图书公司(1908 年)相继开办。商务印书馆的发展最为突出，它在 1900 年开始采用纸型，1901 年出

---

① 戈公振：《中国报学史》第 114、118 页；冯自由：《开国前海内外革命书报一览》，《革命逸史》第 3 集。

版《外交报》,1904 年创刊《东方杂志》,1905 年开始采用雕刻铜版,1909 年刊行《小说月报》、创制正楷铅字,可说是独步一时,书业的营业额约占全国的三分之一。1912 年中华书局创设后,商务印书馆才遇到一个强劲的竞争对手。

三、新式教育的推广和科学技术新成就

19 世纪中叶以来,外国传教士、洋务派官员和维新人士,都办过一些新式学堂,不过为数不多,新式教育还没有形成完整的体系,也没有统一的制度和规格。进入 20 世纪以后,为了救亡,为了发展工商业,广兴学堂以培育人才,成为举国上下普遍、强烈的呼声,清政府也采取了从"变通科举"到"废除科举"和倡办学堂、奖励留学的一些措施,新式教育于是得到了迅速的推广。

以上海为例。据统计,除创办年份不详者外,1900 年以前,上海各类学堂共 18 所,其中小学堂 3 所,中等以上学堂 7 所,女学堂 1 所,教会学堂 7 所;1901 至 1905 年,新办学堂 53 所,其中小学堂 34 所,中等以上学堂 13 所,女学堂 3 所,教会学堂 3 所;1906 至 1911 年,新办学堂猛增为 153 所,其中小学堂 120 所,中等以上学堂 16 所,女学堂 14 所,教会学堂 3 所。加上年份不详者,截至 1911 年,上海已有各类学堂 242 所(不包括幼儿园)。

再以 1907 年直隶为例。据记载,除初等小学堂、两等小学堂、高等小学堂、中学堂外,还办有工业、农业、商务等职业学堂,师范学堂及师范传习所,法政、工业、农业等专门高等学堂和北洋大学堂,此外还有图算、测绘、军医、警务、电报等各类培训班。从小学堂、中学堂到高等学堂和大学堂,旁及师范学堂、职业学堂等,体系和门类已经相当齐备。

　　到1910年,全国学堂总数为42696所,其中各省42444所,京师252所;全国学生总数为1300739人,其中各省1284965人,京师15774人[①]。

　　科举制的废除和新式学堂的推广,使教育摆脱了从属于科举的附庸地位,有利于教育的独立和教育的社会化、普及化。传统的私塾、书院采取授徒的方式,背诵《三字经》《千字文》、儒家经典,目的在于猎取功名,登上仕途。新式学堂采用课堂讲授和分专业分课程教学,内容除保留部分"读经"课程外,增加了较系统的自然科学知识和西方社会政治学说以及图画、音乐、体育、手工等课程,有利于学生的全面发展和智力开发。据统计,在清末的普通学堂(含初小、高小、中学和师范)里,平均"读经"课程只占27.1%,数、理、化、外语等课程占38.2%,图画、音乐、体育、手工等课程占34.7%,从而大大改变了私塾、书院生徒知识结构单调而狭窄的状况。在高等学堂里,属于西方新知识的课程更多。1903年《奏定学堂章程》就规定21种理、工、农、医专业中,开设西方自然科学课程465种。文、法专业中,新设课程包括政治、法律、经济、财政、文学、历史、教育、商业、银行、哲学,等等。相对于八股诗赋、四书五经来说,真可说是琳琅满目,完全是一个新世界。

　　当时,新式教育的推广,最大的困难在于师资缺乏。因此,各省都办了不少师范学堂和师范传习所,许多人还到日本入师范速成学校,学习几个月后便回国任教。合格师资的缺乏自然会影响课程的质量,而有些地方,特别是比较偏僻的各府州县的小学堂,由于根本找不到合格的教师,往往不得不仍由私塾先生督诵童蒙读本,仅仅是挂了个新式学堂的招牌而已。其次的困难是缺乏教材。高等学堂多选择外国教材讲授,于是译书蔚为风气,如山西大学堂就专门在上海设立译书局,就地翻译西方书

---

① 　刘锦藻编:《清朝续文献通考》第8634页。

籍。普通学堂则多仿照外国体例自编各科课本。文明书局就是为印行《蒙学读本》而创办的。1903 年，商务印书馆聘张元济等主持，以日本教科书为蓝本，编印小学教科书，随后又编印《女子小学教科书》、《最新中学教科书》，很受社会欢迎。学部成立后，也曾拟订教科书，但内容和体例基本上仿商务本，而"太深、太多、欠联络、欠衔接"，更甚于商务本。从教学内容看，新式教育的推广可说是一场全国规模的西方知识的大普及运动。

学习西方知识的最直接方式自然是到国外去留学。

日本在东方的崛起，激发了许多中国人负笈东渡以探求究竟的意愿。到日本留学还有许多优越性，如张之洞所说的："路近省费，可多遣；去华近，易考察；东文近于中文，易通晓；西书甚繁，凡西书不切要者，东人已删节而酌改之；中东情势风俗相近，易仿行；事半功倍。"①加上清政府的提倡，日本朝野的招徕，20 世纪初年，兴起了一个留学日本的热潮。从 1901 年起，每年到日本留学的人数以一倍或一倍以上的速度猛增。据统计，1901 年为 280 名，1902 年 9 月为 614 名，1903 年 11 月为 1242 名，1904 年 11 月为 2557 名，1905 年 11 月猛增至 8000 名，1906 年初为 8000 名，全年估计为一万二三千人，达到最高峰②。1905 年发生"反对取缔规则事件"，不少留日学生辍学归国。清政府鉴于留日学生中革命思想的高涨，对留学日本采取了限制政策。1907 年，留日学生人数比上年减少了一半，往后逐年递减，到 1911 年在学人数仍达 3000 多名。

这些留日学生，有中央政府选派的，有地方政府选派的，有社会团体等公派的，也有自费留学的。据梁启超 1902 年的统计，自费生几乎占了

---

① 张之洞：《游学》，《劝学篇》外篇。
② 董守义：《清代留学运动史》第 196—197 页。

一半。留日学生队伍极为庞杂，从十二三岁的少年到年逾花甲的宿儒，从青年学生到举人、进士，乃至有品第、有官阶的候补官员以及王公贵胄，几乎应有尽有，而以青年学生为主体。他们学习的科目非常广泛，包括理科、工科、外语、师范、政法、军事、史地、医药、音乐、体育等，学文科的居多。据1903年的一份报告称，该年留日学生1300多人，学文科的达1100人。为适应国内"预备立宪"和广兴学堂的需要，许多人毕业于政法速成科和师范速成科，记载说："习速成者居60%"。在留日学生中，涌现了一大批中国民主革命运动的领导人和立宪运动的骨干分子。

1907年以后，留学欧、美的人数逐渐增加，特别是1909年清政府正式决定接受美国所退部分庚子赔款作为留美学生经费后，出现了留学美国的热潮。到1910年，留美学生已有500多人，到辛亥革命前，增至650人。欧美留学生以学习自然科学为主，其中有些人如竺可桢等后来成为驰名中外的科学家。

当时，中国的科学技术还很幼稚，基本上属于"引进"阶段。但处于"引进"阶段的中国科技人士仍有不少值得称道的成就，最受中外瞩目的是铁路工程师詹天佑。

詹天佑(1861—1919年)，广东南海人。1872年作为官费生被派往美国留学。1881年毕业于耶鲁大学，获得土木工科学士学位，同年回国。1890年，他担任关内段铁路工程师，在中国铁路建筑史上首次采用压气沉箱法维修滦河大桥，获得成功。1902年，他受命主持修建京汉铁路新(城)易(县)支线，初次负起一段路工的全责。当时，英、俄两国为争夺华北铁路修筑权相持不下。1904年，清政府决定修建从北京到张家口的铁路，公开宣布该路由国家筹款修筑，派詹天佑为总工程师，主持该线的筑路工程。京张路全长约360里，"中隔高山峻岭，石工最多"，"路险工艰，为他处所未有"。外国人几乎众口一词，预言此路绝难完成，甚至讽刺说：

"中国能开凿关沟的工程师尚未诞生。"詹天佑以炽热的爱国主义精神主持京张铁路工程,精心勘测设计,在国内筑路工程上首次使用炸药开凿石方。八达岭隧道长达 1000 多米,山腹石质坚硬,山势欹斜,日进只二尺许。为避免耽误全路工程,詹天佑决定在隧道线上山坡开凿两个竖井,下达轨线,使能分从六处同时施工。当隧道贯通时,"测见南北直线及水平高低","未差秒黍"。1909 年全线告成,比原计划提前半个月,节余工款银 35 万余两。京张铁路的建成,在华外国工程技术人员都深表钦佩,为我国工程界赢得了荣誉,并在一定程度上振奋了民族的自信心。

第七章

北洋军阀的黑暗统治和近代中国历史的新趋向

第一节 袁世凯的反动统治与护国运动

一、袁世凯的专制统治与反袁斗争的继续开展

"二次革命"的失败,最终地结束了辛亥革命。在帝国主义支持下,袁世凯反动的武力统一政策一时取得了成功,除桂、黔、川、滇四省由地方军阀盘踞外,其他各省都在北洋军阀及其附庸的统治下。

"宋案"真相公布后,在全国舆论的压力下,国务总理赵秉钧被迫"请假"。1913 年 7 月,袁世凯在对南方用兵节节胜利时,便调整政府机构。为了拉拢和利用进步党,他任命该党的熊希龄为内阁总理。9 月,内阁组成,只有司法、教育、农商等少数总长职位由进步党人梁启超、汪大燮、张

謇等分别担任,而陆军、内务、外交等重要部门则牢牢掌握在袁世凯的嫡系军阀、官僚手中。由于梁启超等人都是社会名流,这个内阁被人称为"第一流人才内阁"。

袁世凯在南方武力镇压"二次革命",但在北京却保留着国民党议员占多数的国会。他假惺惺地宣布要尊重议员的权利,目的是要国会选举他当正式大总统。这批留在北京的国民党议员与进步党议员合作,成立宪法起草委员,共同制定宪法草案。但是,袁世凯为了尽快攫取正式大总统的职位,主张国会应先选举总统,后制订宪法。他策动黎元洪领衔,联合十四省都督致电国会,要求速选总统。在内外压力下,进步党和国民党先后赞同先选总统的意见。9月,国会顺利通过了选举总统案。同时,袁世凯又指使梁士诒收买一批议员,拼凑成公民党,在国会内大肆活动,并通电各省都督,要他们拥护袁世凯为正式大总统。10月4日,国会讨论通过宪法起草委员会起草的总统选举法。

10月6日,国会召开总统选举会。这天,袁世凯仍放心不下,命令京师警察厅和拱卫军联合派出军警"保卫"国会。此外,又派便衣军警千余人,自称"公民团",在会场外严密包围,所有入场的议员,不准自由离去。议员们忍饿终日,从早8时至晚10时,连续投票三次,直至宣布了选举结果之后,"公民团"才在一片"袁大总统万岁"的呼啸声中撤走。次日,选举黎元洪为副总统。10月10日,袁世凯特意在太和殿举行就职仪式,俨然以皇帝自居。

袁世凯当上正式大总统后,便决心把政党和国会一脚踢开。他指责"国会专制",并于10月25日通电各省"军政长官",要求一致反对宪法草案。11月4日,袁世凯以国民党议员和李烈钧有联系为借口,下令解散国民党,撤销国民党议员的资格。这样就使国会不足法定人数,无法开会。他又以政府不能无咨询机关为理由,于11月26日下令组织政治会议,成为他的御用工具。1914 年 1 月 10 日,袁世凯公然下令取消国会。各地方的自治会和省议会随即通令取消。

熊希龄内阁在部署了所有解散国民党、解散国会、设立政治会议等命令之后,不再为袁世凯所需要。1914 年 2 月,袁世凯指使党羽制造种种舆论对熊内阁发动攻击,迫使它辞职。

3 月,由政治会议建议设立的约法会议召开。根据袁世凯提出的"修改约法大纲七条",约法会议很快就炮制出所谓《中华民国约法》。5 月 1 日,袁世凯正式公布,同时废除《临时约法》。这个袁氏"约法"把总统的权力扩大到跟专制皇帝相似的程度:改责任内阁为总统制;撤销国务院,在总统府内设政事堂作为办事机构,政事堂以"国务卿"为首脑。首任国务卿是袁世凯的把兄弟、清末"相国"徐世昌。根据袁记"约法",又成立了代行立法机关职权的参政院,由袁世凯任命参政 70 多人。他们多为清朝遗老和袁的亲信官僚、政客,进步党的梁启超等人也被搜罗进去。参政院为袁世凯修改了《总统选举法》,其中规定:一、总统任期改为十年,连选连任无限制;二、总统任期届满时,若认为"政治上有必要",不必改选,即可连任;三、总统继任人由现任总统推荐,被推荐者并无限制。6 月,袁世凯又将各省都督改称为将军。至此,辛亥革命后所建立的资产阶级民主制度,包括《临时约法》、国会等等,被袁世凯全部破坏,专制独裁统治则被用法律的形式肯定下来。袁世凯不仅成为终身总统,并且可以传之子孙。这时的中国,只剩下了"民国"的一块空招牌。

袁世凯当上正式总统,便和守旧派、复辟派掀起了一股尊孔复古的逆流。1912 年 9 月,袁世凯下令尊崇伦常,要"全国人民恪守礼法"。1913年 6 月,他又颁发了"尊崇孔圣"的通令。袁世凯就任正式大总统时,孔子 76 代孙"衍圣公"孔令贻应召到北京向他祝贺。袁世凯批令"衍圣公暨配祀贤哲后裔",继续享受前代荣典祀典。次年 1 月,政治会议决定恢复祀孔,还要求各地方将所有文庙一律规复尊崇。9 月,袁世凯在正式颁发的祭孔告令中说:"孔子之道,亘古常新,与天无极……国纪民彝,赖以不坠。"他诬蔑辛亥革命以来"纲常沦弃,人欲横流,几成为土匪禽兽之国"①。随即他亲率百官到孔庙祭孔。12 月,袁世凯又下令正式恢复前清的祭天制度,并亲自到天坛祭天。祀孔祭天的活动,使人们预感到恢复帝制已为期不远。当时的《北京日报》发表的一篇文章说:祀孔祭天是"帝制复活"之"先声"。

袁世凯的反动统治,激起了广大人民的不满和反抗。1913 年 5、6 月间,汉阳兵工厂工人为反对袁世凯政府以贬值纸币发给工资进行了罢工。1914 年 1 月,袁世凯颁行《验契条例》和《契税条例》,规定旧契一律呈验,每张交纳验费一元,注册费一角,借以增加税收。同年又实行"清丈地亩",设"清丈局",对农民进行搜刮压榨,激起了全国农民群众的反抗斗争。这年 2 月以后,山东、山西、四川、安徽、奉天、直隶、浙江、广东、江西、河南、贵州、江苏等省都有一县至数县发生"民变"或武装起义。9 月间,奉天本溪县有劳动群众和革命党人的武装起义,号称"讨袁军",攻占县城,囚禁县知事。1915 年 1 月,奉天新民县农民数百人,持枪械围攻该乡清丈局。5 月,河南洛宁县发生反验税契的斗争。8 月,甘肃宁县也发生反验税契的斗争。同月,陇东地区爆发较大规模的抗捐抗税运动;环县群众起义,杀死县知事,占据县城,转攻庆阳,焚烧教堂两座。11 月,江西万载县人民聚众捣毁衙署。12 月,吉林省的榆树、五常、舒兰等地农民,到处捣毁清丈局及税局;奉天的海龙、西安(今辽源)、盖平(今盖县)、岫岩、绥中、东丰等地,纷起响应。1916 年春,山东肥城县农民数千烧毁县署及四乡清丈局,邻近各县农民群起支援。同时,冀中有"山北社"组织的大规模

---

① 《政府公报》,1914 年 9 月 26 日。

的反清丈斗争。在袁世凯统治的整个期间,广大人民群众的反抗斗争,有增无减。

在这几年间,规模最大、坚持最久的是白朗起义。白朗(1873—1914年),河南宝丰县人。辛亥革命时期,他在宝丰一带率众进行反清斗争。袁世凯篡夺政权后,"民生凋敝,日益加甚",河南人民"十(之)八九不能自活"①。于是,参加起义的群众日益增加。1913 年夏,白朗接连攻陷唐县(今唐河)、禹县等城,并以"抚汉讨袁司令大都督"名义发布告示,声震豫西。袁世凯严令河南都督张镇芳限期肃清,同时增兵河南,进入豫西的总兵力达 3 万人。白朗采取避实击虚的办法,攻击敌军防守薄弱的地方,由豫西东进,1914 年 1 月入安徽,攻克六安,2 月又攻克霍山。白朗的进军,引起袁世凯的震惊,下令将张镇芳撤职,派陆军总长段祺瑞兼河南都督。段祺瑞驰赴信阳"督剿",指挥北洋主力,企图聚歼白朗军于霍山、六安、霍邱之间。白朗军避敌主力,突围入鄂。3 月,一举攻占鄂西重镇老河口,歼灭驻军一营,缴获大批枪炮弹药,并打劫当地豪富和外商英美烟草公司、美孚洋行、亚细亚煤油公司的分支机构等,使中外反动派惊慌失措。各国驻华公使接连集会,并照会袁政府外交部说:"外人之财产损失颇巨,即各国之商务间接受其影响亦非浅显。如再不能即日剿平,拟电请本国政府各派兵若干帮同剿办,以期早日肃清。"②袁世凯在致段祺瑞电中谓:"白匪久未平,各国报纸谓政府力弱不足以保治安,乱党又从中鼓吹,殊损威信。因而近日中国债票跌至百分之十二三,续借款愈难办,关系全局甚重。"③

---

① 《白狼猖獗记》,《时事汇报》第 3 号,《记录三》,第 1 页。
② 《大公报》,1914 年 3 月 8 日。
③ 《北洋政府陆军部档案》,中国第二历史档案馆藏。

　　攻克老河口后,白朗召开军事会议,讨论今后大计。这时部队已近万人,加以整编,称"公民讨贼军",又称"扶汉军",自称"中原扶汉军大都督",决定进军西北。白朗军攻克荆紫关及进入陕西后,都曾张贴安民布告,指出:"我国自改革以来,神奸主政,民气不扬。虽托名共和,实厉行专制。本都督辍耕而太息者久之! 用是纠合豪杰,为民请命";肯定辛亥革命的功绩,"君权推倒,民权伸张"①。显然,白朗斗争是受到资产阶级革命影响的。有一些资产阶级革命党人也先后到白朗军中工作,并为之而牺牲。

　　白朗起义军没有进攻西安,而是用兵渭南一带,随后破凤翔、固关,进入甘肃境内。1914 年 5 月,先后攻陷伏羌(今甘谷)、秦州(今天水)、岷县、洮州等城。攻取洮州后,敌军云集包围,且长期苦战,不得休息,白朗遂决定突围回河南。6 月,白朗军回到河南鲁山、宝丰一带。白朗军沿途屡经激烈战斗,又时遭截击,损失惨重,虽仍有数千人,但战斗力大大削弱,无力与敌军对抗,只得分为几股活动。8 月,白朗率领数百人在鲁山一带与敌军激战,负伤牺牲。其他各股也先后失败。

　　白朗起义历时两年多,纵横五省,攻破县城 40 余座,是辛亥革命失败后革命低潮时期规模最大的一次武装起义。它打击了袁世凯的反动统治,鼓励了以孙中山为首的革命力量的斗争信心。

　　"二次革命"失败后,孙中山逃亡日本。他鉴于以前失败的教训,认为革命事业最重要的是立党,只有以革命党为根本,才有希望重振精神,拯救革命于危难之际,完成铲除民贼、还我共和的重任。1913 年 9 月 27 日,孙中山在东京筹组中华革命党,亲手拟定入党誓约,吸收了第一批党员。在孙中山的感召和努力下,此后履行入党手续的人不断增多,至 1914 年 4

———————————

　　①　《白朗起义》第 224—225 页。

月间已达四五百人。是年 7 月 8 日,中华革命党在东京举行成立大会,孙中山就任总理。《中华革命党总章》规定:"以实行民权、民生两主义为宗旨","以扫除专制政治、建设完全民国为目的。"[1]在其后发布的《成立通告》中明确指出,"此次办法,务在正本清源:(一)摒斥官僚;(二)淘汰伪革命党",以严密组织,并号召党员"协力同心,共图三次革命,迄于革命成功"[2]。中华革命党以不屈不挠的革命精神,坚持民主革命的道路,在袁世凯黑暗的专制统治下,再度举起民主主义的战斗旗帜,是积极的。但是,它存在的弱点和错误也是明显的。首先,认为民族主义已经完成,没有提出反帝纲领。其次,在组织上强调党的集中统一,对纯洁党的组织,改变组织涣散,有一定积极作用。但是,规定凡入党者必须宣誓绝对服从孙中山个人,并按指印,这种做法则是落后的,以致不少老同盟会员不愿参加。总章中还错误地按入党先后把党员分为"首义"、"协助"、"普通"三等,所享权利不同,人为地造成党内等级森严,从而加深了党内外的隔膜,脱离了群众。再次,中华革命党坚持斗争是正确的,但却过分着重于军事,而忽视对群众的发动。

黄兴等一批同盟会、国民党中骨干力量没有参加中华革命党。他们一方面不同意服从个人和入党办法的规定,另一方面也是和孙中山早已存在分歧。黄兴周围的一些原同盟会、国民党成员,拟拥黄兴为领袖,另行组党,同孙中山派分裂。黄兴没有接受,"为避免党内纠纷,决计到美国游历"[3]。第一次世界大战爆发后,留在日本未加入中华革命党的部分国民党人,以讨论欧事为名,于 1914 年 8 月在东京成立"欧事研究会"。欧

---

① 《孙中山全集》第 3 卷,第 97 页。
② 《孙中山全集》第 3 卷,第 113 页。
③ 柏文蔚:《五十年经历》,《近代史资料》1979 年第 3 期。

事研究会在日本成立后,美国、南洋、欧洲及国内上海的一些人相继加入,共有会员100多名,主要是追随黄兴的国民党军事骨干和国民党中的稳健派。欧事研究会坚持反袁的政治主张,但在斗争策略上反对孙中山派的"急进"方针,主张"缓进"方针,存在着对再举革命缺乏信心的消极因素。

中华革命党在东京创办《民国杂志》,揭露袁世凯独裁、卖国的罪行;还在上海和海外办些报刊,派人到会党和一部分军队中策动武装起义。但是,由于它存在着上述的弱点和错误,影响远不如同盟会。

二、洪宪帝制和护国运动

袁世凯在帝国主义的支持下,从临时大总统到正式总统,进而成为终身总统,但他的野心并没有满足,竟然利令智昏,违背历史潮流,梦想恢复帝制。帝国主义则希望袁世凯能够加强对国内的控制,以便通过他来扩大它们在华的侵略势力。1914年前后,德、英、美等国先后怂恿袁世凯称帝。日本也以支持袁世凯称帝为交换条件,借以夺取大量权益。

1914年8月,第一次世界大战爆发。欧洲的主要帝国主义国家都卷了进去,无暇东顾。日本企图乘机扩张其在中国的侵略势力,它借口对德宣战,派遣军队在中国的山东半岛登陆,向德国侵占下的青岛和胶济铁路沿线进兵,夺取德国在山东的侵略地位。袁世凯政府竟宣布"局外中立",并划出战区,供日本作战,听任其武装占领了青岛及胶济铁路全线。日军所经之处,"骚扰甚重","民不堪累"。

日军攻占青岛后,日本政府认为向中国提出扩大侵略权益的要求的时机已经到来。1915年1月18日,日本驻华公使日置益奉令向袁世凯递交了灭亡中国的"二十一条"一份。他一面恫吓袁世凯说:中国革命党人与日本"政府外许多有钱有势的日本人保有十分密切的联系","除非中国政府给予友谊的明确证明,日本政府也许不可能阻止这些人在中国煽动骚乱";一面又引诱袁世凯说:"如果总统现在接受这些要求,日本人民将深信总统的感情是友好的,而且日本政府以后可能对袁总统提供帮助。"①日置益还对外交部次长曹汝霖露骨地表示:"中国如欲改国体为复辟,则敝国必赞成。"②显然是以支持袁世凯复辟帝制作为交涉的引诱手段之一。

"二十一条"共分五号,其主要内容是:第一号四条,中国政府承认日本享有德国在山东的一切权利,并加以扩大;第二号七条,要求将旅大租借期限及南满、安奉两铁路期限延长为 99 年,并承认日本在南满及内蒙东部的特殊权利;第三号两条,中日合办汉冶萍公司,未经公司同意,不准他人开采附近矿山;第四号一条,中国沿海港湾及岛屿,不得租借或割让给其他国家;第五号七条,要求中国中央政府聘用日本人为政治、财政、军事等顾问,中国警政及兵工厂由中日合办,将武昌至九江、南昌至杭州、潮州间之铁路建筑权给与日本,允许日本在福建省有投资修筑铁路及开采矿产的优先权。日本政府知道这种把中国变成日本殖民地的要求,将会激起中国人民的强烈反对,所以训令日置益当面向袁世凯说:"愿大总统赐以接受,迅速商议解决,并守秘密。"③袁世凯看到西方列强正忙于欧战,在华势力相对减弱,而日本势力迅速扩张,只有取得日本的支持,才可以复辟称帝。于是,他派外交总长陆徵祥、次长曹汝霖与日本代表秘密谈判。在谈判期间,日本以"换防"为名,增兵大连、青岛、塘沽等地,进行武

① 芮恩施:《一位驻华的美国外交官》第 130 页。
② 白蕉:《袁世凯与中华民国》第 139 页。
③ 王芸生:《六十年来中国与日本》第 6 卷,三联书店 1980 年版,第 73 页。

力威胁。经过几个月的秘密谈判,日本以最后通牒的方式,迫使袁世凯于5月9日接受它的要求,其中仅把原来的第五号内容改为日后另行协商。

日本帝国主义扩大对中国的侵略,是得到了其他帝国主义的默许的。日本和英、俄先取得如下谅解:一、英、俄在华利权,日本按约尽力保护;二、与英、俄利权无关之中国各地,任日本自由行动,不加干涉。美国则劝告中、日双方"相忍相让",劝告中国不要拒绝日本的侵略要求。袁世凯接受日本的侵略要求之后,美国又声明,凡日本取得的特权,根据"最惠国待遇","美国政府亦将享有其利益"①。

"二十一条"的谈判与签定,在全国激起了强烈的愤慨和反抗。上海、北京、天津、杭州等地商民、学生及海外华侨纷纷集会,一致抗议日本的侵略行径,要求政府拒绝日本的无理要求。反日爱国团体纷纷涌现,上海有"国民对日同志会"、"外交后援会"、"救国急进会",杭州有"爱国会",山东有"救亡团",江西有"妇女救国会",广东有"中华商务救亡会",四川有"国事研究会"等。3月间,上海绅、商、学各界联合发起召开国民大会,到会者近4万人,大会决议提倡国货,拒用日货。各地纷起响应,迅速形成为遍及全国的抵制日货运动。1915年上半年,日本输华商品价值较上年下降了1790万美元。在汉口,愤怒的人群涌上街头,举行游行示威,捣毁日本商店,迫使日本侵略者取消了打算举行的"庆祝会"。北京举行集会示威,每次有众多的群众参加。烟台人民"相戒不卖货物给日人"。各地青年学生纷纷组织团体,进行爱国救亡斗争。全国教育联合会决定,各学校每年以5月9日为"国耻纪念日"。海外华侨也发动了爱国运动,他们宣传、捐款,并抵制日货。由于全国的反日爱国斗争,使得"二十一条"不能付诸实行。袁世凯对各阶层群众的爱国行动,一概诬蔑为"排外之观

---

① 《六十年来中国与日本》第6卷,第257页。

念,为野蛮无知之举动",发布《大总统申令》,"严加取缔","严拿惩办"①。

袁世凯镇压了"二次革命",镇压了白朗起义,极力压制爱国运动,并用国家民族权益换取了帝国主义的支持,认为帝制复辟的时机到了。

"二十一条"的交涉刚刚结束,"共和不适于中国国情"的流言便不胫而走,很快传播到海内外。1915年8月,袁世凯的宪法顾问美国人古德诺在上海《亚细亚报》上发表题为《共和与君主论》的文章,诬蔑中国"大多数之人民智识不甚高尚","无研究政治之能力";胡说辛亥革命"由专制一变而为共和,此诚太骤之举动,难望有良好的结果",于是得出结论:"中国如用君主制,较共和制为宜。"②袁世凯的另一个法律顾问日本人有贺长雄紧密配合,发表《共和宪法持久策》,更露骨地鼓吹中国须由袁世凯作皇帝,总揽大权。

紧接着就在8月间,杨度③、孙毓筠、严复、刘师培、李燮和、胡瑛等六人,在袁世凯的示意下,组织了"筹安会"。他们被称为筹安会"六君子"。筹安会挂的招牌是"学理讨论",其实是政治投机,他们援引古德诺的谬论,胡说"君主实较民主为优,而中国尤不能不用君主国体",公开鼓吹复辟帝制。筹安会成立后,立即通电全国,要各地文武官吏和商会团体速派代表进京,讨论国体问题。袁世凯在各地的爪牙函电响应,纷纷派代表进京参加讨论。几天后,筹安会就通电全国说:各省机关及各团体代表投票表决,"一致主张君主立宪"。于是,在京各省文武官吏的代表分别组成"公民请愿团"。袁世凯的亲信梁士诒也抓紧时机,收买各方,组织各种请愿团,如京师商会请愿团、教育会请愿团、妇女请愿团、乞丐代表请愿团、

① 阿英编:《近代外祸史》下,第115页。
② 《袁世凯与中华民国》第171—172页。
③ 杨度后来转变,参加革命,并加入中国共产党。

人力车夫代表请愿团、孔社请愿团等。这些请愿团和筹安会的各省请愿团一起,同时向参政院投递请愿书,掀起了请愿实行君主制的风潮。

9 月 1 日,参政院开会"讨论"这些请愿书。6 日,袁世凯示意国体问题应"征求多数国民之公意"。梁士诒、杨度等人闻风而动,收买各请愿团,组成"全国请愿联合会"。16 日,"全国请愿联合会"向参政院呈上第二次请愿书,要求召开国民会议,解决国体问题。次日,参政院开会议决并咨请政府于年内召开国民会议。袁世凯及其党徒又嫌国民会议开会迟缓,于是梁士诒、杨度等人再一次发动请愿,推翻了原来召开国民会议的成案,要求参政院"另设机关,征求民意"。参政院于 10 月 6 日开会,决定不再召开国民会议,由"国民代表大会"来"决定国体"。[①] 10 月 8 日,袁世凯公布了《国民代表大会选举法》。在各省军政长官监督下,加紧选举国民代表,即在当地进行所谓国体投票和推戴袁世凯为皇帝。12 月 7 日,北京及各省投票推戴全部完毕,先后上报参政院,并推定参政院为国民代表大会总代表。11 日,参政院开会,举行所谓解决国体总投票。各省代表 1993 人所投的票,全部拥护君主制,并"完全一致""恭戴今大总统袁世凯为中华帝国皇帝"。参政院立即于当天以"国民代表大会总代表"的名义上书"劝进"。袁世凯于同日假惺惺地将劝进书退回,并说:"今若帝制自为,则是背弃誓词,此于信义无可自解者也。"[②]当日,参政院再次开会决定"再劝进",在 15 分钟内"草成"长达 2000 余字的第二次推戴书,当晚进呈。次日一早,袁世凯发布命令,承认帝位。13 日,接受百官朝贺,大加封赏,同时下令查禁反对帝制的活动。31 日,袁世凯下令明年改为"中华帝国洪宪元年",准备于元旦正式登上皇帝宝座。这出复辟帝制的丑剧,至

---

① 《袁世凯与中华民国》第 261 页。
② 《政府公报》,1915 年 12 月 12 日。

此达到高潮。

袁世凯的反动统治和卖国活动，早已激起全国人民的不断反抗。现在他公然复辟帝制，使一些原来对他抱有幻想的人，也看穿其破坏共和、复辟帝制的野心。自称多年来"不惜竭吾才力，且牺牲一切，以谋辅翼袁氏"的梁启超[①]，也看到袁世凯已成"众矢之鹄"，"大乱即发于旦夕"，而为之"不寒而栗"[②]。反帝制复辟的怒火在全国熊熊燃烧起来。

中华革命党继续进行反袁活动。1915 年间，孙中山一面派胡汉民、邓铿、许崇智等先后往南洋筹款，一面在国内发动武装起义。11 月 10 日，中华革命党派人刺杀袁世凯心腹、上海镇守使郑汝成。12 月初，发动停泊上海的肇和舰起义，但被镇压失败。孙中山除联络会党、军队起义外，还联络原国民党的地方实力派，准备武装反袁。在袁世凯称帝时，中华革命党是资产阶级各派中反袁斗争最坚决的力量。欧事研究会在袁世凯复辟帝制时，抛弃了"停止革命"的错误政策和"缓进"主张，确定了武装讨袁的道路，联络中华革命党、进步党和西南地方军阀，进行反袁活动。1915 年12 月，李烈钧等人相继到达昆明，联络策动唐继尧等云南军界人士武装讨袁。欧事研究会成为讨袁斗争中一支不可缺少的力量。

以梁启超为首的进步党，先是袁世凯的追随者，后来遭到袁的遗弃。他们不满意袁世凯复辟帝制，同时看到全国人民猛烈反对复辟帝制，袁世凯的垮台在所不免，看到革命党人在西南策动武装反袁，深恐在袁世凯倒台以后的中国政局中"我为牛后，何以自存"时[③]，他们便转而走上反袁的道路。

梁启超的转向反袁，对他的弟子蔡锷有相当影响。蔡锷是具有民主

---

①　《饮冰室合集》文集之三十四，第 10 页。

②　丁文江、赵丰田编：《梁启超年谱长编》第 714—715 页。

③　梁启超：《致籍亮侪、陈幼苏、熊铁崖、刘希陶书》，《盾鼻集》，《函牍》第二，第 13 页。

思想的爱国将领,自离云南入京以来,一直在袁世凯的监视下。他谨慎沉静,巧妙地施放烟幕,掩盖他对袁世凯倒行逆施的愤慨。筹安会发表宣言的次日,蔡赴津与梁启超密商反袁,表示"为四万万人争人格起见,非拼命去干这一次不可"[1]。决定文武两步方案,梁发文章,夺舆论先声;蔡见机潜回云南,起兵讨袁。

1915 年 9 月,梁启超拒绝了袁世凯 20 万元的收买,不顾枪弹威胁,毅然于北京英文《京报》中文版上发表了洋洋万言的《异哉所谓国体问题者》[2],随后北京、上海、天津、昆明的一些报刊相继全文转载。文章虽立足于劝说,对袁世凯的批评留有余地,但坚持共和制度、反对恢复帝制的态度是鲜明的。文章发表后,在各阶层、各派政治力量间引起了强烈震动。约 11 月上中旬间,梁启超帮助以养病为名来到天津的蔡锷登上日轮山东丸,秘密赴日转滇。

云南的一部分军官和士兵,在李烈钧等人的鼓励下,早就酝酿武装讨袁。由于云南将军唐继尧模棱两可,不能迅速行动。蔡锷到后,统一了各派力量,于 1915 年 12 月 25 日宣布云南独立,组成讨袁的"护国军"。1916 年元旦,袁世凯在新华宫受百官朝贺的时候,云南军政府宣告成立,发布讨袁檄文,公布其十九大罪状。蔡锷推唐继尧为都督,蔡锷任第一军总司令,进军四川;李烈钧任第二军总司令,出兵两广;唐继尧兼第三军总司令,担任留守。1916 年 1 月 27 日,贵州宣布独立。武装反袁斗争获得人民群众的热烈支持。昆明人民自动张贴"拥护共和万岁"的标语,踊跃参军,"缴纳捐款的争先恐后,早晨一开门,就拥挤来交,至晚不止"[3]。海外华侨也热烈支援,南

---

①　《蔡松坡先生遗集》第 1 卷,第 20 页。

②　该文亦载《大中华》杂志第 1 卷第 3 期,虽署 1915 年 8 月 20 日出版,但因衍期,出版日期为倒填。

③　由云龙:《护国史稿》,《近代史资料》1957 年第 7 期。

洋侨胞早已汇款 70 余万,获悉云南独立后,"又电汇一百余万,来源仍络绎不绝"。"美洲华侨、澳洲华侨来电认捐,闻数在二百万左右"[1]。群众的热烈拥护,决定了反袁战争的胜利。

双方军事力量的对比,是非常悬殊的。袁世凯集团总兵力 13 个师、17 个混成旅,总计 38 万人;即以曹锟、张敬尧等统率 4 个师 3 万余人,三路进攻云南。护国军总兵力两师一混成旅,总计才 2 万多人;由蔡锷所率入川部队仅六七千人。1916 年 1 月,蔡锷分兵三路,进攻泸州、叙府等蜀南各郡,全川震动。2、3 月间,袁世凯派援川大军达 10 万人,与蔡部护国军在川南激战。护国战争促进了反袁斗争形势的发展,继贵州之后,广西、陕西、浙江等省先后宣布独立。广东在中华革命党压力下也被迫独立。中华革命党以居正为总司令,在山东攻克十余县城,其他如湖北、四川、安徽、湖南、江苏等地,都有中华革命党人的活动。

帝国主义对待袁世凯的态度,也因形势的变化而有了变化。袁世凯在加紧酝酿帝制时,日、英、俄、法等国就一再提出警告,指出变更国体或将"惹起意外之扰乱",直接间接影响各国在华商务利益。云南起义后,日本料定袁世凯迟早必败,转而变为倒袁政策。1916 年 1 月 15 日,日本突然宣布不接待原来准备以亲王殊礼接待的袁世凯派向日皇赠勋的特使周自齐,而且在通知中责备袁世凯"断行帝制,无视友邦劝告","日政府当然不能承认"[2]。

日本对帝制态度的变化,对袁世凯是一个沉重打击。袁世凯的亲信也感到复辟帝制已经绝望,不愿跟着他同归于尽,因而各谋出路。段祺瑞和冯国璋是袁世凯手下的心腹大将,他们都期望继袁之后出任大总统,因

① 《护国军纪实》,《史学年报》第 2 卷第 2 期。
② 《六十年来中国与日本》第 7 卷,第 30 页。

此对建立袁家世袭王朝一开始就表示消极。在袁世凯积极策划帝制期间,段祺瑞离开他长期担任的陆军总长职位,托病退隐西山;冯国璋以江苏将军坐镇南京,拥兵观望。国务卿徐世昌是袁的老朋友,也辞职而去。大多军政长官也都逐渐和袁世凯貌合神离,按兵不动。袁世凯集团至此已分崩离析。冯国璋和江西、浙江、山东、湖南等省将军共同压迫袁世凯取消帝制,并密电其他各省将军征求同意。袁世凯在众叛亲离的窘境中,被迫于3月22日取消帝制,次日废除"洪宪"年号。4月,下令恢复内阁制,由段祺瑞组织责任内阁,他自己则仍赖在总统的位置上。

5月8日,各独立省份的军人在广东肇庆成立军务院,宣布"指挥全国军事,筹办善后庶政"。唐继尧任抚军长,岑春煊任抚军副长,梁启超任政务委员长。由于袁世凯不肯下台,全国舆论更为愤慨,指出"袁逆不死,大祸不止,养痈蓄疽,实为乱基。愿国人速以决心,再接再励,扑杀此獠,以绝乱种"①。海外华侨也纷纷发出声讨通电,要求将袁世凯"执行国法"②。5月9日,孙中山发表《讨袁宣言》,号召"除恶务尽",指出"保持民国,不徒以去袁为毕事","决不肯使谋危民国者复生于国内"③。他表示不仅要打倒一个袁世凯,并且要和所有同袁世凯一样的反动派斗争下去。

然而袁世凯并不死心,5月29日发表"宣布帝制案始末"的申令,把帝制罪责全推给了别人,同时还策划由川、湘向西南反攻,作垂死挣扎。但形势继续向着同袁世凯所希望的相反的方向发展。四川将军陈宧和湖南将军汤芗铭,都是袁世凯一向宠信的心腹,迫于形势,也于5月22日和29日相继宣布独立,这使得他最后策划的军事挣扎也已绝望。6月6日,

① 《十九省公民否认袁世凯冒称总统书》,《袁氏盗国记》下册,第13页。

② 《南洋华侨》,《袁氏盗国记》下册,第31—32页。

③ 《孙中山全集》第3卷,第284、285页。

袁世凯这个独裁者、卖国贼在全国人民的唾骂声中病死。

袁世凯复辟帝制的失败和最后垮台,是全国人民反抗斗争的结果。他的所作所为极不得人心,逆历史潮流而动,必然为人民所唾弃。辛亥革命促成民主思想的高涨,在反袁斗争中仍有其积极影响。

护国运动中,各派反袁势力,包括取得主要领导权的进步党人在内,不论他们有什么企图,都不能不以维护民国、恢复共和制相号召。护国战争的结果,推翻了"洪宪"帝制,埋葬了袁世凯,而且最终迫使段祺瑞宣布恢复《临时约法》和国会。因此,护国战争是一次胜利的革命战争。但是,护国战争的胜利果实最终又归于北洋军阀段祺瑞,国家政权并没有发生革命性的转移,人民还是毫无所得,中国的半殖民地半封建社会地位仍然没有改变。

第二节　北洋军阀的权力争夺与护法运动

一、军阀割据与张勋复辟

袁世凯死后,帝国主义列强失去了统治中国的共同工具,便都各自寻找和培养自己的走狗,扩张侵略势力。在列强激烈争夺下,中国出现了各派军阀割据和互相火并的局面。这种军阀割据的现象,是由于中国"地方的农业经济(不是统一的资本主义经济)和帝国主义划分势力范围的分裂剥削政策"而产生的①。"帝国主义和国内买办豪绅阶级支持着的各派新旧军阀,从民国元年以来,相互间进行着继续不断的战争,这是半殖民地

---

①② 毛泽东:《中国的红色政权为什么能够存在?》,《毛泽东选集》第1卷,人民出版社1991年第2版,第49页。

中国的特征之一"[②]。

　　北洋军阀早在袁世凯统治时期就存在着以段祺瑞(安徽合肥人)为首的皖系和冯国璋(直隶河间人)为首的直系。袁世凯死后,两派的分裂逐步表面化。段祺瑞得到日本帝国主义的支持。他握有中央大权,控制皖、鲁、浙、闽、陕等省广大地盘,以北洋派正统自居,企图由他来宰制天下。冯国璋以英、美帝国主义为靠山,控制苏、赣、鄂等省长江流域最富庶的地区。他就任了副总统,但不肯离开老巢南京去北京。以张作霖(奉天海城人)为首的奉系,原来盘踞奉天一带。护国战争期间,张作霖乘机在东三省扩张势力。在日本帝国主义扶植下,奉系成为皖、直两系以外的一支举足轻重的势力。此外,晋系阎锡山占据山西;张勋以长江巡阅使和安徽督军的名义,率"定武军"屯兵徐州,积极联络各地军阀,成为阴谋拥溥仪复辟的中心人物。在南方,各省军阀自行其是,并不听命于段祺瑞的中央政府。其中势力最大的,一个是唐继尧的滇系,一个是陆荣廷的桂系。滇系占有云贵两省,在护国战争中向四川扩张,与四川军阀进行争夺。桂系在护国战争时,把广东军阀龙济光赶到海南岛,占据两广,势力增大。

　　南北军阀在袁世凯死后,首先争执的是所谓新《约法》。段祺瑞根据袁世凯生前炮制的所谓新《约法》(《中华民国约法》),以国务院名义发布了一个由副总统黎元洪"代行"总统职权的通电。段祺瑞的恶劣行径,遭到了护国军和全国人民的坚决抵制。唐继尧等南方军阀把持的军务院,梁启超等进步党人,孙中山、黄兴等原国民党人,以及北洋军阀内部如冯国璋等,都主张应该恢复《临时约法》和国会;根据《临时约法》,黎元洪应该"继任"总统,而不是"代行"总统职权。由于全国一致反对,段祺瑞被迫暂时让步。1916年6月,副总统黎元洪继任大总统。6月29日,北京政府以大总统名义下令恢复《临时约法》,同时宣布定于8月1日召开国会。历时近一个月的新旧《约法》之争,最终以《临时约法》和国会的恢复而结束。7月,军务院撤销。在南方的进步党和原国民党议员前往北京参加国会复会会议,南北暂时合作。

各种政治势力、军阀派系的矛盾和斗争,继而反映在重新召开的国会中。当时在国会中争夺权力的政治势力主要有三派:原国民党议员人数最多,基本上是反对段祺瑞的。他们相继组织起三个政团,即丙辰俱乐部、客庐系和韬园系。9月,在孙洪伊的倡议下,三派议员300余人在北海公园集会,组成"宪法商榷会"。"商榷会"内部各派系,后来又发生分化组合,原"客庐系"分为"政学系"和"益友社",而丙辰俱乐部与韬园系则合组为"民友社"。进步党议员人数也不少,他们高唱"不党主义",取消了党的名义,分裂为"宪法案研究会"和"宪法研究同志会"两个组织。他们攻击原国民党,支持段祺瑞。原国民党各派合组"商榷会"后,"宪法研究同志会"与"宪法案研究会"无条件合并为"宪法研究会"(被称为"研究系"),以便在国会中与"商榷系"斗争。还有"中和俱乐部",是段祺瑞指使其爪牙拼凑一些小政团成立起来的御用党。

在国会中,研究系与商榷系的斗争,首先在宪法问题上反映出来。商榷系主张地方制度列入宪法,实行省长民选,并给予地方一定的自治地位。他们的主张实际上是反对北洋军阀集权,代表不当权的资产阶级和与段祺瑞有矛盾的某些地方军阀的利益。研究系激烈反对商榷系的意见,他们主张中央集权,省长由中央任命。这实质上反映段祺瑞等北洋军阀的态度。双方争执不下,1916年12月8日,宪法审议会进行第四次投票表决,斗争更加激烈,以致引起叫骂撕打。

上述的矛盾斗争,突出地反映在所谓"府院之争"上。"府"即总统府,指黎元洪为代表的政治集团;"院"即国务院,指段祺瑞为代表的军阀政治集团。支持黎元洪的力量是国民党人和南方地方势力,支持段祺瑞的基本力量是研究系和亲段的北洋督军。因此,这场斗争不仅是黎元洪和段祺瑞两个人之间争权夺利的矛盾，也反映了研究系与国民党的矛盾、国民党与皖系军阀的矛盾等。

"府院之争"到 1917 年提出"参战问题"时，更加表面化了。这年 2 月，德国宣布将以潜艇无限制封锁海面。美国宣布对德绝交，准备参战，要求中国与它采取一致行动，并提议借款给中国作参战军费。日本获悉后，惟恐落在美国后面，也积极支持中国参战，并以减缓交付庚子赔款、提高关税和提供参战军费为诱饵。美国为了与日本抗衡，随即改变态度，反对中国参战。美、日在中国对德外交问题上的冲突明显地表现出来。黎元洪本来担心段祺瑞在参战的名义下，进一步加强对自己和国会的控制，因而支持和响应美国反对中国参战的主张。段祺瑞为了进一步加强自己的实力，在日本的支持和怂恿下，决心立即实行对德绝交，继之以宣战。段祺瑞借参战为名以扩充武力的企图，也遭到一些地方军阀的反对。在国会中，研究系的议员完全追随段祺瑞，主张对德参战；而国民党议员，则多数持反对的态度。3 月，国会通过了对德绝交案。但是，参战问题成为府院斗争的焦点，也是国会两派斗争的焦点。当时，国会内外、朝野上下形成很强烈的反对参战的舆论。段祺瑞召集以皖系军阀为骨干的十余省督军，在北京举行"督军会议"，决定赞成参战，并胁迫黎元洪同意将对德参战案提交国会讨论。5 月 10 日，国会开会审议此案，段祺瑞效法袁世凯的故伎，指使军警流氓数千人组成"公民请愿团"，将国会包围，要求当日将参战案通过，否则不许议员离开会场。段祺瑞的这一行径遭到了议员的抵制，当日并无结果。19 日，国会复议对德宣战案时，决议暂缓讨论。段祺瑞竭力争取的参战案，被搁置起来。

黎元洪看到段祺瑞的阴谋未能得逞，便在美国公使"允为后盾"的情况下，下令将段祺瑞免职。段赴天津，指使皖、奉、豫、浙、鲁、陕、黑和直隶八省军阀宣布脱离中央，并在天津设立独立各省总参谋部，要以武力倒黎。别有用心的张勋向黎提出愿进京调停,黎邀张进京。段祺瑞也想借张勋之力打倒黎元洪和解散国会,因而也同意由张勋出面调停。张勋乘机拥溥仪复辟。

清室复辟活动由来已久。张勋在辛亥革命时曾被清廷任命为江苏巡抚兼署两江总督、南洋大臣,袁世凯当政时封他为"上将军"。他以徐州、兖州为老巢,全力扩充其"辫子军",为复辟清室做准备。袁世凯死后,张勋于1916年6月9日邀请北方各省代表集会徐州。9月21日,九省(后增至十三省)代表再次集会徐州,成立所谓"省区联合会",推"张上将军为领袖"。张勋借此作为复辟活动的基础。

曾任陕甘总督的升允,辛亥革命时期在陕甘武装反抗失败后,逃窜哈尔滨,勾结俄国和日本,组织"勤王军"、"满蒙举事团",成为仅次于张勋的武装复辟势力。

康有为、劳乃宣(清末署学部副大臣)、胡思敬(清末御史)等大大小小清廷遗老,怀着"亡国之恨",反对民主共和,为清室复辟大造舆论,多方宣传"非复辟不能救中国"。

沙皇俄国是复辟派的一个重要靠山。溥伟(清朝恭亲王)在升允逃到东北和库伦(蒙古乌兰巴托)后,两人就密商用出卖民族利益去换取沙俄对他们的支持。在沙俄的参与下,升允在1913年曾制定武装叛乱的计划,由"俄蒙之兵"与"宗社党"、"勤王军"分路入北京,"仍奉宣统皇上复辟"①。

辛亥革命后,日本"黑龙会"的川岛浪速等就勾结避居大连的肃亲王善耆、避居青岛的恭亲王溥伟,组织"宗社党",搞复辟活动。他们拼凑了一支1500人的"勤王军",进行武装叛乱。1916年,日本政府向黑龙会分子佃信

---

① 《升允复辟阴谋》,《近代史资料》总35号。

夫表示"同意"支持清帝复辟,佃信夫就往徐州告诉张勋。随后张勋派升允往日本,日本首相寺内正毅鼓励升允等"尽可按计划行事"。

德国是支持复辟派的另一重要力量。1912 年溥伟逃到青岛后,就乞求德皇"相助"恢复清王朝,德皇表示"将竭力支持清朝的复辟"。在第一次世界大战期间,德国是要以支持复辟来阻止日本支持的段祺瑞对德参战。以后,德国不断向张勋提供枪炮,壮大这支复辟武装。

在俄、德、日帝国主义的怂恿下,溥伟、张勋、升允等一些封建复辟势力,策划了多次武装复辟阴谋,但因袁世凯正谋帝制自为,不容他们拥清倒袁,因而严加防范,使"清室复辟"的计划一再流产。到 1917 年,张勋一伙终于利用帝国主义和各派军阀之间的矛盾,公开上演了"丁巳复辟"(1917 年为农历丁巳年)的丑剧。

张勋觉得既有帝国主义的支持,又有各省军阀的赞成,于是有恃无恐,率领 4000 余辫子兵,于 6 月 7 日由徐州登车北上。8 日,张勋的辫子军进入北京,张本人则在天津停留。段祺瑞表示与张"合作"。张勋通知黎元洪必须解散国会,否则以武力对付。黎元洪一直以遵守《临时约法》自我标榜,且以根据《约法》总统无解散国会之权申斥过督军团。此时,迫于张勋的威胁,再也顾不得什么"约法"了,终于在 6 月 13 日下令解散国会。14 日,张勋进入北京。28 日,康有为等抵达北京。当晚,张勋、康有为一伙在张宅举行会议,决定了复辟计划。7 月 1 日凌晨,他们把 12 岁的溥仪抬出来宣布复辟,改称这一年为"宣统九年",通电全国,改挂龙旗。张勋任所谓首席内阁议政大臣,大权独揽。康有为被封为"弼德院"副院长(院长是徐世昌),亲自修改宣布复辟的"上谕"。"上谕"声称:"自今以往,以纲常名教为精神之宪法,以礼义廉耻收溃决之人心。"[①]一时,北京街

---

① 　许指岩:《复辟半月记》第 6—7 页。

头又出现了穿着清朝袍褂、脑后拖着真假发辫的遗老遗少,光怪陆离,乌烟瘴气。

7月2日,黎元洪特任冯国璋以副总统代总统职务,重新任命段祺瑞为国务总理。随后,他逃离总统府,躲入东交民巷日本使馆。

复辟消息传出后,"全国民情,莫不反对复辟"①。北京人民在张勋的白色恐怖下,奋起抵制,十几家报纸"一律停刊,表示抗议",其他出版者,亦"无恭维复辟之辞";"至血性健儿,多有不避鼎镬,执笔痛叱者"。有的人冒着生命危险,"拒挂龙旗"。上海、天津、武汉等处的报纸,也无不"口诛笔伐,痛斥叛国"②。在上海,除由张勋出资、康有为主办的《国是报》外,各报纷纷刊登各方面声讨复辟的通电。《国是报》遭到印刷工人的坚决抵制,"誓不再为排印",虽出高价,"均被拒绝",只好停刊。伪学部尚书沈曾植在上海的住所被"义愤之士"抛掷炸弹。上海"商界亦反对张勋复辟之举,一体悬挂国旗三日,以表拥护共和、尊重民国之决心"③。

张勋以及参与复辟的主要人物万绳栻、刘廷琛等人的家乡江西,各界民众感到这是给江西人带来耻辱,所以更为愤怒,"报馆张目大骂",谴责张勋、万绳栻为复辟之"祸胎"。万的家属见众怒难犯,吓得从南昌逃走。刘廷琛家在九江,当地人"无不唾骂其甘心从逆",刘父"以不堪众矢之集,举家避去"④。

在广东,人心"异常愤激","上自官长,下至舆夫,无不痛心疾首,表示反对"。民间自动发起"国民哭灵大会",抗议张勋解散国会,破坏共和的滔天罪行;随后又改称为"国民护国后援会",继续声援反复辟的正义

① 《京报》(英文),1917年7月6日
② 《复辟详志》第139页。
③ 《复辟始末记》卷下,第28页。
④ 《复辟纪实》第82页。

斗争。

在人民斗争的推动下，孙中山继续领导资产阶级革命民主派进行反帝制、反北洋军阀的斗争。当复辟消息传到上海后，孙中山非常愤慨，发表了《讨逆宣言》，表示坚决反对帝制复辟，反对军阀统治，维护民主共和制度。

段祺瑞看到驱逐黎元洪、解散国会的阴谋已经得逞，即通电全国宣布讨伐张勋。冯国璋也通电反对复辟。在此前后，湖南、湖北、直隶、山东等十省的督军也相继发表通电，反对复辟。7 月 3 日，段祺瑞在马厂召集军事会议，组织"讨逆军总司令部"，自任总司令。梁启超为聘任参赞，成为段的首席幕僚。4 日，段祺瑞在马厂"誓师"，进军北京。各省军阀也随之摇身一变，表示反对复辟，甚至出兵"讨逆"。张勋进京时只带 4000 余辫子兵，留在徐州的辫子兵因山东军阀隔断交通而无法北上。7 月 12 日，"讨逆军"攻入北京，辫子兵被缴械，张勋逃入东交民巷荷兰使馆；康有为逃入美国使馆，后又化装逃出北京；溥仪再次宣布退位。这次复辟丑剧，仅 12 天就迅速破产了。

张勋复辟在全国人民反对下，顷刻瓦解，可是，段祺瑞却成了"再造共和"的大功臣，继续垄断北京政府，变本加厉地实行反动的军阀专制卖国的黑暗统治。

二、段祺瑞的统治和护法运动

经过张勋复辟这场风波之后，黎元洪下台，副总统冯国璋代理总统，段祺瑞重任国务总理。上台当权的还是北洋军阀，段祺瑞把持中央政府大权。

对德参战，因已无国会，无须取得它的通过了。1917 年 8 月 14 日，北京政府发布《大总统布告》,正式宣布对德宣战。美国这时已参加大战,愿意与日本在中国问题上暂时妥协。11月2日,美国国务卿蓝辛与日本外务相石井菊次郎在华盛顿签订《蓝辛石井协定》,规定美国承认日本在中国有"特殊利益",日本再次承认美国的"门户开放"政策,这给了日本独占中国的有利条件。段祺瑞政府以"参战"为名,向日本进行大宗借款,组成所谓"参战军",扩充皖系势力,进行反动的"武力统一"政策。

日本大隈内阁执行的露骨的侵华政策,激起中国人民强烈的反对,加深了与其他帝国主义国家之间的矛盾,因此为日本元老派所不满,以对华外交办理不善的原因而下台。1916年10月,寺内正毅继任总理大臣。他鉴于前内阁的失败,根据其重要谋士西原龟三等人的建议,挂出"日华亲善"的招牌,改变了对华方针:表面上"尊重中国独立和领土完整",对中国内政"不加干涉",实际上,第一,支持段祺瑞政府推行武力统一政策,日本给予贷款和军火援助;第二,除与日本享有特殊利益的地区有关问题外,尽可能和各国保持协调,同时努力使列强逐步承认日本在华的优越地位;第三,在南满东蒙扩大日本的特殊利益,在福建确保日本的特殊关系,山东问题设法享有德国战前的一切权利①。寺内内阁任内二年间,日本对华各项借款总额达3.86亿日元②。其中,1917年1月至1918年9月,西原以"私人身份"六次来华,经手八笔借款,合计1.45亿日元③。这些借款,通常被称为"西原借款"。

段祺瑞通过各项借款,把中国的权益大量出卖给日本。例如,以"铁路借款"、"矿山借款"等名目,将东北的吉长、吉会铁路和所谓满蒙五铁

---

① 外务省编:《日本外交年表并主要文书》上卷,第425页。
② 铃木武雄:《西原借款资料研究》第353—354页。
③ 西原龟三:《梦的七十年》,《近代史资料》1979年第1期。

路以及吉林、黑龙江两省的森林、金矿都抵押给日本;以"无线电台借款"、"有线电报借款"、"电话借款"等名目,把我国电讯事业交给日本控制。通过"参战借款"、"军械军火借款",日本为段祺瑞训练和装备了三个师、四个旅的"参战军",让日本掌握对参战军的指挥权。"军械借款"还规定,将中国"军队所使用的枪炮的口径,必要的机要部分及子弹的规格",均按照日本的"实行统一"。段祺瑞答应"将兵工厂及各省煤铁大矿"归日本控制和垄断,作为借款的抵押。日本还以"顾问"、"教官"等名义,给段祺瑞政府派来大批间谍、特务、军国主义分子,以加强对中国政治、军事、经济等方面的控制。1918 年,日本提出霸占山东各项权利的要求,段祺瑞政府竟表示"欣然同意"①,承认日本继承德国在山东的侵略权益,使日本后来据为口实,不肯把山东交还中国。

1917 年俄国十月革命爆发后,沙皇俄国势力瓦解,日本帝国主义认为是推行其"大陆政策"的大好时机,立刻把注意力转向中国东三省北部,极力谋求缔结所谓中日军事协定。在日本的频繁活动下,段祺瑞皖系军阀积极响应。1918 年 5 月,段祺瑞政府与日本签定了所谓《中日陆军共同防敌军事协定》和《中日海军共同防敌军事协定》。通过中日军事协定,日本取得了在我国驻兵和军队自由出入我国东北与蒙古的特权。军事协定签订后,日本立即将其策划已久的侵占中国东北的阴谋付诸实施,日军七八万人开进东北,把侵略势力进一步扩张到东三省北部,迅速代替了沙俄在东三省的侵略地位。

段祺瑞的卖国罪行,使中国面临着被日本帝国主义独占为殖民地的严重危险,遭到了全国人民的坚决反对。1918 年 5 月,留日中国学生召开大会,抗议段祺瑞政府和日本签定军事协定,组成"大中华民国救国团",

---

① 《六十年来中国与日本》第 7 卷,第 167 页。

号召集体分批回国请愿,为救亡图存竭尽全力。各省留日学生纷纷响应,回国进行活动。在国内,全国商界联合会通电反对中日军事协定。北京大学、北京高等师范学校、工业专门学校、政法专门学校等学生2000余人,齐集总统府请愿,要求废除中日军事协定。天津、上海、福州等地学生,也相继奋起要求废约。

段祺瑞对外卖国,对内实行独裁。他借口参战,不惜出卖国家主权,换取大量借款,是为了发动内战,实现其"武力统一"的野心。各项名目的借款,常"为政府移用","军事不停,需费无算,得款即无形消去"①。

段祺瑞重新上台后,拒绝恢复《临时约法》和国会,勾结研究系政客准备召集由各省军阀指派的临时参议院。孙中山还在1917年6月就因段祺瑞指使安徽等八省军阀宣布"独立"而通电西南各省军政大员,呼吁他们拥护约法与国会,起兵讨伐北洋群逆。7月中旬,孙中山抵广州,举起"护法"旗帜,并通电国会议员南下召开国会。22日黎明,护国战争结束后出任海军总长的程璧光与第一舰队司令林葆怿率舰队自上海开往广东,通电宣布拥护约法、拥护国会、惩办祸首。海军护法南下,鼓舞和支持了正在苦斗中的孙中山。8月间,孙中山召集到达广州的原国会议员150多人讨论国会开会问题。因不足法定人数,遂召开"非常国会"。会议决定成立军政府,通过了军政府组织大纲,声明"为勘定叛乱,恢复《临时约法》,特组织中华民国军政府",宣布在《临时约法》之效力未完全恢复以前,中华民国之行政权,由大元帅行之"。9月1日,非常国会选举孙中山为大元帅,唐继尧、陆荣廷为元帅。孙中山宣布段祺瑞为民国叛逆,出兵北伐,开始了"护法"战争。战争主要在湖南进行。

桂系军阀控制的两广,在张勋复辟时已宣布"自主"。滇系军阀唐继

---

① 章宗祥:《东京之三年》,《近代史资料》1979年第1期。

尧通电不承认段再任总理的合法性。西南军阀害怕段祺瑞吞并他们,愿意借孙中山"护法"的旗号以图自保。他们还想利用"护法"战争之机扩充势力。但是,唐继尧、陆荣廷为了不和北洋政府完全决裂,以便日后仍能互相勾结,而且也不愿屈居孙中山之下,因此不肯就任军政府元帅。

冯国璋和段祺瑞上台后,又开始了新的"府院之争",即北洋军阀的直系和皖系之争。段祺瑞任命他的爪牙傅良佐为湖南督军,打算取湖南为进攻两广的基地,但却调直系的军队去打先锋,这就加深了直、皖的矛盾。因此,段祺瑞主张"武力统一",冯国璋则提出"和平统一",并指使湖南前线的直系军队消极怠战。11 月,直系军队自动退兵,要求停战。直隶、江苏、江西、湖北直系军阀联合通电,主张和平解决。段祺瑞武力统一南方的政策不能推行,被迫辞职。但是,皖系军阀有实力,又有日本的支持,他们对冯国璋停战议和不满。12 月,在段祺瑞策划下,直、鲁、晋、奉、闽、皖、浙等十三省督军代表在天津举行督军团会议,要求冯国璋明令讨伐湘、粤,并初步制定了由直隶督军曹锟和山东督军张怀芝率兵两路进攻湖南的计划。这是皖系主战派对直系主和派的反击,无疑对冯国璋是很大的威胁。冯国璋被迫作出退让,由国务院任命曹锟为攻湘援鄂第一路总司令,张怀芝为第二路总司令。12 月 18 日,冯国璋委任段祺瑞为"参战督办"。段祺瑞重新掌握中央军事指挥大权,并以此名义继续向日本借款,扩建"参战军"。1918 年 1 月,冯国璋以"亲征"为名,由津浦路乘车南下,准备到南京去纠集力量,策划反段。当冯国璋车抵蚌埠时,被皖系干将安徽督军倪嗣冲所阻,只好折回北京。冯返京的第二天,即向西南下讨伐令,特派曹锟、张怀芝进兵湖南。2 月,段祺瑞给奉系军阀张作霖一批军火,张便派兵进关对冯国璋施加压力。皖系各省督军也叫嚷要段祺瑞复出组阁,日本公使林权助则在幕后插手。3 月,段祺瑞被任为国务总理,第三次组阁。

　　段祺瑞再次出山,更加气势汹汹地要武力统一南方。曹锟的部将吴佩孚攻克岳阳,收回长沙,占领衡阳,战功最大,但段祺瑞却任命皖系军阀张敬尧为湖南督军,夺了直系抢到的地盘,曹、吴大为不满。6 月,吴佩孚在湖南同西南军阀订立了"停战协定"。8 月,他通电主和,公开攻击段祺瑞的"武力统一"政策"实亡国之政策"①。其他直系军阀纷纷响应,南方护法军政府也复电赞成和平。段祺瑞在直系和西南军阀的联合反对下,8 月下旬被迫命令前线各军暂取守势。皖、直两系军阀的矛盾加剧了。

　　正当直、皖两系军阀明争暗斗日益激烈的时候,护法军政府内部的矛盾也尖锐起来。西南军阀本来就不是真正支持孙中山的"护法"主张,尤其是把广东视为"征服地"的桂系军阀,更将孙中山领导的军政府视为心腹之患,千方百计加以排斥和打击。当桂系军阀与直系军阀勾结之后,不但不肯再按照孙中山的号令派兵北伐,反而认为孙中山是他们进行政治活动的障碍,图谋排挤孙中山。1918 年 1 月,桂系主持的西南各省护法联合会在广州成立,推举岑春煊为议和总代表,伍廷芳为外交总代表,唐绍仪为财政总代表,唐继尧、程璧光和陆荣廷为军事总代表,同孙中山的护法军政府相对抗。由于孙中山等人的反对,加上伍廷芳、程璧光拒绝受职,西南联合会议终于流产。于是西南军阀又拉拢政学系国会议员,提出改组军政府的倡议。对此,孙中山和一些国会议员坚决反对。但是,他的意见没有被多数议员所接受。5 月 4 日,国会非常会议开会,通过修改军政府组织法。孙中山被迫通电辞职,他在通电中向国民痛切地指出:"顾吾国之大患,莫大于武人之争雄,南与北如一丘之貉。"②成立仅八个月的大元帅制军政府宣告结束。20 日,国会非常会议根据由大元帅制改为总裁制的军政府组织法,选举孙中山及唐

---

①　《吴佩孚主和电》,《湘灾纪略》第 63 页。
②　《辞大元帅职通电》,《孙中山全集》第 4 卷,第 471 页。

绍仪、伍廷芳、唐继尧、林葆怿、陆荣廷、岑春煊七人为总裁。孙中山眼见军政府实际权力已被西南军阀所篡夺,遂于21日离广州赴上海。至此,孙中山发动的第一次护法运动失败了。

护法运动反对北洋军阀反动统治,维护《临时约法》的尊严,有其进步意义。但是,孙中山的"护法"口号,没有提出和涉及有关中国民主革命反帝反封建的根本任务,没有反映广大工农群众的迫切要求,因而不能吸引和动员广大人民群众参加。至于当时的旧国会,也并不能真正代表民意。孙中山所指望的力量,还只是和北洋军阀有矛盾的南方军阀,没有一个坚强的革命政党的领导,也没有可靠的革命武装,护法运动不能不归于失败。护法运动的失败,表明中国资产阶级旧民主主义革命已陷入绝境,中国资产阶级不能领导中国革命走向胜利。

在南方军政府改组,护法运动归于失败时,北洋军阀中皖系和直系的矛盾公开化。段祺瑞决定一面加紧训练自己的"参战军",一面组成以徐树铮、王揖唐为首的"安福俱乐部",操纵新国会的选举。9月,"安福国会"选出徐世昌为下届大总统,把以冯国璋为首的直系势力挤出中央政府。

冯国璋下野后,曹锟、吴佩孚成了直系军阀的新首领。直系与皖系矛盾更加尖锐。曹、吴和南方军阀建立了更加密切的联系,进一步取得英、美帝国主义的支持。

1918年7月,美国向英、法、日三国提议把原五国银行团改组为新的四国银行团,即排除俄、德两国,加进美国,借此打破日本独占中国的局面。10、11月间,美国先后向北京政府与南方军政府分别提出"劝告",要求他们停战议和,英、法也指责段祺瑞政府对外宣而不战。在美、英、法三国压力下,日本被迫宣布停止对段祺瑞政府的单独借款,同意参加新四国银行团,但要求新银行团的投资范围将"满蒙除外",以保持自己的势力范围,并同意美国提出的南北议和的主张。

1919 年 2 月,南北双方在上海举行"和平会议"。他们讨论所谓停战范围问题和借款问题,实际上是如何划分地盘和如何分配四国银行团准备给予贷款的问题。由于美、英和日本争夺激烈,皖、直两系军阀也相持不下,5 月,谈判宣告破裂。1920 年 6 月,议和会议重开。不久,直、皖战争爆发,西南军阀内部也发生粤、桂战争。"南与南不合,北与北不合,南北又复不合"[1]。在军阀反动统治和混战下,中国人民陷于水深火热之中。

第三节　帝国主义分裂中国的活动

一、沙俄在蒙古的分裂活动

辛亥革命前后,俄、英帝国主义乘机加紧分裂中国的活动,策动中国边疆地区的武装叛乱,以至公然出兵进行武装干涉。

1910 年,清政府在外蒙古实行"新政",沙俄乘机煽动一部分封建领主和活佛,酝酿叛乱。1911 年 7 月,杭达多尔济亲王纠集四盟王公,在库伦密议外蒙"独立"。"会议的召开和通过的决议,都由会议的首创者通知了沙皇俄国的外交代表"。会后,他们派"代表团"赴俄,以"承认俄国保护",并给俄国以种种特权,换取沙俄以武力支持外蒙的"独立"[2]。沙俄派兵千余人进入外蒙,要挟清政府在外蒙停办新政。10 月,沙俄又要求清政府:承认外蒙"独立";不在外蒙驻军和建立行政机构;不经俄国同意不准在外蒙进行任何改革。清政府予以严正拒绝。

武昌起义爆发,沙俄认为是它"吞并中国领土而能达到其宿愿的大好

---

①　《一九一九年南北议和资料》第 8 页。

②　廓索维慈著,王光祈译:《库伦条约之始末》第 4—6 页。

时机"①。它借口保护领事馆,增派俄军侵驻库伦,并拨给外蒙杭达多尔济集团大批军械弹药。在沙俄的导演下,他们于 10 月 18 日宣布"独立",与俄军一同进攻库伦办事大臣衙门,驱逐办事大臣三多。12 月 1 日,他们发表"独立宣言",宣布成立"大蒙古国",以活佛哲布尊丹巴为皇帝(额真汗)。沙俄立即从军事、财政和外交等方面,大力扶植傀儡政权。同时,科布多的封建领主和乌里雅苏台扎萨克图汗也在沙俄策划下,占领科布多和乌里雅苏台,俄军驱逐了科布多参赞大臣溥润和乌里雅苏台将军奎芳。

1912 年 6 月,沙俄再次提出:如果中国承认外蒙"自治",不在外蒙设治、驻军和移民,它愿进行"友谊调停"。中国政府拒绝了沙俄干涉中国内政的无理要求。7 月,第三次《日俄密约》签订,把我国内蒙分为东西两部分,俄国"承认"日本在东部内蒙的"特权利益",日本支持沙俄对西部内蒙和外蒙的侵略②。9 月间,俄、英就英国侵略西藏和俄国侵略外蒙古达成了"谅解"。中国政府于 8 月 13 日对英、俄、日三国发表了关于《满蒙藏之主权五事》的声明,指出满蒙各地皆为中国领土,凡有关满蒙各地之条约,未经中国政府承认,不得私订;满蒙各地之矿产,无论何人不得私自抵押;中国政府在满蒙各地有自由行动之主权,外人不得干预;各国不得以护侨为名向中国增派军队;现蒙藏地方少数王公贵族反对中国政府的行动是非法的,外人不得主使挑拨。

沙俄无视中国政府的严正声明,于 11 月 3 日与外蒙当局非法签订了"俄蒙协约"及"商务章程",宣称"蒙古对中国的过去关系已经终止",俄国政府"扶助蒙古的自治",并为其编练军队,不准中国军队"进入蒙境",不准汉人"移居蒙地";俄人在蒙古享有特权,其他外国人不得享有超于俄

---

① 沙查诺夫给沙皇的奏议,转引自陈复光:《有清一代之中俄关系》第 416 页。
② 王芸生:《六十年来中国与日本》第 6 卷,第 5—6 页。

人之权利;不经俄国政府允许,蒙古不得与"中国或别国立约"①。以后,又签订了有关铁路、矿山、屯讯等条约,沙俄在外蒙古取得了广泛的特权。

中国政府在"俄蒙协约"签订前即向沙俄提出抗议,声明对俄蒙所订"条约"概不承认。"协约"签订后,中国政府于11月7日发表声明,重申"概不承认"俄国与外蒙所订任何条约,抗议沙俄"侵犯中国主权"。中国各族人民强烈反对"俄蒙协约"。北京市民举行"反对俄国奸计大会",报刊纷纷揭露沙俄侵略罪行,许多市民连日持票往俄国银行兑换现金,商人抵制俄货。孙中山致电参议院,要求"否认俄蒙协约,坚持到底"。在日本的中国留学生和爱国华侨3000多人在东京集会,强烈谴责沙俄。蒙古爱国王公宣布"蒙古拥护各族联合一体的中华共和国,断无独立之理",②强烈要求哲布尊丹巴取消"独立",并以"蒙古王公联合会"的名义,通告世界各国,决不承认沙俄炮制的"俄蒙协约"。

沙俄以"承认中华民国"为诱饵,对袁世凯政府进行讹诈。中俄于1912年11月开始在北京举行谈判。1913年11月,袁世凯政府与沙俄签订《中俄声明》,追认了"俄蒙协约"及其附件,"承认外蒙古的自治权"。声明虽然载明"俄国承认中国在外蒙古的宗主权",外蒙是"中国领土的一部分",却规定中国政府不能在外蒙设治、驻军、移民。在中俄互换的照会中,还规定以后"凡关于外蒙古的政治、土地交涉事谊,中国允许和俄国政府协商,外蒙古亦得参与其事"③,实际上承认了沙俄对外蒙古的控制。

根据《中俄声明》,自1914年9月起又举行中、俄、蒙恰克图会议,并于1915年6月签订了《中俄蒙协约》。沙俄承认中国对外蒙的"宗主权",

① 远东外交研究会编:《最近十年之中俄交涉》第139页。
② 《中国大事记》,《东方杂志》第3卷,第11期。
③ 《最近十年之中俄交涉》第151—154页。

哲布尊丹巴取消"大皇帝"称号及"共戴"年号,由中华民国大总统册封,用中华民国年历,兼用蒙古干支纪年。北京政府承认外蒙的"自治"和沙俄在外蒙的各种特权。但是,会后沙俄唆使外蒙当局借词"谢绝"接受册封专使,并多方阻挠外蒙派员来北京,以致册封仪式延至1916年7月方始举行。

十月革命爆发后,沙皇政府垮台,外蒙傀儡政权失去了靠山。1918年,北洋政府派军队开进库伦,恢复了对外蒙古的主权。

沙俄在策动外蒙"独立"的同时,还强占了我国外蒙古西北部的唐努乌梁海地区。沙俄通过1864年的《勘分西北界约纪》,早就强占了包括原属定边左副将军管辖的唐努乌梁海的十个佐领、原属科布多参赞大臣管辖的阿尔泰淖尔乌梁海的两个旗,以及科布多以西的大片我国领土。1907年,沙俄在乌梁海中部一带地方建立殖民据点。武昌起义后,沙俄派出"边疆特使"窜入该地区,发号施令,阻挠我国政府派官员进入该地区行使主权。1914年6月,大批俄军侵入,沙皇尼古拉二世宣布唐努乌梁海地区归俄罗斯所有,强行霸占了我国唐努乌梁海地区17万平方公里的领土。对此,不仅当时中国的北京政府未予承认,以后历届中国政府也从未声明放弃中国对这一地区的主权。

我国内蒙古呼伦贝尔盟与俄国的边界,早在中俄《尼布楚条约》和《布连斯奇条约》中便作了明确的规定。但沙俄任意破坏界标,派遣间谍分子进行颠覆活动。1900年沙俄出兵东北时,竟在我国边境城市满洲里建造营房,驻扎军队。清政府不得不提出中俄双方根据条约重新勘界立标的要求。1911年12月,在齐齐哈尔签订了中俄《满洲里界约》,两国疆界虽基本上按照旧约,但沿着这条边界线,沙俄又侵占了我国1400平方公里的领土。

在沙俄和外蒙叛乱集团的煽动下,呼伦贝尔盟陈巴尔虎旗总管胜福、车和扎等于 1911 年 9 月向清政府提出撤走政府官员和军队、不准移民、移交政权财权等无理要求,均被清政府拒绝。他们勾结沙俄和外蒙军,于 1912 年 1 月占领海拉尔,宣布"独立"。接着进犯满洲里,被击溃。俄军和外蒙军增援反扑,占领了满洲里。胜福等在满洲里成立"自治政府"。中国政府派兵平叛,沙俄以"调停者"出面干涉。1915 年 11 月,北京政府被迫与沙俄签订了《中俄会订呼伦贝尔协约》,承认呼伦贝尔为"特别区域";规定非经俄国准许,中国军队不得进入该区;将来中国"敷设铁路,尽先与俄国借款";承认沙俄与伪组织所签订的各项"合同"。1920 年 1 月,呼伦贝尔盟重新回归祖国。

内蒙古哲里木盟科右前旗扎萨克图郡王乌泰、科左后旗镇国公拉喜敏珠尔等,在沙俄煽动下,于 1912 年 8 月举兵叛乱,分三路进犯洮南府,散发所谓"东蒙古独立宣言"。北京政府及时调兵平叛,叛军败逃外蒙。10 月底,沙俄派遣外蒙军数千人,分三路南犯内蒙古锡林郭勒盟浩济特旗及苏尼特旗,察哈尔都统调兵狙击失利。昭盟郭尔罗斯左旗台吉多尔济公、扎鲁特左旗协理台吉官布札普于 11 月乘机攻陷开鲁。热河驻军派兵平叛,官布札普败逃外蒙。外蒙军自 1912 年 10 月到 1913 年 9 月,在内蒙的西二盟及锡盟的全盟、昭盟的克什腾旗、巴林左旗、巴林右旗等许多地方,烧杀抢掠。北京政府出兵讨伐,到 1916 年收复了内蒙古全境。

二、沙俄在新疆的分裂活动

武昌起义后,新疆的革命党人联络哥老会众,于 1911 年末至 1912 年 5 月,先后在乌鲁木齐、伊犁、喀什噶尔等地起义响应。沙俄乘乱出兵伊犁、喀什噶尔、阿尔泰,我国西北边疆又一次出现分裂危机。

沙俄先以护侨、"增设领署卫队"为名,于 1912 年 5 月调派 200 多名哥萨克马队进入伊犁。6月,俄兵800多名侵入喀什噶尔。旋又借口"策勒村事件",不断增兵。策勒村(今策勒县)是于田县的一个大镇。沙俄非法指派的"商约"间谍分子色依提(赛义德·阿吉)久在策勒村一带大量出售"通商票",诱骗中国居民加入俄籍。1912年6月中旬,他公然贴出"通告",煽惑群众"从速投俄"[1],并"擅将殷实户民拘去,逼令买票投俄,不从者关锁累日"[2]。群众纷纷向政府控告。6月24日,色依提聚众顽抗,开枪打死前来传讯他的兵士二人和群众一人,打伤一人。激愤的群众焚烧了他们盘踞的房院,击毙、烧死歹徒29人。沙俄即增兵500余人侵驻喀什噶尔城外。8月,俄军炸毁北门,冲入城内挑衅。不久,又增兵千余,积极备战。喀什噶尔提督兼外交特派员、革命党人杨缵绪扩编部队,秣马厉兵,在谈判中坚持严正立场,断然拒绝俄方的种种无理要求。后因袁世凯政府压迫杨缵绪与俄方妥协,1913年10月1日,双方签署结案。此后,俄军先后撤出伊犁、喀什噶尔。

沙俄策动外蒙古"独立"时,就指使外蒙军袭取乌里雅苏台和科布多,进而攻取阿尔泰。1912年9月,新疆援军进至距科布多五站的大营盘。10月,当东三省地方部队进军外蒙古平叛,科布多的外蒙军大部撤回时,新疆省军集结近20营,准备乘机收复失地。1913年6月,外蒙军分三路进犯,察罕通古驻军抗击。在俄军的协助下,外蒙军于7月间连续两次大举进犯,驻军迎头痛击,获大胜。袁世凯下令不准进军,杨增新也主张妥协,中国军队因而未能乘胜追击。

不久,沙俄一面借口中国士兵刺伤俄领事的事件,派兵1500多人于9月侵驻承化寺(今阿勒泰县等地);一面收买阿尔泰地区旧土尔扈特亲王

---

[1]　曾问吾:《中国经营西域史》,第502页。

[2]　《外交部交涉节要》,《喀什噶尔和田州属俄人被戕案》。

帕勒塔,宣布阿尔泰"独立"。帕勒塔盗用"阿尔泰办事长官"的名义,于10 月和 12 月先后与沙俄驻阿尔泰领事签订"临时停战条约草案"、"中蒙军队停战协定",听任俄军占领阿尔泰。北京政府下令将帕勒塔撤职,宣布由他非法签订的所有条约一概无效。

1914 年,俄军一股伙同外蒙军向西侵袭,一股从斋桑泊向东进犯,侵入阿尔泰地区西北部,并非法移入俄国农民 300 余户,抢种哈巴河、布尔津河一带土地,"强占水渠,伐树盖房,捕鱼设渡"[①]。由于中国军民的强烈反抗,沙俄不得不撤走部分侵略军,但仍留驻骑兵两连。俄国十月革命爆发,当地各族人民奋起截击沙俄侵略军,解除了他们的武装,把他们驱逐出境。1919年,中国政府把阿尔泰地区改为阿山道,划归新疆省。

三、英国制造西藏"独立"

达赖十三世于 1904 年 7 月英军侵入拉萨前,在沙俄间谍德尔智等的"护卫"下仓皇出逃,打算投奔沙俄 ,至库伦被清政府截留。1908 年 8 月,达赖辗转到了北京。英国驻华公使朱尔典竭力笼络达赖,挑拨西藏地方和清朝中央政府的关系。得到英国谅解和庇护的达赖,于 1909 年 11 月回到拉萨。

1909 年 6 月,清政府令川军 2000 人调驻西藏,英印当局公然表示"反对",唆使西藏三大领主发动叛乱。达赖回藏后,一面不断派人去江孜和锡金、印度勾结英帝国主义分子,一面下令叛军在昌都以东阻击川军。1910 年2 月,川军在江达粉碎了叛军的最后抵抗,进入拉萨。达赖带领少数亲随逃到印度大吉岭。清政府再度革去达赖的名号,下令通缉随同叛逃的几个西

---

① 　《俄人在哈巴河越界种地案》,《政务司各国悬案选辑》。

藏地方政府的高级官员。沙俄和英国驻华公使联合向清政府提出"抗议"，迫使清政府取消对达赖的处分。6 月，英军进驻印藏边境的郎塘，英使威胁清政府说，一旦达赖回藏，英军"则须入藏以当保护之任"①。

武昌起义后，达赖十三世与英印总督密商，随即派其亲信潜回西藏，策划武装叛乱。西藏部分大农奴主即乘机以达赖名义发布了"驱汉"命令，组织"民军"，围攻拉萨、日喀则、江孜的川军，并进扰西康藏区。英军也屯集边境，以为声援。叛军的围攻未能得逞，英军即借"调解"名义，首先胁迫江孜、日喀则两地川军在"和平协议"下缴械，然后武装护送达赖回藏。达赖等于1913 年 1 月进入拉萨，宣称"独立"；英军则借口"护商"，侵入拉萨。

广大西藏人民坚决反对破坏祖国的统一，西藏地方政府内部也有一部分人不赞成"独立"，认为西藏"独立"就"有外力侵入之虞"②。西藏僧俗人士拒绝接受英国提出的把西藏变为其保护国的六项条件。当时，英国驻锡金行政官、英国侵藏政策的积极推行者柏尔承认，广大西藏人民"不欲其在政治上"与祖国"分离"③。

北京政府曾令四川都督尹昌衡及云南都督蔡锷派兵进入西康。西康藏区的叛军被击溃后，又命令入藏平叛，英国公然出面干涉，以不承认民国政府相要挟，叫嚣"且当以实力助藏独立"④。袁世凯政府屈服于英国的威胁，下令川军停止进藏。1913 年 4 月，北京政府任命新的驻藏办事长官；10 月，又明令恢复了达赖十三世的名号。英国极力阻挠中国的中央政府与西藏地方之间的一切联系，不许驻藏办事长官假道印度入藏，阻止北

---

① 1910 年 6 月 19 日英驻华使馆给清政府外务部的照会。

② 梅心如：《西藏》第 87 页。

③ 柏尔：《西藏之过去与现在》。

④ 朱绣：《西藏六十年大事记》。

京政府同西藏当局直接谈判,提出举行中英藏会议,以北京政府如不与会,英国将与西藏叛乱分子直接缔约相威胁,迫使袁世凯政府接受了这一无理要求。

1913 年 10 月至 1914 年 7 月,英国操纵的所谓中英藏会议在印度北部的西姆拉召开。会上,英国唆使西藏"代表"提出西藏"自治"的五项要求。英国代表麦克马洪也提出:"中国承认西藏独立",自昆仑南定塔以南至新疆、青海全部、甘肃西部、四川康定和云南阿墩子以西为西藏境界,英国与西藏单独订约等六条提案。这些荒谬要求为中国代表所拒绝。之后,麦克马洪又提出一个所谓"折中方案",把西藏、青海、西康及甘肃、四川、云南的藏区统称之为西藏,其中金沙江以西地区称之为"外藏",以东地区称之为"内藏";"外藏"完全"独立","内藏"则"中藏共管"。1914 年 4 月 27 日,英国提出一个条约草案,主要内容有:"承认外藏自治",其"内政暂由印度政府监督";"西藏中央政府"在"内藏""仍保留其已有之权";中国不得驻兵藏境;"中国政府与西藏有争议时,由印度政府判决之"。中国政府拒绝接受这个条约草案。7 月 3 日,英国勾结西藏地方"代表"私行签订了非法的"西姆拉条约"。中国政府代表拒绝在这个条约上签字,并正式声明,凡英国同西藏地方当局本日或他日签订的条约或类似的文件,中国政府一概不予承认。会议宣告破裂。

在西姆拉会议期间,从来没有讨论中国和印度的边界问题。麦克马洪背着中国中央政府而同西藏地方代表在会外秘密换文中提到的所谓划定中印东段边界的"麦克马洪线",把 9 万平方公里的中国领土划归英属印度。当时的中国政府不承认非法的"西姆拉条约"和"麦克马洪线",以后的历届中国政府也从未承认过。

在西姆拉会议期间,沙俄通过外蒙古哲布尊丹巴的"自治政府"拉拢达赖,又派德尔智在西藏僧俗上层大肆活动。1913 年,德尔智又以达赖

"代表"身份赴库伦谈判,签订了以"西藏达赖喇嘛承认蒙古之自治权,蒙古政府承认西藏之自治与宗教领袖达赖喇嘛之独立"为主要内容的"蒙藏条约"。这一条约明显地暴露出沙俄妄图向西藏渗透的阴谋,甚至达赖集团也未承认。

第四节　辛亥革命后的中国社会

一、农村经济和农民生活

辛亥革命推翻了封建帝制,却没有改变封建土地所有制,也未能在中国农村造成一个大的变动。但是,中国的农村经济在辛亥革命后仍然出现了许多引人注目的变化:

封建土地关系出现若干变化　在土地占有形式上,官田、公产私有化的现象,在辛亥革命以后日益普遍。官田多指前清的旗地和屯田,主要是通过"丈放"的名义转归私人,数量大,地段相对集中在辽宁、吉林、黑龙江、热河、察哈尔、绥远等省。公产多属寺、观、会馆和宗祠的占地,主要被大小军阀和外国教堂直接提卖或强占,地权转属私人。由于北洋政府和清朝废帝相互勾结,再加上外国教堂在义和团运动后不断以索取赔偿损失为借口夺占土地,中国各种官、公田产在这一时期迅速地大量转为私田。

在土地买卖过程中,辛亥革命后还突破了一些宗法关系的束缚,打破了中国长期以来农村卖地族人优先购买的传统。根据南京临时政府的法令,国民是平等的,国民手中的任何私产,包括土地在内,都受到法律的保护。至于土地卖于何人,当然也归田主自由选择。尽管农村的宗族势力根深蒂固,但受到法律保护的土地买卖,还是突破了一些家族势力的限制,开始自由交易。这就产生了两个明显的影响:一是土地买卖因此愈加频繁,土地兼并有增无减,土地集中的现象更为严重;二是在土地转手较快的地区,逐渐打破了永佃制的束缚,先改永租佃为长期租佃,进而向短期租佃发展。

在地主阶级的构成上,辛亥革命后出现了一批有政治背景的大地主。在这批大地主中主要有:一、北洋军阀和其他军阀。他们依仗权势,在自己的地盘上吞夺公田,圈占荒地,强买民田,短期内便掠夺了大量土地。袁世凯在河南有地400顷,张敬尧在霍邱、倪嗣冲在阜阳各有地七八万亩以上,李厚基在苏北徐海一带有地200多顷。在当时有名的大地主中,找不出几个不是军阀的。二、商人和高利贷者。他们手中积累了相当的资金,又怕投资新式企业冒风险,宁肯投资土地坐收地租,然后再把地租收入转化为高利贷资本和商业资本,成为地主、商人、高利贷者三位一体。三、外国教堂传教士和外商。他们依靠不平等条约的保护,不断强占土地或通过买办到农村收买土地,招民垦种,或直接经营农场。

在地租剥削方式上,辛亥革命以后实物地租仍占绝对优势,但货币地租随着农村商品经济的发展,已有增长的趋势。在经济发达的江、浙等许多省份,货币地租约占地租总额的25%左右。此外,有押租的田在租田中的比重也不断提高。如江苏昆山的押租田,1905年占全部租田的25.1%,1914年增加到40%;南通的押租田,1905年已高达72.9%,1914年还增加到76.7%。押租在退押时虽然要退还佃农,但地主却因此已多得了一笔息金。押租加重了农民的负担,是地主利用农民破产求佃者日多的机会,对佃农加强制约和剥削的一种新手段。

农产品和手工业品的商品化　主要农产品的商品量,在辛亥革命后都有增长。粮食的商品量,1910年为212.1亿公斤,1919年增至263.4亿公斤。经济作物中,大豆的商品量增长最快,1910 年为 3237 万担,1919 年增至 5738.5 万担。仅次于大豆商品量的是棉花,1910 年为 490 万担,1919 年增至 790 万担。商品量增长较慢的是烟叶,到 1919 年,也从辛亥革命前夜的 172.4 万担增为 226.8 万担。随着这些农产品的商品量不断增长,它们的商品率也在不断提高。以粮食、棉花为例,它们在辛亥革命前的商品率分别为 16% 和 33% ,到 1919 年分别增长到 22% 和 42% 。

为了满足经济作物需求的日益增长,经济作物的种植面积不断扩大。据不完整的调查统计资料表明,1904 至 1909 年和 1914 至 1919 年两段时间内,大多数经济作物所占耕地的百分比都有不同程度的增长。其中大豆由 8% 增长到 9% ,油菜籽由 15% 增长到 21% ,花生由 4% 增长到 10% ,芝麻由 4% 增长到 8% ,棉花则由 11% 增长到 14% 。经济作物耕种面积的扩大,势必影响粮食的种植面积。在同一时期内,粮食作物除小麦、玉米种植面积略有增加外,其他品种的耕地面积不是持平就是下降。尤其是在几种主要经济作物的产区,这种情况更为严重。到五四运动前夕,大豆 60%—70% 产于东北,其播种面积竟占到东北耕地面积的 50.7% ;花生 80% 产在山东,其播种面积占全省耕地面积的 45% ;烟草 45% 产于河南,也占全省耕地面积的 29% 。这不仅形成了一些新的专门化农业区,而且出现了专门种植某种经济作物的专业户,进一步加速这些地区农产品与工业品之间以及各种农产品之间的交换。当然,经济作物排斥粮食作物的现象,在辛亥革命后的发展是很不平衡的。在一些非经济作物种植区和商品经济落后的省份,这种变化并不大。

在一般情况下,农业经济的日益商品化,必然导致农业资本主义的增长。而在辛亥革命后,中国农产品商品化主要是由于帝国主义掠夺原料而引起的。因此,它的发展变化主要是取决于世界市场的需要。中国早期发展的经济作物如茶叶、甘蔗,因受国际市场的竞争而衰落;另外一些经济作物如棉花、大豆、烟草等,由于世界市场的需要而大量发展。这就进一步增加了中国农产品对国际市场的依赖,并给帝国主义的一些垄断组织直接深入中国农村、干预农民的生产提供了机会。例如,1913年英美烟草公司在山东坊子一带,以供给农民种籽、指导种植技术和将来收购产品为条件,引诱当地农民种植烟草,几年后坊子附近的麦田大部改成了烟田。类似的情况在其他地区也存在,从而使越来越多的经济作物专业户受到外国垄断组织的操纵、奴役和压榨。

随着农村经济作物的迅速发展,还形成了一批进行农产品加工的手工业区,农村手工业产品也日益商品化。在全国闻名的手纺织区,河北高阳县,1917至1919年最盛时年产布500余万匹;河北定县,1915年最盛时输出土布400余万匹。在全国闻名的卷烟区山东、河南、安徽三省的烤烟产量,1916年为2400万磅,1920年增为7200万磅①。在全国著名的榨油区,仅东北哈尔滨附近的油坊就达2000余家。

随着农村手工业商品化的发展,手工业者出现了两极分化,其中又以手纺业主的分化最为明显。广大农民织户破产,愈来愈多地变为向商人领纱织布、仅拿微薄工资的织户。如河北高阳的这种织户在1912年占全部织户的34.5%,到1917年增为69.2%②。而少数资金雄厚的织户,雇佣织工,扩大生产。这种资力雄厚的织户,一般是农村的地主和富农。

农垦公司的大量增加　辛亥革命后,在南京临时政府提倡"振兴实业"、"垦植荒地"的鼓励下,进行专门化生产的农垦公司有了显著增加,十余年间有300多个,分布在江苏、浙江、安徽、山东、河南、山西、吉林、内蒙、察哈尔等省,尤其以苏北盐垦区、内蒙和东北三省较多。据不完全的

① 章有义编:《中国近代农业史资料》第2辑,第201—202页。
② 《中国纺织史稿》第296页。

统计,江苏历年设立的这类公司,1912 年有 27 家,1915 年有 28 家,1917 年有 34 家,1919 年增为 41 家。这些农垦公司基本上可分为三类:一是从事蔬菜、养蜂、牛奶、果园、粮食等农副产品生产带有资本主义性质的农场。这类公司多设在资本主义经济比较发达的大城市郊区,一般规模不大。如上海资本家穆湘瑶、葛敬中在郊区杨思乡创办的蔬菜种植场,重庆商人赵楚梅等在广元坝创办的树畜公司等。也有一些规模较大的,如广东华侨陈国圻在黑龙江汤源县创办的兴东公司,有资金十五六万元,自备拖拉机和面粉机,招工垦荒种植小麦,经营机器磨面,兼营畜牧等业务。所得粮食、面粉,除供应本地外,还由梧桐河运入松花江,上销三姓、伯力,下运哈尔滨等地,获利丰厚。这些农场都采用雇工劳动,并引进了部分农业机械和新品种,产品供应市场,具有资本主义性质。二是采用自垦和租佃双重形式的公司。它们一般都划出一部分土地自己经营植棉、畜牧等事业,雇工劳动;其余大部分土地招佃种植,坐收地租。这类公司以江苏省出现最早,数量也最多,仅苏北一地就有 50 多个。三是利用特权低价领垦土地,然后转手出租的农垦公司。它们主要分布在东三省和内蒙的官地放垦区,一般规模较大,常由官方办理垦务的机构和地方军阀、豪绅巨贾互相勾结组成。这类公司名为垦务,实为土地投机组织,不是一种生产性的经济实体,与一般生产性的农垦公司有根本的区别。总之,农垦公司的大量创办,表明在这一时期中国农业资本主义有了一定程度的发展。但就整个中国农村经济来看,它们所占的比重很小。在半殖民地半封建的社会条件下,这些农垦公司发展十分艰难,有的夭折,有的负债累累,有的向封建地主经济逆转,到 20 年代末即陷入了长期衰滞状态。

中国的农村经济,在辛亥革命后虽然出现了不少新的变化,但在北洋军阀的黑暗统治下,生产连遭破坏,农民倍受剥削掠夺。当时,北洋政府为镇压二次革命、护国战争和护法战争,不断增加军费,1916 年 1 亿余元,到 1918 年就增到 2.03 亿元,其他开支还不计算在内。而常年的财政收入只有 1.1 亿元,赤字非常严重。北洋政府为解决如此巨大的开支,于是大肆向人民进行搜刮掠夺。一是大量发行公债,从 1912 至 1919 年,实发额达 3.06 亿元,为清政府实发额的五倍以上。二是滥铸硬币和滥发纸币。由于所铸铜元表面价值超过实际价值,单铜子每百枚可获纯利银洋一角余,双铜子每百枚至少可获银洋二角六分。至于纸币发行更是名目繁多,混乱异常。各地军阀往往擅自发行军用票、金库券、加印官票和军需兑换券等,票额越来越大,币值越来越低。如张作霖 1917 年发行的大洋票,到 20 年代低到只有原价的 1/4。三是增加田赋、盐税和其他杂捐杂税。据不完全的统计,各地田赋正税在辛亥革命后有很大增长,有的地区增长 50.6%,而田赋附加税则增长了二至三倍。盐税自 1913 年袁世凯善后大借款后,收支权都操在外人手里,各地军阀为了筹措经费便擅自增加盐的附加税捐。据估计,全国盐的正附税在辛亥革命后约增加了二倍以上,引起盐价飞涨,民不聊生。至于各种杂捐杂税,更是不胜枚举。北洋政府不管采用什么方式增加收入,归根到底主要都落在广大农民的身上,从而加速了广大农民的破产。

辛亥革命后,人祸之外,天灾也几乎连年不断。据北京商部不完全的统计,1913 年全国受水、旱、风、虫等各种灾害的地区,不下 6.5 亿多亩,1918 年受灾区域仍有 6100 多万亩。1914 至 1918 年四年内,农户减少1564 万多户,耕地面积减少了 2.6 亿多亩,荒地增加了 4 亿多亩。这不仅使农业生产受到极大的危害,而且造成了饥民成群、盗匪四起,还有无数人被夺去了生命财产。再加上连年战火、兵匪抢劫、拉夫派差,更使生产陷于停顿,交通四处阻塞,社会秩序十分混乱。祸国殃民的北洋军阀,已把广大农民推向更加悲惨的境地。实在难以生活下去的穷苦农民不得不愈来愈多地铤而走险,纷纷参加到农民起义的队伍中来。

二、民族工业的进一步发展

从19世纪70年代中国近代民族工业诞生到1911年辛亥革命为止，开办资本在万元以上的厂矿约700个，资本总额仅1.3亿多元。在帝国主义和封建主义的压迫下，民族工业的发展十分缓慢。

辛亥革命给封建制度以冲击，在一定程度上提高了民族资产阶级的政治地位和社会地位。除资产阶级代表人物掌握了南京临时政府的领导权外，还有不少商界人士参加各地的军政机构，担任了要职。袁世凯窃取政权后，为了笼络资产阶级，取得他们的支持，也吸收其中的代表人物如陈其美、周学熙、张謇等担任工商总长、财政总长的职务。资产阶级通过手中掌握的权力，制订出若干有利于振兴实业的政策法令。工商部于1912年12月5日颁布了《暂行工艺品奖励章程》，规定工艺品的发明者有权申请专利；1914年1月公布了《公司条例》和《公司保息条例》；1915年公布了《农商部奖章规则》等。这些条例虽然未尽完善，有些规定因时局多变也未能付诸实行，但它们终究解除了清政府原来对呈请开办企业的若干限制，也逐步废除了一些封建性的专利垄断。南京临时政府关于"振兴实业"的舆论宣传，和为此而着力提倡的国货运动，激励了工商业者投资开办工厂，爱国华侨也竞相回国投资办厂和努力推销国货产品。1915年日本提出阴谋灭亡中国的"二十一条"后，全国人民更掀起了大规模的抵制日货运动，一时间人人以用国货为荣，有力地推动了民族工业的发展。

帝国主义对中国的商品倾销，一直是中国民族工业发展的严重障碍和压力。这种障碍和压力，到了第一次世界大战爆发期间，由于欧美帝国主义国家忙于战争，暂时有所缓和。根据海关统计，中国在1913年的进口总额为 5.7 亿余两,1915 年减至 4.5 亿余两,减少了 1/5 左右。以后逐年递减,到 1918 年,法国货的进口额比战前减少了 1/3,英国货减少了一半,德国货则完全停止进口。与此同时,由于交战国急需从中国进口大量的面粉和日用百货,中国的出口贸易额出现了年年增长的趋势,1913 年为 4.03 亿两,除 1914 年略有下降外,此后四年都比 1913 年增长了 14.8% 到 20.5% 。由于商品进口减少,出口增加,中国多年来入超逐年严重的情况也有所缓解,由 2 亿多海关两减至 3000 多万海关两[①]。进口下降,出口增加,而国内市场的需求并未减少。国内市场及出口的需要,刺激了民族资产阶级投资办厂、追求利润的要求。

辛亥革命的推动和第一次世界大战的爆发,使中国民族资本主义工业得到较大的发展,从 1912 至 1919 年,中国新建的厂矿企业达 470 多家,投资近 1 亿元,加上原有企业的扩建,新增资本达到 1.3 亿元以上,相当于辛亥革命前 50 年的投资总额[②]。中国工厂使用的蒸汽动力,1913 年为 43448 马力,1918 年为 82750 马力,约增长了一倍[③]。

在辛亥革命后开办的企业中,以纺织和面粉工业发展最快,针织、印刷等轻工业也有不少进展。纺织工业,1913 年前全国共有 231 家工厂,资本 3254.7 万元,到 1920 年已增到 475 家工厂,资本 8275 万元。纺纱业 1913 年共有纱锭 65 万枚,到 1919 年增为 118 万枚。纱厂的盈利也很丰厚,16 支纱在 1914 年每包盈利为 19.58 元,1917 年达 36.93 元,1919 年更高达 70.56 元[④]。同一时期,布机由 2016 台增为 2650 台。厂数和纱锭、布机数在短短几年内就超过以往 20 多年所有积累的两倍多,这样的发展速

① 《六十五年来中国国际贸易统计》第 1 表。
② 严中平等编:《中国近代经济史统计资料选辑》。
③ 《第一回中国年鉴》第 1430 页。
④ 《中国近代经济史统计资料选辑》第 165 页,第 41 表。

度是前所未有的。

面粉业在辛亥革命前基础薄弱,在 1896 至 1912 年的 17 年间,民族资本开设的厂才 47 家,占国内面粉厂的 52.2%,生产能力占 39.8%。而1913 至 1921 年的 9 年间,全国就设立了 123 家面粉厂,其中民族资本经营的有 105 家,占全部新设厂的 85.4%;生产能力占新设厂生产能力总数的 82.2%。被誉为"面粉大王"的荣宗敬、荣德生兄弟所创办的茂新、福新面粉公司,在这一时期已由辛亥革命前的 2 个厂、4 个粉磨发展到 11 个厂、300 多个粉磨。从面粉进出口来看,1912 至 1914 年每年入超都在 200万担以上,从 1915 年起开始出超 19000 余担,到 1920 年,出超达到 300 多万担。

其他如火柴业,1911 年全国 30 家左右,到 1919 年增加了 43 家,1920年又增加了 23 家,成为民族火柴业发展最快的一年[1]。针织业是这一时期的新兴行业。第一次世界大战爆发后,素来盛销中国的德国衫袜,来源告竭,货价昂贵,各地针织工厂一时风起云涌,1913 年 21 家,1914 年 67家,1915 年 85 家。一些设备先进的工厂大多集中在上海。到 1922 年,上海装有电机的针织厂有 8 家,其中以 1917 年创办的中华第一针织厂规模最大,有 210 台织袜机,52 台罗纹车,246 台织袜头机,26 台摇纱机。这种情况在上海以外的工厂很难见到,外地工厂普遍使用手摇机织制。印刷工业在辛亥革命后,也随着学校、报馆、杂志社和书店的日渐发展而不断兴旺。中华书局印刷所就是在辛亥革命之后诞生的,并以率先出版中华民国小学语文课本打开局面,以致"开业之后,各省函电纷驰,门前顾客坐索,供不应求,竭力应付,基础于是乎立"[2]。此外,如罐头、蛋粉、皮革、制

---

[1]　中国资本主义工商业史料丛刊:《中国民族火柴业》第 19—20 页。

[2]　杨大金:《近代中国实业通志》下卷,第 344—345 页。

纸、卷烟、玻璃、陶瓷、榨油、肥皂等轻工业亦有相当发展。

随着轻工业的发展，重工业在这一时期也有发展。钢铁冶炼业，1914年开始兴建大冶铁厂等六个钢铁厂，1916年建立宣化的龙关(后改为龙烟)铁矿公司，1917年上海成立和兴钢铁公司，1918年北京石景山钢铁厂开始兴建。采煤业，全国华商机器采煤量，由1912年80万吨到1919年增至330万吨。使用动力机械的工厂，1913年只有400至600家，到1921年增加到2000多家[1]。电力、运输和金融业也得到了发展。1913年，全国共有电力工业30家，到1918年增至81家，五年增加了51家，占全国电厂总数的62%。在运输方面，以轮船为例，1913年有133230吨，1919年增为287592吨，六年增加了115%。金融业方面，以新式银行为例，1913年全国共有银行15家，资本1.1488亿元；到1919年六年间新增银行42家，资本1.0276亿元。

随着资本主义的迅速发展，资本的积聚和集中也加快了，拥有巨额资本的大企业有所增多。1912年，资本百万元以上的大企业约25个，1919年，增加到43个。拥有资本1200万元以上的茂新、福新、申新总公司以及南洋兄弟烟草公司，都是这个时期出现的。

除新设厂矿外，原有厂矿大部分积极扩充。不仅轻工业普遍增加投资，一批手工业作坊也迅速向近代化机器工业转化。如上海丝织业，"辛亥以前，厂户多用木机、铁机，以制造绸货。至民国四年，物华厂装置电力织机，出品精良，营业大振，于是继之者如雨后春笋"[2]。

中国民族资本主义经济暂时的发展，使中国民族资产阶级的力量有所增长。1914年3月15日，中华全国商会联合会成立。实力不断增强的

① 严中平等编：《中国近代经济史统计资料选辑》。
② 彭泽益：《中国近代手工业史资料》第2卷，第689页。

民族资产阶级,同帝国主义和中国封建势力的矛盾加深了,他们反对帝国主义和封建军阀的要求也日渐强烈。

中国民族工业虽然取得了较大的发展,但它在整个国民经济中所占的比重仍然很小,半殖民地半封建的特征也仍然很浓。民族资产阶级的软弱性并没有改变。

首先,中国民族工业是趁欧美帝国主义在第一次世界大战期间无暇东顾的机会进一步发展起来的,因此,这种发展是很短暂的。等到第一次世界大战结束后,各列强又都卷土重来,中国的民族工业立即开始萎缩,逐渐萧条。出口量猛增的面粉战后急剧下跌,马上转为入超。"铁厂积货如山,无人过问,至于闭炉停机。纱厂结账,大多无利……其他工业亦皆消沉。"[①]大战期间民族工业的兴旺发达的景象,只不过是昙花一现而已。

其次,中国民族工业在大战期间的发展多集中在轻工业,发展较快的部门一是为帝国主义战争提供战略物资的面粉业、纺织业等;二是帝国主义禁止出口的机械五金业,中国的机械五金工厂在 1920 年已由战前的101 家增至 252 家;三是帝国主义顾不上的针织等行业。因此,中国民族工业在这一时期的发展,主要还是跟着帝国主义市场的需求转,发展是畸形的、零乱的,根本无法形成自己独立完整的工业体系。

第三,中国民族工业在大战期间虽然出现了一些上百万元的大公司,但发展较快的还是中小企业和工场手工业。据统计,从 1903 年到 1908年,注册公司数是 127 家,资本总额为 5122 万元。平均每年设立公司 21家,每个公司的平均资本为 40.5 万元。从 1913 年到 1915 年,新注册的公司数为 124 家,资本总额 2442 万元,平均每年设立公司 41 家,每个公司的平均资本为 19.6 万元。辛亥革命后每年平均新注册的公司虽较前期增

---

① 　陈真、姚洛:《中国近代工业史资料》第 1 辑,第 26 页。

加了一倍,但各厂的平均资本却少了一半多,显然是小资本多于大资本,中小厂家增多之故。

第四,中国民族工业即使在发展较快的第一次世界大战期间,也没有摆脱帝国主义的控制。以纺织和采煤为例,一直到1919年,中国75.6%的机械采煤工业、46.7%的纺锭和59.2%的布机,还是操纵在帝国主义手里。尤其是日本帝国主义,更趁欧战期间积极在华扩充势力。它出兵强占青岛,不仅把德国在该地的所有工厂都据为己有,而且迅速地在山东各地开矿建厂,很快就拥有了130多家厂矿企业。日本这时在对华贸易方面,已取代英国而跃居第一位;在金融方面,在华新设了五家银行,接近同时期外国在华新设银行的三分之二;在抢夺利权方面,独占了这一时期的铁路投资,实力急剧膨胀。美帝国主义在这期间也加强了对中国的经济侵略,到1919年,在对华贸易和航运方面都仅次于日、英而跃居第三位。

民族工业发展中的上述特点,决定了民族资产阶级的力量仍是微弱的。辛亥革命后几次反帝反封建军阀斗争都由于软弱无力而归于失败。

三、工人阶级的成长

随着中国资本主义进一步发展,外国在华投资增加,中国无产阶级队伍日益壮大。辛亥革命前,中国近代产业工人不超过60万人,到1919年五四运动前,已达200万人左右。他们虽然成长较晚,人数较少,但非常集中,大多数在上海、武汉、广州、天津、青岛、济南、哈尔滨、无锡等工业城市及矿区;集中在铁路、矿山、航运、造船、纺织、面粉等企业中。帝国主义在华厂矿,由于规模大投资多,集中工人较多自不待言,就是本国开设的厂矿,也往往因为技术水平低而采用工人多,工人也很集中。这种集中性,有利于工人阶级组织程度和斗争水平的提高。

中国无产阶级身受外国帝国主义、本国封建主义和资本主义的三重压迫剥削。包工制、把头制、监工制、学徒制等封建勒索和压榨普遍存在。克扣工资、打骂工人是常见的。中国工人工资之低,工时之长,是世界罕见的。1919 年前后,一般产业工人,不过勉强维持个人温饱;满铁企业中的华工工资仅相当于日人的四分之一;最低的女工工资只有五分。工时一般是十二小时,多的达十五六个小时①。星期日多无休息。根本没有劳动保护和安全措施。如日本控制的抚顺煤矿,1913 年一年间就发生事故2000 余起,死伤工人 3000 多人。1917 年 1 月 11 日,一次爆炸事件,就死亡工人 900 多名。

中国近代工人在政治上毫无民主权利。反动的北洋军阀政府,先后颁布了《中华民国暂行新刑律》、《治安警察条例》、《治安警察法》,把工人罢工列为"妨害秩序罪"和"骚乱罪"。如 1914 年的《治安警察法》第一章明文规定:"最高当局为维护社会秩序和安宁……起见,决定采取警察力量,防止一切工人结合与行动。"

中国无产阶级所受的剥削与压迫,"是世界各民族中少见的;因此他们在革命斗争中,比任何别的阶级来得坚决和彻底"②。

辛亥革命后,中国工人罢工的次数愈来愈多,罢工规模和斗争水平都有显著提高。从 1912 年到 1919 年 5 月的七年间,罢工达 130 多次,比辛亥革命前的七年增加了一倍还多。1916 年以后,罢工次数逐年增加,这年为 17 次,1917 年为 23 次,1918 年增到 30 次,1919 年仅头五个月间就达19 次,反映了工人运动日益走向高涨。罢工的规模也大多超过辛亥革命前的斗争。如 1915 年日商上海第五纱厂工人罢工、1917 年上海英美烟厂

---

①　汪敬虞:《中国近代工业史资料》第 2 辑,下册,第 1202 页。

②　《中国革命和中国共产党》,《毛泽东选集》第 607 页。

工人罢工、1918年三新纱厂工人罢工,每次都有几千工人参加。工人罢工中还出现互相支援和举行同盟罢工,已由分散发展到联合斗争。如1914年上海招商局、太古、怡和三个轮船公司的中国海员为响应工人要求增加工资举行总同盟罢工,1915年苏州丝业工人举行全行业的同盟罢工,1916年北京等地支援天津法租界工人同盟大罢工举行罢工,1917年上海中华书局印刷厂等支援商务印书馆印刷工人罢工而罢工。这些罢工表现出工人阶级无私团结的阶级品质。

辛亥革命后工人罢工,多为提高工资,缩短工时,改善劳动条件,不堪帝国主义、封建势力和资产阶级压迫和剥削而举行的。但罢工也日益明显地开始由经济斗争转向反帝反封建的政治斗争。1915年反对日本"二十一条"和1916年反对法国强占天津老西开的斗争,是这一时期两次大规模的反帝反军阀卖国的政治斗争。工人成为这两次斗争的主力,并用同盟罢工把斗争推向高潮。

1915年在反对袁世凯卖国政府与日本签订"二十一条"的爱国运动中,上海日本企业的中国工人几乎全部参加斗争。长沙等许多地方工人举行罢工和示威游行,抵制日货,反对日本帝国主义,反对袁世凯卖国。1916年天津反对法国强占老西开的斗争,更显示了无产阶级的斗争力量。老西开靠近天津法租界,法国帝国主义者早在清朝光绪年间就企图把老西开并入租界。1915年当日本提出"二十一条"时,法国公使乘机向北洋军阀政府提出这个无理要求,并于次年10月17日强占了老西开。北洋军阀政府已表示"未尝不可",承认了法国的要求。天津人民却立即掀起反抗怒潮,举行数千人公民大会,声讨法帝国主义的罪行。在法租界和法国企业中的工人决议实行同盟大罢工。11月14日,首先在法国经营的工厂、电灯公司、电信局开始同盟罢工,其他工种的中国工人也相继罢工,甚至巡捕、男女佣工"亦全体告退"。罢工工人以一致行动,粉碎了法帝国主义的增薪收买、分化破坏行动①。在天津工人大罢工的有力推动下,学生罢课,商人罢市。北京等地的工人也积极罢工支援。天津罢工斗争坚持五六个月之久,取得一定胜利。

中国无产阶级在斗争中,要求成立近代的工会组织以适应新的斗争。1912 年,上海出现以徐企文为首的"中华民国工党",它是改良性质的工团组织,既有工人、技术人员参加,也有资本家参加,后被反动政府解散。除上海外,武汉、长沙、天津、广州等地都出现了早期的工会组织,曾领导过罢工和在争取工人福利方面做了些工作。这些工会也都先后被破坏。

中国无产阶级的成长壮大和工人运动的日趋高涨,表明中国无产阶级已开始由自在的阶段向自为的阶段转变。正如毛泽东所指出的:"中国工人阶级,自第一次世界大战以来,就开始以自觉的姿态,为中国的独立、解放而斗争。"②无产阶级的成长和政治觉悟的提高,为马克思列宁主义在中国传播并和中国工人运动相结合,为中国共产党的成立、旧民主主义转向新民主主义革命,准备了阶级条件。

第五节　新文化运动

一、新文化运动的兴起和中西文化问题的论争

辛亥革命时期,资产阶级文化同封建文化进行了一定的斗争,但是它没有能够震撼封建文化的根基。革命失败后,反动政治势力猖狂反扑,在思想文化方面出现了一股尊孔复古逆流。

---

① 《天津反抗法帝强占老西开资料》,《近代史资料》1958 年第 5 期。
② 《论联合政府》,《毛泽东选集》第 982 页。

袁世凯政府公开命令尊孔读经,企图在"保存国粹"的幌子下,加强对人民的思想控制。从 1912 年起,各地纷纷成立各种名目的尊孔复古组织,如孔教会、孔道会、孔社、宗圣会、尊崇孔道会、尊孔文社、经学会、读经会等等。其中影响最大的是康有为的孔教会。康有为俨然以当代孔圣人自居,对辛亥革命后废除尊孔读经深感不满,说什么"亘古未有之变,俎豆废祀,弦诵绝声,大惊深忧"①;"灭国不足计",而灭孔教"是与灭种同其惨祸"。康有为及孔教会还掀起请愿活动,要求中国当"以孔教为国教","编入宪法"。在康有为主办的《不忍》杂志(1913 年 2 月创办)上,连篇累牍地攻击共和制,鼓吹非孔教、非复辟不能救中国。

袁世凯反动政府严重摧残了一度兴起的资产阶级新文化思想。如新闻事业,民国建立时,全国约有 500 家左右的报纸,"二次革命"后进步报刊遭到封闭,主笔、记者被逮捕或枪杀,报纸数目大大减少。还能继续出版的报纸,报导的内容大多充满反动落后的东西。

但是,经过一场全国性革命运动所出现的民主思潮,毕竟是不可遏止的。同时,由于辛亥革命的影响,民族资本主义经济有所发展,使得民族资产阶级的力量有一定增长,知识分子和工人阶级的队伍也有所扩大。孙中山为首的资产阶级革命派虽然屡遭挫折,但仍继续奋斗。因此,在北洋军阀集团黑暗统治下,激进的资产阶级小资产阶级知识分子在文化思想领域里发动了一场新的斗争。新的文化运动开始兴起。1914 至 1915年间,中华革命党办的东京《民国杂志》、上海《民国日报》,"专对袁攻击",反抗袁世凯集团的反动统治,反对专制,鼓吹建立真正的民国。1914年 5 月创办于东京的《甲寅》杂志,章士钊任主笔,成为欧事研究会的喉舌。李大钊、陈独秀在《甲寅》杂志上发表文章,揭露帝国主义侵略,军阀

---

① 《致北京孔教会电》,《康有为政论集》下册,第 921 页。

官僚的黑暗统治,批评知识分子中的悲观思想,起了积极的影响。同时,上海出现了专门介绍自然科学知识的刊物《科学》月刊和具有重大影响的《青年杂志》。

　　1915 年 9 月 15 日陈独秀创办的《青年杂志》,是新文化运动兴起的标志。《青年杂志》从第二卷起改名为《新青年》。陈独秀(1880—1942 年),字仲甫,安徽怀宁人,留学日本,辛亥革命时任安徽都督府秘书长。1917年 1 月,他应北京大学校长蔡元培的聘请,任文科学长。《新青年》编辑部也从上海迁到北京。其时,在北京大学任教的新文化界人士李大钊、胡适、钱玄同、刘半农等参加了《新青年》的编辑或撰稿,鲁迅也从 1918 年第 4 卷起开始写稿。《新青年》与北京大学结合,扩大了阵地与影响,形成了一个以《新青年》为核心的新文化阵营。在《新青年》的影响下,大大小小的民主性刊物如雨后春笋一般涌现出来。

《青年杂志》封面

　　新文化运动的基本内容是提倡“民主”与“科学”。陈独秀在《青年杂志》创刊号上发表了《敬告青年》一文,痛数了当时中国社会的黑暗,号召青年向陈腐的封建思想意识展开斗争,说:“国人而欲脱蒙昧时代……当以科学与人权并重。”在“人权”与“科学”的基础上,发展成为“民主”与“科学”两大口号,公开向传统的封建思想文化挑战,举起了新文化运动的大旗。

　　当时提倡的民主,就是资产阶级民主政治,以法国为榜样,反对君主专制和军阀独裁,反对为专制独裁政治服务的封建旧伦理道德。1916 年

2 月,陈独秀在《吾人最后之觉悟》一文中指出,中国欲求生存,必须抛弃数千年相传的"官僚的专制的个人政治",实行"自由的自治的国民政治"。他认为要真正实现民主政治,必须依靠全国大多数人民有政治觉悟,而不能希望于"善良政府,贤人政治"①。1916 年 5 月,李大钊发表《民彝与政治》一文,大声疾呼:"民与君不两立,自由与专制不并存,是故君主生则国民死,专制活则自由亡。"②

李大钊(1889—1927 年),字守常,河北乐亭人。曾留学日本。1916年回国,曾任北京《晨钟报》编辑,积极参加新文化运动。他还在《新青年》上发表《青春》、《今》等文章,鼓励青年们不断追求进步,不怕困难,顽强战斗,冲决历史上一切网罗,催促青春之中国的诞生。

当时提倡的科学,就是指自然科学和科学态度、科学方法,反对迷信、盲从和武断,树立起积极、进取的、科学的精神。陈独秀认为,"科学之兴,其功不在人权说下,若舟车之有两轮",表明提倡人权、民主,必须同时提倡科学。他号召人们用科学态度来对待传统观念和一切社会问题,破除迷信,坚持真理,打破"宗教上、政治上、道德上自古相传的虚荣、欺人、不合理的信仰",树立"真实的合理的"信仰③。鲁迅也积极宣传科学思想,指出"科学能教道理明白,能教人思路清楚";主张用"科学"这味药来医治思想上迷信、愚昧、不改现状、不思变革的病④。

新文化运动的倡导者们在提倡民主、科学,反对专制、迷信的斗争中,对以孔子和儒家学说为代表的维护封建专制制度的旧礼教、旧道德,发动了猛烈的攻击,揭起了"打倒孔家店"的大旗。这一斗争,是同当时的现实

① 《新青年》第 1 卷,第 6 号。
② 《李大钊文集》上册,第 175 页。
③ 《偶像破坏论》,《新青年》第 5 卷,第 2 号。
④ 《随感录》三十三、三十八,《新青年》第 5 卷,第 4、5 号。

7777777

紧密相联的，是由于袁世凯和北洋军阀的尊孔复辟，由于康有为等人的鼓吹将孔教编入宪法，以封建纲常礼教为"立国精神"而引起的，陈独秀、李大钊、吴虞、易白沙等人都撰文给予尖锐地抨击。他们以进化论的观点来阐明孔子之道不适应于现代生活，以民权、平等的思想来揭示维护专制制度的孔教与之背道而驰，反对将孔教定为国教、编入宪法。李大钊指出："孔子之道，施于今日之社会为不适于生存"①；"孔子者，数千年前之残骸枯骨也。宪法者，现代国民之血气精神也。以数千年前之残骸枯骨，入于现代国民之血气精神的结晶之宪法，则其宪法将为陈腐死人之宪法，非我辈生人之宪法也……孔子者，历代帝王专制之护符也。宪法者，现代国民自由之证券也。专制不能容于自由，则孔子不当存于宪法"②。陈独秀也强调说，民主共和国重在平等精神，孔教重在尊卑阶级，"若一方面承认共和国体，一方面又要保存孔教，理论上实在是不通，事实上实在是做不到"③。他还指出，尊孔是为了复辟，"盖主张尊孔，势必立君；主张立君，势必复辟"④。从抨击孔教出发他们还集中批判纲常礼教，认为孔教的精华是礼教，是别尊卑明贵贱的等级制度，是对人的束缚和压抑，"儒者以纲常立教，为人子为人妻者，既失个人之独立人格，复无个人独立之财产"⑤。鲁迅的《狂人日记》、《我之节烈观》，吴虞的《家族制度为专制主义根据论》、《儒家主张阶级制度之害》、《吃人与礼教》等，也都是揭露封建礼教的罪恶，尖锐地批判忠、孝、节伦理道德的危害性。在对旧礼教、旧道德的批判中，《新青年》还对妇女解放问题、家庭问题、婚姻恋爱问题进行了热

① 《自然的伦理观与孔子》，《李大钊文集》上册，第264页。
② 《孔子与宪法》，《李大钊文集》上册，第258页。
③ 《旧思想与国体问题》，《新青年》第3卷，第3号。
④ 《复辟与尊孔》，《新青年》第3卷，第6号。
⑤ 陈独秀：《孔子之道与现代生活》，《新青年》第2卷，第4号。

烈的讨论,宣传了男女平等、个性解放的思想。

新文化运动的另一个重要内容是"文学革命",即提倡白话文、反对文言文,提倡新文学、反对旧文学。1917 年 1 月,胡适在《新青年》上发表《文学改良刍议》一文。胡适(1891—1962 年),字适之,安徽绩溪人。曾留学美国。1917 年加入新文化运动行列。他在文章中提出"文学改良"的口号,主张以白话文为"中国文学之正宗",以及一些文学形式上和内容上的改革,如"不用典"、"不用陈套语"、"不作无病之呻吟"、"不摹仿古人"等。2 月,陈独秀也在《新青年》上发表《文学革命论》,明确地提出了"文学革命"的口号,把文学的革新与政治的革新联系在一起,认为"欲革新政治,势不得不革新我国据于运用此政治者精神界之文学"。他主张"推倒雕琢的阿谀的贵族文学,建设平易的抒情的国民文学";"推翻陈腐的铺张的古典文学,建设新鲜的立诚的写实文学";"推翻迂晦的艰涩的山林文学,建设明了的通俗的社会文学",成为文学革命的纲领。关于文学的形式问题,当时主要是白话文与文言文之争。用白话文写作品由来已久,清末还出版过一批白话文报纸。但是,白话文成为一种运动,则是《新青年》发动的。《新青年》从第 4 卷第 1 号(1918 年 1 月)起改用白话文,采用新式标点符号,开始刊登一些新诗,这对革命思想的传播,文学创作的发展,以及国民教育的推广有着积极的作用。

鲁迅在这场文学革命中主要是通过他的创作实践,在自己的作品中,出色地将反封建的革命内容与白话文的形式结合起来。鲁迅(1881—1936 年),原名周树人,字豫才,浙江绍兴人。清末曾留学日本,回国后在绍兴、杭州等地任教。辛亥革命后,曾在南京临时政府和北京政府教育部任部员和佥事等职。1918 年 4 月起,他陆续在《新青年》上发表了《狂人日记》等白话小说,对文学革命作出了极其重要的贡献。

新文化运动得到北京大学校长蔡元培的支持。蔡元培(1868—1940

年),字鹤卿,号子民,浙江绍兴人。辛亥革命后就任过南京临时政府的教育总长,1916 年底任北京大学校长。他主持北京大学时,主张"思想自由"原则,取"兼容并包主义",允许各种学派自由发展。但是,新文化运动的发展,引起了封建势力的极端仇视和恐惧,反动军阀诬蔑新文化运动是"异端邪说"、"洪水猛兽",企图用强力办法来压制它。一些守旧派和封建文人也对新文化运动进行攻击。刘师培等于 1919 年 1 月组织《国故》月刊社,鼓吹以"昌明中国固有之学术为宗旨",反对新文化运动。3 月间,林纾(琴南)在《新申报》发表影射小说《荆生》、《妖梦》,攻击陈独秀、钱玄同、胡适等人,煽动军阀以强力压制新文化运动。同时又在《公言报》发表《致蔡鹤卿太史书》,攻击新文化运动是"覆孔孟,铲伦常","尽废古书,行用土语为文字",是"叛亲蔑伦","人头畜鸣"。蔡元培公开发表《致〈公言报〉函并附答林琴南君函》,强调了"循思想自由原则,取兼容并包主义",有力地维护了新文化运动。

新文化运动是辛亥革命在文化思想领域中的延续,是资产阶级新文化和封建阶级旧文化的一次激烈斗争。它在政治和思想上给封建主义以空前的沉重打击,破除了封建教条对人们思想的束缚,对中国人民,特别是知识青年的觉醒起了巨大作用。这是在新的历史条件下又一次思想解放的潮流,它促使人们更迫切追求救国救民的真理,为马克思主义在中国的传播创造了有利的条件。

"五四"前的新文化运动,就其内容来看,仍然属于资产阶级旧民主主义性质,有着阶级的和时代的局限性。运动的倡导者忽视人民群众,没有把新文化运动同广大群众相结合,使文化运动局限在知识分子的圈子里,新文化新思想没有普及到工农群众中去。新文化运动的某些领导人物不能用历史唯物主义的观点看待中国文化和西方文化,认为中国文化一切皆坏,西方文化一切皆好。例如,钱玄同为了反孔而主张"唯有将中国书籍一概束之高阁一法"，才能避免"中毒"，甚至要"废灭汉文"，采用世界语①。这种绝对化、简单化的态度，从思想方法上说是主观主义和形而上学的；从实践上说，则是脱离实际，不能解决批判继承和吸收的问题，对后来产生了不良影响。

新文化运动对中国固有文化的勇敢挑战和它自身的蓬勃发展，引发了一场关于中西文化问题的论争。从1916年起，《东方杂志》的主编杜亚泉，以伧父为笔名，连续发表文章抨击新文化运动，与陈独秀等人进行论战。他认为中国文明是"静的文明"，西方文明是"动的文明"，而"动的文明"要"以静为基础"。"西洋文明与吾国固有之文明，乃性质之异，而非程度之差；而吾国固有之文明，正足以救西洋文明之弊，济西洋文明之穷"②。他指责新思想、新文化自西方输入，"直与猩红热、梅毒等之输入无异"，破坏了以儒家思想为举国上下衡量是非的统一标准，造成"人心迷乱"、"国是丧失"、"精神破产"。要结束这种"混乱的局面"，只有以儒家思想来加以"统整"，使西洋学说"融合于吾固有文明之中"，"融合西洋思想以统整世界之文明，则非特吾人之自身得赖以救济，全世界之救济亦在于是"。③ 不难看出，杜亚泉对中西文化的主张是保守的，实质上仍然是"中体西用"论在新的历史条件下的再现。

杜亚泉对新文化运动的抨击，在知识界产生颇大的影响，因而不能不引起陈独秀、李大钊等人的重视，并给予认真的反驳。1918年，李大钊发表了《东西文明根本之异点》④。他和杜亚泉一样，也将中西文化的特性概括为"静的文明"和"动的文明"，这是不科学的。但是，李大钊毕竟不

① 《中国今后之文字问题》，《新青年》第4卷，第4号。
② 《静的文明与动的文明》，《东方杂志》第13卷，第10号。
③ 《迷乱之现代人心》，《东方杂志》第15卷，第4号。
④ 《言治季刊》第3期，1918年7月。

同于杜亚泉,他反复指出西方文明比东方文明"实居优越之域",批评如杜亚泉等人那种只会指摘"西方物质文明之疲穷,不自认东洋精神文明之颓废"的虚骄心理,主张应当下决心"竭力以受西洋文明之特长,济吾静止文明之穷"。陈独秀更是严厉地批驳了杜亚泉所谓输入西方文明引起"精神破产"、"人心迷乱"的论调,他指出:文艺复兴以后的欧洲文明,显然已胜过中国文明,不输入欧洲文化,固有的文明能保民族竞存于20世纪吗?在共和政体之下,提倡保存"国是",当作何解?"谓之违乱,谓之谋叛共和民国,不亦宜乎"[1]。陈独秀还断然主张:"若是决计革新,一切都应该采取西洋的新法子,不必拿什么国粹、什么国情的鬼话来捣乱。"[2]这虽然表现了反对封建文化的革命精神,但却失之偏激、绝对,开"全盘西化"论之端。

五四运动后,中西文化问题的论争更广泛展开。1919年9月,章士钊鼓吹"新旧调和"论。1920年,梁启超旅游欧洲回国,发表了《欧游心影录》一书,认为经过第一次世界大战,以民主、科学为基础的西方文明已"破产",中国不应该盲目仿效"病态"的西方物质文明,而应该发扬光大本国固有的精神文化,以担当起重建世界文明的使命,从而提出了中西文化"化合"说。同年,梁漱溟在济南讲演"东西文化及其哲学",并将讲演辞付梓刊行。《东西文化及其哲学》从理论上反对新文化运动,维护儒家文化。他认为中国文化不仅在精神上优于西洋文化,就其终极发展而言,也无悖于现代的要求,全世界都将走"中国的路,孔家的路",未来文化就是"中国文化之复兴"。梁漱溟是第一位有系统有理论地维护儒家文化的学者,他的主张在五四运动后产生了广泛而深远的影响。

---

[1] 《质问〈东方杂志〉记者》,《新青年》第5卷,第3号。
[2] 《今日中国之政治问题》,《新青年》第5卷,第1号。

在这场中西文化问题的论争中,新文化运动倡导者宣传新思想、新文化,批判旧思想、旧文化,主流无疑是正确的,体现了中国社会历史发展的方向;而杜亚泉等保守派站在对立面加以反对,维护儒家的文化传统,从根本上说是错误的,是逆潮流而动的。但是,如前所述,新文化运动的倡导者也存在着绝对化、简单化的缺点和错误。他们强调文化的时代性和不同社会发展程度的差异性,但忽视甚至否认文化的传承性和民族性。杜亚泉等人看到了文化的传承性和民族性,但忽视甚至否认文化的时代性和不同社会发展程度的差异性。这都是缺乏科学的分析态度,因此,激烈的争论并没有真正解决问题。

二、思想文化发展的新局面

在新文化运动的推动和影响下,思想文化的发展出现了新局面。首先是各地出现一些进步社团,宣传新思想、新文化的刊物也日渐增多。1917年10月,恽代英在武昌发起组织了“互助社”,注重个人品格的修养,提倡服务社会。1918年4月,毛泽东、蔡和森、何叔衡等在长沙发起成立了“新民学会”。它是五四时期影响较大的社团之一,曾发起留法勤工俭学运动。同年7月,李大钊、王光祈、曾琦等在北京发起成立“少年中国学会”。它是五四时期人数最多、分布最广、存在时间最长的一个社团,会员成分复杂,思想倾向极不相同。1918年10月,以北京大学学生邓中夏、黄日葵、许德珩为骨干的“国民社”成立,于次年1月出版了《国民》杂志。1918年11月,北京大学学生傅斯年、罗家伦等发起成立了新潮社,次年1月创办了《新潮》杂志,提倡白话文,反对旧礼教,对新文化运动的发展起了推动作用。1918年12月,陈独秀、李大钊、胡适创办了《每周评论》杂志。1919年2月,北京高等师范学校学生匡互生、周予同等发起成立工学会,主张学生学会做工,并帮助劳动者求学。同年3月,北京大学学生邓中夏、廖书仓等发起组织平民教育讲演团,不定期在街头等处讲演,宣传反日爱国、民主自治,反对封建家族制度,破除迷信等。

新文化运动高举的旗帜之一是"科学"。这时成立了一些科学团体,如中国天文学会、中华医学会、中国药学会、中华农学会,其中最有影响的是中国科学社。1914年6月,美国康乃尔大学的中国留学生任鸿隽、胡适、赵元任、杨铨、秉志等人发起组织中国科学社。次年,中国科学社正式成立,并创办《科学》杂志。1918年,中国科学社迁回上海。它的社员发展很快,1914年只有35名,到1919年已发展到435名。中国科学社开展了许多科学活动,在它影响下相继成立了各种科学技术的分科学会,对推动中国科学事业的发展起了很大的作用。它所创办的《科学》月刊,在宣传普及自然科学技术知识方面,起了很突出的作用。

当时提倡科学不仅是传播自然科学知识,而且具有鲜明的针对性和战斗性。首先是用自然科学知识来批判宗教迷信,打击鬼神论。辛亥革命后,反动统治者一面鼓吹尊孔读经,一面大力宣扬鬼神迷信。在一些知识分子中,也流行"祀天,信鬼,修仙,扶乩"等封建迷信活动,上海还设立"灵学会",编印《灵学》杂志。新文化的倡导者、传播者针对这种现象,撰写文章、发表演讲来加以批驳。蔡元培在北京信教自由会的演讲中宣传科学,否定上帝创造世界。他说:"人智日开,科学发达,以星云说明天地之始,以进化论明人类的由来,以引力说原子论明自然界之秩序,而上帝创造世界之说破;以归纳法组织伦理学、社会学等,而上帝监理人类行为之说破。于是旧宗教之主义不足以博信仰。"[①]陈独秀更是明确主张"以科学代宗教",他认为一切宗教所尊重的崇拜的神佛仙鬼都是无用的骗人

---

① 《蔡元培全集》第2卷,第490—491页。

的偶像,都应该破坏。在《有鬼论质疑》一文中,陈独秀指出"灵学"完全是奸民作伪,用以欺人牟利的骗人之谈,提倡"灵学"的人完全是一群妖孽,号召青年"赶紧鼓起你的勇气,奋发你的毅力,剿灭这种最野蛮的邪教和这班兴妖作怪胡说八道的妖魔"①。鲁迅也指出:"现在有一班好讲鬼话的人,最恨科学,因为科学能教道理明白,能教人思路清楚,不许鬼混,所以自然而然的成了讲鬼话人的对头。"②

在批判宗教迷信的同时,《新青年》等报刊还反对偶像崇拜,主张崇拜真理。陈独秀在《偶像破坏论》一文中指出:不仅鬼神偶像要反对,而且人间的君权偶像也要反对,"其实君主也是一种偶像。他本身没有什么神圣出奇的作用,全靠人迷信他,尊崇他,才能够号令全国,称做元首,一旦亡了国,像此时清朝皇帝溥仪,俄罗斯皇帝尼古拉斯二世,比寻常人还要可怜。这等一国的君主,好像一座泥塑的偶像,抛在粪缸里,看他到底有什么神奇出众的地方呢!"因此,他呼吁:"破坏! 破坏偶像! 破坏虚伪的偶像! 吾人信仰,当以真实的合理的为标准。"③李大钊也在《晨钟报》上发表了《培根之偶像说》,介绍17世纪英国哲学家培根曾提出,"欲得真理之奥",必先破坏"岩窟之偶像"、"剧场之偶像"、"市场之偶像"和"种性之偶像"四类。他的目的在于以此启发人们反对中国的偶像崇拜,使"举国昏昏皆为崇拜偶像之人,闻培氏说,其亦知所感奋乎"④。

新文化运动的文学革命,在批判旧的文学时,对新文学的创作进行了探索,在小说、诗歌、散文等方面都取得了成就,在中国文学史上诞生了新文学。

---

① 《新青年》第4卷,第5号。
② 《随感录》,《新青年》第5卷,第4号。
③ 《新青年》第5卷,第2号。
④ 《李大钊文集》上册,第193页。

　　1918 年 5 月,鲁迅在《新青年》上发表了《狂人日记》,这是中国新文学运动中第一篇白话小说,其"意在暴露家族制度和礼教的弊害"。小说中塑造了肩负着因袭的重担但又觉醒、勇敢地否定封建宗法礼教制度的"狂人"形象,有力地暴露了所谓"仁义道德"封建旧礼教"吃人"的本质,号召人们奋起打倒"吃人"的封建礼教。小说寓意深刻,题材新颖,在思想上和艺术上都是创新。它是新文学的开山之作,标志着新文学的诞生。随后,1919 年 4、5 月间,鲁迅又连续在《新青年》上发表了《孔乙己》和《药》两篇小说。在《孔乙己》中,鲁迅通过对受封建文化毒害的知识分子的刻画,深刻揭露、讽刺了腐朽的封建八股教条和封建教育,又借孔乙己的悲惨命运揭露了封建制度统治下的炎凉世态。在《药》中,鲁迅以 1907 年民主革命女英雄秋瑾就义为背景,描写了革命者为群众奋斗牺牲而不为群众理解的悲剧,批判了被统治阶级愚弄得麻痹了的"国民性"。到 1921 年,鲁迅共发表 9 篇小说。这 9 篇小说,是他的小说集《呐喊》的最重要组成部分。鲁迅在新时代前夕的"呐喊",不仅"慰藉那在寂寞里奔驰的猛士",而且也确实唤醒了"铁屋"里"熟睡"的人们。[①]

　　当时较有成就的小说作者还有汪敬熙、杨振声、俞平伯、叶绍钧(圣陶)等。他们把小说当作思想启蒙的工具,有所为而发,目的是表现和批评人生,改良社会。

　　在文学革命浪潮中,诗歌也发生变化。中国旧体诗专讲格律,不论是五、七言律诗还是绝句,每句都拘执着平仄,束缚着人们的思想和语言的表达。为了打破这种局面,《新青年》开辟了白话新诗的园地,从 1917 年 2 月的第 2 卷第 6 号到 1919 年 5 月的第 5 卷第 5 号,共刊登新诗 83 首,还翻译外国名诗 30 多篇。倡导并最先创作白话新诗的是胡适,他的八首白

---

　　① 　《呐喊自序》,《鲁迅全集》第 1 卷,人民出版社 1959 年版,第 7—8 页。

话诗即发表于《新青年》第2卷第6号。随后，鲁迅、刘半农、沈尹默、陈独秀、李大钊等都相继发表新诗。继《新青年》之后，《新潮》、《每周评论》等刊物也发表新诗。

真正成为新诗奠基之作的是郭沫若的《女神》。郭沫若（1892—1978年），原名开贞，号鼎堂，四川乐山人。曾留学日本。《女神》成书于1921年，辑入诗人的57篇作品，其中大多数诗篇写于1919年至1921年的三年中。这是郭沫若"诗的创作爆发期"。他在这一时期所写的诗体现出追求自由、平等，反对束缚个性的封建伦理道德的精神。闻一多曾评论说："若讲新诗，郭沫若君的诗才配称新呢，不独艺术上他的作品与旧诗词相去最远，最紧要的是他的精神完全是时代的精神——20世纪底时代的精神。有人讲文艺作品是时代底产儿，《女神》真不愧为时代底一个肖子。"①

新的散文是直接与桐城派古文对立的。在新的散文中，占有重要地位的是针对现实的议论文、杂文。议论性散文是在新文化运动抨击旧思想、旧文学的声浪中最早问世的文学样式，说理明透，文字流畅。《新青年》从第4卷第4号起，开辟了"随感录"栏目。当时在"随感录"发表文章的，主要有陈独秀、鲁迅、李大钊、钱玄同等人。这些杂感在内容上大多起着开启民智、廓清愚昧、揭露痼疾的作用，而且短小精悍，锋芒锐利，在新文化运动中充当了冲锋陷阵的尖兵。

戏剧方面，新文化的倡导者主要做了两方面的工作：一方面是掀起戏剧改革的讨论，批判传统戏曲。他们在鼓吹戏剧观念的更新，倡导面向社会人生，以改造社会和教育人民为目的，是有积极意义的。但他们大都鄙视传统戏曲，给予全盘否定，缺乏科学的态度。另一面是译介西方的戏剧理论和作品，如英国莎士比亚和挪威易卜生的戏剧，得到广泛传播。《新

① 《〈女神〉之时代精神》,《创造周报》第4号,1923年6月8日。

青年》还出刊"易卜生专号"，掀起了一股"易卜生热"。易卜生的作品表现出对旧社会制度虚伪、腐败的鄙视，提出种种社会问题，对中国的反封建斗争有积极意义。

三、马克思主义开始在中国传播

当新文化运动兴起的时候，1917 年，俄国爆发了十月革命。这场革命和由它引起的世界革命高潮，对中国产生了前所未有的影响。十月革命后的第三天，即 1917 年 11 月 10 日，上海《民国日报》上即以《突如其来之俄国大政变》为题，报道了这一消息。接着，在报刊上不断报道俄国革命的消息。由于消息大多来自帝国主义国家的通讯社，因此，中国报纸报道的情况是比较混乱的。很快俄国革命局势得到胜利发展，中国舆论逐渐明朗起来。1918 年 2 月，《申报》上登载了列宁领导的苏维埃政府宣布废除不平等条约的消息，中国人民热情欢迎并关注十月革命的胜利发展。

孙中山为首的中国资产阶级革命派，对十月革命采取真诚欢迎的态度。在他指导下的上海《民国日报》，于 1918 年元旦发表了"吾人对于此近邻之大改革，不胜其希望也"的社论。同年，孙中山致电苏维埃政府说："中国革命党对于贵国革命党员之艰苦卓绝的奋斗，表示极大的敬意；而且更希望中俄两国革命党团结一致，共同奋斗。"①这份电报表达了孙中山对俄国人民的友好和祝贺的心情，也表明他的进步。

十月革命对中国最大最深刻的影响是送来了马克思列宁主义，使中国的先进分子开始用无产阶级宇宙观作为观察国家命运的工具，重新考虑中国的问题。十月革命以前，中国人学习的榜样是西方国家，效法的是

---

① 见《政治周报》第 2 卷，第 5 期。

旧式的资产阶级革命,结果失败了。那时,也有人知道马克思和他的一些主张。1899 年 4 月出刊的《万国公报》(基督教广学会办),登载李提摩太节译《大同学》一文,即提到马克思的名字,译为"马克偲"。1902 年以后,梁启超、马君武都曾在他们的文章中介绍过马克思及其主张。而对马克思、恩格斯以及他们的学说介绍较详细的是朱执信。他在《民报》上发表了一些文章,其中如《德意志革命家小传》一文,介绍了马克思、恩格斯的生平,并评述了《共产党宣言》和《资本论》。宣传无政府主义的《天义报》,刊登过恩格斯 1888 年为《共产党宣言》英文版所写的序言译文,还译载过《共产党宣言》第一章《资产者与无产者》。孙中山在 1912 年也曾称赞马克思学说,认为"麦氏(按即马克思)之资本公有,其学说得社会主义之真髓"①。但是,他们都没有把马克思主义作为解决中国问题的思想武器。中国的真正出路在哪里? 始终是一个没有解决的问题。

十月革命促进了中国人民的觉醒,中国的先进分子受到十月革命胜利的鼓舞,从十月革命的胜利看到了中国的新出路,于是由向西方学习转向研究和宣传俄国十月革命和马克思列宁主义,开始用无产阶级的宇宙观来观察中国的问题。这样,就使 1915 年开始发展起来的新文化运动发生根本的变化,由一个资产阶级文化革命运动转变为一个广泛宣传马克思列宁主义的运动,《新青年》也逐渐变成宣传马克思主义的刊物。李大钊和陈独秀等开始传播马克思列宁主义。1918 年 12 月创刊的《每周评论》,专门介绍马克思主义。李大钊于 1918 年 7 月在《言治季刊》上发表了《法俄革命的比较观》,指出十月革命的社会主义性质,希望中国人民迎接新的革命潮流。11 月,北京群众在天安门举行庆祝欧战胜利大会,李大钊在会上发表了题为《庶民的胜利》的演说,赞扬十月革命的胜利。同年

---

① 《在上海中国社会党的演说》,《孙中山全集》第 2 卷,第 518 页。

出版的《新青年》第5卷第5号上，发表了这篇演说词和他的更详尽的论文《布尔什维主义的胜利》，欢呼"试看将来的环球，必是赤旗的世界"。这两篇文章是中国最早的马克思列宁主义文献。李大钊把他主编的《新青年》第6卷第5号（1919年5月）编成了"马克思主义研究专号"，并发表了他写的长篇论文《我的马克思主义观》，指出历史唯物论、政治经济学和科学社会主义革命理论三者是不可分的，而阶级斗争学说恰是把三大原理联络起来的"一条金线"。他写道："马克思主义是世界改造原动力的学说"，"现在世界改造的机运已经从俄、德诸国闪出了一道曙光"[①]。尽管他对马克思主义的介绍还是不完整的，也有错误，但正如鲁迅在《守常文集序》一文中所说："他的遗文却将永在，因为这是先驱者的遗产，革命史上的丰碑。"李大钊还组织了"马客士主义研究会"，团结一些进步青年学习、研究马克思主义和俄国革命。1919年4月出版的《每周评论》第16号，摘译了《共产党宣言》中的一段。文前的按语说："这个宣言是马克思和恩格斯最先最重大的意见……其要旨在主张阶级战争，要求各地劳工联合。是表示新时代的文书。"1919年5月，在李大钊主持下，《晨报副刊》开辟了马克思研究专栏，陆续刊载马克思的《雇佣劳动与资本》和一些关于马克思主义的译文。《晨报副刊》"名人小史"栏中，也曾刊登了《近世社会主义鼻祖——马克思奋斗生涯》等文章，介绍了马克思的生平事迹。1919年7月在长沙创刊由毛泽东主编的《湘江评论》，对传播马克思列宁主义也起了重要作用。这样，马克思列宁主义开始在中国传播开来。"中国人找到了马克思列宁主义这个放之四海而皆准的普遍真理，中国的面目就起了变化"[②]。

---

①　《新青年》第6卷，第5、6号。
②　《论人民民主专政》，《毛泽东选集》第4卷，第1740页，人民出版社1991年第2版。

马克思列宁主义传入中国后,同时存在的还有其他种种主义,如民主主义、实用主义、改良主义、无政府主义等等。尤其是无政府主义在当时很有影响,无政府主义和马克思主义往往混在一起。马克思列宁主义只是其中的一种思潮,人们对科学社会主义的认识还不很清楚。瞿秋白的话反映出实际情况:"社会主义的讨论,常常引起我们无限的兴味,然而究竟如俄国十九世纪四十年代的青年思想似的,模糊影响,隔着窗纱看晓雾,社会主义流派,社会主义意义,都是纷乱,不十分清晰的。"①马克思列宁主义在中国传播,并不是一帆风顺的,而是经历了严重的斗争和艰辛的历程,才最终成为中国革命的指导思想。

1919年的五四运动是中国革命的历史转折点。它标志着资产阶级领导的旧民主主义革命的终结和无产阶级领导的新民主主义革命的开始。在俄国十月革命的影响下,在马克思列宁主义传播过程中,中国产生了具有初步共产主义思想的知识分子,并为中国共产党的成立准备了条件。马克思列宁主义的普遍真理与中国革命的具体实践相结合,使中国的革命在中国共产党的领导下走上胜利的道路。

---

① 《饿乡纪程》,《瞿秋白文集》(一),第23—24页。